面向"中国制造2025"汽车类专业培养计划
"十三五"职业教育规划教材

汽车传动与制动系统维修
（第3版）

主　编　屠卫星　谢　剑
主　审　文爱民

西安交通大学出版社

内容简介

本书是南京交通职业技术学院汽车工程学院项目化教学改革的成果之一。

为了适应项目化教学,全书采用了任务驱动的编写模式,对汽车传动与制动系统进行了详细介绍,主要内容包括认识汽车传动系统,离合器维修,变速器维修,万向传动装置维修,驱动桥维修,观察汽车制动系统,检查制动踏板位置与制动液、添加或更换制动液,检查与调整车轮(盘式和鼓式)制动器,检查或更换制动摩擦片,检查或更换制动盘(鼓)、制动总泵及分泵,检查或更换制动助力器,检查或更换 ABS 轮速传感器,诊断与排除 ABS 故障等项目。书中既对传动与制动系统各部分的结构、原理、维护及检修等相关知识进行了阐述,也对各部分的拆装、维护、检测等学习任务进行了布置,同时还有相应的自我测试题对学习效果进行检验。

为了达到项目化教学效果,本书配置了《汽车传动与制动系统维修(第 3 版)学习工作单》。

本书适合作为高职高专院校汽车服务类专业的教科书,也可供汽车检测、汽车维修技术等从业人员学习参考。

图书在版编目(CIP)数据

汽车传动与制动系统维修/屠卫星,谢剑主编 . —3 版 . —西安:西安交通大学出版社,2017.8
ISBN 978 - 7 - 5693 - 0106 - 9

Ⅰ.①汽… Ⅱ.①屠… ②谢… Ⅲ.①汽车—传动系—车辆修理—教材 ②汽车—制动装置—车辆修理—教材 Ⅳ.①U472.41

中国版本图书馆 CIP 数据核字(2017)第 222189 号

书　　名	汽车传动与制动系统维修(第 3 版)
主　　编	屠卫星　谢　剑
责任编辑	陈　昕
出版发行	西安交通大学出版社 (西安市兴庆南路 10 号　邮政编码 710049)
网　　址	http://www.xjtupress.com
电　　话	(029)82668357　82667874(发行中心) (029)82668315(总编办)
传　　真	(029)82668280
印　　刷	陕西金德佳印务有限公司
开　　本	787mm×1092mm　1/16　印张 24　字数 579 千字
版次印次	2018 年 1 月第 3 版　2018 年 1 月第 1 次印刷
书　　号	ISBN 978 - 7 - 5693 - 0106 - 9
定　　价	49.80 元

读者购书、书店添货、如发现印装质量问题,请与本社发行中心联系、调换。
订购热线:(029)82665248　(029)82665249
投稿热线:(029)82668284

版权所有　侵权必究

前言

  为了适应我国汽车维修行业技能型紧缺人才培养的需要，满足高等职业院校以就业为导向的办学目标和要求，南京交通职业技术学院汽车工程学院近几年积极探索，勇于实践，大力改革教学模式，加大与企业合作办学的力度，推进工学结合的办学模式，取得了良好效果。为了提高学生的综合素质，切实增强动手能力，我们引入了以工作任务为驱动的项目化教学模式。为适应新的教学模式，我们特意编写了本系列教材。

  本书以"任务驱动"为编写思路，采用与企业工作一线相接近的具体工作任务引出相应的专业知识，学习目标非常明确，突破了传统的"理论"与"实践"的界限，体现了现代职业教育"教、学、做一体化"的特色，调动了学生的学习主动性。

  本书以汽车传动与制动系统作为学习对象。根据维修企业工作一线的实际情况，设置了十三个学习项目。本书首先对汽车传动系统作了一个总体介绍，然后分别对离合器、变速器、万向传动装置和驱动桥的结构、原理、检测、维修等作了详细介绍；同样，在对汽车制动系统作了一个总体介绍后，分别对制动器、制动主缸、助力器、ABS和ASR等制动主要部件的结构、原理、检测、维修等作了详细介绍。学习项目中加入了"知识链接"，对实操环节引入企业标准。针对项目内容，设置了"拓展与思考"，引导学生去探索汽车新技术。每个学习任务结束后还设置了相应的自我测试题，能及时地让学生测试自己的学习效果。训练项目有独立成册的学习工作单，以便更好地引导学生完成训练项目。

  本书图文并茂，深入浅出。每个学习任务均强调了学生综合素质的培养，既有对学生实践动手能力的训练，也有对学生自我学习能力、团队合作、资料收集、5S等方面的训练，可促使每一个学生积极参与、主动学习，达到更好的学习效果。每个训练项目的设置，均充分考虑了现有的教学设施和教学资源，可操作性强，效率高。

  本书由南京交通职业技术学院屠卫星、谢剑担任主编，文爱民担任主审。参与编写工作的还有南京交通职业技术学院的陈俊武、黄秋平、焦红兰，上海师范大学信息与机电学院的黄建民，上海汽车工业销售有限公司的曾庆业，江苏中佳雷克萨斯汽车销售服务有限公司的冒海滨。在编写过程中，得到了南京外事旅游公司汽车修理厂魏世康的特别支持，在此表示感谢。

  此外，还得到南京交通职业技术学院汽车工程学院各位教师的大力支持和帮助，特别是实训中心各位教师更是提供了很多有用的一手资料，同时还得到了南京市相关汽车4S店维修技术人员的特别帮助，在此一并表示感谢。

编 者
2017年5月

项目一　认识汽车传动系统　/1

一、项目描述　/1
二、项目实施　/1
　　任务　汽车传动系统的总体认识　/1
三、相关知识　/2
　　（一）汽车传动系统概述　/2
　　（二）汽车行驶的驱动与附着条件　/6
四、自我测试题　/8

项目二　离合器维修　/10

一、项目描述　/10
二、项目实施　/11
　　任务一　离合器认识与使用　/11
　　任务二　离合器拆装与维修　/12
三、相关知识　/18
　　（一）离合器的基本结构与原理　/19
　　（二）典型离合器的构造与原理　/21
　　（三）离合器操纵机构　/28
　　（四）自动离合器简介　/30
　　（五）基本维护与检修　/31
　　（六）常见故障诊断　/37
四、知识链接：离合器拆装与检查　/39
　　（一）离合器结构　/39
　　（二）离合器踏板的拆装与检查　/41
　　（三）离合器总成的拆装与检查　/46
　　（四）离合器放气　/52

五、自我测试题 /52
拓展与思考：双质量飞轮技术 /54

项目三 变速器维修 /55

一、项目描述 /55
二、项目实施 /56
    任务一 变速器拆装与认识 /56
    任务二 变速器使用与维修 /59
三、相关知识 /60
    （一）概述 /60
    （二）变速传动机构 /63
    （三）同步器 /71
    （四）变速操纵机构 /77
    （五）分动器 /82
    （六）基本维护与检修 /87
    （七）常见故障诊断 /92
四、自我测试题 /95
拓展与思考：AMT 技术 /100

项目四 万向传动装置维修 /102

一、项目描述 /102
二、项目实施 /102
    任务一 万向传动装置拆装与认识 /102
    任务二 万向传动装置维护 /106
三、相关知识 /107
    （一）万向节 /108
    （二）传动轴与中间支承 /115
    （三）基本维护与检修 /117
    （四）常见故障诊断 /119
四、知识链接：半轴拆装与检查 /121

　　　　（一）前桥半轴结构　/121
　　　　（二）半轴总成的分解与装配　/122
　　五、自我测试题　/129

项目五　驱动桥维修　/131

　　一、项目描述　/131
　　二、项目实施　/132
　　　　任务一　驱动桥拆装与认识　/132
　　　　任务二　后驱动桥维修　/134
　　三、相关知识　/135
　　　　（一）主减速器　/136
　　　　（二）差速器　/140
　　　　（三）半轴与桥壳　/149
　　　　（四）基本维护与检修　/152
　　　　（五）常见故障诊断　/158
　　四、自我测试题　/160
　　拓展与思考：电子差速器技术　/163

项目六　观察汽车制动系统　/165

　　一、项目描述　/165
　　二、项目实施　/165
　　　　任务　观察汽车制动系统　/165
　　三、相关知识　/167
　　　　（一）制动系统的功用和组成　/167
　　　　（二）制动装置的基本结构和工作原理　/168
　　　　（三）对制动系统的要求　/169
　　四、自我测试题　/170

项目七　检查制动踏板位置与制动液、添加或更换制动液　/172

　　一、项目描述　/172

二、项目实施 /173
    任务一　液压制动系统的检查与调整 /173
    任务二　液压制动系统的放气 /176

三、相关知识 /177
    （一）液压式制动传动装置 /177
    （二）制动液 /179

四、自我测试题 /181

项目八　检查与调整车轮（盘式和鼓式）制动器 /183

一、项目描述 /183

二、项目实施 /184
    任务一　盘式制动器的检查与调整 /184
    任务二　气压制动系统的检查与调整 /186

三、相关知识 /188
    （一）鼓式车轮制动器 /189
    （二）盘式车轮制动器 /199

四、自我测试题 /205

项目九　检查或更换制动摩擦片 /207

一、项目描述 /207

二、项目实施 /207
    任务　检查或更换制动摩擦片 /207

三、相关知识 /209
    （一）制动摩擦材料概述 /209
    （二）摩擦材料发展简史 /209
    （三）摩擦材料的分类 /210
    （四）摩擦材料的技术要求 /211
    （五）摩擦材料的结构与组成 /213

四、自我测试题 /215

项目十　检查或更换制动盘（鼓）、制动总泵及分泵　/217

一、项目描述　/217

二、项目实施　/218

　　任务一　鼓式制动器的检修　/218

　　任务二　前盘式制动器的检修　/220

　　任务三　制动主缸（总泵）的检修　/222

三、相关知识　/223

　　（一）制动主缸　/223

　　（二）制动轮缸　/225

四、集中训练　/226

五、自我测试题　/241

项目十一　检查或更换制动助力器　/242

一、项目描述　/242

二、项目实施　/242

　　任务一　真空助力器的检查与调整　/242

　　任务二　真空增压器试验　/244

三、相关知识　/246

　　（一）真空液压制动传动装置　/246

　　（二）制动力分配调节装置　/252

四、自我测试题　/258

项目十二　检查或更换 ABS 轮速传感器　/260

一、项目描述　/260

二、项目实施　/260

　　任务　轮速传感器的检查与更换　/260

三、相关知识　/265

　　（一）车轮滑动率对附着系数的影响　/266

（二）防滑控制系统的基本组成及工作过程　/269

　　（三）防滑控制系统主要组成件的结构及工作原理　/279

四、自我测试题　/287

项目十三　诊断与排除 ABS 故障　/289

一、项目描述　/289

二、项目实施　/289

　　任务一　ABS 故障诊断　/289

　　任务二　防滑控制系统的维护与检修　/300

三、相关知识　/306

　　（一）制动压力调节器的调压方式及工作原理　/306

　　（二）轿车防滑控制系统　/310

四、自我测试题　/322

参考文献　/325

项目一

认识汽车传动系统

一、项目描述

汽车传动系统是汽车底盘的主要系统之一,它是车辆实现动力传递的主要机构。通过本项目的学习,应能达到以下要求。

1. 知识要求

(1)掌握汽车传动系统的组成。
(2)掌握汽车传动系统各总成的作用。
(3)熟悉汽车传动系统的布置型式。
(4)了解汽车行驶的驱动与附着条件。

2. 技能要求

(1)能够在整车上认识汽车传动系统的各总成。
(2)能够在整车上识别传动系统的布置型式。

3. 素质要求

(1)能按照5S要求,对工具、场地进行整理。
(2)选择和使用工具合理规范。
(3)拆装工艺合理,操作规范。
(4)技术要求符合维修手册。
(5)安全文明生产,保证工具、设备和自身安全。
(6)与同学精诚合作,相互帮助,共同进步。

二、项目实施

 任务 汽车传动系统的总体认识

1. 训练内容

(1)在台架或车辆上对汽车传动系统各总成进行认识。

（2）在台架或车辆上对汽车传动系统的各种布置型式进行认识。

（3）完成并填写学习工作单的相关项目。

（4）学习汽车传动系统及车辆行驶的相关知识。

2. 训练目标

（1）掌握汽车传动系统的组成。

（2）熟悉汽车传动系统的各种布置型式。

（3）了解汽车行驶的驱动和附着条件。

3. 训练设备

各种车辆及底盘台架若干。

4. 训练步骤

1）相关知识学习

通过课堂教学和学生课外自学，认识汽车传动系统的基本组成、主要作用、布置型式等，并学习汽车正常行驶的驱动与附着条件。

2）认识汽车传动系统各总成

（1）在台架上，对汽车传动系统的各大总成进行认识，熟悉各总成的安装位置、外观特征，并介绍各总成的基本作用。

（2）将整车顶起到举升机上，在车辆下方对传动系统各总成件进行认识，熟悉各总成的安装位置、外观特征，并介绍各总成的基本作用。操作中，注意车辆举升安全可靠。

3）汽车传动系统布置型式的识别

（1）在各种底盘台架上，对汽车传动系统的布置型式进行认识，熟悉各布置型式的特征、优缺点及应用状况。

（2）将整车顶起到举升机上，在车辆下方对传动系统的布置型式进行认识，熟悉各布置型式的特征、优缺点及应用状况。根据实验室条件，可对各种不同布置型式的车辆进行该项操作认识。在操作中，注意车辆举升安全可靠。

5. 任务细分

（1）认识汽车传动系统总体。

（2）认识汽车行驶的驱动与附着条件。

三、相关知识

（一）汽车传动系统概述

汽车是现代工业不断发展的产物，它一般由发动机、底盘、电气设备和车身等四大部分组成。按照作用的不同，底盘一般可分为传动系统、行驶系统、转向系统和制动系统等四大系统，如图1-1所示。

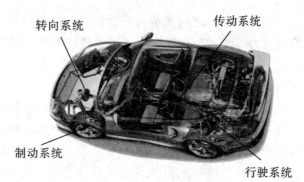

图 1-1　汽车底盘透视图

1. 传动系统的作用

汽车传动系统的作用是将发动机的动力按需要传给驱动轮。为了满足汽车行驶的各种需要，汽车传动系统应具有以下作用：

（1）实现减速增扭；

（2）实现汽车变速；

（3）实现汽车倒车；

（4）实现动力中断；

（5）实现车轮差速。

2. 传动系统的类型

按结构和传动介质的不同，传动系统可分为机械式、液力机械式、静液式和电力式等。目前，汽车上常用的是机械式和液力机械式。

3. 传动系统的组成

传动系统的组成与传动系统的类型、布置型式等有关。图 1-2 为发动机前置后轮驱动的机械式传动系统，它主要由离合器 1、变速器 2、万向节 3 和传动轴 8 组成的万向传动装置，主减速器 7，差速器 5 和半轴 6 等组成。发动机的输出扭矩依次经过各总成，最后传给驱动轮，驱动汽车前进。

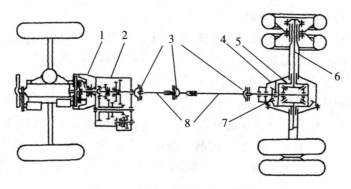

图 1-2　传动系统的组成及布置

1—离合器；2—变速器；3—万向节；4—驱动桥；
5—差速器；6—半轴；7—主减速器；8—传动轴

对于四轮驱动的车辆,变速器之后还装有分动器,以将动力分配给前后轮。对于液力式传动系统,将以液力机械式变速器取代机械式传动系统中的摩擦式离合器和普通齿轮式变速器。

4. 传动系统各总成的作用

(1) 离合器:按照需要适时地切断或接合发动机与传动系统之间的动力传递。

(2) 变速器:改变发动机输出转速的高低、转矩的大小及旋转方向,也可以切断发动机向驱动轮的动力传递。

(3) 万向传动装置:在变速器与主减速器或差速器与驱动轮之间进行动力传递,并适应两者之间相对位置和轴线夹角的变化。

(4) 主减速器:降低转速,增大转矩,改变动力的传递方向(90°)。

(5) 差速器:将主减速器传来的动力分配给左右两半轴,并允许左右两半轴以不同角速度旋转,以满足左右两驱动轮在行驶过程中差速的需要。

(6) 半轴:将差速器传来的动力传给驱动轮,使驱动轮获得旋转的动力。

5. 传动系统的布置型式

传动系统在车辆上布置时有不同的型式。按照发动机安装位置及汽车的驱动型式,车辆传动系统的布置型式一般包括发动机前置后轮驱动(Front Engine Rear Drive,FR)、发动机前置前轮驱动(FF)、发动机后置后轮驱动(RR)、发动机中置后轮驱动(MR)和全轮驱动等型式。轿车上常用发动机前置后轮驱动和发动机前置前轮驱动两种布置型式。

1) 发动机前置、后轮驱动

发动机前置、后轮驱动(FR 型)是目前货车上广泛采用的一种传动系统布置型式(图 1-2)。它一般是将发动机、离合器和变速器连成一个整体安装在汽车的前部,而主减速器、差速器和半轴则安装在汽车后部的后桥壳中,两者之间通过万向传动装置相连。这种布置型式后轮驱动,附着力大,易获得足够的牵引力,爬坡能力、加速性能较好,发动机散热条件好,同时驾驶员可直接操纵发动机、离合器和变速器,因而操纵机构简单,维修方便。在大排量高级轿车上,也普遍采用了该布置型式,如奔驰、宝马、林肯城市、凯迪拉克等。

2) 发动机前置、前轮驱动

图 1-3 为轿车普遍采用的发动机前置、前轮驱动(FF 型)的传动系统布置型式。其变速器、主减速器和差速器装配成一个整体(也合称手动驱动桥),并同发动机、离合器一起集中安装在汽车前部。发动机有纵向布置和横向布置之分。这种布置型式,除具有发动机散热条件好、操纵方便等优点外,还省去了很长的传动轴,传动系统结构紧凑,整车质心降低,汽车高速行驶稳定性好。前轮驱动的车辆方向更稳定,但上坡时附着力减小,易打滑。下坡制动时,前轮载荷过重,高速时易发生翻车现象。这种布置型式在重心较低的微型、普通型轿车上得到了广泛的运用,如桑塔纳、广本雅阁、别克君威等。

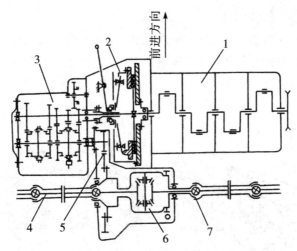

图1-3 发动机前置、前轮驱动轿车的传动系统
1—发动机；2—离合器；3—变速器；4—半轴；5—主减速器；
6—差速器；7—万向节

3）发动机后置、后轮驱动

某些大型客车采用发动机后置、后轮驱动（RR型）的传动系统布置型式，如图1-4所示。发动机、离合器和变速器合为一体布置在驱动桥之后，这样可大大缩短传动轴的长度，传动系统结构紧凑，质心有所降低，前轴不易过载，后轮附着力大，并能更充分地利用车厢空间。但由于发动机后置，其散热条件差。发动机、离合器、变速器的远距离操纵使操纵机构变得复杂，维修调整不便。除多用在大型客车上以外，某些微型或轻型轿车也采用这种布置型式。发动机也有横向布置和纵向布置之分。

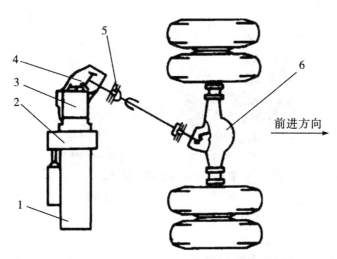

图1-4 发动机后置、后轮驱动的传动系统
1—发动机；2—离合器；3—变速器；4—角传动装置；
5—万向传动装置；6—驱动桥

4）发动机中置、后轮驱动

发动机中置、后轮驱动（MR型）方案，如图1-5所示，发动机布置在后驱动桥的前方。传动系统的这种布置方案有利于实现前后轮较为理想的质量分配，转向灵敏，运动性好；但是车内及后行李箱空间很小，隔热、隔音效果差，是赛车普遍采用的方案。

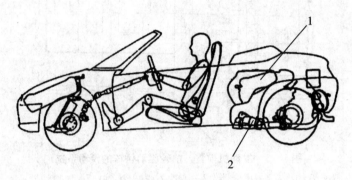

图1-5　发动机中置、后轮驱动的传动系统

1—发动机；2—传动系统

5）全轮驱动

为了充分利用所有车轮与地面之间的附着条件，以获得尽可能大的牵引力，越野汽车采用全轮驱动（4WD）。图1-6为全轮驱动传动系统布置型式。与发动机前置、后轮驱动的汽车（图1-2）相比较，其前桥1既是转向桥也是驱动桥。为了将发动机传给变速器的动力分配给前后两驱动桥，在变速器后增设了分动器5，并相应地增设了从变速器通向分动器、从分动器通向前后两驱动桥之间的万向传动装置。

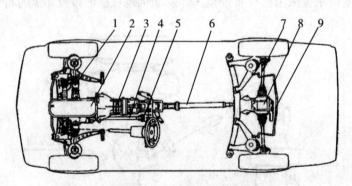

图1-6　全轮驱动传动系统

1—前驱动桥；2—发动机；3—变速器；4—前传动轴；5—分动器；
6—后传动轴；7—半轴；8—后驱动桥；9—横向稳定器

（二）汽车行驶的驱动与附着条件

1. 几个概念

1）驱动力

发动机扭矩经过传动系统传至驱动轮，驱动轮对地面产生一个向后的水平切向力

F_0，地面会对车轮产生一个切向反作用力 F_t，即驱动力，如图 1-7 所示。驱动力是地面作用在驱动轮上、驱使汽车行驶的力，驱动力的作用方向与汽车的行驶方向相同。

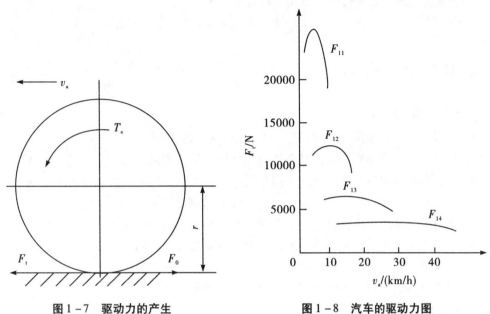

图 1-7 驱动力的产生　　　　　图 1-8 汽车的驱动力图

驱动力和车速之间的关系曲线 $F_t - v_a$ 称为汽车的驱动力图，如图 1-8 所示。由图 1-8 也可以看出，最大驱动力出现在一挡某一较低车速时。原因是此时发动机的输出转矩最大，变速器传动比最大。另外，不同的挡位对车速变化的适应能力不同。高挡位覆盖的车速范围较宽。

2）附着力

地面对轮胎切向反作用力的极限值称为附着力，地面附着力用 F_φ 表示。附着力的大小与很多因素有关，如车轮负荷、轮胎结构、路面状况、行驶车速、车轮运动状态等。

3）行驶阻力

在汽车行驶的过程中，除了有驱动汽车前进的力，还有阻碍汽车运动的力。行驶阻力包括滚动阻力 F_f、坡道阻力 F_i、空气阻力 F_w 和加速阻力 F_j。行驶阻力越大，需要的驱动力越大。

2. 汽车行驶的驱动与附着条件

汽车要加速或等速行驶，必须满足驱动力大于或等于滚动阻力、坡道阻力与空气阻力之和，即

$$F_t \geq F_f + F_i + F_w$$

但这并不是充分条件，满足了上述条件汽车不一定能行驶。因为汽车的最大驱动力还要受到地面附着力的制约。

汽车的最大驱动力不可能大于车轮与地面之间的附着力，否则车轮与路面之间将发生"打滑"，发动机产生再大的转矩也发挥不出来。所以汽车要正常行驶还必须同时

满足汽车行驶的必要条件,即

$$F_t \leq F_\varphi$$

综上所述,汽车正常行驶的驱动与附着条件为

$$F_f + F_i + F_w \leq F_t \leq F_\varphi$$

四、自我测试题

(一) 判断题

1. 家用轿车一般采用发动机前置、前轮驱动的布置型式。（　　）
2. 驱动力是由发动机经过传动系统减速增扭后传给驱动轮的。（　　）
3. 附着力的方向与车辆行驶的方向相反。（　　）
4. 只要发动机功率足够大,就能得到足够大的驱动力。（　　）
5. 发动机后置的车辆,更有利于发动机的散热。（　　）
6. 车辆加速行驶时,驱动轮上的附着力与驱动力方向相同。（　　）
7. 大客车一般采用发动机后置、后轮驱动的布置型式。（　　）
8. 前轮驱动更有利于车辆获得更大的驱动力和更好的加速性能。（　　）

(二) 选择题

1. 技师 A 说汽车传动系统可以实现减速增矩和变速。技师 B 说汽车传动系统可以实现汽车倒驶,使两侧车轮具有差速作用。以下说法正确的是（　　）。
   A. 技师 A 说的对
   B. 技师 B 说的对
   C. 技师 A 和技师 B 说的都对
   D. 技师 A 和技师 B 说的都不对

2. FF 与 FR 比较,FF 的优点是（　　）。
   A. 结构更紧凑
   B. 能获得更大驱动力
   C. 爬坡能力更强
   D. 高速时稳定性更好

3. 一辆采用 FF 布置型式的车辆,其动力传递顺序的陈述正确的是（　　）。
   A. 发动机→离合器→手动变速器→差速器→传动轴→车桥→车轮
   B. 发动机→离合器→手动变速器→传动轴→差速器→车桥→车轮
   C. 发动机→离合器→手动驱动桥→驱动轴→车轮
   D. 发动机→驱动轴→手动驱动桥→离合器→车轮

4. 下列传动系统布置型式,需要主减速器改变 90°传动方向的是（　　）。
   A. 发动机前置、前轮驱动,且发动机纵置
   B. 发动机前置、后轮驱动
   C. 发动机前置、前轮驱动,且发动机横置
   D. 发动机后置、后轮驱动,且发动机横置

(三) 填空题

1. 汽车一般由_____、_____、_____和_____四大部分组成。底盘由_____、_____、_____、_____四大系统组成。

2. 汽车行驶的驱动与附着条件表达式为_____。

(四) 简答题

1. 汽车由哪几部分组成？底盘由哪几部分组成？
2. 汽车传动系统的基本作用是什么？
3. 货车的传动系统由哪些总成件组成？
4. 汽车传动系统有哪几种布置型式？
5. 车辆正常行驶的驱动与附着条件是什么？

项目二

离合器维修

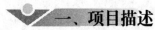

一、项目描述

离合器是汽车传动系统的组成部分，装在发动机与变速器之间。为了使离合器经常处于良好的工作状态，就要对其进行有效的维护和必要的调整，当离合器发生故障时还要对其进行拆装维修。拆装离合器时必须按照规定的步骤和方法进行，正确的拆装是进行故障诊断和维修的基本技能，这就需要掌握离合器的基本构造和工作原理。通过本项目的学习，应能达到以下要求。

1. 知识要求

（1）熟悉离合器的种类与作用。

（2）掌握离合器的结构与工作原理。

（3）掌握离合器踏板自由行程的概念。

（4）了解离合器常见故障的诊断与排除方法。

2. 技能要求

（1）能够按正确方法对离合器踏板进行操纵。

（2）能够在整车上对离合器总成进行正确拆装与装配，掌握拆装的步骤、要领及注意事项。

（3）能够按正确方法对离合器的各部件进行检查。

（4）能够对离合器踏板自由行程进行检测与调整。

3. 素质要求

（1）能按照5S要求，对工具、场地进行整理。

（2）选择和使用工具合理规范。

（3）拆装工艺合理，操作规范。

（4）技术要求符合维修手册。

（5）安全文明生产，保证工具、设备和自身安全。

（6）与同学精诚合作，相互帮助，共同进步。

二、项目实施

 任务一　离合器认识与使用

1. 训练内容

（1）在实车上进行离合器踏板的操纵。

（2）对台架、实车和散件进行离合器元件认识。

（3）完成并填写学习工作单的相关项目。

（4）学习汽车离合器结构与原理的相关知识。

2. 训练目标

（1）熟悉离合器的种类与作用。

（2）掌握离合器总成的结构与工作原理。

（3）熟悉离合器操纵机构的结构及原理。

（4）熟悉离合器踏板的操纵方法。

3. 训练设备

（1）东风货车底盘台架四台。

（2）菲亚特派力奥轿车四辆。

（3）桑塔纳 2000GLi 轿车底盘台架四台。

（4）离合器散件若干。

（5）常用工具四套。

（6）专业工具若干。

4. 训练步骤

1）相关知识学习

通过课堂教学和学生课外自学，学习离合器的作用、类型、基本组成；学习周布螺旋弹簧式离合器和膜片弹簧式离合器的结构与工作原理；学习离合器操纵机构的类型及各类型的结构原理。

2）离合器踏板的操作练习

在菲亚特派力奥轿车上进行离合器踏板的操作，体验离合器接合和分离的感觉，注意操作的要点是快踩慢放、先慢后快。

首先启动发动机，在变速器处于空挡状态进行离合器踏板操作练习，并检查离合器踏板是否响应良好，是否存在卡滞现象。然后，将车辆在举升器上顶起，左脚将离合器踏板踩到底，变速杆挂入一挡，松开驻车制动器。缓慢抬起离合器踏板，当感觉离合器开始接合时，右脚稍微踩下油门踏板；当感觉完全接合时，迅速松开离合器踏板，加大油门，完成车辆的原地一挡起步过程。

3）认识离合器各部件

对不同操纵机构类型的离合器进行认识。

（1）杆式。在东风货车底盘台架上，对离合器及其操纵机构进行认识，并熟悉其结构特点。

（2）绳索式。在桑塔纳2000GLi轿车底盘台架上，对离合器及操纵机构各部件进行认识，并熟悉其结构及工作原理。

（3）液压式。在菲亚特派力奥轿车上，对离合器及操纵机构各部件进行认识，如图2-1所示，并熟悉其结构及工作原理。

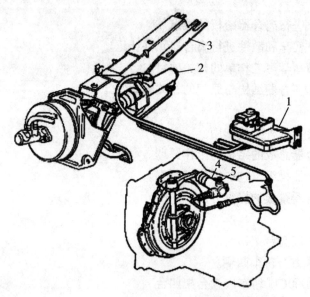

图2-1　菲亚特派力奥轿车离合器布置图
1—储液罐；2—离合器主缸；3—踏板支架；4—离合器工作缸；5—清洗装置

（4）散件认识。利用离合器散件，对离合器主动部分、从动部分、压紧装置和操纵机构等进行认识，熟悉其工作及结构特点。

5. 任务细分

（1）基本认识离合器。

（2）认识典型离合器。

（3）认识离合器操纵机构。

任务二　离合器拆装与维修

1. 训练内容

（1）在整车上进行离合器踏板自由行程的检测和调整。

（2）在台架上对离合器及操纵机构进行拆卸和装配。

（3）在整车上对离合器及操纵机构进行拆卸和装配。

（4）对离合器及操纵机构各部件进行检测。

(5) 完成并填写学习工作单的相关项目。

(6) 学习汽车离合器维修的相关知识。

2. 训练目标

(1) 掌握离合器踏板自由行程的检测与调整方法。

(2) 熟悉离合器总成的拆卸与装配方法。

(3) 掌握离合器及操纵机构各部件的检查方法。

(4) 了解离合器常见故障的诊断与排除方法。

3. 训练设备

(1) 东风货车底盘台架四台。

(2) 菲亚特派力奥轿车四辆。

(3) 桑塔纳 2000GLi 轿车底盘台架四台。

(4) 离合器散件若干。

(5) 常用工具四套。

(6) 专业工具若干。

4. 训练步骤

注意：在拆卸离合器总成之前，必须先拆卸变速器和半轴。具体操作步骤参见维修手册。

1) 离合器踏板的检查

在整车上对离合器踏板进行相关项目的检测和调整。

(1) 离合器踏板工作性能检查。将车辆置于空挡，启动发动机并保持怠速，快速踩、松离合器踏板，检查是否存在异响、卡滞、阻力过大等现象。

(2) 离合器踏板最大高度检查。使离合器踏板保持自由状态，用一把钢尺测量离合器踏板距离驾驶室地板的距离 A，注意考虑地板地毯的厚度。

(3) 离合器踏板自由行程检查。用手指轻轻按压离合器踏板，当感觉有明显阻力时，停止继续下压，用钢尺测量此时离合器踏板距离地板的距离 B。离合器踏板最大高度 A 减去该数值 B，即为离合器踏板的自由行程。

(4) 离合器踏板自由行程调整。离合器踏板自由行程的调整，通过图 2-2 中的调整螺母来进行。用扳手松开分离拉杆上的锁紧螺母，顺时针旋转球形调整螺母，离合器踏板自由行程减小；反之，离合器踏板自由行程增大。调整好后拧紧锁紧螺母。

桑塔纳轿车离合器踏板自由行程应为 15~20 mm，其调整是靠离合器拉索的调整来进行的，具体可通过图 2-3 箭头所示的调整螺母来进行。

菲亚特派力奥轿车离合器踏板自由行程的调整具体参见维修手册。

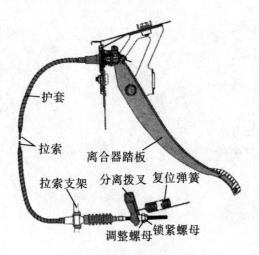

图 2-2　汽车离合器　　　　　图 2-3　离合器踏板自由行程的调整

2）离合器及操纵机构的拆卸与装配

（1）东风货车离合器的拆卸与分解。

①从发动机上拆下变速器总成（传动轴应先拆掉）。

A. 从发动机后横梁上拆下离合器踏板回位弹簧，拔出踏板轴拉臂下端的平头销。

B. 旋下离合器壳底盖与离合器壳的紧固螺栓，拆下离合器底盖。

C. 拆卸离合器壳与变速器壳之间的连接螺栓，将变速器从车上拆下，并从变速器第一轴上取下离合器的分离套筒。

②从飞轮上拆下离合器总成。松开离合器盖与飞轮的连接螺栓，取下离合器盖及压盘总成。

注意：若螺栓上装有平衡片，应在离合器盖的平衡片上打上记号，以便原位装复，以防破坏曲轴总成的动平衡。

③离合器盖及压盘总成的分解。

A. 将离合器盖及压盘总成放在压床上，将压床下部用一块厚度大于 9.2 mm、外径小于 325 mm 的圆形垫块垫起，以 1.5 t 以上的压力压住。

B. 拆卸分离杠杆调节螺钉的调整螺母和锁紧螺母。

C. 拆卸传动片的连接螺栓。

D. 慢慢放松压力机的压紧压力，待压力全部放松后，离合器压盘及盖总成全部解体，清洗后检查全部零件。

E. 检查和修复从动盘。

F. 从分离套筒上取下分离轴承，进行清洗和检查，并对轴承进行润滑。

（2）东风货车离合器的装配与调整。离合器的装配可按拆卸相反的顺序进行，在装复过程中要注意检查与调整。

①在离合器盖上装上分离杠杆弹簧。

②将压盘放到平台上，在压盘凸块内侧放上摆动支承片，分离杠杆，插入支承螺栓，穿入浮动销。

③把 16 个离合器压紧弹簧放在压盘的弹簧座上，使 4 个支承螺栓对正离合器相应的孔，然后在离合器盖上加压，在离合器支承螺栓的端头拧上分离杠杆调整螺母。

④将摆动支承片拨正，将传动片螺栓拧紧。

⑤用分离杠杆调整螺母将分离杠杆调到同一高度，然后用锁紧螺母锁上。

⑥以变速器第一轴作为定心轴，将离合器总成安装到飞轮上，安装变速器。

⑦安装离合器的操纵机构，转动离合器拉杆后端的螺母，调好离合器踏板的自由行程。

（3）从桑塔纳 2000GLi 轿车底盘台架上拆卸离合器总成。

①拆卸时，先拆卸前轮胎，松开半轴外端锁止螺母，拆下半轴总成，松开变速器壳体固定螺栓，将变速器拆下。变速器的具体拆卸步骤参见维修手册。

②用专用工具 10-201 将飞轮固定（图 2-4），然后逐渐将离合器压盘的固定螺栓对角拧松，取下离合器盖及压盘总成，并取下离合器从动盘。

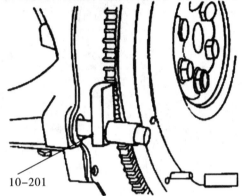

图 2-4　用专用工具固定飞轮

③按图 2-5 以及图 2-6 所示的顺序分解离合器各部件。离合器压盘和从动盘如图 2-7 所示。

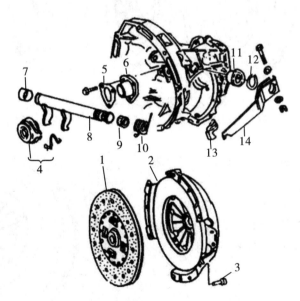

图 2-5　离合器结构图（一）

1—离合器从动盘；2—离合器盖及压盘总成；3—离合器盖固定螺栓；4—分离套筒；5—垫圈；6—分离套筒；7—黄铜衬套；8—分离叉轴；9—衬套；10—弹簧；11—轴承衬套；12—卡簧；13—卡套；14—分离叉轴传动杆

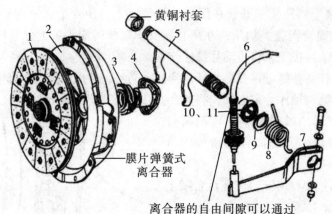

图2-6 离合器结构图（二）

1—离合器从动盘；2—离合器盖及压盘总成；3—分离轴承；4—分离套筒；5—分离叉轴；
6—离合器拉索；7—分离叉轴传动杆；8—弹簧；9—卡簧；10、11—轴承套及密封件

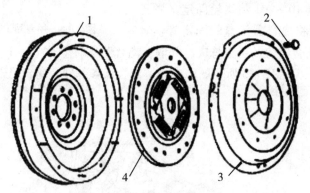

图2-7 离合器压盘和从动盘

1—飞轮；2—螺栓（拧紧力矩25 N·m）；3—压盘；4—从动盘（弹簧保持架朝向压盘）

（4）将桑塔纳2000GLi轿车的离合器安装到底盘台架上。

①用专用工具10-201将飞轮固定。

②如图2-8所示，用专用工具10-213将离合器从动盘定位于飞轮和压盘中心。

③装上紧固螺栓，并用25 N·m的力矩对角逐渐旋紧。

④以图2-5以及图2-6所示的顺序装配离合器各部件。

⑤安装变速器总成。

（5）在菲亚特派力奥轿车上拆卸、装配离合器总成。具体步骤参见维修手册。

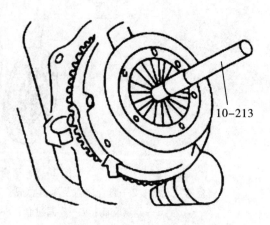

图2-8 离合器的安装

3) 离合器盖及压盘总成、离合器从动盘的检测

（1）桑塔纳离合器的检查。

①外观检查。目视检查离合器从动盘、离合器盖及压盘总成是否存在变形、裂纹、异常磨损、表面烧蚀等现象。

②从动盘径向圆跳动的检查。在距从动盘外边缘 2.5 mm 处测量，离合器从动盘最大径向圆跳动为 0.4 mm，测量方法如图 2-9（a）所示。

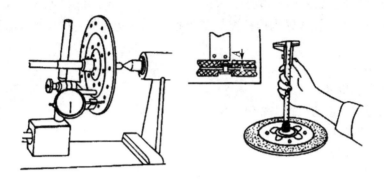

（a）检查径向圆跳动　　　（b）检查摩擦片磨损程度

图 2-9　离合器从动盘的检查

③从动盘摩擦片磨损程度的检查。摩擦片的磨损程度，可用游标卡尺进行测量，如图 2-9（b）所示。铆钉头埋入深度 A 应不小于 0.20 mm。

④离合器压盘平面度不应超过 0.2 mm，检查方法可用直尺搁平后以厚薄规测量，如图 2-10 所示。

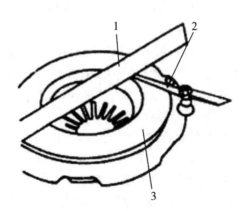

图 2-10　离合器压盘平面的检查
1—直尺；2—厚薄规；3—压盘

（2）菲亚特派力奥轿车离合器检查。具体参见维修手册。

4) 离合器操纵机构各部件的检查

（1）杆式离合器操纵机构的检查。在东风货车底盘台架上，对离合器操纵机构进

行检查。

目视各杆件是否存在变形,用手晃动各杆件,查看各连接处是否存在松旷现象。

(2)绳索式离合器操纵机构检查。在桑塔纳轿车底盘台架上,对其离合器操纵机构进行检查。

①检查分离叉轴两端衬套的磨损情况,两衬套必须同心,有必要时更换。

②检查分离轴承磨损情况,润滑分离轴承,必要时更换分离轴承。

③检查离合器拉索的磨损情况。

(3)液压式离合器操纵机构检查。在菲亚特派力奥轿车上对其离合器操纵机构进行检查。

5. 任务细分

(1)离合器检修。

(2)离合器踏板的检查与操纵。

(3)离合器的拆装与认识。

三、相关知识

离合器装在发动机与变速器之间,通过离合器的分离与接合,来控制发动机与变速器之间动力的切断与传递。

离合器具有以下功能。

(1)传递转矩。在汽车机械式传动系统中,发动机转矩是利用离合器的摩擦作用传递给变速器的。

(2)保证汽车平稳起步。汽车起步前,应在变速器处于空挡位置时(以解除发动机负荷)先启动发动机,待发动机已启动并开始正常怠速运转后,方可将变速器挂上一低挡位使汽车起步。起步时,先踏下离合器踏板使离合器分离,暂时切断发动机与变速器之间的联系,然后再将变速器挂上挡,并逐渐踩下加速踏板使发动机发出的动力增加;同时,再缓慢放松离合器踏板使离合器逐渐接合。此时,离合器处于滑摩状态,它所传递的转矩逐渐增大,驱动轮获得的转矩也逐渐增大,直至驱动力足以克服汽车起步阻力时,汽车即从静止开始运动并逐步加速,从而保证汽车平稳起步。

(3)便于换挡。汽车在行驶过程中,为了适应行驶条件的不断变化,变速器经常需要换用不同的挡位工作。普通齿轮式变速器的换挡是通过操纵换挡操纵机构,让原挡位的齿轮副脱开啮合,新挡位的齿轮副进入啮合。换挡时,如果离合器没有将发动机与变速器之间的动力暂时切断,将使原挡位的啮合齿轮副因压力过大而很难脱开,新挡位的齿轮副因两者圆周速度不等而难以进入啮合,即使能进入啮合,也会产生很大的冲击和噪声,甚至损坏机件。装设了离合器后,换挡前,先踩下离合器,使其分离,暂时切断动力传递,然后再进行换挡操作,以保证换挡操作过程的顺利进行,并减轻或消除换挡的冲击。

(4)防止传动系统过载。汽车紧急制动时,车轮突然急剧降速。若发动机与传动系统刚性连接,将迫使发动机转速也急剧降速,其所有运动件将产生很大的惯性力矩

（数值可能远大于发动机正常工作时所发出的最大转矩）。这一力矩作用于传动系统，会造成传动系统过载而使其机件损坏。有了离合器，当传动系统承受载荷超过离合器所能传递的最大转矩时，离合器即会自动打滑以消除这一危险，从而起到过载保护作用。

（5）减振器。大多数离合器还装有扭转减振器，能衰减发动机和传动系统的扭转振动。

目前，汽车上普遍采用了周布螺旋弹簧离合器和膜片弹簧离合器。

（一）离合器的基本结构与原理

由离合器的作用可知，其结构必须包含主动部分和从动部分，而且其主动部分和从动部分可以暂时分离，又可以逐渐接合，并且在传动过程中还可以相对运动。因此，离合器的主动部分和从动部分不能采用刚性联接，而是借助二者之间的摩擦力（摩擦式离合器）、液力（液力偶合器）或者电磁吸力（电磁离合器）来传递转矩。这里只介绍摩擦式离合器，其基本组成和工作原理如图2-11所示。

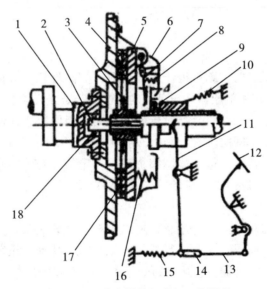

图2-11 离合器的组成与工作原理

1—曲轴；2—从动轴；3—从动盘；4—飞轮；5—压盘；6—离合器盖；7—分离杠杆；8—弹簧；
9—分离轴承；10、15—复位弹簧；11—分离拨叉；12—踏板；13—拉杆；14—调节叉；
16—压紧弹簧；17—从动盘摩擦片；18—轴承

1. 基本组成

离合器由主动部分、从动部分、压紧装置和操纵机构四大部分组成。

1) 主动部分

离合器的主动部分包括飞轮4、离合器盖6和压盘5。飞轮用螺栓与曲轴1固定在一起，离合器盖通过螺钉固定在飞轮后端面上，压盘通过弹件钢片或凸台与离合器盖相连，相对于离合器盖可轴向移动。这样只要曲轴旋转，发动机发出的动力就可经飞轮、离合器盖传给压盘，使它们一起旋转。

2) 从动部分

离合器从动部分是从动盘3，从动盘通过花键与变速器第一轴2相连，从动盘两面带有摩擦片17，装在飞轮和压盘之间。

3) 压紧装置

离合器压紧装置是装在压盘与离合器盖之间的压紧弹簧16，用于对压盘产生压紧力，将从动盘夹紧在飞轮与压盘之间。常见的压紧弹簧有螺旋弹簧和膜片弹簧两种。

4) 操纵机构

离合器的操纵机构由踏板12、拉杆13、拉杆调节叉14、分离拨叉11、分离套筒、分离轴承9、分离杠杆7及复位弹簧10和15等组成。分离杠杆外端是重点，与压盘相连；中间是支点，装在离合器盖上；内端为力点，处于自由状态。分离轴承安装在分离套筒上，分离套筒松套在变速器第一轴轴承盖前端的轴套上。分离拨叉是中部带支点的杠杆，内端顶在分离套筒上，外端与拉杆铰链，离合器踏板中部铰接在车架上，一端与拉杆铰接。分离拨叉、分离套筒、分离轴承、分离杠杆同离合器主动部分及从动部分一起装在离合器壳（变速器壳）内。

2. 基本原理

1) 接合状态

离合器处于接合状态时，踏板处于最高位置，分离杠杆与分离轴承之间存在间隙Δ，压盘在压紧弹簧的作用下压紧从动盘，发动机的转矩经飞轮及压盘传给从动盘，再由从动盘传给变速器第一轴。离合器所传递的最大转矩取决于从动盘摩擦表面的最大静摩擦力。它与摩擦表面间的压紧力大小、摩擦面积的大小以及摩擦材料的性质有关。对一定结构的离合器而言，其最大静摩擦力是一个定值，若传动系统传递的转矩超过这一定值，离合器就会打滑，从而起到了过载保护的作用。

2) 分离过程

离合器分离时，需踩下离合器踏板，通过拉杆、分离拨叉、分离套筒消除间隙Δ后，使分离杠杆外端拉动压盘克服压紧弹簧的压力向后移动，压盘与从动盘之间产生间隙，摩擦力矩消失，离合器主、从动部分分离，切断动力传递。

3) 接合过程

当需要动力传递时，缓慢抬起离合器踏板，在压紧弹簧的作用下，压盘向前移动并逐渐压紧从动盘，摩擦力矩也渐渐增大。压盘与从动盘刚接触时，其摩擦力矩比较小，离合器主、从动部分可以不同步旋转，即离合器处于打滑状态。随着压紧力的逐步加大，离合器主、从动部分的转速也渐趋相等，直至完全接合而停止打滑。

3. 离合器的自由间隙及自由行程

从离合器的工作原理可知，为了保证离合器在传递转矩时处于完全接合状态，不会出现打滑现象，离合器在接合状态时，在分离杠杆内端与分离轴承之间必须预留一定量的间隙Δ，此间隙即为离合器的自由间隙。踩下离合器踏板时，首先必须消除这一间隙，然后才能开始分离离合器。为消除这一间隙所需的离合器踏板行程称为离合器踏板的自由行程。

从动盘摩擦片经使用磨损后，离合器的自由间隙及自由行程会变小，应及时调整。

（二）典型离合器的构造与原理

离合器可以按不同分类方法，分成不同的类型。按从动盘的数目不同，可分为单片、双片和多片离合器；按弹簧的类型和布置型式不同，可分为周布螺旋弹簧离合器、中央弹簧离合器、斜置弹簧离合器以及膜片弹簧离合器；按操纵机构的不同又可分为机械式、液压式、气压式和空气助力式离合器。

目前，汽车上普遍采用了周布螺旋弹簧离合器和膜片弹簧离合器。轿车上普遍采用的是膜片弹簧离合器。

1. 周布螺旋弹簧离合器

EQ1090E汽车离合器为16个螺旋弹簧圆周均布的单片多簧式离合器。

1）主动部分

飞轮、离合器盖和压盘是离合器的主动部分。离合器盖用低碳钢板冲压而成，通过螺钉与飞轮固定。离合器盖通过四组传动钢片将动力传递给压盘。传动片用弹簧铜片制成，沿圆周方向均匀分布，每组两片，一端用铆钉铆在离合器盖上，另一端则用螺钉与压盘联结。这样，在离合器接合和分离过程中，依靠弹簧钢片产生的弯曲变形，压盘相对于离合器盖可做轴向平行移动。为保证离合器拆装后不失动平衡，用定位销确保飞轮与离合器盖之间的安装位置。

2）从动部分

从动部分由带扭转减振器的从动盘组件（以下简称从动盘，见图2-12）和从动轴组成，从动盘本体铆接在盘毂上，由薄钢片制成，故其惯性小。两面各铆有一片由石棉合成物制成的摩擦片。从动盘毂的花键孔套在从动轴的花键轴上，并可轴向移动。

发动机传到汽车传动系统中的转矩是周期性地不断变化着的，这就使得传动系统中将产生扭转振动。如果这一振动的频率与传动系统的自振动频率相重合，就将发生共振，这对传动系统零件寿命有很大影响。此外，在不分离离合器的情况下进行紧急制动或猛烈接合离合器时，瞬间内将造成对传动系统的极大冲击载荷，会缩短零部件的使用寿命。为了避免共振，缓和传动系统所受的冲击载荷，在很多汽车离合器从动盘上安装了扭转减振器。

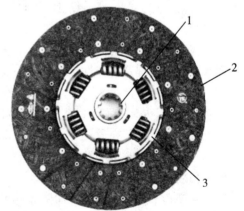

图2-12 从动盘实物图
1—花键；2—从动盘；3—减振弹簧

图2-13为EQ1090E型汽车离合器从动盘，其主要部分由从动盘本体5、摩擦片4和从动盘毂11组成。

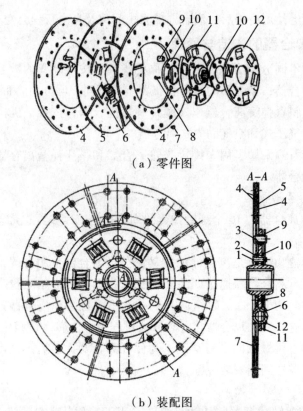

(a)零件图

(b)装配图

图2-13　EQ1090E型汽车离合器从动盘

1—阻尼弹簧铆钉；2—减振器阻尼弹簧；3—从动盘铆钉；4—摩擦片；5—从动盘本体；
6—减振器弹簧；7—摩擦片铆钉；8—阻尼片铆钉；9—从动盘铆钉隔套；10—减振器阻尼片；
11—从动盘毂；12—减振器盘

扭转减振器的结构如图2-14（a）所示。从动盘装有扭转减振器，从动盘和从动盘毂6通过减振弹簧8弹性地联接在一起，构成减振器的缓冲机构。从动盘毂夹在从动盘本体3和减振器盘9之间，在从动盘毂6与从动盘本体3和减振器盘9之间还夹有环状阻尼片4。从动盘毂6、从动盘本体3和减振器盘9上都开有4～6个沿圆周均布的通孔，减振弹簧8装在通孔中，铆钉5将从动盘本体3和减振器盘9铆接成一体，但铆钉中部和从动盘毂6上的缺口之间存在一定的间隙，以保证从动盘毂6可相对从动盘本体3和减振器盘9做一定量的转动。

当从动盘不传递转矩时，如图2-14（b）所示。当传递转矩时，由摩擦片1和10传来的转矩首先传到从动盘本体3和减振器盘9，再经过减振弹簧8传给从动盘毂6。这时减振弹簧被压缩，如图2-14（c）所示，因而发动机曲轴的扭转振动所产生的冲击被弹簧所缓和。同时当从动盘毂6相对于从动盘本体3和减振器盘9转动时，夹于其间的阻尼片4便产生摩擦阻力，吸收扭转振动的能量，使振动迅速衰减，因而扭转振动不会传到传动系统部件上。

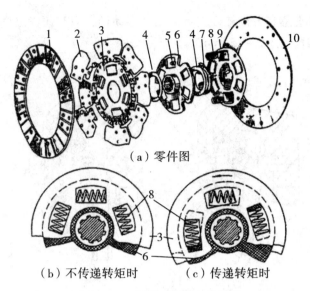

图 2-14 扭转减振器工作原理

1、10—摩擦片；2—波浪形弹性钢片；3—从动盘本体；4、7—阻尼片；5—特种铆钉；
6—从动盘毂；8—减振弹簧；9—减振器盘

3）压紧装置

压紧装置由压盘和离合器盖之间周向均布的 16 个螺旋弹簧组成。为减小弹簧的受热，在压盘与弹簧处铸有筋条，以减少受热面积，并在接触处装有隔热垫。当离合器处于接合状态时，从动盘被飞轮和压盘夹紧，发动机的转矩通过二者之间的摩擦力传递给从动盘。

4）操纵机构

如图 2-2 所示，操纵机构中的分离杠杆、分离轴承、分离套筒、分离拨叉装在离合器壳内，而分离拉杆和踏板等则装在离合器壳外。4 个用薄钢板冲压而成的分离杠杆沿周向均布，其中部以分离轴承支承柱中的浮动销为支点，外端通过摆动支承片抵靠在压盘的沟状凸起部。当在分离杠杆内端作用一向前的水平推力时，分离杠杆绕支点摆动，其外端通过摆动支承片推动压盘克服压紧弹簧的力而后移，从而解除对从动盘的压紧力，使压盘与从动盘之间产生间隙，实现离合器的分离。

前端装有分离轴承的分离套筒松套在变速器第一轴轴承盖的轴套上，并在复位弹簧的作用下，以其两侧的凸台与分离拨叉上的圆弧表面接触。分离拨叉以其两端轴颈支承在离合器壳中的衬套内，且一端伸出来与分离拨叉臂固定。分离拨叉臂通过拉杆与拉臂相连，拉臂与踏板轴固定，踏板轴支承在固定于车架上的支座的孔中，另一端与踏板臂固定。这样，当踩下踏板时，分离拨叉逆时针转动，拨动分离套筒和分离轴承前移，对分离杠杆内端施加一向前的推力。由于分离时，分离杠杆随压盘转动，而分离套筒不转，为减少磨损，在分离套筒前端压装有推力轴承。

分析分离杠杆的运动情况：如果分离杠杆的支点是固定的铰链，则当分离杠杆转动时，其外端将做圆弧运动；如果分离杠杆外端也与压盘做简单的铰链连接，外端只能随压盘做直线运动，显然分离杠杆要产生运动干涉；为了消除这一运动干涉，东风

EQ1090E 型汽车离合器在分离杠杆支点采用了浮动销,而与压盘之间的传力点采用摆动支承片。详细结构如图 2-15 所示。

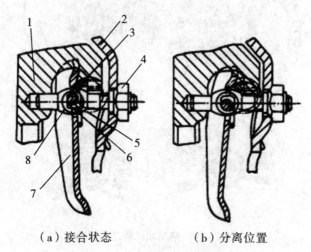

（a）接合状态　　　（b）分离位置

图 2-15　分离杠杆工作情况

1—压盘；2—离合器盖；3—摆动支承片；4—调整螺母；5—螺旋弹簧；
6—浮动销；7—分离杠杆；8—支承柱

支承柱 8 的前端插在压盘 1 上相应的孔内,而后端则借助调整螺母 4 固定在离合器盖 2 上。浮动销 6 的中部穿过支承柱 8 中部的方孔中,在螺旋弹簧 5 的作用下,套装在支承柱上的分离杠杆 7 的中部紧靠在浮动销的两端,并使浮动销与方孔的支承平面接触,分离杠杆与浮动销一起以该接触点为支点摆动。摆动支承片 3 成凹字形,其平直的一面支承在分离杠杆外端的凹处,而其凹边则抵住压盘的钩状凸起部。在离合器接合状态,浮动销与方孔支承平面的外端接触,如图 2-15（a）所示。当分离离合器时,分离杠杆摆动,摆动支承片 3 推动压盘右移。此时,浮动支承销沿支承平面向内滚动一小段距离（一般小于 1 mm）,而摆动支承片将发生倾斜,如图 2-15（b）所示。显然,该结构不会再发生运动干涉。

分离杠杆内端应位于平行于飞轮的同一平面内,否则会出现分离不彻底。此位置可以通过调整螺母来调整（图 2-2）。

2. 膜片弹簧离合器

膜片弹簧式离合器在汽车上应用较多,目前生产的汽车,特别是轿车已经全部采用了膜片弹簧离合器,即以膜片弹簧来作为汽车离合器的压紧元件。按离合器分离时,分离套筒移动方向的不同,汽车膜片弹簧离合器可分为推式膜片弹簧离合器和拉式膜片弹簧离合器。若离合器分离时,分离套筒朝向发动机移动,则为推式；分离套筒远离发动机移动,则为拉式,如图 2-16 所示。

1）基本结构

膜片弹簧离合器包括主动部分、从动部分、压紧装置和操纵机构。主动部分包括离合器盖及压盘总成、飞轮。从动部分即从动盘总成。膜片弹簧离合器的压紧装置为

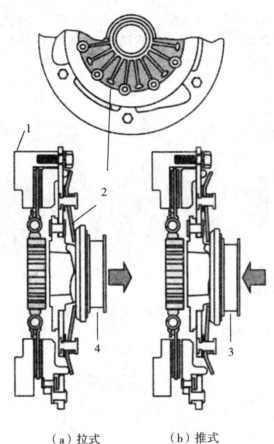

(a)拉式　　　　（b)推式

图 2-16　膜片弹簧离合器结构
1—飞轮；2—膜片弹簧；3、4—分离轴承

膜片弹簧，其形状像一个碟子，它是在一个具有锥形面的钢制圆盘上，开有许多径向切口，形成一排有弹性的杠杆。在切口的根部都钻有圆孔，以防止应力集中，同时便于膜片弹簧固定在离合器盖上。膜片弹簧形状如图 2-17 所示，离合器盖及压盘总成如图 2-18 所示。

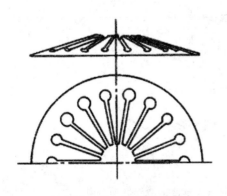 

图 2-17　膜片弹簧　　　　图 2-18　离合器盖及压盘总成实物图

奥迪100轿车离合器采用了推式膜片弹簧离合器,其结构如图2-19、图2-20所示。拉式膜片弹簧离合器的结构形式与推式膜片弹簧离合器的结构形式大体相同,只是将膜片弹簧反装,其支承点和力的作用点的位置有所改变。

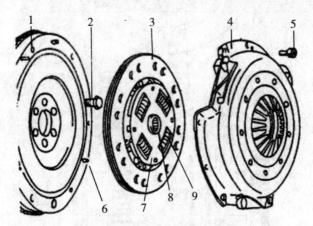

图2-19 奥迪100轿车离合器

1—飞轮;2、5—螺栓;3—从动盘;4—离合器盖及压盘总成;6—定位销;
7—扭转减振器;8—从动盘毂;9—弹簧

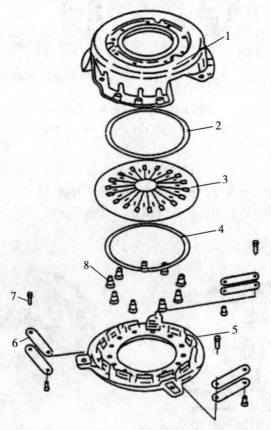

图2-20 离合器盖及压盘总成

1—离合器盖;2、4—支承环;3—膜片弹簧;5—压盘;6—传动钢片;7—铆钉;8—支承铆钉

2) 工作原理

膜片弹簧离合器的工作原理如图 2-21 所示。离合器盖总成在未固定到飞轮上时（中间带有从动盘），离合器盖平面与飞轮支承平面有一段距离 l，膜片弹簧处于自由状态，不受力，如图 2-21（a）所示。

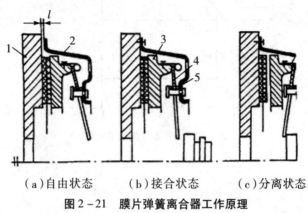

(a) 自由状态　　(b) 接合状态　　(c) 分离状态
图 2-21　膜片弹簧离合器工作原理
1—飞轮；2—离合器盖；3—压盘；4—膜片弹簧；5—支承环

当离合器盖总成被固定到飞轮上时，膜片弹簧受压并产生变形，其变形量即为图 2-21（a）所示的距离 l，从而使膜片弹簧产生压紧力，对压盘产生压力，使从动盘摩擦片被压紧在飞轮和压盘之间。此时离合器处在接合状态，如图 2-21（b）所示。

当分离离合器时，借助踏板机构的操纵使分离轴承前移，推动离合器膜片弹簧小端前移，膜片弹簧以支承环为支点顺时针转动，膜片弹簧大端后移，通过分离钩拉动压盘离开从动盘，从而完成了分离动作，使离合器处于分离状态。此时膜片弹簧处于反锥形状，如图 2-21（c）所示。

3) 优点

由膜片弹簧离合器的工作原理可知，膜片弹簧可兼起压紧弹簧和分离杠杆的双重作用，从而使得离合器结构大为简化，并显著地缩短了离合器的轴向尺寸；膜片弹簧与压盘整个圆周方向接触，压紧力分布均匀，摩擦片接触良好，磨损均匀；膜片弹簧由制造保证其内端处于同一平面，不存在分离杠杆工作高度的调整；在离合器分离和接合过程中，膜片弹簧与分离钩及支承环之间为接触传力，不存在分离杠杆的运动干涉；如图 2-22 所示，膜片弹簧具有非线性的弹性特征，能随擦片的磨损自动调节压紧力，传动可靠，不易打滑，且离合器分离时操纵轻便；膜片弹簧中心位于旋转轴线上，压紧力几乎不受离心力的影响。因膜片弹簧离合器具有上述一系列优点，因此，此种离合器在轿车、轻型及中型货车上用得越来越广泛。如上海桑塔纳、一汽奥迪、丰田卡罗拉等汽车均采用膜片弹簧离合器。

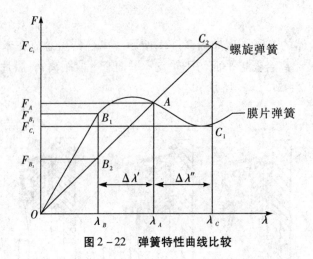

图 2-22 弹簧特性曲线比较

(三) 离合器操纵机构

1. 作用及类型

离合器操纵机构是驾驶员通过对其操作可使离合器分离，而后又可使之柔和接合的一套机构。它起始于离合器踏板，终止于离合器壳内的分离轴承。这里所要讨论的主要是其位于离合器壳外面的部分。

按照分离离合器所需的操纵能源，离合器操纵机构可分为人力式和气压助力式两类。前者是以驾驶员的人体作为唯一的操纵能源；后者则是以发动机驱动的空气压缩机作为主要操纵能源，以人体作为辅助和后备的操纵能源。气压助力式主要用于一些重型汽车上，本书不作介绍，这里主要讲述人力式。

人力式操纵机构，按传力介质的不同可分为机械式和液压式两种。在机械式操纵机构中，又分为杆式和绳索式两种。

2. 机械式

1) 杆式

杆式操纵机构工作可靠，但节点较多，因而磨损大，且对于后置发动机汽车离合器需要远距离操纵，合理布置比较困难。另外，易受车架、车身变形影响。

杆式离合器操纵机构主要用于大中型货车上，如东风、解放等。东风 EQ1090E 型汽车离合器所采用的即杆式操纵机构。

2) 绳索式

绳索式操纵机构可消除上述杆式的缺点，布置较方便，并可以采用便于驾驶员操纵的吊挂式踏板，故结构简单。但是，操纵绳索寿命较短，拉伸刚度较小，易变形。因此，只适用于轻型和微型汽车。

图 2-23 为上海桑塔纳轿车离合器使用的机械绳索式操纵机构。操纵绳索一端与离合器踏板相连，另一端与分离叉相连。当踩下离合器踏板时，绳索拉动分离叉把分离轴承压向膜片弹簧，使离合器分离。

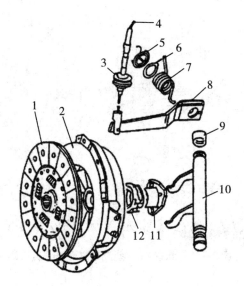

图 2-23 绳索式离合器操纵机构

1—从动盘；2—离合器盖总成；3—调整螺母；4—操纵绳索；5—轴承衬套及防尘套；
6—卡环；7—复位弹簧；8—分离叉传动臂；9—黄铜衬套；10—分离叉；
11—分离套筒；12—分离轴承

3. 液压式

液压式操纵机构主要由主缸、工作缸和油管等组成，如图 2-24 所示。液压式离合器操纵机构具有阻力小、布置方便、接合柔和等特点，应用日益广泛。北京现代、丰田威驰等轿车离合器均采用液压式操纵机构。

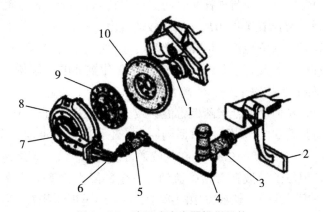

图 2-24 液压式离合器操纵机构

1—导向轴承；2—踏板；3—离合器主缸；4—液压管路；5—离合器工作缸；6—分离叉；
7—分离轴承；8—离合器盖及压盘总成；9—摩擦盘；10—飞轮

图 2-25 为北京 1020 型汽车离合器的液压式操纵机构。它主要由主缸Ⅰ、工作缸Ⅱ、推杆 8 和油管 26 等组成。

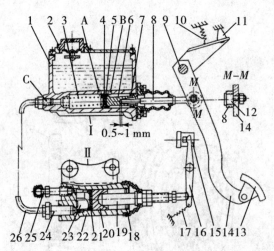

图 2-25 北京 1020 型汽车离合器操纵机构

Ⅰ—主缸；Ⅱ—工作缸

A—补偿孔；B—进油孔；C—出油口

1—主缸体；2—储油室螺塞；3—活塞复位弹簧；4—皮碗；5—活塞垫片；6—主缸活塞；7—密封圈；8—推杆；9—踏板支承销；10—踏板复位弹簧；11—限位块；12—偏心螺栓；13—踏板；14—踏板臂；15—分离套筒；16—分离拨叉；17—分离叉复位弹簧；18—挡环；19—分离拨叉推杆总成；20—工作缸活塞；21—工作缸皮碗；22—工作缸体；23—工作缸活塞限位块；24—进油管接头；25—放气螺钉；26—油管

当离合器处于接合状态时，离合器踏板处于最高位置，主缸活塞 6 在复位弹簧 3 的作用下处于最右端位置，此时主缸活塞皮碗 4 刚好位于进油孔 B 和补偿孔 A 之间。为保证活塞彻底复位，活塞 6 与推杆 8 之间必须保持 0.5~1 mm 的间隙（该间隙与自由间隙 Δ 之和，反映到踏板上即为离合器踏板的自由行程）。

当离合器分离时，踩下踏板，推杆 8 推动活塞 6 左移，至皮碗 4 关闭补偿孔 A 后，主缸内工作腔的油压开始升高，并经油管 26 传至工作缸Ⅱ的工作腔，推动工作缸活塞 20 连同分离拨叉推杆总成 19 右移，使离合器分离。由于主缸直径小于工作缸直径，油液推力将得到放大，从而使离合器踏板力能够减少。当需要离合器接合时，放松踏板，主缸活塞在其复位弹簧 3 的作用下右移回到原位，工作缸内油液回到主缸，油压下降，工作缸活塞 20 及分离拨叉推杆总成 19 在复位弹簧作用下复位。若迅速放松踏板，主缸活塞复位速度快，但由于油液在管路中流动有一定的阻力，复位较慢，使主缸活塞左腔形成一定的真空度。此时，储液室中的部分油液便经过进油孔 B、主缸活塞头部轴向小孔推开皮碗 4 进入工作腔弥补真空，待主缸活塞完全复位后，多余的油液便经补偿孔 A 流回到储油室。

（四）自动离合器简介

随着电子技术在汽车上的应用，一种自动离合器系统进入了汽车领域。这种由电子控制单元（ECU）控制的离合器已经应用在一些轿车上，使手动变速器换挡的一个重要步骤——离合器的分离与接合能够自动地适时完成，简化了驾驶员的操纵动作。

传统离合器分为机械式和液压式两种，自动离合器也分为两种，即机械电机式自动离合器和液压式自动离合器。机械电机式自动离合器的 ECU 汇集油门踏板、发动机转速传感器、车速传感器等信号，经处理后发送指令驱动伺服马达，通过拉杆等机械形式驱使离合器动作；液压式自动离合器则是由 ECU 发送信号驱动电动液压系统，通过液压操纵离合器动作。图 2-26 为液压式自动离合器的工作原理。下面主要介绍液压式自动离合器。

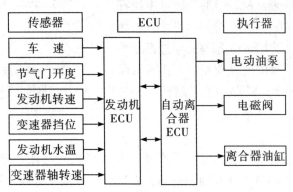

图 2-26　液压式自动离合器工作原理

液压式自动离合器是在目前通用的膜片弹簧式离合器的基础上增加了电子控制单元（ECU）和液压执行系统，将踏板操纵离合器油缸活塞改为由开关装置控制电动油泵去操纵离合器油缸活塞。

变速器控制单元（TCU）与发动机控制单元（ECU）是集成在一起的，根据油门踏板、变速器挡位、变速器输入/输出轴转速、发动机转速、节气门开度等传感器反馈信息，计算出离合器最佳的接合时间与速度。自动离合器的执行机构由电动油泵、电磁阀和离合器油缸组成，当 ECU 发出指令驱动电动油泵时，电动油泵产生的高压油液通过电磁阀输送到离合器油缸。通过 ECU 控制电磁阀的电流量来控制油液流量和油液的通道变换，实现离合器油缸活塞的移动，从而完成汽车启动、换挡时的离合器动作。

具有自动离合器装置的汽车与自动变速器（AT）和无级变速器（CVT）汽车相比，在运行经济性方面有优势，因为它的变速器还是手动变速器，因此油耗比较低，制造成本也低于 AT 和 CVT。

（五）基本维护与检修

1. 主要元件检修

1）主动部分

（1）飞轮的失效形式有工作面产生磨损、沟槽、翘曲、烧蚀甚至裂纹。检修时，应将工作面清洗干净，不应有机油或润滑脂，否则将产生离合器打滑现象；如有轻微沟槽，可进行打磨；当出现严重磨损、沟槽、烧伤、破裂或失去平衡时，应更换。

（2）离合器盖的失效形式有翘曲变形甚至裂纹。检修时，离合器盖接合面平面度误差应不大于 0.50 mm，否则应更换；目测离合器盖，若发现有裂纹，轻微可进行焊补，严重须更换。

（3）压盘的失效形式有工作面产生磨损、沟槽、翘曲、烧蚀甚至裂纹。检修时，压盘表面平面误差度不得超过 0.12 mm，否则应更换。压盘平面度误差可用图 2-27 所示的方法测量，将平面钢尺放置在压盘上用厚薄规在其缝隙处测量。翘曲变形主要是离合器打滑和分离不彻底使压盘过热而产生的。工作表面的轻微磨损，可用油石修平，磨损沟槽超过 0.5 mm 时应修整平面，压盘的极限减薄量不得大于 1 mm，修整后应进行静平衡试验。若压盘有严重的磨损或变形，甚至出现裂纹，磨削后厚度小于极限值，应更换新件。

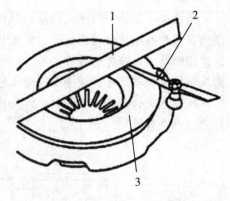

图 2-27 压盘平面度检查
1—平面钢尺；2—厚薄规；3—压盘

一般来说，主动部分很少出现损坏。

2）从动盘

从动盘是离合器的主要易损部件，其常见失效形式有摩擦片磨损、烧蚀、开裂，铆钉松动或外露；从动盘本体翘曲、开裂，铆钉松动；从动盘毂花键磨损；扭转减振器弹簧过软或折断。检修时，首先应将从动盘清洁干净，如表面有轻微油污，可用喷灯火焰烧去或用汽油清洗。表面的轻微烧焦可用砂纸打磨。如摩擦片烧焦面积大而深或有严重油污时，则需要换用新的从动盘。

（1）摩擦片磨损的检查可通过用游标卡尺测量铆钉头的深度来确定，如图 2-28 所示。铆钉头部的埋入深度不得少于 0.3 mm；否则，换用新从动盘。

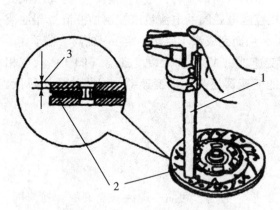

图 2-28 从动盘磨损的检查
1—卡尺；2—从动盘；3—铆钉头至断面深度

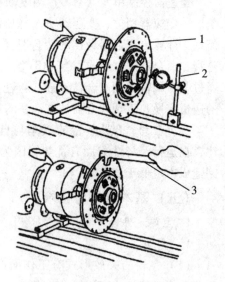

图 2-29 从动盘端面跳动的检修
1—从动盘；2—百分表；3—修理工具

（2）从动盘翘曲可通过测量从动盘的端面跳动量来检查。用百分表在距边缘 2.5 mm 处测量，其端面圆跳动不应大于 0.4 mm；否则，应校正或更换，如图 2-29 所示。

（3）从动盘毂花键磨损的检查如图2-30所示，将离合器从动盘装在变速器第一轴的花键轴上，检查从动盘的花键孔与变速器第一轴的花键轴的配合，不得有明显的轴向摆动和圆周摆动，但在轴上能顺利移动。

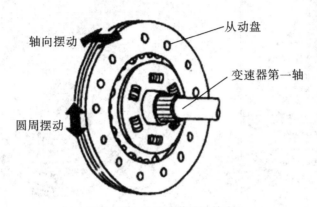

图2-30　从动盘花键孔检查

其他损坏可以直接用目视检查，若有明显故障，则更换新件。

3）压紧装置

（1）螺旋弹簧常见的失效形式有疲劳过软、弯曲甚至断裂。检修时，其自由长度与标准值比较不得小于2 mm，垂直度误差不得大于1 mm。

（2）膜片弹簧常见的失效形式有磨损、弯曲、弹力下降。膜片弹簧因长久负荷而疲劳，造成弯曲、磨损、开裂和弹力减弱，影响动力的传递。膜片弹簧磨损的测量如图2-31所示，用游标卡尺测量膜片弹簧内端（与分离轴承接触面）磨损的深度h和宽度b。奥迪100型轿车离合器膜片弹簧磨损深度极限为0.3 mm，超过极限应更换膜片弹簧。膜片弹簧弹力的检查如图2-32所示。膜片弹簧高度若减小太大，表明膜片弹簧弹力不足，必须更换。可用游标卡尺1检测膜片弹簧2的高度，其与标准值相差不应大于0.5 mm。膜片弹簧内端的高度差也不能超过0.5 mm，否则要进行弯曲调整。调整时，用专用工具把内端弯曲到正确的标准位置，如图2-33所示。调整后再测量一次，直到符合要求为止。

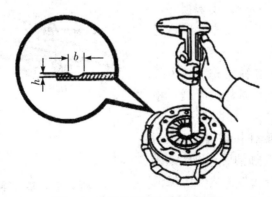

图2-31　膜片弹簧内端磨损测量

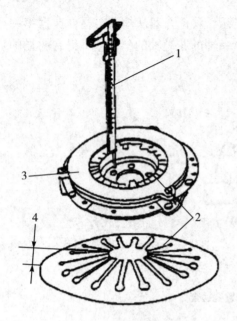
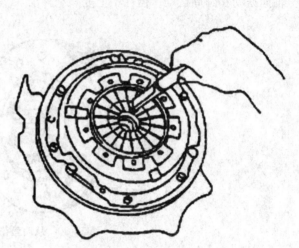

图 2-32 膜片弹簧高度测量

1—游标卡尺；2—膜片弹簧；3—压盘；
4—膜片弹簧高度

图 2-33 膜片弹簧内端高度调整

一般来说，压紧弹簧很少损坏。

4）操纵机构

（1）分离轴承是离合器的易损件，其失效形式有端面磨损、轴承发卡或异响。分离轴承内座圈磨损不得超过 0.30 mm，用手转动应灵活，无尖锐响声或卡滞现象。分离轴承为封闭式，不能拆卸清洗或加润滑剂，若损坏应换用新件。

（2）分离杠杆的失效形式有内端磨损、变形。检查时，若目测磨损严重或有明显变形，应更换（离合器盖及压盘总成）。

（3）分离拨叉等杆件的失效形式有连接处磨损或杆件变形。检修时，可晃动杆件，若感觉有明显松旷，更换相应杆件。若目测发现明显变形，可校正或更换。

（4）对于液压式操纵机构，其常见的失效形式是漏油。当主缸和工作缸出现活塞与缸筒的间隙超过 0.2 mm，皮碗损坏等情况时，将造成内泄漏，系统油压将无法达到正常值，应更换相应的零件。

（5）对于绳索式操纵机构，其失效形式主要是拉索容易磨损甚至断裂。检查离合器拉索的内线 3，如图 2-34 所示。用拉索注油器 2 套住拉索内线 3，用油壶 4 向拉索注油器 2 加油后，再旋动注油器螺栓 1，将机油压入拉索内，应保证内线 3 在外皮内滑动自如。

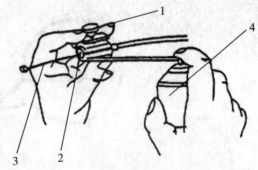

图 2-34 离合器拉索的检修

1—螺栓；2—拉索注油器；3—拉索内线；4—油壶

2. 离合器的装配

离合器的装配是在各机件全部修复后进行的重要工序，它直接影响着离合器的正常工作。各机件的装配程序应根据结构特点决定，一般装配程序如下。

（1）安装压盘、离合器盖、压盘弹簧和分离杠杆时，为了装合便利，应选用专用压具。

（2）安装离合器盖时要对好拆卸时做好的标记，分几次均匀地拧紧固定螺栓，直到达到规定转矩。

（3）弹簧长度和弹力应一致，如有部分弹簧长度较短，弹力稍弱又在允许范围内，则应将弹力较弱的弹簧均匀对称地排放。

（4）分离轴承、从动盘花键毂等处应涂少许钙基滑脂。

（5）保持各机件原安装部位和方向，应注意以下几点。

①从动盘的长短毂不允许装反。若有两从动盘，装配时，应短毂相对，面向中间压盘，否则无法装复。而带有扭转减振器的从动盘，有减振器的一方应向后，否则就会使从动盘与飞轮接合不好，引起离合器打滑。

②飞轮与离合器盖应对正记号装配，无记号应在拆卸前做好记号，以防影响动平衡。同时，在装配前应将从动盘套在变速器第一轴花键上，检查是否活动自如。否则，会产生离合器分离不彻底现象。

③为了保证曲轴与变速器的同轴度，以便安装，应用导向心轴做导杆，套上离合器总成，然后按一定顺序均匀拧紧飞轮与离合器盖的固定螺栓；或用专用工具将离合器总成与飞轮固定，如图 2-35 所示。

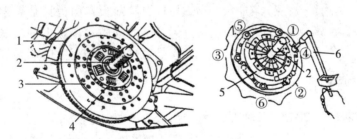

图 2-35　离合器的安装

1—飞轮；2—导向心轴；3—从动盘；4—减振弹簧；5—压盘组件；6—扭力扳手

④离合器装合后应进行动平衡试验，不平衡度应小于规定值。平衡后应在离合器盖或飞轮上做上记号。若离合器原装有平衡垫片的，应按原位装复。

3. 离合器的调整

1）离合器分离杠杆高度的调整

各分离杠杆与分离轴承接触平面，应在与飞轮工作平面平行的同一平面内，并且这个平面应与飞轮平面之间保持原厂规定的距离，以免离合器在分离与接合过程中产生压盘歪斜和分离距离不足，导致分离不彻底和起步发抖的现象。

离合器的结构形式不同，分离杠杆的调整方法也有差异。东风 EQ1090E 型汽车离合器是通过螺母进行调整，使四个分离杠杆的内端处在平行于飞轮端面的同一平面内，相差不得大于 0.2 mm。

2) 离合器踏板高度的调整

离合器踏板高度的调整如图 2-36 所示，拧松锁紧螺母，转动止动螺栓至规定高度。离合器踏板高度可用直尺测量，国产货车一般是 180~190 mm，桑塔纳 2000 系列轿车为 130~140 mm。

3) 离合器踏板自由行程的调整

离合器踏板自由行程是指踏板踩下一定行程而离合器将要起分离作用时的踏板高度与自由状态下的高度之差。离合器踏板自由行程的调整是为了获得合适的离合器自由间隙，以使离合器正常工作。

离合器踏板自由行程的测量方法是用直尺先测出踏板在完全放松时的高度，再测出用手掌推下踏板感觉有阻力时的高度，前后两数值之差就是自由行程值。东风 EQ1090E 型汽车为 30~40 mm，一汽奥迪、上海桑塔纳、神龙富康轿车为 15~25 mm。

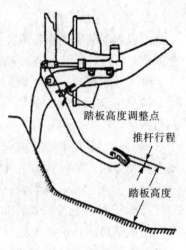

图 2-36 检查离合器踏板高度

(1) 杆式机械操纵机构的离合器自由行程的调整，一般都是调整踏板拉杆上的调整螺母，以改变分离轴承与分离杠杆间的间隙。

桑塔纳等汽车离合器采用的是绳索式机械操纵机构，其踏板自由行程是拉索及分离装置各连续部件的间隙在踏板上的反映。自由行程的调整是通过绳索外套上的调整螺母来改变拉索长度的，如图 2-37 所示。

(2) 对采用液压操纵机构的离合器，其踏板自由行程的调整方法如下。

① 用扳手松开离合器工作缸推杆上的锁紧螺母，调长拉杆，离合器踏板自由行程减小；反之，离合器踏板自由行程增大（图 2-38）。

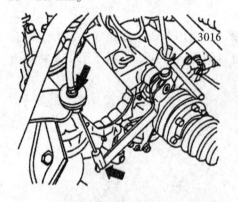

图 2-37 桑塔纳轿车离合器自由行程的调整

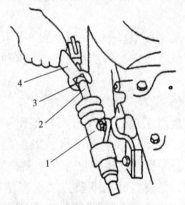

图 2-38 液压操纵式离合器踏板自由行程的调整（一）
1—工作缸；2—工作缸推杆；3—锁紧螺母；4—扳手

②用扳手松开离合器踏板臂上连接离合器主缸推杆的偏心螺栓的锁紧螺母,转动偏心螺栓,使偏心螺栓转至左方,则离合器踏板自由行程减小;反之,离合器踏板行程增大,调整好后拧紧偏心螺栓的锁紧螺母(图2-39)。

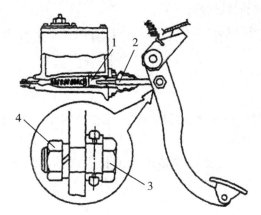

图2-39 液压操纵式离合器踏板自由行程的调整(二)
1—主缸活塞;2—主缸推杆;3—偏心螺栓;4—锁紧螺母

(六) 常见故障诊断

汽车在使用过程中,经常需要踏下和松开离合器踏板,使离合器分离或接合而经历滑转状态,加之操作不当,因而离合器的技术状况会逐步变坏,产生打滑、分离不彻底、异响和抖动等异常现象。

1. 离合器打滑

1) 故障现象

(1) 当汽车起步时,完全放松离合器踏板,发动机的动力不能完全传至变速器输入轴,使汽车动力下降,油耗增加和起步困难。

(2) 汽车加速时,车速不能随发动机转速提高而加快,以及行驶无力。

(3) 当负载上坡时,打滑较明显,严重时,会从离合器内散发出焦臭味。

2) 故障原因

(1) 离合器踏板自由行程太小或没有,分离轴承经常压在离合器分离杠杆上,使压盘处于分离状态。

(2) 压盘弹簧过软或折断。

(3) 摩擦片磨损变薄、硬化,铆钉外露或沾有油污。

(4) 离合器和飞轮连接螺钉松动。

3) 故障诊断与排除

(1) 拉紧驻车制动器,挂上低速挡,慢慢放松离合器踏板徐徐加大油门,若汽车不动,发动机仍继续运转而不熄火,说明离合器打滑。

(2) 检查离合器踏板自由行程,如不符合规定,应予调整。

(3) 若自由行程正常,应拆下离合器底盖检查离合器与飞轮螺钉是否松动,如松动应拧紧;如不松动应检查离合器盖与飞轮之间有无调整垫片,并视情况减少或拆除垫片再予拧紧。

（4）经上述检查排除后仍然打滑时，应拆下离合器检查从动盘的状况。若有油污，一般应拆下用汽油清洗并烘干，然后找出油污来源，并设法排除。若从动盘磨损过薄或有铆钉头外露，应更换从动盘。

（5）如从动盘完好，则应分解离合器，检查压盘弹簧弹力。若弹力减少，应予更换。

2. 离合器分离不彻底

1）故障现象

（1）当汽车起步时，将离合器踏到底仍感挂挡困难，虽强行挂入，但不抬踏板汽车就向前驶动或造成发动机熄火。

（2）当汽车行驶时，变速器挂挡困难或挂不进挡，并从变速器端发出齿轮撞击声。

2）故障原因

（1）离合器踏板自由行程过大。

（2）分离杠杆内端不在同一平面上，个别分离杠杆或调整螺钉折断。

（3）离合器从动盘翘曲、铆钉松脱或新换的从动盘过厚。

（4）从动盘毂键槽与变速器第一轴键齿锈蚀，使从动盘移动困难。

3）故障诊断与排除

（1）将变速杆放到空挡位置，踏下离合器踏板，用螺丝刀推动离合器从动盘。若能轻推动，说明离合器能分离开；若推不动说明离合器分不开。

（2）检查调整离合器踏板自由行程，如自由行程过大，则要重新调整。

（3）检查分离杠杆高低是否一致，及分离杠杆支架螺栓是否松动。必要时进行调整或拧紧。

（4）如新换从动盘过厚，可在离合器盖与飞轮间增加适当厚度的垫片予以调整，但各垫片厚度应一致。

（5）如经过上述检查调整仍无效时，应将离合器拆下分解，检查各机件的技术状况，必要时予以修理或换件。

3. 离合器异响

1）故障现象

在使用离合器时，有不正常的响声产生。

2）故障原因

（1）分离轴承磨损严重或缺油，轴承复位弹簧过软、折断或脱落。

（2）分离杠杆支承销孔磨损松旷。

（3）从动盘本体铆钉松动，本体碎裂或减振弹簧折断。

（4）踏板复位弹簧过软、脱落或折断。

（5）从动盘毂与变速器第一轴花键磨损严重。

3）故障诊断与排除

（1）少许踩下离合器踏板，使分离杠杆与分离轴承接触，听到有"沙沙"的响声，为分离轴承响。如加油后仍响，为轴承磨损松旷或损坏。检查分离轴承，如损坏或磨损过大，应换用新的轴承。

（2）踩下、放松离合器踏板时，如出现间断的碰击声，为分离轴承前后滑动响。应检查分离轴承复位弹簧，如失效，应更换。

（3）将踏板踩到底时发响，放松踏板响声消失，为离合器传动销与销孔磨损松旷。检查传动销的磨损，如磨损过大，应更换。

（4）连踩踏板，在离合器刚接触或分开时响，应检查分离杠杆或支架销与孔磨损是否松旷，或铆钉松动和从动盘铆钉外露，如有则更换。

（5）发动机一启动就有响声，将踏板提起后响声消失，为踏板复位弹簧失效，应更换压紧弹簧（注意：所有弹簧同时更换）。

4. 起步时发抖

1）故障现象

汽车起步时，经常不能平稳接合，使车身发生抖动。

2）故障原因

（1）分离杠杆内端高低不一。

（2）压盘或从动盘翘曲，或从动盘铆钉松动。

（3）压紧弹簧力不均。

（4）变速器与飞轮固定螺钉松动。

3）故障诊断与排除

（1）让发动机怠速运转，挂上低速挡，慢慢松离合器踏板并加大加速踏板起步，如车身有明显抖动，为离合器发抖。

（2）检查变速器与飞轮壳、离合器盖飞轮固定螺钉是否松动，有松动则紧固；如正常，检查分离杠杆高度。

（3）拆下离合器盖测量各分离杠杆高度是否一致，如不一致则调整。

（4）如无上述情况，拆下离合器，分别检查压盘、从动盘是否变形，如变形，则更换；检查从动盘铆钉是否松动，各压紧弹簧的弹力是否在允许范围之内。

四、知识链接：离合器拆装与检查

下面以丰田COROLLA轿车为例，介绍其离合器的拆装与检查。

（一）离合器结构

2007款丰田COROLLA轿车离合器的结构如图2-40、图2-41、图2-42所示。

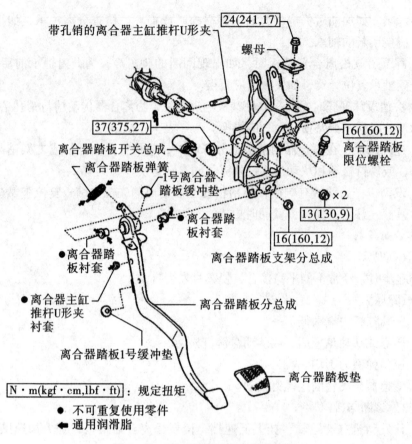

图2-40 离合器踏板及支架装配图

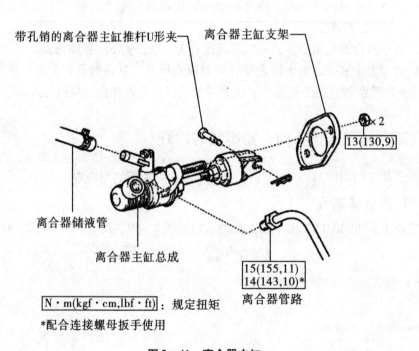

图2-41 离合器主缸

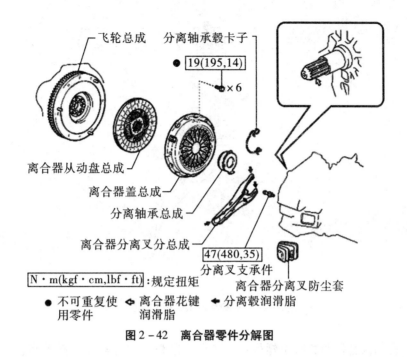

图 2-42 离合器零件分解图

（二）离合器踏板的拆装与检查

1. 离合器踏板的拆卸

（1）从蓄电池负极端子断开电缆。

注意：断开电缆后等待 90 s，以防止气囊展开。

（2）拆卸仪表板左下装饰板、右下装饰板、左端装饰板、右端装饰板。

（3）拆卸中央仪表板调风器总成、仪表组装饰板总成、组合仪表总成、左侧前柱装饰板、右侧前柱装饰板、仪表板下装饰板总成，断开左前车门开口装饰密封条。

（4）拆卸手套箱盖总成，拆卸仪表板 1 号箱盖分总成，断开右前车门开口装饰密封条。

（5）断开仪表板线束总成，拆卸上仪表板分总成、仪表板 1 号底罩分总成。

（6）拆卸前大灯光束高度调整 ECU 总成（HID 前大灯），分离主车身 ECU（仪表板接线盒）：拆下 2 个螺钉并分离主车身 ECU；断开连接器：断开离合器踏板开关连接器。

（7）拆卸带孔销的离合器主缸推杆 U 形夹：拆下卡子和孔销，如图 2-43 所示。

（8）拆卸离合器踏板支架分总成：

①拆下 2 个螺母、螺栓（如图 2-44 箭头所示）和离合器踏板支架分总成；

②从离合器踏板支架分总成上拆下螺母。

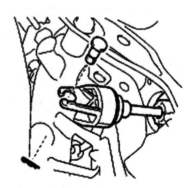

图 2-43 拆卸离合器主缸推杆 U 形夹的卡子和孔销

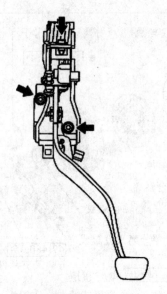

图2-44 拆卸离合器踏板支架分总成

（9）拆卸离合器踏板限位螺栓：从离合器踏板支架分总成上拆下离合器踏板限位螺栓，如图2-45（a）所示。拆卸离合器踏板弹簧，如图2-45（b）所示。拆卸离合器踏板分总成：拆下螺栓和螺母，如图2-45（c）箭头所示，从离合器踏板支架上拆下离合器踏板分总成。

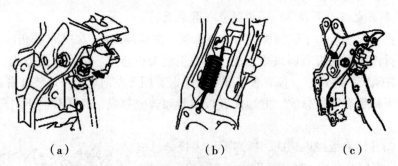

(a)　　　　　(b)　　　　　(c)

图2-45 拆卸离合器踏板限位螺栓和弹簧

（10）拆卸离合器踏板垫：从离合器踏板分总成上拆下离合器踏板垫。

（11）拆卸离合器踏板衬套：从离合器踏板上拆下2个衬套。

（12）拆卸离合器踏板1号缓冲垫：用尖嘴钳从离合器踏板分总成上拆下2个离合器踏板1号缓冲垫。

（13）拆卸离合器主缸推杆U形夹衬套：用8 mm六角扳手和锤子从离合器踏板分总成上拆下U形夹衬套，如图2-46所示。

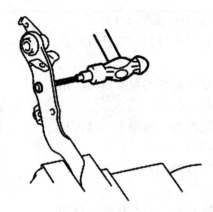

图 2-46 拆卸离合器主缸推杆 U 形夹衬套

（14）拆卸离合器踏板开关总成：从离合器踏板支架分总成上拆下螺母和离合器踏板开关总成。

2. 离合器踏板的检查与调整

1）检查并调整离合器踏板高度

（1）翻起地毯。

（2）检查并确认踏板高度正确，如图 2-47 所示。踏板距离地板的正确高度范围为 143.6～153.6 mm。

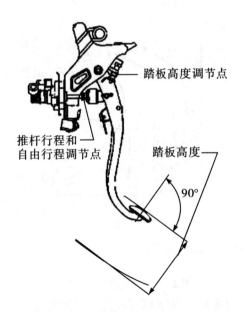

图 2-47 离合器踏板高度的检查与调整

（3）松开锁紧螺母并转动限位螺栓直至获得正确高度。

（4）拧紧锁紧螺母，扭矩为为 16 N·m。

2）检查离合器踏板自由行程和推杆行程

（1）检查并确认踏板自由行程和推杆行程正确，如图2-48所示。

①踩下踏板直至开始感觉到离合器阻力。踏板自由行程为5.0~15.0 mm。

②轻轻踩下踏板直至阻力开始增大。踏板顶端处的推杆行程为1.0~5.0 mm。

（2）如有必要，调整踏板自由行程和推杆行程。

①松开锁紧螺母并转动推杆直至获得正确的自由行程和推杆行程。

②拧紧锁紧螺母，扭矩为12 N·m。

③调整好踏板自由行程后，检查踏板高度。

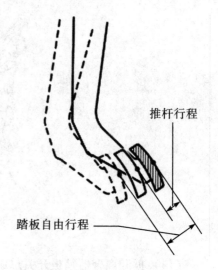

图2-48 检查离合器踏板自由行程和推杆行程

3）检查离合器分离点

（1）拉紧驻车制动杆并安装车轮止动楔。

（2）启动发动机并使其怠速运转。

（3）未踩下离合器踏板时，缓慢移动换挡杆至倒挡位直至齿轮接触。

（4）逐渐踩下离合器踏板，并测量从齿轮噪音停止点（分离点）到踏板行程终点位置的行程距离，如图2-49所示。

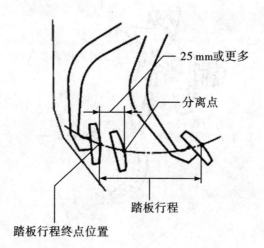

图2-49 检查离合器分离点

标准距离为25 mm或更长（从踏板行程终点位置到分离点）。如果该距离不符合规定，则执行以下程序：

①检查踏板高度；

②检查推杆行程和踏板自由行程；

③对离合器管路进行放气；

④检查离合器盖和离合器盘。

3. 离合器踏板的安装

（1）安装离合器踏板开关总成。用螺母将离合器踏板开关总成安装至离合器踏板支架分总成，扭矩为 16 N·m。

（2）安装离合器开关总成（带巡航控制系统）。用螺母将离合器开关总成安装至离合器踏板支架分总成，扭矩为 16 N·m。

（3）安装离合器主缸推杆 U 形夹衬套：

①在新 U 形夹衬套内层涂抹通用润滑脂；

②将 U 形夹衬套安装至离合器踏板分总成。

❋ 注意：从车辆左侧安装 U 形夹衬套。

（4）安装离合器踏板 1 号缓冲垫。用尖嘴钳将 2 个离合器踏板 1 号缓冲垫安装至离合器踏板分总成。

（5）安装离合器踏板衬套：

①在 2 个新衬套两侧涂抹通用润滑脂，如图 2-50（a）箭头所示；

②将 2 个衬套安装至离合器踏板。

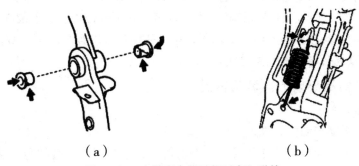

（a） （b）

图 2-50 安装离合器踏板衬套和弹簧

（6）安装离合器踏板垫。将离合器踏板垫安装至离合器踏板分总成。

（7）安装离合器踏板分总成。用螺栓和螺母将离合器踏板分总成安装至离合器踏板支架分总成，扭矩为 37 N·m。

❋ 注意：从车辆右侧安装螺栓。

（8）安装离合器踏板弹簧：

①在弹簧滑动部位涂抹通用润滑脂，如图 2-50（b）箭头所示。

②安装离合器踏板弹簧。

（9）安装离合器踏板限位螺栓。安装离合器踏板限位螺栓，使其底部接触到离合器踏板缓冲垫。

❋ 注意：调整离合器踏板时将锁紧螺母紧固至规定扭矩。

（10）安装离合器踏板支架分总成：

①将螺母安装至离合器踏板支架分总成；

②用 2 个螺母和螺栓安装离合器踏板支架分总成，扭矩为螺栓 24 N·m、螺母 13 N·m。

(11) 安装带孔销的离合器主缸推杆 U 形夹:
①将带孔销的 U 形夹连接至离合器踏板分总成;
②将卡子安装至孔销。

注意:从车辆右侧安装孔销。

(12) 连接连接器:
①连接离合器踏板开关连接器(带巡航控制系统);
②连接离合器开关总成连接器。

(13) 安装主车身 ECU(仪表板接线盒),调整前大灯光束高度和 ECU 总成(HID 前大灯)。

(14) 检查并调整离合器踏板分总成。

(15) 安装仪表板十号底罩分总成、仪表板分总成。

(16) 连接仪表板线束总成,连接左前车门开口装饰密封条,安装仪表板下装饰板总成,连接右前车门开口装饰密封条,安装仪表板 1 号箱盖分总成、手套箱盖总成、左侧前柱装饰板、右侧前柱装饰板。

(17) 安装组合仪表总成,安装仪表组装饰板总成,安装中央仪表板调风器总成,安装仪表板左端装饰板、右端装饰板,安装仪表板左下装饰板、右下装饰板。

(18) 将电缆连接至蓄电池负极端子,执行初始化,检查 SRS 警告灯。

(19) 检查离合器踏板开关总成。

(三) 离合器总成的拆装与检查

1. 离合器拆卸

(1) 拆下手动传动桥总成。

(2) 拆卸离合器分离叉分总成。从手动传动桥上拆下带离合器分离轴承的离合器分离叉,如图 2-51(a)所示。

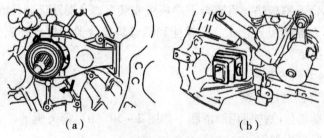

图 2-51 拆下离合器分离叉和防尘套

(3) 拆卸离合器分离叉防尘套。从手动传动桥上拆下离合器分离叉防尘套,如图 2-51(b)所示。

(4) 拆卸离合器分离轴承总成。从离合器分离叉上拆下分离轴承和卡子,如图 2-52 所示。

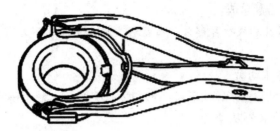

图 2-52 拆下分离轴承和卡子

(5) 拆卸分离叉支承件。从手动传动桥上拆下分离叉支承件,如图 2-53 所示。

图 2-53 拆下分离叉支承件

(6) 拆卸离合器盖总成:
①在离合器盖总成和飞轮分总成上做好装配标记,如图 2-54 所示;
②每次将各固定螺栓拧松一圈,直至弹簧张力被完全释放;
③拆下固定螺栓并拉下离合器盖。

❗ 注意:不要跌落离合器从动盘。

装配标记

图 2-54 做好装配标记

(7) 拆下离合器盘总成。

注意：使离合器盘总成衬片部分、压盘和飞轮分总成表面远离油污和异物。

2. 离合器检查

1）检查离合器从动盘

(1) 用游标卡尺测量铆钉头深度，如图 2-55 所示。最小铆钉深度为 0.3 mm，如超过极限值，更换离合器从动盘。

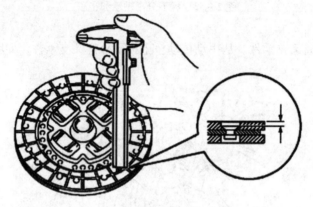

图 2-55　测量铆钉头深度

(2) 将离合器从动盘安装至传动桥总成。注意离合器从动盘的安装方向。

(3) 用百分表测量离合器从动盘的径向跳动，如图 2-56 所示。最大径向跳动为 0.8 mm，如超过极限值，更换离合器从动盘。

图 2-56　测量离合器盘总成的径向跳动

2）检查离合器盖总成

用游标卡尺测量膜片弹簧磨损的深度和宽度，如图 2-57 所示。A（深度）的最大值为 0.5 mm，B（宽度）的最大值为 6.0 mm，如超过极限值，更换离合器盖总成。

图2-57 测量膜片弹簧的磨损

3) 检查飞轮分总成

用百分表测量飞轮分总成的径向跳动,如图2-58所示。最大径向跳动为0.1 mm,如果超过极限值,更换飞轮。

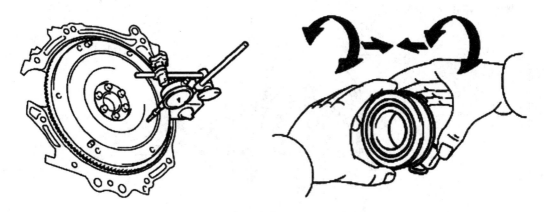

图2-58 测量飞轮分总成的径向跳动　　　　图2-59 检查分离轴承

4) 检查离合器分离轴承总成

(1) 在轴向施力时,旋转离合器分离轴承总成的滑动部件(与离合器盖的接触面),检查并确认离合器分离轴承总成移动平稳且无异常阻力,如图2-59所示。

(2) 检查离合器分离轴承总成是否损坏或磨损。如有必要,更换分离轴承总成。

3. 离合器安装

1) 安装离合器从动盘

将SST插入离合器从动盘,然后将它们一起插入飞轮分总成,如图2-60所示。

注意:按正确方向插入离合器从动盘。

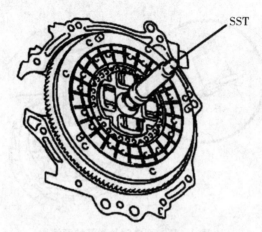

图 2-60　用导向心轴固定离合器盘

2）安装离合器盖总成

（1）将离合器盖总成上的装配标记和飞轮分总成上的装配标记对准。

（2）按照如图 2-61 所示的步骤，从位于顶部锁销附近的螺栓开始，按顺序拧紧 6 个螺栓。扭矩为 19 N·m。

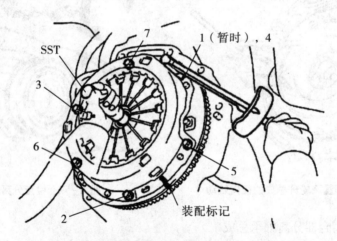

图 2-61　离合器盖螺栓的紧固
1~6—螺栓拧紧顺序

注意：①按照如图 2-61 所示的顺序，每次均匀拧紧一个螺栓；②检查并确认盘位于中心位置后，上下左右轻微地移动 SST 然后拧紧螺栓。

3）检查并调整离合器盖总成

（1）用带滚子仪的百分表检查膜片弹簧顶端高度偏差，如图 2-62 所示。最大偏差为 0.9 mm。

（2）如果偏差不符合规定，用 SST 调整膜片弹簧顶端高度偏差，如图 2-63 所示。

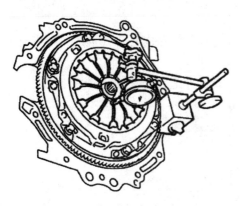 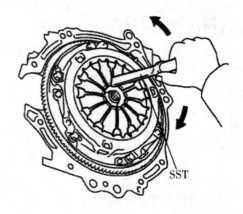

图2-62 检查膜片弹簧顶端高度偏差　　图2-63 调整膜片弹簧顶端高度偏差

4）安装分离叉支承件

将分离叉支承件安装至传动桥总成，扭矩为37 N·m。

5）安装离合器分离叉防尘套

将离合器分离叉防尘套安装至手动传动桥。

6）安装离合器分离叉分总成

（1）在分离叉和分离轴承总成、分离叉和推杆、分离叉和叉支承件间的接触面上涂抹分离毂润滑脂，如图2-64所示的箭头部位。

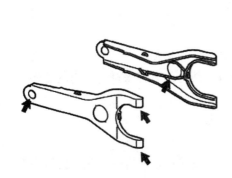 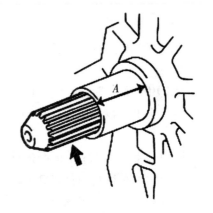

图2-64 润滑脂部位　　图2-65 输入轴花键涂抹润滑脂部位

（2）用卡子将分离叉安装至分离轴承总成。

7）安装离合器分离轴承总成

（1）在输入轴花键上涂抹离合器花键润滑脂，如图2-65所示的箭头部位。

注意：不要在图2-65所示的A部位涂抹润滑脂。

（2）将带分离叉的离合器分离轴承安装至传动桥总成。

注意：安装完毕后前后移动分离叉，以检查分离轴承是否滑动平稳。

最后，安装手动传动桥总成。

(四)离合器放气

如果要对离合器系统进行任何操作或怀疑离合器管路内有空气进入,则应对离合器液压系统进行放气。

注意: 如果离合器油接触到任何涂漆表面,请立即进行清洗。

具体步骤如下:

(1) 对制动液储液罐进行加注。

(2) 对离合器管路进行放气:

①拆下放气螺塞盖;

②将塑料管连接至放气螺塞;

③踩下离合器踏板数次,并在踩下踏板时松开放气螺塞;

④离合器油不再外流时,拧紧放气螺塞,然后松开离合器踏板;

⑤重复前两步操作直至离合器油中的空气全部放出;

⑥拧紧放气螺塞,扭矩为 8.3 N·m;

⑦安装放气螺塞盖;

⑧检查并确认离合器管路中的空气已全部放出。

(3) 检查储液罐中的制动液液位。

五、自我测试题

(一)判断题

1. EQ1090E 的离合器不管是处于接合还是分离状态,其压紧弹簧均处于压缩状态。( )

2. EQ1090E 长期行驶后,其离合器踏板自由行程将变大。( )

3. 离合器压盘和离合器盖之间一般采用窗口-凸台的方式来进行动力的传递。( )

4. 离合器摩擦片沾油或磨损过大会引起离合器打滑。( )

5. 离合器踏板自由行程过小,会造成离合器分离不彻底。( )

6. 在离合器使用过程中,不允许摩擦片与飞轮及压盘之间有任何相对打滑现象。( )

7. 离合器在操纵时,应使分离过程和接合过程迅速完成。( )

8. 在离合器中,压盘与离合器盖连接,因此不能做轴向移动。( )

9. 车辆行驶中踩下离合器踏板,离合器从动盘处于旋转状态。( )

10. 装配时,从动盘扭转减振器凸出一侧应朝向飞轮。( )

(二)选择题

1. 在下面的语句中,与图 2-66 中的 a 部分相对应的是( )。

　　A. 离合器壳　　　　　　　　B. 离合器踏板
　　C. 离合器分离泵　　　　　　D. 离合器总泵

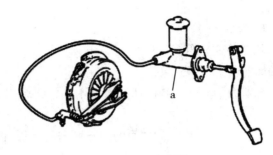

图 2-66 离合器

2. 对于离合器应满足的要求,下列说法正确的是（　　）。
   A. 分离迅速彻底　　　　　　B. 接合柔和平顺
   C. 从动部分转动惯量应尽量大　D. 具有合适的转矩储备能力

3. 对于离合器,下列说法正确的是（　　）。
   A. 车辆行驶时分离套筒处于旋转状态
   B. 若不踩离合器,退挡操作将费劲
   C. 当紧急制动时,离合器可能会打滑
   D. 膜片弹簧离合器不需调整分离杠杆高度

4. 对于离合器,下列说法正确的是（　　）。
   A. 若离合器分离杆杠高度不一,将导致离合器分离不彻底
   B. 若从动盘质量太大,将导致换挡时同步时间加长
   C. 若从动盘质量太大,将导致换挡时退挡费劲
   D. 若曲轴后油封损坏,将可能导致离合器打滑

5. 离合器从动盘安装在（　　）上。
   A. 发动机曲轴　　　　　B. 变速器输入轴
   C. 变速器输出轴　　　　D. 变速器中间轴

6. 离合器从动盘中减振器弹簧的作用是（　　）。
   A. 减少振动　　　　　　B. 压紧压盘的机械力
   C. 吸收扭力　　　　　　D. 缓和冲击

7. 在讨论离合器压盘时,技师甲说压盘将离合器从动盘压在飞轮上,技师乙说压盘离开离合器从动盘后将使离合器从动盘停止转动,则（　　）。
   A. 甲正确　　　　　　　B. 乙正确
   C. 两人均正确　　　　　D. 两人均不正确

8. 离合器接合时,压盘表面与（　　）接触。
   A. 变速器主轴　　　　　B. 分离轴承
   C. 离合器从动盘　　　　D. 飞轮

9. 离合器踏板自由行程过大,会造成离合器（　　）。
   A. 打滑　　　　　　　　B. 分离不彻底
   C. 启动发抖　　　　　　D. 异响

(三) 填空题

1. 离合器的作用是传递力矩、_____、_____、_____和减振器。
2. EQ1090E 的离合器主动部分包括_____、_____、压盘。
3. EQ1090E 离合器为了消除分离杠杆的运动干涉，在结构上采用了_____和_____的形式。
4. 为了消除_____和_____之间的间隙所需的踏板行程，即为离合器踏板自由行程。
5. 膜片弹簧离合器的膜片弹簧可兼起压紧弹簧和_____的作用。由于其特殊的弹性特性，在离合器进行分离操纵时，膜片弹簧离合器具有_____的特点；当从动盘磨损后，膜片弹簧离合器具有_____的特点。
6. 带扭转减振器的离合器从动盘是通过_____来传递力矩、缓和冲击，通过_____来吸收能量、衰减振动的。

(四) 简答题

1. 汽车传动系统中为什么要装离合器？
2. 相比螺旋弹簧离合器，膜片弹簧离合器有何性能优点？
3. 离合器的操纵机构有哪些类型，各有何特点？

拓展与思考：双质量飞轮技术

在离合器上设置扭转减振器存在两个方面的局限性：一是不能使发动机到变速器之间的固有频率降低到怠速转速以下，即不能避免在怠速转速时产生共振的可能；二是由于离合器从动盘中弹簧转角受到限制，弹簧刚度无法降低，减振效果比较差。为了解决这两个问题，更有效地达到隔振和减振的目的，双质量飞轮就应运而生了。

双质量飞轮是 20 世纪 80 年代末在汽车上出现的新配置，英文缩写为 DMF（Double Mass Flywheel）。双质量飞轮在减轻高性能车的空挡齿轮噪声、提高手动变速效果方面性能卓越，在重载柴油卡车上也能起到阻止扭转力突然变大、防止变速齿轮损坏等重要作用。目前，随着双质量飞轮技术的深入研发，双质量飞轮对降低燃油消耗和二氧化碳排放，及提升舒适性以满足当前商用车的要求作出了显著贡献。

20 世纪 90 年代以来，双质量飞轮在欧洲得到广泛推广，已从高级轿车推广到中级轿车。在欧洲，几乎每三辆乘用车中就有一辆使用这种有效的减振技术。2008 年，舍弗勒集团成员、离合器和变速器领域的专业厂家 LuK 公司发明的装有离心摆式吸振器的双质量飞轮在宝马 330d 和宝马 320d 的高效运动版车型中首次亮相，该产品即使在低速行驶过程中也具有空前的平稳性。

在国内，一汽大众的宝来手动挡轿车也率先采用了双质量飞轮。2012 款斯柯达昊锐、2012 款陆风 X8 探索版 2.0T 柴油款上都配置了双质量飞轮。

请你搜集有关双质量飞轮技术的相关资料，说明其基本结构与工作原理。

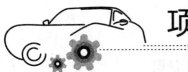

项目三

变速器维修

一、项目描述

汽车在行驶过程中,变速器担负着变速、变扭、变向的任务,以适应各种复杂条件的需要。在这个过程中,变速器频繁换挡,并经常在大负荷、高转速的状态下工作。为了使变速器保持良好的工作状态,就必须对其定期进行维护保养。随着行驶里程的增加,变速器的零件磨损、变形随之增加,这样就会出现一系列故障。为了消除故障,就要对变速器进行拆装维修。要进行维护和修理,需要学习变速器的基本构造和工作原理。通过本项目的学习,应能达到以下要求。

1. 知识要求
(1) 熟悉变速器的种类与作用。
(2) 熟悉前驱动桥的拆卸与装配方法。
(3) 熟悉变速器总成的分解组装方法。
(4) 掌握变速器变速传动机构的基本结构与工作原理。
(5) 熟悉变速器变速操纵机构的基本结构与工作原理。
(6) 掌握同步器的类型、作用,并熟悉其工作原理。
(7) 了解变速器常见故障的诊断与排除方法。

2. 技能要求
(1) 能够按正确的方法进行变速器变速杆的操纵。
(2) 能够按正确的方法对变速器进行正常的维护。
(3) 能够按正确的方法从整车上对变速器总成进行拆卸与装配。
(4) 能够按正确的方法对变速器总成进行分解与组装。
(5) 能够按正确的方法对变速器的主要元件进行检查。

3. 素质要求
(1) 能按照5S要求,对工具、场地进行整理。
(2) 选择和使用工具合理规范。
(3) 拆装工艺合理,操作规范。
(4) 技术要求符合维修手册。
(5) 安全文明生产,保证工具、设备和自身安全。
(6) 与同学精诚合作,相互帮助,共同进步。

二、项目实施

 任务一 变速器拆装与认识

1. 训练内容
(1) 在菲亚特派力奥轿车上进行变速器总成的拆卸与装配。
(2) 在台架上对捷达轿车020型变速器总成进行分解及组装。
(3) 在台架上对东风EQ1090E的变速器总成进行分解与组装。
(4) 完成并填写学习工作单的相关项目。
(5) 学习汽车变速器结构与原理的相关知识。

2. 训练目标
(1) 熟悉变速器的种类与作用。
(2) 熟悉前驱动桥的拆卸与装配方法。
(3) 熟悉变速器总成的分解组装方法。
(4) 掌握变速器变速传动机构的基本结构与工作原理。
(5) 熟悉变速器变速操纵机构的基本结构与工作原理。
(6) 掌握同步器的类型、作用并熟悉其工作原理。

3. 训练设备
(1) 菲亚特派力奥轿车四部。
(2) 捷达轿车020型变速器台架六台。
(3) 东风变速器总成六台。
(4) 常用工具六套。
(5) 专业工具若干。

4. 训练步骤
1) 相关知识学习
通过课堂教学和学生的课外自学,学习汽车变速器变速齿轮机构的基本组成及结构原理,同步器的基本组成及结构原理,变速操纵机构的基本组成及结构原理。
2) 东风EQ1090E变速器总成的分解
分解时注意操作安全,工具使用要规范。具体步骤参见维修手册。
(1) 变速器置于空挡。
(2) 拆下变速器盖及操纵机构。熟悉变速器各挡位的动力传递路线。
(3) 拆下第一轴。
(4) 拆下第二轴并分解轴上的齿轮和同步器。熟悉同步器的结构及工作原理。
(5) 拆下倒挡轴。
(6) 拆下中间轴并分解轴上的齿轮。
(7) 解体变速器盖中的操纵机构。仔细观察定位锁止装置的结构特点。

（8）清洗各元件。

3）东风 EQ1090E 变速器总成的组装

（1）中间轴总成的装配。

（2）倒挡轴总成的装配。

（3）第二轴总成的装配。

①组装同步器总成。

②同步锥盘的装配。

③第二轴总成的装配。

（4）第一轴总成的装配。

（5）变速器后盖总成的装配。

（6）变速器本体的装配。

（7）变速器上盖总成的装配。

（8）变速器顶盖的装配。

（9）变速器总成的安装。

①变速器上盖的安装。

②安装变速器顶盖。

③安装手制动器总成。

④装好手制动操纵杆及其全部零件。

⑤安装取力孔盖板。

⑥安装离合器外壳。

4）捷达轿车 020 型变速器总成的分解

捷达轿车 020 型变速器结构如图 3-1 所示。

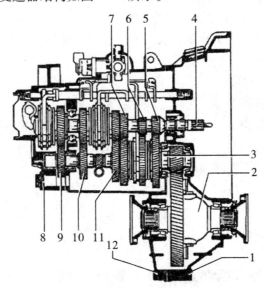

图 3-1 捷达轿车 020 型变速器结构

1—离合器壳体；2—差速器；3—输出轴；4—输入轴；5——挡齿轮；6—倒挡齿轮；7—二挡齿轮；
8—变速器壳体后盖；9—五挡齿轮；10—四挡齿轮；11—三挡齿轮；12—变速器壳体

（1）拆卸变速器壳体。
（2）拆卸并分解输入轴。
（3）拆卸并分解输出轴。
（4）拆卸差速器。
（5）认识变速器的各元件，熟悉其动力传递路线。
（6）认识变速器的同步器，熟悉其结构及工作原理。
注意操作的安全性，具体步骤参见维修手册。

5）捷达轿车020型变速器总成的组装
（1）安装差速器。
（2）组装并装配输出轴。
（3）组装并装配输入轴。
（4）装配变速器壳体。
注意操作的安全性，具体步骤参见维修手册。

6）菲亚特派力奥轿车变速器总成的拆卸
（1）将菲亚特派力奥轿车开上举升机，断开蓄电池，并顶起。
（2）拆下车轮。
（3）拆下半轴。
（4）拆卸变速器上的附属电气插头。
（5）将液压千斤顶置于变速器总成下面。
（6）松开变速器与车架的固定螺栓，将变速器放置在千斤顶上。
（7）缓慢放下千斤顶，抬出变速器总成。
注意操作的安全性，具体步骤参见维修手册。

7）菲亚特派力奥轿车变速器总成的装配
将菲亚特派力奥轿车的变速器总成装配上整车，顺序与拆卸时相反，注意操作的安全性，具体步骤参见维修手册。

5. 任务细分
（1）基本认识变速器。
（2）认识三轴式变速器。
（3）认识两轴式变速器。
（4）认识变速传动机构辅助装置。
（5）无同步器换挡过程。
（6）认识同步器。
（7）认识换挡操纵机构。
（8）认识分动器。
（9）捷达变速器维护与检测方案设计（课外）。
（10）东风变速器拆装与认识训练。
（11）东风变速器拆装与认识考核。
（12）捷达变速器维护与检测方案汇报。

（13）捷达变速器拆装与认识训练。

任务二　变速器使用与维修

1. 训练内容

（1）在菲亚特派力奥轿车上对变速器进行维护。

（2）在菲亚特派力奥轿车上进行变速器挡位变换的操作。

（3）对捷达轿车020型变速器主要元件进行检查。

（4）完成并填写学习工作单的相关项目。

（5）学习汽车变速器维修的相关知识。

2. 训练目标

（1）熟悉变速器换挡的操纵方法。

（2）掌握变速器的维护方法。

（3）熟悉变速器元件的检查方法。

（4）了解变速器常见故障的诊断与排除方法。

3. 训练设备

（1）菲亚特派力奥轿车四部。

（2）捷达020型变速器台架六台。

（3）常用工具六套。

（4）专用工具若干。

4. 训练步骤

1）相关知识学习

通过课堂教学和学生课外自学，学习汽车变速器维护的基本知识，学习变速器主要元件检修的基本方法，了解变速器常见故障的原因及诊断方法。

2）变速器的维护

手动变速器的维护主要是针对油液的检查。在菲亚特派力奥轿车上查看变速器液面是否正常，壳体是否存在漏油，油液是否存在变质。

3）变速器挡位操作训练

在菲亚特派力奥轿车上进行挡位的变换操作。将车辆举升，启动发动机，将车辆从一挡加速至最高挡。

注意：此操作具有一定危险性，一定要注意安全，必须要在教师的指导下进行。

4）变速器各元件的检修

在分解变速器后，检查各种齿轮是否存在损坏、变形、异常磨损等状况，检查各同步器是否存在损坏、变形、异常磨损等状况，检查各轴是否存在变形，检查各轴承是否存在烧蚀、损坏、变形、异常磨损等状况。

5. 任务细分

（1）变速器日常维护。

（2）变速器主要元件检测与常见故障诊断。

(3) 捷达变速器拆装与检测训练。

(4) 捷达变速器拆装与检测考核。

三、相关知识

（一）概述

1. 变速器的功用

现代汽车上广泛采用活塞式内燃机作为动力源，其转矩和转速变化范围较小，而复杂的使用条件则要求汽车的牵引力和车速能在相当大的范围内变化。为解决这一矛盾，在传动系统中设置了变速器。它的功用是：

（1）改变传动比，扩大驱动轮转矩和转速的变化范围，以适应经常变化的行驶条件，如起步、加速、上坡等，同时使发动机保持在有利的工况下工作；

（2）在发动机旋转方向不变的前提下，使汽车能实现倒向行驶；

（3）利用空挡中断动力传递，以便发动机能够启动、怠速，并便于变速器换挡或进行动力输出。

2. 变速器的类型

1）按传动比变化方式分

按传动比变化方式，变速器可分为有级式、无级式和综合式三种。

（1）有级式变速器应用最为广泛。它采用齿轮传动，具有若干个定值传动比。按所用轮系型式不同，有轴线固定式变速器（普通齿轮变速器）和轴线旋转式变速器（行星齿轮变速器）两种。

（2）无级式变速器的传动比在一定的范围内可按无限多级变化，常见的有电力式和液力式（动液式）两种。电力式的在传动系统中也有广泛采用的趋势，其变速传动部件为直流串激电动机。液力式的传动部件是液力变矩器。

（3）综合式变速器是指由液力变矩器和齿轮式有级变速器组成的液力机械式变速器，其传动比可在最大值和最小值之间的几个间断范围内做无级变化，目前应用较多。

2）按操纵方式分

按操纵方式，变速器可分为手动操纵式、自动操纵式和半自动操纵式三种。

（1）手动操纵式变速器靠驾驶员直接操纵变速杆换挡，为大多数汽车所采用。

（2）自动操纵式变速器的传动比选择（换挡）是自动进行的，由变速器的自动控制系统根据发动机的负荷和车速的变化情况自动地选定挡位，并进行挡位变换，即自动地改变传动比。驾驶员只需操纵加速踏板，即可控制车速。

（3）半自动操纵式变速器有两种形式：一种是常见的几个挡位自动操纵，其余挡位则由驾驶员操纵；另一种是预选式，即驾驶员预先用按钮选定挡位，在踩下离合器踏板或松开加速踏板时，接通一个电磁装置或液压装置来进行换挡。

3）按传动方式分

按传动方式，变速器可分为普通齿轮式变速器和液力机械式变速器两种。

（1）普通齿轮式变速器由多对齿轮副来实现传动。

（2）液力机械式变速器由液力变矩器和有级机械式变速器来实现传动。

这里只介绍手动操纵式普通齿轮有级变速器。

3. 普通齿轮变速器的工作原理

1）变速、变矩原理

普通齿轮式变速器是利用不同齿数的齿轮啮合传动来实现转速和转矩的改变。

由齿轮传动的原理可知，一对齿数不同的齿轮啮合传动时可以变速，而且两齿轮的转速与齿轮的齿数成反比。设主动齿轮的转速为 n_1，齿数为 z_1；从动齿轮的转速为 n_2，齿数为 z_2。主动齿轮（即输入轴）的转速与从动齿轮（即输出轴）的转速之比值称为传动比，用 i_{12} 表示，即

$$i_{12} = \frac{n_1}{n_2} = \frac{z_2}{z_1}$$

设主动齿轮的转矩为 M_1，从动齿轮的转矩为 M_2，根据齿轮传动原理，$n_1/n_2 = M_2/M_1$。因此，齿轮传动时的传动比 i_{12} 可表示为

$$i_{12} = \frac{n_1}{n_2} = \frac{M_2}{M_1} = \frac{z_2}{z_1}$$

如图 3-2（a）所示，当以小齿轮为主动齿轮（即 $z_1 < z_2$），带动大的从动齿轮转动时，则输出轴（从动齿轮）的转速就降低，同时传递的转矩增加，即 $n_1 > n_2$，$M_1 < M_2$，实现减速增矩传动。

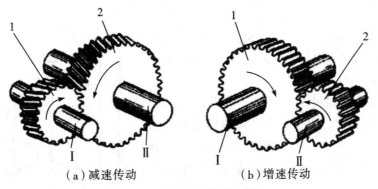

(a) 减速传动　　　　(b) 增速传动

图 3-2　齿轮传动的基本原理

Ⅰ—输入轴；Ⅱ—输出轴

1—主动齿轮；2—从动齿轮

如图 3-2（b）所示，当以大齿轮为主动齿轮（即 $z_1 > z_2$），带动小的从动齿轮转动时，则输出轴（从动齿轮）的转速就升高，同时传递的转矩减小，即 $n_1 < n_2$，$M_1 > M_2$，实现增速减矩传动。

而当主动齿轮与从动齿轮大小相等（即 $z_1 = z_2$）时，则输出轴（从动齿轮）的转速就等于输入轴（主动齿轮）的转速，同时传递的转矩不变，即 $n_1 = n_2$，$M_1 = M_2$，实现等速等矩传动。

一对齿轮传动只能得到一个固定的传动比，从而得到一种输出转速，并构成一个

挡位。为了扩大变速器输出转速的变化范围，普通齿轮式变速器通常都采用多对大小不同的齿轮啮合传动，这样就构成了多个不同的挡位。对应不同的挡位，均有不同的传动比值，从而得到各种不同的输出转速。

一般轿车和轻、中型客货车的变速器通常有 3~6 个前进挡和一个倒挡，每个挡位对应一个传动比。所谓几挡变速器是指其前进挡的数目。前进挡一般为降速挡，传动比 $i>1$；传动比 $i=1$ 的挡位称为直接挡；少数汽车具有超速挡，即 $i<1$。通常，传动比较大的挡位称之为低挡；传动比较小的挡位称之为高挡。

2）变向原理

相啮合的一对齿轮旋向相反，每经一对传动副，其轴改变一次转向。因此，要形成与前进方向相反的倒挡，只需在啮合的齿轮之间再增加一个齿轮，从而使得输入轴和输出轴之间经过两对传动副，就能使输出轴产生反向旋转。

3）换挡原理

变速器每次只能以一个挡位工作。挡位的改变称为换挡。换挡时，将啮合的一对齿轮副脱开，然后使另一对齿轮副进入啮合，从而使传动比发生变化，实现换挡。从低挡向高挡变换称为加挡；从高挡向低挡变换称为减挡。汽车变速器就是通过换挡来改变输出转矩和转速，以适应汽车行驶阻力的变化，并得到不同的转速变化范围。

4. 手动变速器简介

变速器一般由变速传动机构和变速操纵机构组成，根据需要，还可加装动力输出器。在多轴驱动的汽车上，变速器之后还装有分动器，以便把转矩分别传送给各驱动桥。

按传动轴的数目（不含倒挡轴）不同，汽车上使用的手动变速器可分为两轴式和三轴式两种。

1）两轴式

两轴式变速器如图 3-3 所示，主要由输入轴、输出轴两根轴及齿轮组成。其输入轴与输出轴的轴线平行。轴上装有大小不同的多对齿轮。所有各前进挡都有一对齿轮进入啮合传动，属于单级传动。

变速器在前进挡时，其输出轴旋转方向与输入轴旋转方向相反；倒挡则是在输入轴与输出轴之间加装一根倒挡轴和倒挡齿轮，使其输出轴的方向与前进挡的方向相反，从而使汽车倒向行驶。

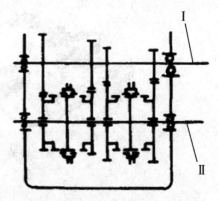

图 3-3 两轴式变速器示意图

Ⅰ—输入轴；Ⅱ—输出轴

在前进挡时，各挡的传动比都等于该挡的输出轴齿轮与输入轴齿轮的齿数之比值。在倒挡时，传动比等于输出轴倒挡齿轮与输入轴倒挡齿轮的齿数之比，而与倒挡轴上的齿轮的齿数无关。因此，倒挡轴上的齿轮也称为惰轮。

2）三轴式

三轴式变速器如图 3-4 所示，主要由输入轴（第一轴）、输出轴（第二轴）、中间轴及其齿轮组成。输入轴与输出轴在同一条轴线上，输入轴上只有一个齿轮 1，与中间轴上的齿轮2常啮合,组成一对常啮合齿轮,构成变速器的第一级齿轮传动;中间轴上的其他齿轮均作为主动齿轮分别与输出轴上相应的齿轮(为从动齿轮)相啮合,构成变速器的第二级齿轮传动。在每一挡位,中间轴与输出轴只能有一对齿轮进入啮合传动。因此,三轴式变速器属于双级传动。

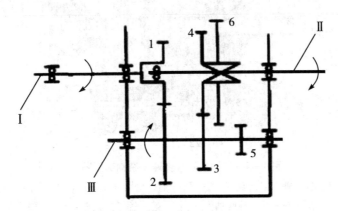

图 3-4 三轴式变速器示意图
Ⅰ—输入轴;Ⅱ—输出轴;Ⅲ—中间轴
1—第一轴主动齿轮;2—中间轴从动齿轮;3、5—中间轴主动齿轮;4、6—输出轴从动齿轮

三轴式齿轮传动的传动比等于第一级齿轮传动比与第二级齿轮传动比的乘积,即

$$i_{14} = \frac{n_1}{n_4} = \frac{n_1}{n_2} \cdot \frac{n_2}{n_3} \cdot \frac{n_3}{n_4} \left(\text{其中}: \frac{n_1}{n_2} = \frac{z_2}{z_1}, \frac{n_3}{n_4} = \frac{z_4}{z_3}, n_2 = n_3\right)$$

$$= \frac{z_2}{z_1} \cdot \frac{z_4}{z_3} = i_{12} \cdot i_{34}$$

三轴式变速器前进挡的输入轴与输出轴转向相同,其倒挡只是在中间轴与输出轴之间加装一根倒挡轴和倒挡齿轮,使输出轴与输入轴转向相反,从而可使汽车实现倒向行驶。

(二) 变速传动机构

变速器由变速传动机构和变速操纵机构组成。变速传动机构主要由一系列相互啮合的齿轮副及其支承轴以及壳体组成,其主要作用是改变发动机曲轴输出的转速、转矩和转动方向。下面分别介绍三轴式和两轴式变速器的结构和工作原理。

1. 三轴式

三轴式变速器广泛用于发动机前置、后轮驱动的汽车上。其特点是传动比的范围大,具有直接挡,使传动效率提高。其变速传动机构包括壳体、第一轴(输入轴)、第二轴(输出轴)、中间轴、倒挡轴、各挡齿轮和轴承等。

1) 基本构造

图 3-5 为典型的三轴式变速器结构剖面图。变速器通过四个螺栓固定在飞轮壳后端面上,它有三根主要轴,即第一轴、第二轴和中间轴,故称三轴式。另外还有倒挡轴。结构简图如图 3-6 所示。

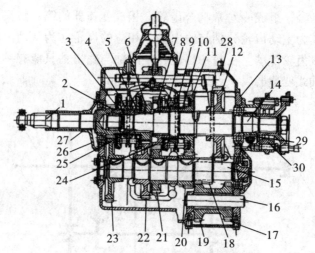

图 3-5 典型三轴式变速器结构剖面图

1—第一轴；2—第一轴常啮合齿轮；3—第一轴齿轮接合齿圈；4、9—同步器接合套；
5—四挡齿轮接合齿圈；6—第二轴四挡齿轮；7—第二轴三挡齿轮；8—三挡齿轮接合齿圈；
10—二挡齿轮接合齿圈；11—第二轴二挡齿轮；12—第二轴一挡、倒挡滑动齿轮；13—变速器壳体；
14—第二轴；15—中间轴；16—倒挡轴；17、19—倒挡中间齿轮；18—中间轴一挡、倒挡齿轮；
20—中间轴二挡齿轮；21—中间轴三挡齿轮；22—中间轴四挡齿轮；23—中间轴常啮合传动齿轮；
24、25—花键毂；26—第一轴轴承盖；27—轴承盖回油螺纹；28—通气孔；29—里程表传动齿轮；
30—中央制动器底座

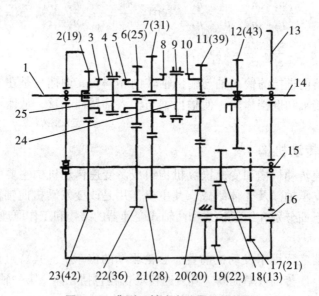

图 3-6 典型三轴式变速器结构简图
（标注同图 3-5，括号内数字为齿轮齿数）

第一轴（输入轴）前后端用轴承分别支承在曲轴后端的中心孔及变速器壳体的前壁，其前部花键轴部分与离合器的从动盘毂的花键孔配合，后部有常啮合齿轮 2，后端有一个短齿轮为直接挡接合齿圈。第一轴轴承盖 26 的外圆面与离合器壳相应的孔配合，保证第一轴和曲轴的轴线重合。

中间轴 15 两端用轴承支承在壳体上，与第一轴齿轮常啮合的齿轮 23，二、三、四挡齿轮 20、21、22 用半圆键装在轴上，一、倒挡齿轮 18 与轴制成一体。

第二轴（输出轴）前后端分别用轴承支承于第一轴后端中心孔和壳体后壁。一、倒挡齿轮 12 与轴以花键形式配合传动，并可轴向滑动。二、三、四挡齿轮 11、7、6 分别以滚针轴承形式与轴配合，并与中间齿轮 20、21、22 常啮合，其上均有接合齿圈。第二轴前端花键上套装四、五挡同步器花键毂 25，用卡环轴向定位，接合套 4 在花键毂 25 上轴向滑动实现挡位转换。花键毂 24 和接合套 9 实现二、三挡动力传递。在二、四挡齿轮后面分别装有承受轴向力的推力环。后轴承盖内装有里程表驱动蜗杆与蜗轮，轴后端花键上装有凸缘，连接万向传动装置。

倒挡轴固定在壳体上，倒挡中间齿轮 17、19 制成一体，以滚针轴承的形式套在倒挡轴上，齿轮 19 与中间轴齿轮 18 常啮合。

2）各挡动力传递路线

（1）空挡：操纵变速杆，使第二轴换挡的接合套、传动齿轮均处于中间空转的位置，动力不传给第二轴。

（2）一挡：操纵变速杆，前移一、倒挡滑动齿轮 12 与中间轴一挡齿轮 18 啮合。动力经第一轴齿轮 2，中间轴常啮合齿轮 23，中间轴齿轮 18，第二轴一、倒挡齿轮 12，传到第二轴使其顺时针旋转（与第一轴同向）。

（3）二挡：操纵变速杆，后移接合套 9 与第二轴二挡齿轮 11 上的齿圈 10 啮合。动力经齿轮 2、23、20、11、接合套 9、花键毂 24，传到第二轴使其顺时针旋转。

（4）三挡：操纵变速杆，前移接合套 9 与第二轴三挡齿轮 7 的齿圈 8 啮合。动力经齿轮 2、23、21、7、接合套 9、花键毂 24，传到第二轴使其顺时针旋转。

（5）四挡：操纵变速杆，后移接合套 4 与第二轴四挡齿轮 6 的齿圈啮合。动力经齿轮 2、23、22、6、接合套 4、花键毂 25，传到第二轴使其顺时针旋转。

（6）五挡：操纵变速杆，前移接合套 4 与第一轴常啮合传动齿轮 2 的齿圈啮合。动力直接由第一轴传到第二轴，传动比为 1。由于第二轴的转速与第一轴相同，故此挡称为直接挡。

（7）倒挡：操纵变速杆，后移第二轴上的一、倒挡齿轮 12 与倒挡齿轮 17 啮合。动力经齿轮 2、23、18、19、17、12 传给第二轴使其逆时针旋转，汽车倒向行驶。

2. 两轴式

两轴式齿轮变速器主要应用于发动机前置、前轮驱动或发动机后置、后轮驱动的汽车上，常称为变速驱动桥。其特点是输入轴和输出轴平行，且无中间轴。其中前置发动机又有纵向布置和横向布置两种，与其配用的两轴式变速器也有两种不同的结构形式。

1）与发动机纵置相配用的两轴式变速器

图 3-7 为奥迪 100 型轿车五挡变速器，它是一种与发动机前置纵向布置型式相配合使用的两轴式变速器。该变速器具有五个前进挡和一个倒挡，全部采用同步器换挡。主减速器、差速器和变速器装在同一个壳体中。因发动机纵向布置，变速器输出轴旋

转方向与车轮旋转方向垂直,所以主减速器齿轮为一对圆锥齿轮。

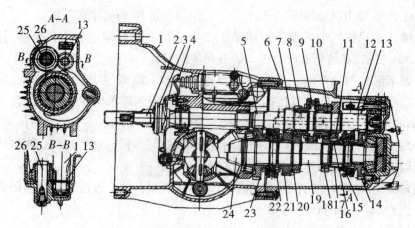

图3-7 奥迪100型轿车变速器

1—变速器前壳体;2—输入轴;3—分离轴承;4—分离杠杆;5—输入轴一挡齿轮;6—变速器后壳体;7—输入轴二挡齿轮;8—输入轴三挡齿轮;9、15、22—接合套;10—输入轴四挡齿轮;11—输入轴五挡齿轮;12—集油器;13—输入轴倒挡齿轮;14—输出轴倒挡齿轮;16—输出轴五挡齿轮;17—隔离套;18—输出轴四挡齿轮;19—输出轴;20—输出轴三挡齿轮;21—输出轴二挡齿轮;23—输出轴一挡齿轮;24—主减速器主动齿轮;25—倒挡中间轴;26—倒挡中间齿轮

输入轴2的油封装在离合器分离轴承3的分离套筒上。输入轴由球轴承和两个滚针轴承支承在壳体上。一挡、二挡、倒挡主动齿轮5、7、13直接在输入轴上加工而成,三、四挡主动齿轮8、10分别用滚针轴承空套在输入轴上,五挡主动齿轮11压装在输入轴上。输入轴花键上套有二、四挡同步器的花键毂。

输出轴与主减速器主动齿轮24制成一体,两端用圆锥滚子轴承支承在壳体上,而且在轴承后端装有一个控制轴承热膨胀长度的控制器。一挡、二挡、五挡、倒挡从动齿轮23、21、16、14分别用滚针轴承空套在输出轴上,并分别装有轴向定位的卡环。五挡、倒挡和一、二挡同步器花键毂用花键套在输出轴上,并用卡环轴向定位。集油器12把飞溅来的润滑油收集起来,并通过孔道流至输入轴和输出轴右端的轴承处,以保证充分润滑。

奥迪100型轿车变速器传动如图3-8所示,其各挡传动路线简述如下。

(1)空挡:操纵变速杆,使各挡同步器接合套处于中间位置,此时动力不传给输出轴,变速器处于空挡位置。

(2)一挡:操纵变速杆,使一挡、二挡同步器接合套22左移,动力由输入轴依次经齿轮5、23、同步器花键毂传给输出轴。

(3)二挡:操纵变速杆,使一挡、二挡同步器接合套22右移,动力由输入轴依次经齿轮7、21、同步器花键毂传给输出轴。

(4)三、四、五挡的动力传递路线与一、二挡类似,这里不再赘述。

(5)倒挡:操纵变速杆,使五挡、倒挡同步器接合套15右移,动力由输入轴依次经倒挡齿轮13、倒挡中间齿轮26、输出轴倒挡齿轮14及同步器花键毂传给输出轴，反向输出动力。

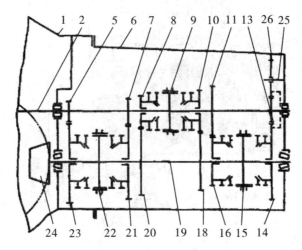

图3-8 奥迪100型轿车变速器传动示意图
（标注同图3-7）

上海桑塔纳轿车也采用了与发动机前置纵向布置相配用的两轴式变速器，它有两个系列产品：一是普通车用的四挡变速器；另一个是桑塔纳2000用的五挡变速器，五挡变速器是在四挡变速器基础上改进形成的。两种变速器的变速传动机构如图3-9所示，其具体结构和工作原理与一汽奥迪100轿车基本相同，这里不再赘述。

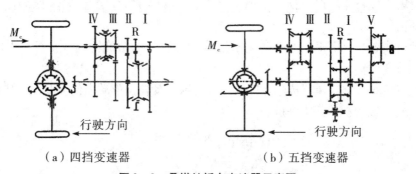

（a）四挡变速器　　　　　　（b）五挡变速器

图3-9 桑塔纳轿车变速器示意图

2）与发动机横置相配用的两轴式变速器

图3-10为发动机横置的捷达王轿车五挡变速器。它有五个前进挡和一个倒挡，前进挡全部采用同步器换挡装置，倒挡采用直齿滑动式换挡装置。输入轴5和输出轴3平行安装，前进挡齿轮均为常啮合斜齿轮，倒挡齿轮是直齿轮。输入轴与一挡、二挡和倒挡主动齿轮制成一体，三挡、四挡、五挡主动齿轮则用滚针轴承套装在输入轴上。三挡、四挡主动齿轮之间及五挡主动齿轮旁均装有同步器，同步器花键毂与输入轴上的花键配合。

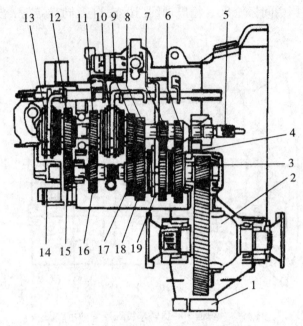

图3-10 捷达王轿车五挡变速器

1—离合器壳体；2—差速器；3—输出轴；4、15、16、17、18——、五、四、三、二挡从动齿轮；
5—输入轴；6、7、8、9、11、12——、倒、二、三、四、五挡主动齿轮；10—三、四挡同步器；
13—五挡同步器；14—变速器壳体盖；19——、二挡同步器

输出轴与主减速器齿轮制成一体，并装有五个前进挡及倒挡的从动齿轮，一挡、二挡从动齿轮用滚针轴承孔套在输出轴上，三挡、四挡、五挡从动齿轮采用紧配合花键与输出轴联成一体。在一挡、二挡从动齿轮之间装有同步器，同步器接合套上制有倒挡从动齿轮。

发动机横置时，由于变速器的输出轴旋转轴线与车轮旋转轴线平行，因此主减速器采用一对圆柱斜齿轮。

捷达王轿车五挡变速器传动如图3-11所示，其各挡位动力传动路线与奥迪100型变速器类似，这里不再具体分析。

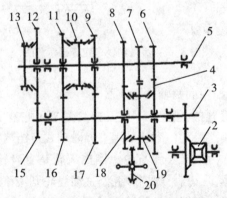

图3-11 捷达王轿车五挡变速器示意图
20—倒挡轴倒挡齿轮（其他标注同图3-10）

由上述分析可见，两轴式变速器前进挡从输入轴到输出轴只通过一对齿轮传动，倒挡传动路线也只有一个中间齿轮。因而机械传动效率高，噪声小。

3. 换挡装置

手动变速器的换挡装置有直齿滑动式、接合套式和同步器式三种。

1）直齿滑动式

直齿滑动式用于直齿轮传动的挡位，换挡齿轮与轴通过花键相连接。在空挡情况下，与另一齿轮并不啮合。挂挡时，通过直接移动换挡齿轮与另一个齿轮啮合即可，如图3-5所示变速器的一挡和倒挡就是采用这种变速换挡装置。

这种换挡装置结构简单，但由于换挡操作时两个将要进入啮合的直齿轮的速度很难正好相同，从而易产生换挡冲击和噪声，因此只适于一挡或倒挡，其应用较少。

2）接合套式

这种换挡装置用于斜齿轮传动的挡位。它利用移动套在花键毂上的接合套，使接合套同时与花键毂和传动齿轮上的接合齿圈啮合而实现挂挡；移动接合套，使接合套与接合齿圈脱开啮合而实现退挡。

接合套式换挡装置由于其接合齿短，换挡时拨叉移动量小，故操作较轻便，且换挡承受冲击的面积增加，使换挡元件的寿命更长。但同样存在易产生换挡冲击和噪声的缺点，也只适于一挡或倒挡。

3）同步器式

同步器式换挡装置是在接合套式换挡装置的基础上改进而成的。它可以保证在换挡时使接合套与待啮合齿圈的圆周速度迅速达到相等，即迅速达到同步状态，并防止二者在同步之前进入啮合，从而可彻底消除换挡时由于转速不等而造成的冲击，并使换挡操作简单。目前，绝大部分的车辆上均采用了同步器换挡。

同步器的结构和原理将在后面详细介绍。

4. 防止自动脱挡装置

变速器的变速传动机构中还采取了一些防止自动脱挡的措施，其结构有多种形式，典型的有两种，即齿端倒斜面式和减薄齿式。

1）齿端倒斜面式

图3-12为齿端倒斜面式防止脱挡机构，它是将接合套2内齿的两端及接合齿圈1、4的齿端都制有相同斜度的倒斜面。当接合套2左移与接合齿圈1接合时（图3-12所示位置），接合齿圈将转矩传到接合套一侧，再经过接合套的另一侧传给花键毂3。由于接合齿圈1与接合套2齿端部为斜面接触，便产生一个垂直于斜面的正压力N，其分力分别为F和Q，其轴向分力Q即可防止接合套受外力右移而自动脱挡。

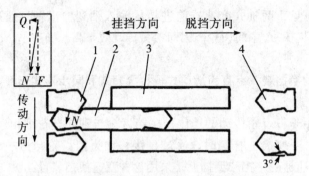

图 3-12 齿端倒斜面式防止自动脱挡机构

1、4—接合齿圈；2—接合套；3—花键毂

F—圆周力；N—倒锥齿面正压力；Q—防止脱挡的轴向力

2) 减薄齿式

图 3-13 为减薄齿式防止脱挡机构，它是将同步器花键毂 3 外齿圈的两端齿厚各减薄 0.3~0.4 mm，使各齿中部形成一凸台。当同步器的接合套左移与接合齿圈接合时（图 3-13 所示位置），接合齿圈 1 的转矩传给接合套 2 的一侧，再由接合套 2 的另一侧传给花键毂。由于接合套的后端被花键毂中部的凸台挡住，在接触面上作用一个正压力 N，其轴向分力 Q 即可防止接合套受外力右移而自动脱挡。

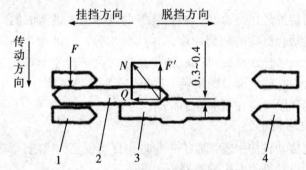

图 3-13 减薄齿式防止脱挡机构

1、4—接合齿圈；2—接合套；3—花键毂

F—圆周力；N—凸台对接合套的正压力；Q—防止脱挡的轴向力

5. 润滑与密封

1) 润滑

变速器中各齿轮副、轴及轴承等运动部件均有较高的运动速度，因此，必须有可靠的润滑。普通齿轮变速器大都采用飞溅润滑，只有少数重型汽车采用压力润滑。

采用飞溅润滑的变速器，其壳体内注入一定量的润滑油，依靠齿轮旋转将润滑油甩到各运动零件的工作表面。壳体一侧有加油口，通常润滑油液平面高度应保持与加油口的下沿平齐。壳体底部有放油螺塞。为了润滑传动轴两端轴承的前轴承和各个空套齿轮的衬套或轴承，有的齿轮钻有径向油孔，或在轮毂端面开有径向油槽，以便使润滑油进入各衬套和轴承表面。

2）密封

为了防止润滑油泄漏，变速器盖与壳体以及各轴承盖与壳体的接合面装有密封垫或用密封胶密封；第一轴和第二轴与轴承盖之间则用自紧油封或回油螺纹密封。在轴承盖下部一般制有回油凹槽，在壳体的相应部位开有回油孔，使润滑油流回壳体内。装配时应使凹槽与油孔对准，为了防止变速器工作时由于油温升高，使气压过大而造成润滑油渗漏，在变速器盖上装有通气塞。

（三）同步器

目前，手动变速器换挡装置绝大部分采用了同步器。为了说明同步器的优点，下面首先介绍一下无同步器的换挡过程。

1. 无同步器的换挡过程

采用直齿滑动齿轮或接合套换挡时，应当在待啮合的一对齿轮或接合齿圈的圆周速度相等时，即达到同步的时候使两者进入啮合，才能保证换挡时齿轮之间无冲击、无噪声，做到平顺换挡。

为了达到这一要求，驾驶员在换挡时必须采取合理的换挡操作步骤。现以图3-14所示采用接合套式换挡装置的两个挡位之间的换挡过程予以说明。

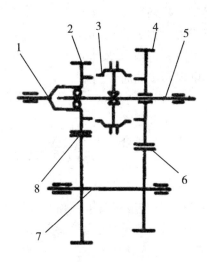

图3-14 无同步器变速器换挡机构
1—第一轴；2—第一轴常啮合齿轮；3—接合套；4—第二轴低挡齿轮；5—第二轴；
6—中间轴低挡齿轮；7—中间轴；8—中间轴常啮合传动齿轮

带有接合齿圈的齿轮4空套在第二轴上，接合套3通过花键毂与第二轴相连，接合套3向右移动与齿轮上的接合齿圈相接合构成低速挡；接合套3向左移动与齿轮2上的接合齿圈相接合而构成高速挡（即直接挡）。其换挡过程如下。

1）低挡换高挡

变速器在低速挡工作时，接合套3与齿轮4上的接合齿圈接合。显然，此时两者接合齿的圆周速度相等，即 $v_3 = v_4$。要由低速挡换入高速挡时，驾驶员应先踩下离合器使之分离，随即拨动变速杆将变速器拨入空挡位置，即将接合套3向左移，使之与齿圈4脱离啮合。

由齿轮传动关系可知，低挡齿轮4的转速低于高挡齿轮2的转速，因而两齿轮上的接合齿圈的圆周速度 $v_4 < v_2$。刚拨入空挡时，仍然是 $v_3 = v_4$，故有 $v_3 < v_2$，即在刚由低挡拨入空挡的瞬间，接合套3与高挡齿轮2的接合齿圈的圆周速度不相等（即不同步）。为了避免产生冲击，这时不能立即挂高速挡，而应在空挡位置稍停片刻，待 $v_3 = v_2$，即两者达到同步时再将变速器挂入高速挡。

变速器拨入空挡后，v_3 和 v_2 都将会逐渐地下降，但两者下降的快、慢程度不同。由于踩下离合器踏板后，与齿轮2相联系的变速器第一轴及其随动零件（包括离合器从动盘、变速器中间轴、轴上连接的齿轮等）已与发动机中断了动力传递，而其转动惯量较小，受运转阻力影响，所以 v_2 下降得较快；而由于接合套3与变速器第二轴及整个汽车相联系，其转动惯量较大，所以 v_3 下降得较慢。用图3-15（a）中的直线表示，可以看出直线 v_2 和 v_3 表现为不同的斜率，而且 v_2 斜率较大。因此，必然会出现两直线相交于一点的时刻。显然，在这一点时 $v_3 = v_2$，称为同步点，即此时两者达到同步状态。如果驾驶员恰好在此时将变速器挂入高速挡，即将接合套3左移与齿轮2上的齿圈接合，就会使两者平顺地进入啮合而不会产生冲击。

但是，在踩下离合器后，如果让齿轮2及与其相联系的变速器第一轴等旋转零件依靠其运转阻力自然减速，则 v_2 降得仍嫌太慢，这样会使出现同步的时间较迟，并使换挡过程延长。为此，实际换挡操作过程中，应在踩下离合器踏板将变速器拨入空挡后，立即抬起离合器踏板将离合器重新接合，利用发动机的怠速（由于此时已抬起加速踏板，发

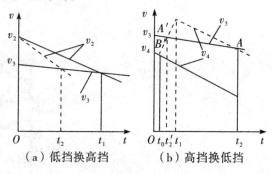

图3-15 无同步器的换挡过程

动机处于较低的怠速状态运转）迫使变速器第一轴及齿轮2等迅速减速，使 v_2 迅速下降，如图3-15（a）中虚线所示，这样可尽早出现同步点，从而缩短换挡时间。在达到同步后再次踩下离合器踏板，将变速器由空挡挂入高速挡，即完成由低速挡向高速挡的换挡过程。

2）高挡换低挡

同样道理，当变速器在高速挡时，以及刚由高速挡拨入空挡时，接合套与齿轮2的接合齿圈的圆周速度相等。即 $v_3 = v_2$，并且 $v_3 > v_4$，即接合套3与低速挡齿轮4的接合齿圈的圆周速度不相等（即不同步），所以此时不能挂入低速挡。

变速器在退入空挡后，v_3 与 v_4 也同时下降，但因 v_4 比 v_3 下降得快一些，如图3-15（b）中实线所示，随着空挡时间的延长，v_3 与 v_4 相差得愈来愈远，因而不会自然地出现两者相交的同步点。为此，驾驶员应在变速器由高速挡退入空挡后随即抬起离合器踏板，使离合器重新接合，同时踩下加速踏板使发动机加速，并带动变速器第一轴及相关元件，最终使齿轮4

加速到 $v_4 > v_3$，如图 3-15（b）中虚线所示。然后，再踏下离合器踏板，使离合器分离，并稍等片刻，待到 v_4（虚线）与 v_3 出现相交的同步点时即可挂入低速挡。

采用直齿滑动齿轮的换挡过程与上述的接合套换挡过程相同。由此可见，采用这样的无同步器的换挡装置虽然结构简单，但操纵起来相当复杂，既增加了驾驶员操作的劳动强度，又容易加速齿轮的损坏。因此，现代汽车齿轮式变速器基本上都采用同步器换挡装置。

2. 同步器的构造与原理

同步器是在接合套换挡装置的基础上发展起来的。其功用是阻止接合套和待接合齿圈在同步前进入啮合，从而可彻底消除换挡时由于转速不等而造成的冲击；同时，可使接合套和待接合齿圈两者之间迅速达到同步，从而可缩短换挡时间。另外，同步器也简化了换挡操作过程，使换挡操作简捷而轻便。

汽车同步器一般是利用元件之间的摩擦作用来实现同步的。同步器有多种结构形式，这里介绍目前汽车上广泛采用的惯性式同步器。惯性式同步器根据其结构不同，又可以分为锁环式和锁销式两种。

1）锁环式

（1）基本结构。图 3-16 为某汽车三挡变速器中的二挡、三挡同步器，它主要由花键毂 7，接合套 8，两个锁环（也称同步环）5、9，三个滑块 2 和两个弹簧圈 6 等组成。

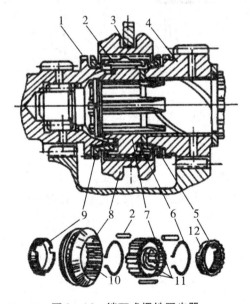

图 3-16　锁环式惯性同步器

1—第一轴齿轮；2—滑块；3—拨叉；4—第二轴齿轮；5、9—锁环；6—弹簧圈；
7—花键毂；8—接合套；10—环槽；11—三个轴向槽；12—缺口

花键毂 7 有内、外花键，内花键套装在第二轴上，并用垫圈和卡环轴向固定，外花键与接合套 8 相连，其圆周上有三个均布的轴向槽 11。接合套 8 的外圆有装拨叉的环槽，内孔有花键齿，齿的中部切有一环槽 10，齿的两端均制有倒角。锁环 5、9 分别装在花键毂 7 的两端，并置于接合套和接合齿圈之间。锁环具有内锥面，与接合齿圈 1、4 的外锥面相配合。锁环内锥面上车有细密的螺纹槽，用以两锥面接触后破坏锥面间的油膜，增加摩擦。锁环外圆上制有短花键齿，与接合套花键齿、接合齿圈、花键毂外花键齿均相同。接合齿圈及锁环上的花键齿在对着接合套 8 的一端都制有与接合套内花键齿端相同的倒角，称为锁止角。锁环在没有花键齿的圆周上均布有三个缺口 12。三个滑块 2 分别装在花键毂 7 的三个均布轴向槽 11 内，并被两个外涨式弹簧圈 6 将滑块压向接合套 8，使滑块中部的凸起部分正好嵌在接合套内花键孔中部加工出的环槽 10 内。滑块的两端伸入锁环的缺口 12 中，但滑块的宽度较缺口的宽度为小，两者之差约等于锁环上的一个花键齿宽。滑块 2 可以在花键毂的轴向槽 11 内轴向移动。当滑块对准锁环缺口正中部时，接合套和锁环的齿形正好对准，两者可进入啮合。而当滑块压在锁环的上侧或下侧时，接合套和锁环的齿形正好错开约半个齿宽，从而使其齿端倒角正好相抵而无法进入啮合。

（2）工作原理。现以该变速器由二挡换入三挡（直接挡）的换挡过程（图 3-17）为例，说明锁环式惯性同步器的工作原理。

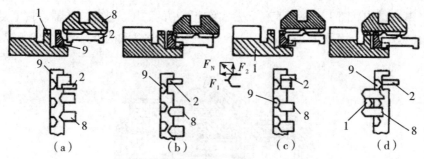

图 3-17 锁环式惯性同步器工作示意图
1—接合齿圈；2—滑块；8—接合套；9—锁环

① 退入空挡。欲从二挡换三挡，首先驾驶员通过变速杆将接合套推至空挡。图 3-17（a）为接合套 8 刚从二挡退到空挡时的情况，此时锁环 9 在轴向处于自由状态，故其内锥面与接合齿圈 1 的外锥面并未压紧。在圆周方向上，接合套 8 通过滑块 2 压在锁环缺口 12 的一侧（图中为下侧），推动锁环一起旋转。此时接合套 8、花键毂和锁环 9 随同第二轴旋转，其转速分别为 n_8、n_9。接合齿圈 1 则随同第一轴旋转，其转速为 n_1。显然此时 $n_8 = n_9$，$n_1 > n_8$，故 $n_1 > n_9$。

② 推向三挡。紧接着，驾驶员将变速杆从空挡推向三挡位置。

A. 形成倒角相抵。变速杆推向三挡时，通过变速器操纵机构向左推动接合套 8，并带动滑块 2 一起向左移动。当滑块 2 左端面与锁环 9 的缺口 12 的端面接触后，便同时推动锁环移向接合齿圈 1，使两者锥面压紧，如图 3-17（b）所示。由于接合齿圈 1 与锁环 9 转速不相等，即 $n_1 > n_9$，所以两者一经接触便在其锥面之间产生摩擦力矩 M_1。接合齿圈 1 便通过摩擦力矩 M_1 的作用带动锁环 9 相对于接合套 8 及滑块 2 朝前转过一个角度，直到锁环缺口 12 的一侧（图中为上侧）压紧在滑块上。当接合套继续向左推移，使得相对峙的接合套齿端倒角与锁环齿端倒角恰好互相抵住（由结构设计保证）。

B. 形成锁止状态。倒角相抵形成后，接合套能否推开锁环继续前移与锁环进入啮合，取决于锁环的受力状态，如图 3-17（c）所示。由于驾驶员始终作用在接合套上一个轴向推力，于是在相互抵触的倒角斜面上对锁环产生一个正压力 F_N。F_N 可分解为轴向力 F_1 和切向分力 F_2。F_2 便形成一个力图拨动锁环相对于接合套向后倒转的拨环力矩 M_2。同时 F_1 则使锁环 9 与齿圈 1 的锥面进一步压紧，产生更大的摩擦力矩 M_1，迫使待啮合的齿圈 1 相对于锁环 9 迅速减速，以尽早与锁环同步。由于齿圈 1 及与其相联系的第一轴等零件的减速旋转，便产生一个与其旋转方向相同的惯性力矩，作用到锁环上，阻止锁环相对于接合套向后倒转。在接合齿圈 1 与锁环 9 未达到同步之前，摩擦锥面的摩擦力矩在数值上就等于此惯性力矩（即 M_1）。

如果要使锁环不倒转而保持与接合套的倒角相抵，就必须使 $M_1 > M_2$。拨环力矩 M_2 的大小取决于锁环及接合套齿端倒角（即锁止角）的大小，而惯性力矩 M_1 的大小则取决于摩擦锥面的锥角大小。在同步器设计时，经过适当地选择齿端倒角和摩擦锥面锥角，便能保证在达到同步之前始终保持 $M_1 > M_2$。而且，不论驾驶员施加的轴向力有多大，这种大小关系都能保持成立。这样，锁环就能够始终与接合套保持倒角相抵，有效地阻止接合套左移进入啮合，从而使同步器起到锁止作用，防止同步前接合套与待接合齿圈接触而产生冲击。

由于锁环的锁止作用是依靠待啮合的齿圈及与其相联系的零件的惯性力矩而形成的，因此这种同步器称为惯性式同步器。

C. 达到同步完成换挡。随着驾驶员继续对接合套施加推力，摩擦锥面之间的摩擦力矩就会使接合齿圈 1 的转速迅速降低，直至与接合套和锁环同步，赖以产生阻止作用的惯性力矩也就消失。此时驾驶员还在继续向前拨动接合套，故拨环力矩 M_2 仍存在，M_2 使锁环及接合齿相对接合套向后退转一个角度，两锁止角不再接触，接合套得以继续左移，与待啮合的三挡接合齿圈 1 进入啮合，如图 3-17（d）所示。但是，如果此时接合套的花键齿恰好与接合齿圈 1 的花键齿发生抵触，则作用于接合套上的轴向力在接合齿圈 1 的倒角面上也将会产生一个切向分力，靠此切向分力便可拨动接合齿圈 1 及与其相联系的零件相对于接合套转过一个角度，从而使接合套 8 与接合齿圈 1 进入啮合，即最终完成换入三挡的过程。

锁环式惯性同步器的径向尺寸小，结构紧凑，故广泛用于轿车和轻型货车的变速器中。

2）锁销式

目前中型及大型载货车较普遍地采用锁销式惯性同步器。现以东风 EQ1090E 型汽车变速器的四挡、五挡同步器为例，来说明锁销式惯性同步器的基本结构和工作原理。

（1）基本结构。图 3-18 为东风 EQ1090E 型汽车变速器的四挡、五挡同步器。该同步器主要由花键毂、接合套总成（接合套、两个摩擦锥环、三个均布的锁销和定位销等）及两个摩擦锥盘等组成。

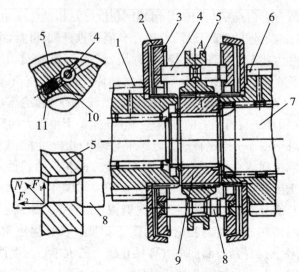

图 3-18 锁销式惯性同步器

1—第一轴齿轮；2—摩擦锥盘；3—摩擦锥环；4—定位销；5—接合套；6—第二轴四挡齿轮；
7—第二轴；8—锁销；9—花键毂；10—定位钢球；11—弹簧

花键毂 9 通过内花键与第二轴 7 安装在一起，花键毂 9 的两侧分别为四挡齿轮接合齿圈和五挡齿轮接合齿圈。接合套 5 上均布穿有三个锁销 8 和三个定位销 4，锁销和定位销的两端安装着两个带外锥面的摩擦锥环 3（锥面上有螺纹）。与摩擦锥环 3 相配合的两个带内锥面的摩擦锥盘 2，则以其内花键齿固装在接合齿圈上，随接合齿圈一起转动。三个锁销 8 两端与摩擦锥环 3 铆接成一体，锁销两端直径与接合套上销孔的直径相同，锁销的中部有一段环槽，环槽的两侧和接合套 5 上相应的销孔的两端部切有相同的倒角，即锁止角，三个锁销就通过这三个锁止角起锁止作用。三个定位销 4 是对接合套进行空挡定位，并可将作用在接合套上的推力传给摩擦锥环，其定位和传力是靠定位销中的定位环槽与接合套中的钢球和定位弹簧，接合套可沿定位销轴向移动，但不能相对转动。定位销的两端伸入到摩擦锥环相应的浅槽中，但与摩擦锥环并不固定，有一定的间隙，因此两摩擦锥环及三个锁销相对于接合套及三个定位销可相对转动一个角度。一个接合套、三个锁销、三个定位销和两个摩擦锥环构成一个接合套总成，通过接合套的内花键齿套在第二轴的花键毂上。

（2）工作原理。与锁环式惯性同步器的工作过程类似，当接合套受到拨叉轴向前推力作用时，接合套 5 便通过定位钢球 10 和定位销 4 推动左侧摩擦锥环 3 向左移动，使之与左侧摩擦锥盘 2 相接触。由于此时摩擦锥环 3 与摩擦锥盘 2 转速不相等，所以两者一经接触，便在其摩擦锥面之间的摩擦力矩作用下使摩擦锥环 3 连同锁销 8 一起相对于接合套 5 转过一个角度，使锁销与接合套相应销孔的中心线相对偏移，于是锁销中部环槽偏向接合套上销孔的一侧，锁销中部环槽倒角便与接合套销孔端倒角的锥面互相抵触，从而使锁销产生锁止作用，阻止接合套向左移动。与锁环式惯性同步器一样，在锁止倒角上的切向分力 F_2 也形成一个拨环力矩而力图使锁销和锥环倒转，但在摩擦锥盘与摩擦锥环未达到同步前，由摩擦锥盘 2 及与其相联系的旋转零件的惯性力矩所形成的摩擦力矩总是大于拨环力矩，因而可以阻止接合套 5 与齿圈在同步之前进入啮合。而只有当达到同步后，惯性力矩消失，拨环力矩便可拨动锁销及摩擦锥环、摩擦锥盘和齿圈等一起相对于接合套转过一个角度，使锁销重新与接合套的销孔对中，接合套便在轴向推力的作用下，压下定位钢球10而沿定位销和锁销向左移动，与五挡接合齿圈进入啮合，即完成挂入五挡的换挡过程。

锁销式惯性同步器由于其摩擦锥面的摩擦半径大，摩擦力矩也就大，因而其同步容量大，故在中型以上的载货车上应用广泛。

（四）变速操纵机构

变速器操纵机构应保证驾驶员能准确可靠地使变速器换入所需要的任一挡位，并可随时使之退入空挡。

1. 工作要求

要使变速器操纵机构准确可靠地工作，应满足以下要求：

（1）能防止变速器自动换挡和自动脱挡，为此，在操纵机构中应设有自锁装置；

（2）能防止变速器同时挂入两个挡位，为此，在操纵机构中应设有互锁装置；

（3）能防止误挂倒挡，为此，在操纵机构中应设有倒挡锁装置。

2. 两种类型

变速器操纵机构根据其变速操纵杆（简称变速杆）与变速器的相互位置的不同，可分为直接操纵式和远距离操纵式两种类型。

（1）直接操纵式。直接操纵式变速器的变速杆及所有换挡操纵装置都设置在变速器盖上，驾驶员可直接操纵变速杆来拨动变速器盖内的换挡操纵装置进行换挡，如图3-19所示。它具有换挡位置易确定、换挡快、换挡平稳等优点。

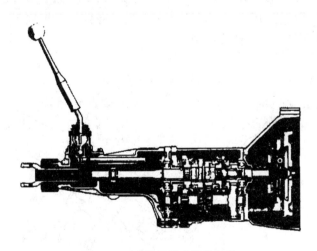

图3-19 直接操纵式换挡机构

（2）远距离操纵式。在有些汽车上，由于其总体布置的需要，变速器的安装位置离驾驶员座位较远，因而变速杆不能直接布置在变速器盖上，为此在变速杆与变速器之间加装了一套传动杆件构成远距离操纵的型式，如图3-20所示。它具有变速杆占据的驾驶室空间小，驾驶室乘坐方便等优点，但换挡操作的准确性和可靠性稍差。

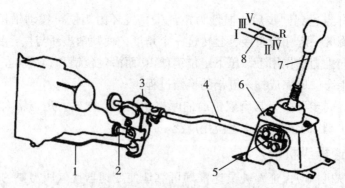

图3-20 远距离操纵式换挡机构

1—支撑杆；2—内换挡杆；3—换挡杆接合器；4—外换挡杆；5—倒挡保险挡块；
6—换挡手柄座；7—变速杆；8—换挡标记

目前，轿车上手动变速器的操纵机构普遍采用了远距离操纵式。

3. 组成部分

变速器操纵机构通常由换挡拨叉机构和定位锁止装置两部分组成。

1）换挡拨叉机构

换挡拨叉机构主要由变速杆、叉形拨杆、换挡轴、各挡拨块、拨叉轴及拨叉等组成。各种变速器由于挡位及挡位排列位置不同，其拨叉和拨叉轴的数量及排列位置也不相同。

图3-21为解放CA1091型汽车六挡变速器的直接操纵式操纵机构的组成与布置。拨叉轴7、8、9、10的两端均支承于变速器盖的相应孔中，可以轴向移动。所有的拨叉和拨块都固定于相应的拨叉轴上。三挡、四挡拨叉2的上端具有拨块。拨叉2和拨块3、4、14的顶部制有凹槽。变速器处于空挡时，各凹槽在横向平面内对齐，叉形拨杆13下端的球头则伸入到这些凹槽中。

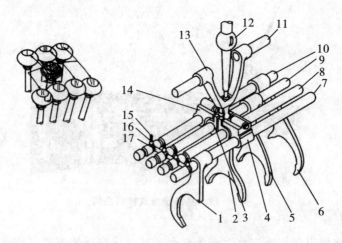

图3-21 典型六挡变速器换挡拨叉机构

1—五、六挡拨叉；2—三、四挡拨叉；3—一、二挡拨块；4—五、六挡拨块；5—一、二挡拨叉；
6—倒挡拨叉；7—五、六挡拨叉轴；8—三、四挡拨叉轴；9—一、二挡拨叉轴；10—倒挡拨叉轴；
11—换挡轴；12—变速杆；13—叉形拨杆；14—倒挡拨块；15—自锁弹簧；16—自锁钢球；17—互锁销

选挡时，驾驶员首先操纵变速杆绕其中部球形支点横向摆动，则其下端推动叉形拨杆绕换挡轴 11 的轴线转动，从而使叉形拨杆下端对准所选挡位的拨块凹槽，然后操纵变速杆纵向摆动，带动拨叉轴及拨叉向前或向后移动，即可实现换挡。

图 3-22 为奥迪 100 型轿车变速器的远距离操纵式操纵机构。它由外操纵机构和内操纵机构组成。

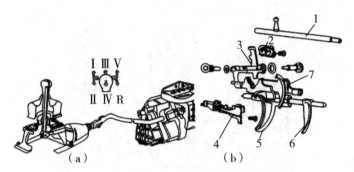

图 3-22　奥迪 100 型轿车变速器操纵机构

1—内换挡轴；2—倒挡锁止装置；3—换挡横轴；4—挡位锁止装置；5、6、7—换挡拨叉轴及拨叉

外操纵机构主要由变速杆、铰链、限位及防护装置、中间连接杆件等组成。变速杆通过一系列中间连接杆件操纵变速器的内操纵机构，以进行选挡、换挡。变速杆以球形铰链为支点，可以直接左右、前后摆动。各连接杆应具有足够的刚度，且各连接点处间隙小，否则将会影响换挡时的手感。

内操纵机构主要由内换挡轴 1，换挡横轴 3，换挡拨叉轴及拨叉 5、6、7，挡位锁止装置 4，倒挡锁止装置 2 等组成，如图 3-22（b）所示。内换挡轴 1 与换挡横轴 3 用球铰链连接，在外操纵机构作用下，可使内换挡轴做转动或轴向移动。当内换挡轴转动时，给换挡横轴以推力，可使换挡横轴 3 做轴向移动，选择不同挡位的拨叉轴，实现选挡动作。当内换挡轴做轴向移动时，给换挡横轴 3 以回转力矩，从而推动所选挡位的拨叉轴做轴向移动，拨叉轴上的拨叉推动同步器接合套进行换挡。换挡横轴 3 上有换挡拨爪，用于推动换挡拨叉轴做轴向移动，进行选挡、换挡。

2）定位锁止机构

（1）自锁装置。自锁装置的功用是对各挡拨叉轴进行轴向定位锁止，以防止其自动产生轴向移动而造成自动挂挡或自动脱挡，并保证各挡传动齿轮以全齿宽啮合。

图 3-23 为自锁装置，它一般由自锁钢球及自锁弹簧组成。这类自锁装置是在变速器盖的前端凸起部钻有三个深孔，在孔中装入自锁钢球及自锁弹簧，其位置正处于拨叉轴的正上方，每根拨叉轴对着钢球的表面沿轴向设有三个凹槽，槽的深度小于钢球的半径。中间的凹槽是空挡位置，相邻凹槽之间的距离正好等于滑动齿轮（或接合套）由空挡移至相应工作挡位并保证齿轮处于全齿宽啮合或是完全退出啮合的距离。凹槽对正钢球时，钢球便在自锁弹簧的压力作用下嵌入该凹槽内，拨叉轴的轴向位置便被固定，其拨叉及相应的接合套或滑动齿轮便被固定在空挡位置或某一工作挡位位置，而不能自动挂挡或自动脱挡。当需要换挡时，驾驶员通过变速杆对拨叉轴施加一

定的轴向力,克服弹簧的压力而将自锁钢球从拨叉轴凹槽中挤出并推回孔中,拨叉轴便可滑过钢球进行轴向移动,并带动拨叉及相应的接合套或滑动齿轮轴向移动。当拨叉轴移至其另一凹槽与钢球相对正时,钢球又被压入凹槽(此动作传到变速杆手柄上,使驾驶员具有手感),此时拨叉所带动的接合套或滑动齿轮便被拨入空挡或被拨入另一工作挡位。

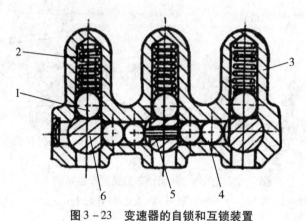

图3-23 变速器的自锁和互锁装置

1—自锁钢球;2—自锁弹簧;3—变速器盖;4—互锁钢球;5—互锁顶销;6—拨叉轴

(2)互锁装置。互锁装置的功用是阻止两个拨叉轴同时移动,以防止同时挂入两个挡位,避免因同时啮合的两挡齿轮传动比不同而互相卡住,造成运动干涉甚至零件损坏。

互锁装置的结构型式很多,最常用的有锁球式和锁销式互锁装置。

①锁球式互锁装置。它由互锁钢球4和互锁顶销5组成,如图3-23所示。在变速器盖前端三根拨叉轴之间的孔道中装有两个互锁钢球,每根拨叉轴朝向互锁钢球的侧面上都制有一个深度相等的凹槽,中间拨叉轴的两侧都有凹槽,凹槽之间钻有通孔,互锁顶销就装在此孔中。两个互锁钢球的直径之和正好等于相邻两拨叉轴圆柱表面之间的距离加上一个凹槽的深度,互锁顶销的长度则等于拨叉轴的直径减去一个凹槽的深度。

图3-24为互锁装置的工作过程。当变速器处于空挡位置时,所有拨叉轴侧面的凹槽同钢球都在一条直线上,此时拨叉轴和互锁钢球及顶销都处于自由状态,相互之间不卡紧,每一根拨叉轴都可以沿轴向拨动。但要挂挡,移动某一根拨叉轴时,如图3-24(a)中的轴3,该轴两侧的钢球便从其侧面凹槽中被挤出,而两外侧钢球则分别嵌入其他拨叉轴(轴1、5)侧面的凹槽中,因而将这些拨叉轴刚性地锁止在空挡位置,不能轴向移动。如欲拨动另一拨叉轴(即要想挂入另一挡位)时,则必须先将前一拨叉轴退回到空挡位置。由此可见,互锁装置的作用是当驾驶员用变速杆推动某一拨叉轴时,自动将其余拨叉轴锁止在空挡位置,因而可防止同时挂入两个挡位。

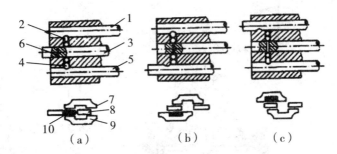

图 3-24 变速器互锁装置工作示意图

1、3、5—拨叉轴；2、4—互锁钢球；6—互锁顶销；7、8、9—拨叉；10—变速杆下端球头

②锁销式互锁装置。它是将上述相邻两拨叉轴之间的两个互锁钢球制成一个互锁销，互锁销的长度相当于两个互锁钢球的直径，其工作原理与钢球式互锁装置完全相同，如图 3-25 所示。

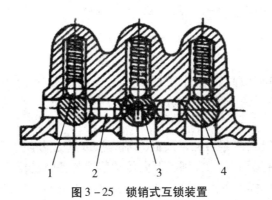

图 3-25 锁销式互锁装置

1—自锁钢球；2—互锁销；3—互锁顶销；4—拨叉轴

(3) 倒挡锁装置。倒挡锁装置的功用是防止驾驶员误挂倒挡，以防止汽车在前进中因误挂倒挡而造成极大的冲击，使零件损坏，并可防止在汽车起步时因误挂倒挡而造成安全事故。它要求驾驶员必须采用与挂前进挡不同的操纵方式或对变速杆施加更大的力，才能挂入倒挡，起到提醒作用，从而防止无意中误挂倒挡。

倒挡锁也有多种类型，最常用的是弹簧锁销式倒挡锁。它一般由倒挡锁销及倒挡锁弹簧组成，并将其安装于一挡、倒挡拨块相应的孔中，如图 3-26 所示。锁销内端与拨块的侧面平齐，锁销可以在变速杆下端球头推压下，压缩弹簧而轴向移动。当驾驶员要挂倒挡（或一挡）时，必须有意识地用较大的力向侧面摆动变速杆（从图上看为向左侧摆动），使其下端球头右移，克服倒挡锁弹簧的张力将锁销推入孔中，这样才能使变速杆下端球头进入拨块 3 的凹槽内，以拨动一挡、倒挡拨叉轴进行挂挡。

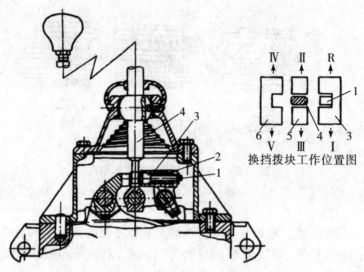

图 3-26 弹簧锁销式倒挡锁

1—倒挡锁销；2—倒挡锁弹簧；3——、倒挡拨块；4—变速杆；5—二、三挡拨块；6—四、五挡拨块

（五）分动器

越野汽车因多轴驱动而装有分动器，其主要功用是将变速器输出的动力分配到各个驱动桥。此外，由于大多数分动器都有两个挡位，所以它还兼起副变速器的作用。

分动器一般单独安装在车架上，其输入轴直接或通过万向传动装置与变速器第二轴联结，其输出轴则有若干个，分别经万向传动装置与各驱动桥连接。

分动器与变速器一样，也由齿轮传动机构和操纵机构两部分组成。

1. 传动机构

分动器的齿轮传动机构是由齿轮、轴和壳体等零件组成，有的还装有同步器。

1）三输出轴式分动器

图 3-27 为典型三轴越野车的两挡分动器，其输入轴 1 用凸缘通过万向传动装置与变速器第二轴联结。输出轴 8、12、17 分别经万向传动装置通往后、中、前驱动桥。它的常啮合齿轮均为斜齿轮，轴的支承多采用圆锥滚子轴承。轴 1 前端通过锥轴承支承在壳体上，后端通过锥轴承支承在与轴 8 制成一体的齿轮 6 的中心孔内。齿轮 5 与轴 1 制成一体。齿轮 15 和 9 之间装有接合套 4，用来控制分动器高、低挡的变换。前桥输出轴 17 后端装有接合套 16，用来控制前桥驱动的接合与摘除。为了调整轴承预紧度，在轴 8 的两锥轴承之间（除装有里程表驱动齿轮和隔圈外）装有调整垫片；轴 1 前端、轴 11 两端、轴 12 后端和轴 17 前端的轴承盖处装有垫片，其作用是用来密封，也可调整轴承预紧度。另外，轴 11、12 两端轴承盖处的垫片可调整轴及齿轮的轴向位置，保证常啮合齿轮能全齿长啮合。

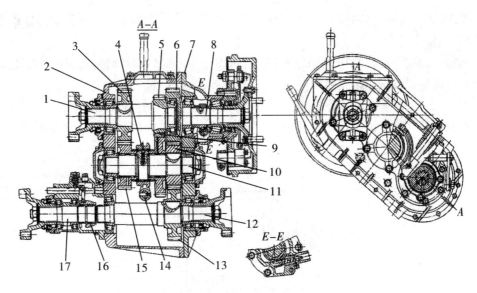

图 3-27 三输出轴式分动器

1—输入轴；2—分动器壳；3、5、6、9、10、13、15—齿轮；4—换挡接合套；7—分动器盖；8—后桥输出轴；11—中间轴；12—中桥输出轴；14—换挡拨叉轴；16—前桥接合套；17—前桥输出轴

该分动器变速传动机构简图如图 3-28 所示。当接合套 4 左移与齿轮 15 的齿圈接合时为高速挡。动力经输入轴 1，齿轮 3、15 和中间轴 11 传到齿轮 10，再分别经齿轮 6、13 传到输出轴 8（后桥）和 12（中桥）。因齿轮 6 和 13 齿数相同，故轴 8 和 12 转速相等。

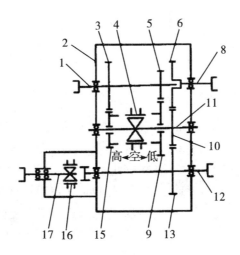

图 3-28 三输出轴式分动器示意图
（标注同图 3-27）

当要挂入低速挡时，必须先将接合套 16 右移，轴 17 和 12 相联结，使前桥参与驱动后，再将接合套 4 右移与齿轮 9 的齿圈接合，动力由输入轴经齿轮 5、9 传到中间轴

11和齿轮10，再分别传到输出轴8、12、17，使前、后、中桥三轴以相同的转速输出。

2）两输出轴式分动器

两输出轴式分动器用于轻型越野汽车，即前、后桥都为驱动桥。齿轮传动机构常采用普通齿轮式和行星齿轮式两种。

图3-29为普通齿轮式分动器。它的高、低挡的变换通过拨动滑动齿轮10来实现，而前桥的接合和摘除通过拨接合套6来完成，其传动原理与前述三轴式分动器类似，不再重述。现只介绍行星齿轮式分动器。

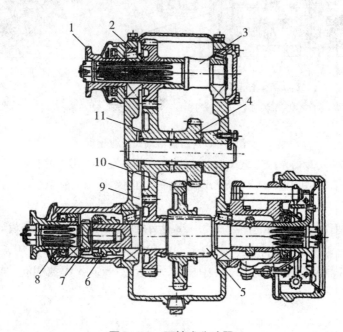

图3-29 两轴式分动器

1—凸缘盘；2—主动齿轮；3—输入轴；4—中间轴小齿轮；5—后桥输入轴；6—前桥接合套；
7—花键齿轮；8—前桥输出轴；9—常啮合高速挡齿轮；10—变速滑动齿轮；11—中间轴大齿轮

图3-30为行星齿轮式分动器的变速传动机构简图，它由齿圈4（固定在壳体2上）、行星齿轮3（装有三个或四个）及行星架5、太阳轮6组成行星齿轮机构。

当换挡齿毂7左移与太阳轮6的内齿接合为高速挡（传动比为1），动力由输入轴1、太阳轮6、齿毂7传到后桥输出轴10，此时行星齿轮3及行星架5空转（不传力）。上述过程称为两轮驱动高挡（2H），此分动器也可实现四轮驱动高挡（4H）。

当接合套8右移与齿轮9接合，齿毂7右移与行星架5接合，分动器处于四轮驱动低挡（4L）。动力传递情况如下：输入轴1→太阳轮6→行星齿轮3→行星架5→换挡齿毂7→后桥输出轴10→后桥花键毂17→接合套8→齿轮9→锯齿式链条16→齿轮14→前桥输出轴15→前桥。

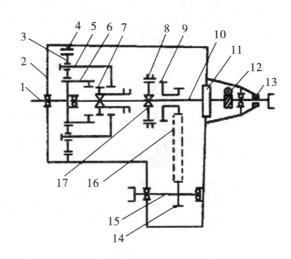

图 3-30 典型两轴式分动器示意图

1—输入轴；2—分动器壳；3—行星齿轮；4—齿圈；5—行星架；6—太阳轮；7—换挡齿毂；
8—接合套；9、14—齿轮；10—后桥输出轴；11—转子式油泵；12—里程表驱动齿轮；
13—油封；15—前桥输出轴；16—锯齿式链条；17—花键毂

另外，分动器的行星齿轮机构及后桥输出轴 10 所有零件采用压力润滑，油泵 11 的结构、工作原理与发动机润滑系统的转子式机油泵相似。

2. 操纵机构

分动器的操纵机构主要由高低挡操纵杆、前桥摘接操纵杆、拨叉、拨叉轴和一系列传动杆件以及自锁和互锁装置等组成。

当分动器挂入低速挡工作时，其输出转矩较大，为避免中、后桥超载荷，此时前桥必须参加驱动，分担部分载荷。因此，要求操纵机构必须保证：非先接上前桥不得换入低挡，非先退出低挡不得摘下前桥。此外，操纵机构应能防止自动换挡和脱挡。因此，分动器操纵机构必须有互锁装置和自锁装置。

自锁装置的结构、工作原理与变速器自锁装置相同，这里不再赘述。

互锁装置有钉、板式，球销式和摆板滑槽凸面式。

1）钉、板式互锁装置

这种装置在前桥操纵杆上装有螺钉或铁板，与换挡操纵杆互相锁止，多用于两拨叉轴距离较远的操纵机构。

如图 3-31 所示，前桥操纵杆 2 的下端装有螺钉 3，其头部可以顶靠着换挡操纵杆 1 的下部。轴 7 借两个支承臂 8 固定在变速器盖上。分动器的两个操纵杆 1 和 2 位于变速器变速杆的右侧。换挡操纵杆 1 以其中部的孔松套在轴 7 上，其下端借传动杆 4 与分动器的换挡摇臂相连。前桥操纵杆 2 的中部则固定于轴 7 的一端。在轴 7 的另一端固定着摇臂 6，其臂端经传动杆 5 与操纵前桥接合套的摇臂相连。

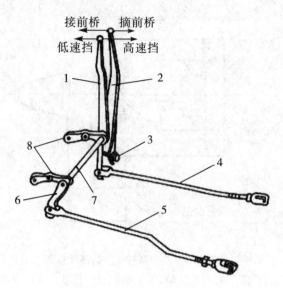

图 3-31 螺钉式互锁机构

1—换挡操纵杆；2—前桥操纵杆；3—螺钉；4、5—传动杆；6—摇臂；7—轴；8—支承臂

驾驶员欲使分动器挂入低速挡，只需将换挡操纵杆 1 的上端推向前方。此时，操纵杆 1 绕轴 7 逆时针转动，其下臂便压推螺钉 3，带动操纵杆 2 向接前桥的方向转动。这就使得挂入低速挡时，前桥即已接上。但当操纵杆 1 被扳到空挡或高速挡位置时，并不能带动操纵杆 2 回位而摘下前桥。同理，当将操纵杆 2 的上端拉向后方，以便摘下前桥时，螺钉 3 则绕轴 7 向前推动操纵杆 1 使之先退出低速挡位置，但并不妨碍退出低速挡后再接前桥。

2) 球销式互锁装置

如图 3-32 所示，球销式互锁装置多用在两拨叉轴距离较近的情况。两根拨叉轴之间装有互锁销，与轴上的凹槽对准时（即接上前桥驱动后），轴才能向左移动换入低挡，同理应先退出低挡后才能摘下前桥驱动。

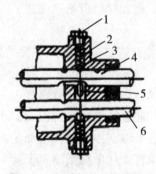

图 3-32 球销式互锁装置

1—螺栓；2—弹簧；3—自锁钢球；4—高、低挡拨叉轴；5—互锁销；6—前桥拨叉轴

（六）基本维护与检修

汽车行驶时，变速器齿面压力大，齿面会磨损、疲劳甚至剥落；变速器长期使用后，润滑状况会变差；驾驶中，驾驶员易操作不当，如换挡过早或过迟。这些都会使变速器零件损坏，最终导致变速器工作性能下降。

1. 主要元件检修

1）变速器壳体

变速器壳体的主要损伤形式有壳体的变形、裂纹及轴承孔、螺纹孔的磨损等。

（1）变速器壳体的变形将造成各轴轴线间的平行度误差，轴间距改变，导致齿轮副啮合精度的破坏。轮齿表面的阶梯形磨损不但使传动噪声加大，也会形成轴向力。当齿面上有冲击载荷时，就会形成变速器早期自动脱挡的故障。检查时，对三轴式变速器用专用量具检查各轴承孔公共轴线间的平行度、轴间距，上孔轴线与上平面间的距离，前后两端面的平面度。两轴式变速器的壳体一般由前、后两部分组成，其变形主要是检查输入轴与输出轴的平行度及前、后壳体接合面的平面度。当上述各项检查超过规定时应进行修复。

（2）变速器壳体不得有裂纹。对受力不大部位的裂纹，可用环氧树脂黏结修复；重要和受力较大部位的裂纹，可进行焊修。对与轴承孔贯通和安装固定孔处的裂纹不能修理的，应更换变速器壳体。

（3）当变速器壳体轴承孔磨损超限、变形时，可在单柱立式镗床上，用长度规作定位导向镗削各轴承孔，以修正各轴线间的平行度。镗削扩孔时，常以倒挡轴的轴承孔为基准，因为此处的强度最大，其变形逾限率较低。扩孔后再镶套或刷镀修复，超过修理极限时应更换。当壳体平面度超差时，可采用铲、刨、锉、铣等方法修复或更换。

（4）壳体上所有连接螺孔的螺纹损伤不得多于2牙，螺纹孔的损伤可用换加粗螺栓或焊补后重新钻孔加工的方法修复。

2）变速器盖

变速器盖的主要损伤形式有盖的裂纹、变形及轴承的磨损等。

变速器盖应无裂纹，其与变速器壳体接合平面的平面度公差超限时，可采用铲、刨、锉、铣等方法修复或更换；拨叉轴与轴承孔的间隙超限时应更换。

3）齿轮与花键

齿轮的主要损伤形式有齿面、齿端磨损，齿面疲劳剥落、腐蚀斑点，轮齿破碎或断裂等。

齿轮的啮合面上出现明显的疲劳麻点、麻面、斑疤或阶梯形磨损时，必须更换。齿面仅有轻微斑点或边缘略有破损时，可用油石修磨后继续使用。

固定齿轮或相配合的滑动齿轮的端面损伤长度不得超过齿长的15%。齿轮的啮合面中线应在齿高中部，接触面积不得小于工作面的60%。齿轮与齿轮、齿轮与轴及花键的啮合间隙、径向间隙和轴向间隙应符合原厂规定。

4）轴

轴的主要损伤形式有变形、裂纹、轴颈和花键齿的磨损等。

用百分表检查轴的变形，如图3-33所示，传动轴一般不超过0.015 mm，超过标准时应校正或更换；轴齿、花键齿损伤达到前述齿轮损伤的程度时应更换；用千分尺检查各轴颈的磨损，如图3-34所示，超过规定值时，可堆焊、镀铬后修复或更换；检查轴上定位凹槽的最大磨损量，超过规定值时应换新；轴体上不得有任何性质的裂纹，否则应更换。

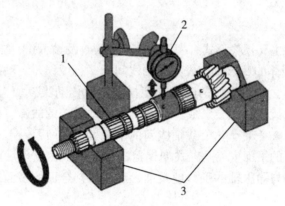

图3-33 传动轴变形检查
1—传动轴；2—百分表；3—V型铁

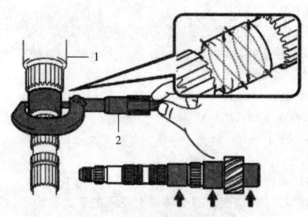

图3-34 传动轴轴颈磨损检查
1—传动轴；2—千分尺

5）轴承

轴承主要的损伤形式有磨损、疲劳点蚀及破裂等。

检查轴承应转动灵活顺畅，无异响，滚动体与内外圈滚道不得有麻点、麻面、斑疤和烧灼磨损或破碎等缺陷，保持架完好，否则应更换；检查轴承的径向间隙不得超过规定值，滚动轴承与承孔、轴颈或齿轮的配合应符合技术条件要求，否则应更换。

6）同步器

多数变速器采用锁环式或锁销式同步器。

（1）锁环式同步器的检修。锁环式同步器的主要损伤是锁环内锥面螺纹槽及锁止角磨损、滑块磨损、接合套和花键毂的花键齿损伤。锁环与滑块的磨损会破坏换挡过程的同步作用,锁环与接合套锁止角的磨损会使同步器失去锁止作用,这些都会造成换挡困难,发出机械撞击噪声。

锁环的检查如图 3-35 所示。将锁环压到换挡齿轮锥面上,按压转动锁环时不能转动,用塞尺测量锁环与换挡齿轮端面之间的间隙 a。该间隙的标准值:奥迪、桑塔纳的变速器为 1.1~1.9 mm,磨损极限为 0.5 mm;2007 款丰田卡罗拉变速器 C50 的三、四挡为 0.75~1.65 mm,极限值为 0.75 mm。超过极限值时,应更换。

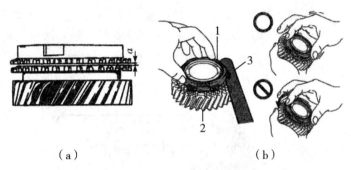

（a）　　　　　　　　（b）

图 3-35　同步器间隙的检查
1—锁环;2—挡位齿轮;3—塞尺

同步器滑块顶部凸起磨损出现沟槽,会使同步作用减弱,必须更换。锁环、接合套的接合齿端磨秃,都会导致换挡困难,都须更换。

接合套和花键毂的花键齿检查如图 3-36 所示,检查花键齿是否有擦伤或其他机械损伤,检查接合套和花键毂之间是否滑动顺畅,如有损伤或滑动不顺畅,都须更换。

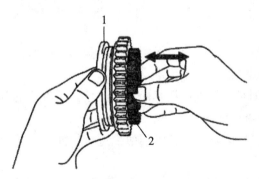

图 3-36　接合套和花键毂配合检查
1—接合套;2—花键毂

（2）锁销式同步器的检修。锁销式同步器的主要损伤是由于换挡操作不当、冲击过猛使锥盘外张,摩擦角变大造成同步效能降低;锥环锥面上的螺纹槽的磨损严重,使摩擦系数过低,甚至两者端面接触,使同步作用失效。

当锥环锥面螺纹磨损,使锥环端面与锥盘锥面接触,可用车削锥环端面修复,但车削总量不得大于 1 mm。如锥环外锥面螺纹槽的深度小于 0.1 mm,而锥环端面未与锥盘接触,应更换同步器总成。更换新总成时,可保留原有的锥盘,但两者的端面间隙不得小于 3 mm。

同步器的锁销和支承销松动或有散架,会引起同步器突然失效,应更换新同步器。

7) 操纵机构的检修

变速器操纵机构的主要损伤形式有磨损、变形、连接松动和弹簧失效等。

检查操纵机构各零件的连接应无松动现象,否则应及时紧固;检查变速杆、拨叉、拨叉轴等应无变形,否则应校正或更换;检查拨叉与接合套磨损间隙,如图 3-37 所示,2007 款丰田卡罗拉变速器 C50 三、四挡接合套与拨叉轴的间隙范围为 0.15~0.35 mm,磨损间隙过大时,应更换相应的拨叉和接合套;检查拨叉与拨叉轴、选挡轴等处的磨损,磨损逾限时应更换;检查定位钢球、定位锁销、锁止弹簧、复位弹簧,当出现磨损逾限或弹簧失效时应更换。

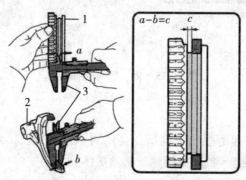

图 3-37 接合套和拨叉磨损检查

1—接合套;2—拨叉;3—游标卡尺

a—接合套槽宽;b—拨叉厚度;c—配合间隙

2. 装配与调整

变速器装配质量的好坏,对变速器的工作质量影响很大。在变速器装配时,应注意以下几点。

(1) 装配前,必须对零件进行认真的清洗,除去污物、毛刺和铁屑等。尤其要注意第二轴齿轮上的径向润滑油孔的畅通。

(2) 装配轴承时,应涂质量优良的润滑油进行预润滑。总成修理时,应更换所有的滚针轴承。

(3) 对零件的工作表面不得用硬金属直接锤击,避免齿轮轮齿出现运转噪声。

(4) 注意同步器锁环或锥环的装配位置。装配过程中,如有旧件时应原位装复,以保证两元件的接触面积。因此,在变速器解体时,应对同步器各元件做好装配记号,以免装错。

(5) 组装中间轴和第二轴时,应注意各挡齿轮、同步器固定齿轮座、止推垫圈的方向及位置,以保证齿轮的正确啮合位置。

(6) 安装第一轴、第二轴及中间轴的轴承时,只许用压套垂直压在内圈上,禁止施加冲击载荷,并注意轴承的安装方向。

(7) 装入油封前，需在油封的刃口涂少量润滑脂，要垂直压入，并注意安装方向。

(8) 变速器装配后，要检查各齿轮的轴向间隙和各齿轮副的啮合间隙及啮合印痕。常啮合齿轮的啮合间隙为 0.15～0.4 mm；滑动齿轮的啮合间隙为 0.15～0.5 mm。第一轴的轴向间隙不大于 0.15 mm，其他各轴的轴向间隙不大于 0.30 mm。各齿轮的轴向间隙不大于 0.40 mm。

(9) 装配密封衬垫时，应在密封衬垫的两侧涂以密封胶，确保密封效果。

(10) 安装变速器盖时，各齿轮和拨叉均应处于空挡位置。必要时，可分别检查各个常用挡的齿轮副是否处于全齿宽啮合位置。

(11) 按规定的力矩拧紧各部位螺栓。

3. 齿轮油的选用

齿轮油是指用于汽车机械变速器、驱动桥齿轮和传动机构的润滑油。它是以精制润滑油为基础油，加入抗氧化、防腐蚀、防锈、消泡、耐压抗磨等多种添加剂调合而成的，因此具有良好的润滑性能。它与其他的润滑油一样，具有润滑、冷却、清洗、密封、防锈和降低噪声等作用，但其工作条件与发动机油不一样，因此对性能的要求也不一样。

1) 分类与标号

目前，国际上采用美国汽车工程师协会（SAE）与美国石油学会（API）的分类标准，来标定齿轮油。例如：

API GL-4 SAE 80W

其中：API 为美国石油学会简称；GL-4 为齿轮油质量标号，适用于双曲线齿轮传动的润滑；SAE 为美国汽车工程师协会简称；80W 为齿轮油黏度标号，适用于最低 -26 ℃的温度。

齿轮油按 100 ℃时的动力黏度和低温动力黏度达 150000 MPa·s 时的最高温度，分为 70W、75W、80W、85W、90、140、250 等七个标号。带 W 字母的为冬季用油。同时符合两个黏度级的齿轮油称为多级齿轮油。如 SAE 80W/90，即表示其低温黏度符合 SAE 80 的标准，而高温黏度又符合 SAE 90 的要求。可以在某一地区全年通用某一标号齿轮油，也可以根据当地季节温度选用不同标号齿轮油。

按齿轮负荷承载能力和使用场合不同，API 将齿轮油分为 GL-1、GL-2、GL-3、GL-4、GL-5、GL-6 等六个标号。

2) 选用

通常按说明书的要求，选择相应标号的齿轮油。

选用时，要注意不要混淆发动机机油和齿轮油的 SAE 黏度分类标号，不能降级使用或升级使用齿轮油，不要误认为齿轮油的黏度标号越高润滑性能就越好。

3) 换油

应按规定换油指标换用新油，无油质分析手段时，可按规定期限换油。汽车制造厂推荐的期限一般为 30000～48000 km。

换油时，应趁热放出旧油，并将齿轮和齿轮箱清洗干净后方可加入新油，加油应防止水分和杂质混入。

油量应适当,不能过多也不能过少,过多不仅会增加搅油阻力和燃油消耗,而且有可能会使齿轮油经后桥壳混入制动鼓造成制动失灵;过少会使润滑不良,温度过高,加速齿轮磨损。齿轮油面一般应加到与齿轮箱加油口下缘平齐,且应经常检查各齿轮油箱是否渗漏,并保持各油封、垫片的完好。

4) 实例

下面以 2007 款丰田卡罗拉轿车为例,说明其变速器齿轮油的检查与更换方法。

(1) 变速器油检查。

①将车辆停放在平坦路面上。

②拆下变速器注油螺塞和衬垫。

③检查并确认油面在变速器加油螺塞开口最低点以下 5 mm 范围内,如图 3-38 所示。

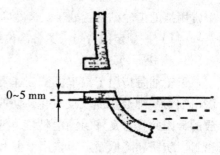

图 3-38 检查变速器油液面高度

注意:油液过多或过少都可能引起故障;更换机油后,驾驶车辆并再次检查油位。

④油位低时,检查机油是否泄漏。

⑤安装变速器加油螺塞(扭矩:39 N·m)和新衬垫。

(2) 变速器油更换。

①排净手动传动桥油:

A. 拆下加油螺塞和衬垫;

B. 拆下放油螺塞和衬垫,排净手动传动桥油。

②添加手动传动桥油:

A. 安装新衬垫和放油螺塞(扭矩:39 N·m);

B. 添加手动传动桥油;

C. 安装变速器加油螺塞和新衬垫。

③检查手动传动桥油。

(七) 常见故障诊断

变速器常见的故障为脱挡、换挡困难、乱挡、异响及漏油等。

1. 变速器脱挡

1) 故障现象

汽车在加速、减速或爬坡时,变速杆自动跳回空挡位置。

2) 故障原因

(1) 变速杆没有调整好或变速杆弯曲,远程控制杆机构磨损或调整不良。

(2) 拨叉轴轴向自由行程过大或凹槽位置不正确,拨叉轴凹槽磨损及拨叉磨损、变形。

(3) 自锁钢球磨损或破裂,自锁弹簧弹力不够或折断。

(4) 变速器轴、轴承磨损松旷或轴向间隙过大,造成轴转动时齿轮啮合不足而发生跳动和轴向窜动。

(5) 齿轮或接合套严重磨损,沿齿长方向磨成锥形。

(6) 同步器磨损或损坏。

(7) 变速器壳松动或与离合器壳没对准。

3) 故障诊断与排除

(1) 使车辆行驶，反复加速、减速，检查在各挡位上变速杆是否容易脱出。如果这种方法效果不明显时，可在爬陡坡、下陡坡（以发动机制动）时进行检查。

(2) 发现某挡脱挡时，仍将操纵杆挂入该挡，将发动机熄火。先检查操纵机构调整是否正确，然后再拆开变速器盖检查齿轮啮合情况和同步器啮合情况。如果啮合情况不好，应检查轴承是否磨损松旷，拨叉是否变形，拨叉与接合套上的叉槽间隙是否过大，否则应更换或校正拨叉；如果啮合情况良好，应检查操纵机构锁止情况，如锁止不良，须拆下拨叉轴检查自锁钢球、弹簧，弹簧过弱、折断或拨叉轴凹槽磨损，应予以更换或修复。

(3) 若齿轮啮合和操纵机构均良好，应检查齿轮是否磨成锥形以及轴是否前后移动。如果齿轮磨成锥形应更换，轴的前后移动应调整适当。

(4) 对于变速器壳松动或与离合器壳没对准而引起的脱挡，须按规定拧紧固定螺栓。

2. 变速器换挡困难

1) 故障现象

在进行正常变速操作时，变速杆不能挂入挡位，或者勉强挂上挡后又很难摘下来。

2) 故障原因

(1) 变速杆下端磨损或控制杆弯曲。

(2) 拨叉或拨叉轴磨损、松旷、弯曲。

(3) 自锁或互锁弹簧过硬、钢球损伤。

(4) 控制连杆机构动作不良（远程控制式机构）。

(5) 同步器不良（磨损或损坏）。

(6) 变速器轴弯曲变形或花键损伤。

3) 故障诊断与排除

(1) 首先应确认离合器分离状态正常，然后使发动机怠速运转，踏下离合器踏板，试进行各挡位变换动作，检查变速杆是否卡滞、沉重等。当用这种方法不易判断时，可进行实车行驶试验。

(2) 汽车行驶时发生换挡困难现象，首先检查离合器能否分离彻底，操纵机构能否工作。

(3) 如上述情况良好，应拆开变速器盖，检查拨叉是否弯曲，如果弯曲应校正或更换。如果拨叉轴与导向孔锈蚀，可用较细的砂纸磨光。

(4) 检查自锁和互锁装置是否良好，否则予以更换。

(5) 检查拨叉的固定螺栓是否松动，若松动应予以紧固。

(6) 检查变速器轴花键损伤情况或轴弯曲，酌情给予修复或更换。

(7) 检查同步器磨损或损坏情况，根据同步器损坏的部位酌情更换零件或整体更换。

3. 变速器乱挡

1) 故障现象

在离合器技术状况正常情况下，变速器同时挂上两个挡或虽能挂上挡，但却不能挂入所需要的挡位，或者挂入后不能退出。

2) 故障原因

主要为变速操纵机构失效。

(1) 变速杆球头定位销磨损、折断或球孔、球头磨损、松旷。

(2) 变速杆下端工作面或拨叉轴上导块的导槽磨损过度。

(3) 拨叉槽互锁销、球磨损严重或漏装。

3) 故障诊断与排除

(1) 使车辆行驶，操纵变速杆进行换挡试验，检查是否会同时挂上两个挡或挂上的挡位不是所需要的挡位。

(2) 挂需要的挡位时，结果挂入别的挡位，应检查变速杆摆转角度，若其能任意摆动，且能打圈，则为定位销损坏或失效，需更换定位销，调整变速杆。

(3) 当变速杆摆动转角正常，仍挂不上或摘不下挡，则多为变速杆下端工作面磨损或导槽磨损，使变速杆下端从导槽中脱去，应予以修复或更换。

(4) 若同时挂上两个挡，则为互锁装置磨损或漏装零件，应进行零件更换或装复。

4. 变速器异响

1) 故障现象

变速器工作时，发出不正常声响，如金属的干摩擦声、不均匀的碰撞声等。

2) 故障原因

(1) 变速器操纵机构各连接处松动，拨叉变形或磨损松旷。

(2) 变速器与发动机安装时曲轴与变速器第一轴轴线不同心，或变速器壳体变形。

(3) 壳体轴承孔修复后，轴心发生变动或使两轴线不同心，变速器壳体前端面与第一轴、第二轴轴心线垂直度或第一轴、第二轴与曲轴同轴度超差。

(4) 轴承缺油、磨损松旷、疲劳剥落或轴承滚动体破裂。

(5) 第二轴、中间轴弯曲或花键与滑动花键毂磨损松旷。

(6) 齿轮磨损严重，齿侧间隙太大，齿面有金属疲劳剥落或个别齿损坏折断等。

(7) 齿轮制造精度差或齿轮副不匹配，维修中未成对更换相啮合的两齿轮。

(8) 变速器缺油，润滑油过稀、过稠或质量变坏。

(9) 变速器内掉入异物或某些紧固螺栓松动。

3) 故障诊断与排除

(1) 当发动机怠速运转时，使变速杆处于空挡位，检查接合和分离离合器过程中有无异响。如离合器接合时发生异响，离合器分离时异响消失，说明异响发生在变速器。也可进行实车行驶，检查在变速挡位有无异响。此时，应区别驱动时与怠速的异响。

在排除变速器异响时，要根据响声的特点、出现响声的时机和发响的部位判断产生响声的原因，然后予以排除。

(2) 变速器换入某一挡位时，响声明显，应检查该挡齿轮和同步器的磨损及齿轮啮合情况，若磨损严重予以更换。齿轮接触不良，酌情更换一对新齿轮。

（3）发动机怠速运转，变速器空挡时有异响，多为常啮合齿轮响，应酌情修理或更换。

（4）变速器各挡均有异响，多为基础件、轴、齿轮、花键磨损使形位误差超限，应酌情修理或更换。

（5）变速器运转时有金属干摩擦声，多为变速器内润滑油有问题，应检查油面高度和油的质量。

（6）变速器工作时有周期性撞击声，则为齿轮个别齿损坏，应更换该齿轮。

（7）变速器工作时有间断性的异响，可能为变速器内掉入异物所引起。

5. 变速器漏油

1）故障现象

变速器壳体外围有油泄漏，变速器箱的齿轮油减少。

2）故障原因

（1）油封磨损、变形或损伤。

（2）变速器壳龟裂、损伤或延伸壳破裂。

（3）通气口堵塞、放油螺塞松动。

（4）变速器的盖与壳体之间安装松动或者密封垫损坏。

（5）齿轮油过多或齿轮油选用不当，产生过多泡沫。

（6）车速里程表接头锁紧装置松动或破损。

3）故障诊断与排除

（1）按油迹部位检查油液泄漏原因。

（2）检查调整变速器油量。检查齿轮油质量，如质量不佳，应更换合适的齿轮油。

（3）疏通堵塞的通气口。

（4）更换损坏的密封垫和油封。

（5）紧固松动的变速器盖、壳螺栓及放油螺塞。

（6）更换损坏的变速器壳和延伸壳。

（7）拧紧车速表接头锁紧装置，如果锁紧装置破损，应予以更换。

四、自我测试题

（一）判断题

1. 当同步器锁环的内表面磨损时，同步器锁环与齿轮之间的间隙变小。（　　）

2. 齿轮与同步器锁环之间间隙的测量方法是，用手按压齿轮与同步器锁环的同时，使用厚度规，在若干位置进行测量。（　　）

3. 当接合套和拨叉之间间隙超过最大限度值，换挡时接合套行程小，可能造成难以接合挡位接合齿圈。（　　）

4. 测量输出轴圆跳动时，将轴放在V型块上，用千分尺测量轴颈。（　　）

5. 驾驶时，可使用传动比小的挡以便于提高燃油经济性。（　　）

6. 驾驶时，可使用传动比大的挡以便于得到更好的动力性。（　　）

7. 同步器的作用是使变速器输入轴与输出轴转速同步后才能挂上挡。（   ）
8. 无同步器换挡时，由低挡换入高挡应踩两次离合器。（   ）
9. 锁环式同步器的同步作用是由接合套和同步环之间的摩擦作用来实现的。
（   ）
10. 两轴式手动变速器的倒挡是通过3对齿轮啮合传动的。（   ）
11. 自锁装置的弹簧，当弹力减弱时容易造成手动变速器跳挡。（   ）
12. 手动变速器倒挡锁装置的作用是防止手动变速器挂入倒挡。（   ）
13. 当同步器滑块中间凸起部分磨损时，容易造成挂挡困难。（   ）
14. 东风EQ1090E变速器的二、三挡同步器在安装时接合套凸出的一面应朝向三挡。（   ）
15. 东风EQ1090E变速器输入轴前端支承在发动机曲轴后端孔内。（   ）
16. 东风EQ1090E变速器除倒挡外，其余各挡位均采用了同步器换挡装置。
（   ）
17. 东风EQ1090E变速器输出轴上除了一、倒挡齿轮外，其他齿轮都可以在轴上空转。（   ）
18. 捷达020型变速器在拆卸五挡齿轮固定螺栓时，必须同时挂入两个挡位。
（   ）
19. 在车辆未行驶时，捷达020型变速器的输入轴处于静止状态。（   ）
20. 换油时，手动变速器油一般应加至加油螺塞孔下沿处。（   ）

（二）选择题

1. 图3-39是同步器锁环检查操作。用手将同步器锁环按压在接合齿圈的外锥面上，同时向同步器锁环转动方向用力时，以下描述正确的是（   ）。

    A. 同步器锁环平稳转动

    B. 同步器锁环只向一方转动，不能向另一方转动

    C. 同步器锁环不转动

    D. 同步器锁环只能转动360°，不能超出

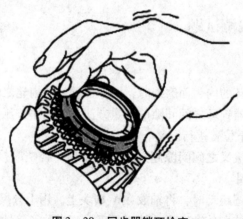

图3-39 同步器锁环检查

2. 惯性式同步器在待接合齿圈未同步前可防止挂入挡是由于（　　）。
   A. 拨环力矩过小　　　　　　　　B. 惯性力矩的作用
   C. 变速杆上推力不够　　　　　　D. 以上答案都有可能

3. 变速器在从高挡换低挡过程中加一脚空油门是为了（　　）。
   A. 提高输入轴及相关齿轮转速
   B. 提高输出轴及相关齿轮转速
   C. 加快同步时间
   D. 缩短换挡时间

4. 对于锁环式同步器，下列说法错误的是（　　）。
   A. 若锥面螺纹磨损，将导致同步时间加长
   B. 若锁环倒角磨损，将导致同步前无法锁止接合套
   C. 车速越高，同步时间越长
   D. 同步前，接合套和待接合齿圈不会接触。

5. 对于东风 EQ1090E 手动变速器的定位锁止机构，下列说法正确的是（　　）。
   A. 自锁凹槽的间距可以保证全齿宽啮合
   B. 如果未安装互锁销，则可以同时挂上两个挡位
   C. 互锁凹槽可以使驾驶员在换挡时获得手感
   D. 互锁凹槽和自锁凹槽均朝向正上方

6. 下列齿轮传动比表示超速的是（　　）。
   A. 2.15∶1　　　　　　　　　　　B. 1∶1
   C. 0.85∶1　　　　　　　　　　　D. 以上都不表示超速

7. 在现代手动变速器中，直齿滑动式换挡装置一般只在（　　）使用。
   A. 倒挡和一挡　　　　　　　　　B. 一挡和二挡
   C. 倒挡和二挡　　　　　　　　　D. 前进挡和倒挡

8. 三轴式手动变速器中间轴齿轮的旋转方向（　　）。
   A. 在汽车前进时与第一轴相同
   B. 在汽车倒退时与第一轴相同
   C. 在汽车前进时与第一轴相反，倒退时与第一轴相同
   D. 在汽车前进时和倒退时都与第一轴相反

9. 一对啮合齿轮的传动比是其从动齿轮与主动齿轮的（　　）之比。
   A. 齿数　　　B. 转速　　　C. 角速度　　　D. 圆周速度

10. 一辆载货汽车采用了三轴式手动变速器，其第一轴常啮合传动齿轮为 23 齿，中间轴常啮合传动齿轮为 41 齿，中间轴三挡常啮合齿轮为 31 齿，第二轴三挡常啮合齿轮为 33 齿。该手动变速器三挡的传动比为（　　）。
    A. 0.92　　　B. 1.08　　　C. 1.67　　　D. 1.90

11. 三轴式手动变速器的第二挡是通过（　　）对啮合齿轮传递动力的。
    A. 0　　　B. 1　　　C. 2　　　D. 3

12. 大多数（　　），变速杆一般直接安装在手动变速器壳体上。

A. 发动机前置前轮驱动车辆 B. 发动机前置后轮驱动车辆
C. 发动机后置后轮驱动车辆 D. 发动机中置后轮驱动车辆

13. 当互锁装置失效时，手动变速器容易造成（　　）故障。
   A. 乱挡 B. 跳挡
   C. 异响 D. 挂挡后不能退回空挡

14. 造成汽车手动变速器换挡困难的主要原因是（　　）。
   A. 手动变速器操纵杆自锁弹簧折断
   B. 手动变速器齿轮磨损严重
   C. 离合器踏板自由行程过小
   D. 离合器分离不彻底

15. 汽车转弯时，差速器内的行星齿轮（　　）。
   A. 不转动 B. 只随齿轮轴公转
   C. 既公转又自转 D. 仅自转

16. 离合器分离不彻底会出现的不正常现象有（　　）。
   A. 脱挡 B. 挂挡困难 C. 跳挡 D. 乱挡

17. 手动变速器上采用了（　　）等换挡啮合方式。
   A. 离合器式 B. 直齿滑动式
   C. 接合套式 D. 同步器式

18. 手动变速器装配的正确注意事项为（　　）等。
   A. 装配程序与分解程序相同
   B. 所存零件应彻底清洗干净，并用压缩空气吹干
   C. 各部位轴承及键槽在安装前，应涂以齿轮油或机油
   D. 安装滚针、滚珠等小零件时，可使用凡士林粘住

19. 手动变速器不能挂进某个挡位的故障原因可能是（　　）等。
   A. 离合器分离不彻底 B. 操纵机构调整不当
   C. 该挡位自锁弹簧太软 D. 该挡位同步器锁环磨损

20. 关于手动变速器的操纵机构，下列说法正确的是（　　）。
   A. 变速杆可以直接布置在变速器盖上
   B. 一个拨叉可以控制两个挡位，也可以只控制一个挡位
   C. 接合套与拨叉之间的间隙若过大，将可能造成变速器自动脱挡
   D. 东风 EQ1090E 每根拨叉轴上都有两个互锁凹槽和三个自锁凹槽

（三）填空题

1. 普通齿轮式变速器利用_____来实现转速和转矩的改变，其传动比可用转速比、齿数比和转矩比表示为 i = _____ = _____ = _____。

2. 普通齿轮式变速器的换挡装置常见的结构形式有_____、接合套式和_____。

3. 为防止变速器换入某挡后出现自动脱挡现象，通常对接合套和花键毂的齿形进

行修整，主要的结构有_____和_____两种。

4. 三轴式普通齿轮变速器要实现倒车，在传动过程中一般要经过_____对齿轮副；两轴式则一般要经过_____对齿轮副。

5. 图3-40为解放CA1092型汽车六挡变速器操纵机构示意图。件号1、2、5、6叫作_____，件号7、8、9、10叫作_____，件号15、16属于_____装置，件号17属于_____装置。

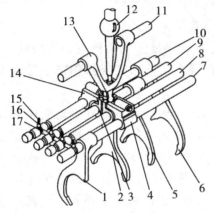
图3-40　变速器操纵机构

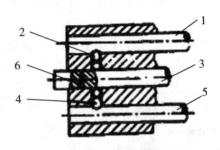
图3-41　互锁装置

6. 图3-41是互锁装置工作示意图，此时处于挂挡状态的拨叉轴是_____。

7. 普通桑塔纳传动系统布置型式为_____，其变速器采用的是_____（两/三）轴式变速器，其主减速器传动齿轮为_____（圆柱/锥）齿轮副。

8. MT操纵机构定位锁止机构包括_____、_____和倒挡锁装置。

9. 手动变速器的基本构造包括_____机构和_____机构两部分。

10. 汽车手动变速器操纵机构，按变速杆与变速器相互位置的不同，可分为_____式和_____式两种类型。轿车一般采用_____式操纵机构。

11. 写出下列英文的中文含义：

MT（Manual Transmission）_____

AT（Automatic Transmission）_____

CVT（Continuously Variable Transmission）_____

（四）简答题

1. 参见图3-17，简述锁环式同步器的工作原理。
2. 变速器操纵机构的定位锁止装置有哪些，各起什么作用？
3. 两轴式变速器有何特点？
4. 试分析变速器换挡困难的故障原因。
5. 手动变速器有哪些换挡装置，各有什么优缺点？
6. 分动器有什么功用？其操纵机构有什么要求？

拓展与思考：AMT 技术

AMT 全称"Automated Mechanical Transmission"，中文叫"电控机械式自动变速器"。其原理是在手动变速器的基础上，对其换挡操纵机构进行改造，即在总体传动结构不变的情况下，通过加装一套电子控制系统，以实现换挡操作的自动化。

汽车电控机械式自动变速器（AMT）是在干式离合器和齿轮变速器基础上加装微机控制的自动变速系统。它能根据车速、油门、驾驶员命令等参数，确定最佳挡位，控制原来由驾驶员人工完成的离合器分离与接合、换挡手柄的摘挡与挂挡以及发动机油门开度的同步调节等操作过程，最终实现换挡过程的操纵自动化。因此，AMT 实际上是由一个电脑控制一个机器人系统来完成操作离合器和选挡两个动作。

AMT 保留了原手动变速器总成的绝大部分机构，只是将其手动变速的操纵机构用自动操纵机构所取代，生产继承性好，改造成本低，见效快，并且通过软件的优化设计可以全面提高车辆的使用性能。表 3-1 给出了 AMT 与手动变速器（MT）、传统自动变速器（AT）的性能比较。因 AMT 具有较高的性价比，汽车市场对 AMT 的需求不断增加。因此，世界各大汽车公司和一些科研院校都在进行此项技术的研究和开发工作。

表 3-1 AMT 与 MT、AT 性能比较

参数	类型		
	MT	AMT	AT
传动效率	高	与 MT 相同	比 MT 低
燃油经济性	较好	比 MT 高	比 MT 低
加速性能	较好	与 MT 相同	比 MT 低
换挡品质	随驾驶员而异	优于优秀驾驶员	好
舒适性	差	良好	优
驾驶难度	困难	容易	容易
成本	低	为 MT 的 1/3～1/4	高
维修	简单	较简单	复杂

AMT 技术以前一直使用在赛车和高性能跑车上。由于 AMT 在传动效率上的优势极为明显，近年来一些注重技术研发的厂商开始着手将这类变速器民用化，并取得了显著的成果。最具代表性的就是大众 DSG 变速器，这种目前被看作最先进的变速器，其结构本质与 AMT 变速器是一样的，只不过它通过两组离合器控制，来进一步提升换挡速度和应对大马力发动机。

与国外相比，AMT 变速器在国内市场的应用要更有意义和价值。传统的 AT 变速器虽然很成熟、很普及，但结构极为复杂。以国内目前的技术状况，再行研发

这种国外厂商拥有绝对技术优势，同时又极为复杂、成本高的变速器，实在是意义不大。从产业趋势来看，似乎也在印证这种说法，除了吉利一家目前仍在一意孤行地模仿国外技术开发自主 AT 变速器以外，其他厂商都将 AMT（包括双离合器的版本）作为未来的发展方向。

请你搜集有关 DSG 技术的相关资料，说明其基本结构与工作原理。

项目四

万向传动装置维修

一、项目描述

万向传动装置在底盘中能保证变速器所输出的动力顺利地传到驱动轮上，使车辆在受到高低不平的路面冲击时，或受到转向离心力、道路横向力，以及加速或制动产生的惯性力作用时能够正常行驶。通过本项目的学习，应能达到以下要求。

1. 知识要求

（1）掌握万向传动装置的作用及应用。
（2）掌握万向节的类型及应用。
（3）熟悉各种万向节的结构及原理。
（4）了解万向传动装置常见故障的诊断与排除方法。

2. 技能要求

（1）能按正确方法对万向传动装置进行拆卸与装配。
（2）能按正确方法对万向节进行分解与组装。
（3）能按正确方法对万向传动装置进行检查与维护。

3. 素质要求

（1）能按照5S要求，对工具、场地进行整理。
（2）选择和使用工具合理规范。
（3）拆装工艺合理，操作规范。
（4）技术要求符合维修手册。
（5）安全文明生产，保证工具、设备和自身安全。
（6）与同学精诚合作，相互帮助，共同进步。

二、项目实施

 任务一　万向传动装置拆装与认识

1. 训练内容

（1）从丰田汉兰达上拆卸和装配传动轴总成。

(2) 从菲亚特派力奥轿车上拆卸和装配半轴总成。

(3) 在台架上对传动轴总成和半轴总成进行分解及组装。

(4) 对实车和散件进行元件认识。

(5) 完成并填写学习工作单的相关项目。

(6) 学习汽车万向传动装置结构与原理的相关知识。

2. 训练目标

(1) 熟悉传动轴总成的拆装与特点。

(2) 熟悉半轴总成的拆装与特点。

(3) 掌握传动轴、半轴、各种万向节的结构及原理。

3. 训练设备

(1) 菲亚特派力奥轿车四部。

(2) 丰田汉兰达车辆四部。

(3) 轿车半轴总成若干。

(4) 常用工具六套。

(5) 专用工具若干。

4. 训练步骤

1) 相关知识学习

通过课堂教学和学生课外自学，学习汽车万向传动装置结构与原理的相关知识。

2) 丰田汉兰达汽车传动轴的拆卸与装配

从丰田汉兰达整车上拆卸和装配传动轴总成，结构如图 4-1 所示。

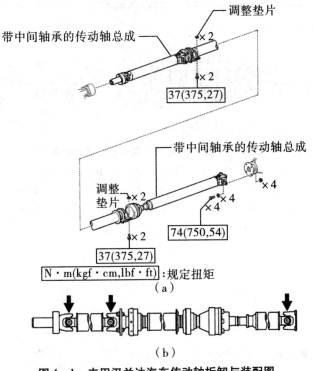

图 4-1 丰田汉兰达汽车传动轴拆卸与装配图

(1) 拆卸传动轴。认识各部件,熟悉其结构特点,注意操作安全,具体步骤参见维修手册。

①在传动轴和后驱动桥主减速器法兰上做好标记。

②先拆下传动轴万向节与后驱动桥主减速器的凸缘相连接的4个螺栓,再拆掉两个中间支承支架与车架连接的4个螺栓。用铜棒和锤子,拆下带中间轴承的传动轴总成。

③用专用工具插入分动器中以防止漏油。

(2) 传动轴的装配。传动轴的装配顺序与拆卸顺序相反。装配时注意确认传动轴总成的各个万向节朝向,如图4-1(b)中所示的方向。

3) 桑塔纳轿车半轴总成的分解与组装

在台架上对半轴总成进行分解与组装,认识半轴万向节的类型及特点。下面以上海桑塔纳轿车为例,简要说明万向传动装置的分解与组装。

(1) 万向传动装置的分解(图4-2)。

①外万向节的拆卸。

②内万向节的拆卸(图4-3)。

③外万向节的分解(图4-4)。

④内万向节的分解(图4-5)。

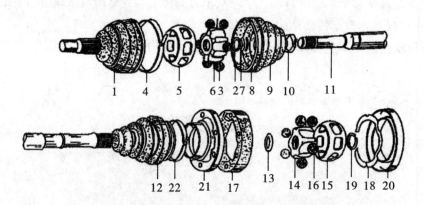

图4-2 桑塔纳轿车万向传动装置分解图

1—外等速万向节外球座;2、19—卡环;3、16—钢球;4、10、22—卡箍;5—外等速万向节球笼;6—外等速万向节内球座;7—止推垫圈;8、13—蝶形弹簧;9、12—防尘套;11—万向节轴;14—内等速万向节球毂;15—内等速万向节球笼;17—内等速万向节外球座;18—密封垫圈;20—塑料罩;21—内等速万向节护盖

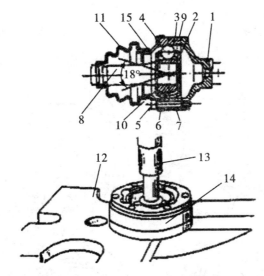

图 4-3 内万向节的拆卸

1—驱动凸缘；2—挡圈；3—内等速万向节外球座；4—钢球；5—螺栓；6—内球座；7—球笼；
8—万向节轴；9—密封垫圈；10—蝶形弹簧；11—防尘套；12、13—工具；
14—内等速万向节；15—卡箍

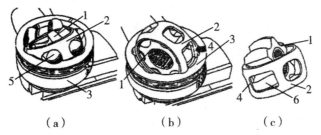

图 4-4 外万向节的分解

1—内球座；2—球笼；3—外球座；4—球笼的长方形孔；5—钢球；6—内球座的扇形片

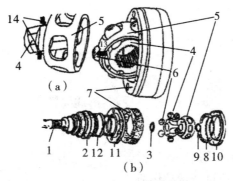

图 4-5 内万向节的分解

1—万向节轴；2—防尘套；3—蝶形弹簧；4—内球座；5—球笼；6—钢球；7—外球座；
8—密封垫圈；9—挡圈；10—塑料罩；11—防护盖；12—卡箍；13—钢球的压出方向；
14—内球座钢球的运行轨道

（2）万向传动装置的安装。
①安装外等角速万向节。
②安装内等角速万向节（见图 4-6 中的四个步骤）。

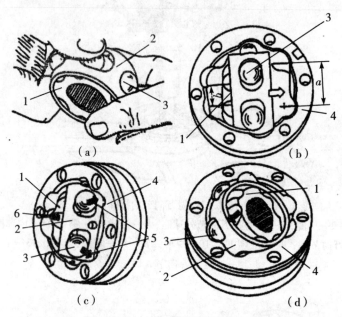

图 4-6 安装内等角速万向节
1—内球座；2—球笼；3—钢球；4—外球座；5—球笼转动方向；6—内球座转动方向

③内、外万向节与传动轴的组装。
④安装传动轴总成。
4) 半轴总成的拆卸与装配
从菲亚特派力奥轿车上拆卸和装配半轴总成，认识各部件，熟悉其结构特点。注意操作安全，具体步骤参见维修手册。

5. 任务细分
（1）认识万向节。
（2）认识传动轴与桥壳。

任务二　万向传动装置维护

1. 训练内容
（1）在车上对传动轴总成进行维护作业。
（2）在车上对半轴总成进行维护作业。
（3）在台架上对半轴进行防尘套更换作业。
（4）完成并填写学习工作单的相关项目。
（5）学习汽车万向传动装置维修的相关知识。

2. 训练目标

（1）熟悉传动轴总成、半轴总成的检查方法。

（2）掌握半轴防尘套的检查与更换方法。

（3）熟悉传动轴总成润滑脂的加注方法。

（4）了解万向传动装置常见故障的诊断与排除方法。

3. 训练设备

（1）菲亚特派力奥轿车四部。

（2）东风货车底盘台架六部。

（3）轿车半轴总成若干。

（4）常用工具六套。

（5）专用工具若干。

4. 训练步骤

（1）学习汽车万向传动装置维修的相关知识。

（2）对传动轴各部件进行检查，并对其万向节加注润滑脂，具体步骤参见维修手册。

（3）对半轴各部件进行检查，检查并更换球笼防尘套，具体步骤参见维修手册。

5. 任务细分

（1）传动轴的检查与维护。

（2）半轴的检查与维护。

三、相关知识

万向传动装置的功用是在汽车上任何一对有轴间夹角和相对位置经常发生变化的两转轴之间传递动力。万向传动装置在汽车上的应用主要有以下几个方面。

（1）变速器（或分动器）与驱动桥之间。由于一般 FR 型汽车变速器（或越野车的分动器）的输出轴轴线与驱动桥的输入轴轴线难以布置重合，并且汽车在负荷变化及在不平路面行驶时会引起跳动，使驱动桥输入轴与变速器输出轴之间的夹角和距离发生变化，故变速器输出轴与驱动桥输入轴之间必须用万向传动装置联结，如图 4-7（a）所示。

（2）变速器与离合器或与分动器之间。虽然变速器、离合器、分动器等都支承在车架上，且它们的轴线也可以设计重合，但为消除车架变形及制造、装配误差等引起的轴线同轴度误差对动力传递的影响，其间也常装有万向传动装置。

（3）转向驱动桥和断开式驱动桥中。汽车的转向驱动桥需满足转向和驱动的功能，所以其半轴是分段的，转向时两段半轴轴线相交且夹角变化，因此要用万向传动装置。在断开式驱动桥中，主减速器壳在车架上是固定的，桥壳上下摆动，半轴是分段的，也须用万向传动装置。如图 4-7（b）所示。

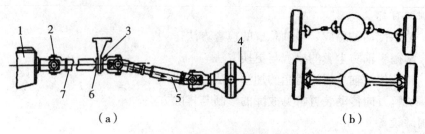

图4-7 万向传动装置装配位置

1—变速器；2—万向节；3—中间支承；4—驱动桥；5、7—传动轴；6—球轴承

(4) 转向操纵机构中。某些汽车的转向操纵机构受整体布置的限制，转向盘轴线与转向器输入轴线不重合，因此在转向操纵机构中装有万向传动装置。

万向传动装置一般由万向节和传动轴组成，对于传动距离较远的分段式传动轴，还需设置中间支承。

（一）万向节

万向节按其刚度大小，可分为刚性万向节和柔性万向节。刚性万向节按其速度特性又可分为不等速万向节（普通万向节）、准等速万向节和等速万向节。

1. 普通万向节

普通万向节又称十字轴式刚性万向节，它允许相邻两轴的最大夹角为15°～20°，在汽车上应用最广。

1) 基本构造

图4-8为十字轴式万向节的结构图。它主要由万向节叉2、6和十字轴4及轴承等组成。两个万向节叉分别与主、从动轴相连，其叉形上的孔分别套在十字轴的四个轴颈上。在十字轴轴颈与万向节叉孔之间装有滚针8和套筒9，用带有锁片的螺钉和轴承盖1来使之轴向定位。为了润滑轴承，十字轴内钻有油道，且与滑脂嘴、安全阀相通，如图4-9所示。

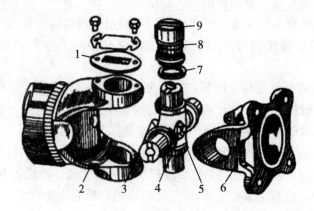

图4-8 十字轴式万向节

1—轴承盖；2、6—万向节叉；3—油嘴；4—十字轴；5—安全阀；7—油封；8—滚针；9—套筒

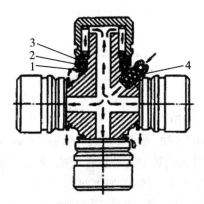

图 4-9 润滑油道及密封装置
1—油封挡盘；2—油封；3—油封座；4—润滑油脂

为避免润滑油流出及尘垢进入轴承，十字轴轴颈的内端套装着带金属壳的毛毡油封（或橡胶油封）。安全阀的功用是当十字轴内润滑脂压力超过允许值时阀打开，润滑脂外溢，使油封不会因油压过高而损坏。现代汽车多采用橡胶油封，多余的润滑油从油封内圆表面与十字轴轴颈接触处溢出，故无须安装安全阀。

为防止轴承在离心力作用下从万向节叉内脱出，轴承应进行轴向定位。常见的定位方式除上述盖板式外，还有瓦盖式、U型螺栓式和弹性卡圈固定等结构型式。

2) 速度特性

十字轴式万向节在其运动中具有不等速特性，即当十字轴式万向节的主动叉是等角速转动时，从动叉是不等角速转动的。其运动情况通过图 4-10 来分析。

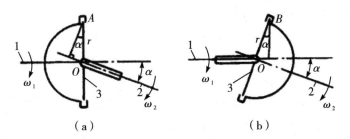

图 4-10 十字轴式万向节的速度特性分析
1—主动叉轴；2—从动叉轴；3—十字轴

设主动叉轴 1 以等角速度 ω_1 旋转，从动叉轴 2 与主动叉轴 1 有一夹角 α，其角速度为 ω_2，十字轴旋转半径 $OA = OB = r$。

当万向节处于如图 4-10（a）所示位置时，由于主、从动叉轴在十字轴上 A 点的瞬时线速度相等，为

$$v_A = \omega_1 r = \omega_2 r \cos\alpha$$

所以 $\qquad \omega_2 = \omega_1 / \cos\alpha$

此时 $\qquad \omega_2 > \omega_1$

当主动叉轴转过90°至如图4-10（b）所示位置时，主、从动叉轴在十字轴上 B 点的瞬时线速度相等，为

$$v_B = \omega_1 r \cos\alpha = \omega_2 r$$

所以
$$\omega_2 = \omega_1 \cos\alpha$$

此时
$$\omega_2 < \omega_1$$

综上所述，当主动叉轴以等角速旋转时，从动叉轴是不等角速旋转的，从图4-10（a）转到图4-10（b）位置，从动叉轴的角速度由最大值 $\omega_1/\cos\alpha$ 变至最小值 $\omega_1\cos\alpha$。主动叉轴再转90°，从动叉轴的角速度又由最小值变至最大值。可见从动叉轴角速度变化的周期为180°，且从动叉轴不等速程度随轴间夹角的加大而加大。但主、从动轴的平均转速是相等的，即主动轴转一圈，从动轴也转一圈。所谓不等速特性是指从动轴在转动一周内其角速度时而大于主动轴的角速度，时而小于主动轴的角速度的现象。

3）等速条件

单个十字轴万向节的不等速特性会使从动轴及与其相连的传动部件产生扭转振动，产生附加的交变载荷及振动噪声，影响零部件使用寿命。为避免这一缺陷，在汽车上均采用两个普通万向节，且中间以传动轴相连，利用第二个万向节的不等速效应来抵消第一个万向节的不等速效应，从而实现输入轴与输出轴等角速度传动。但要达到这一目的，还必须满足两个条件：

（1）第一个万向节的从动叉和第二个万向节的主动叉应在同一平面内，即传动轴两端的万向节叉在同一平面内；

（2）输入轴、输出轴与传动轴的夹角相等，即 $\alpha_1 = \alpha_2$，如图4-11所示。

满足上述两条件的等速传动有两种排列方式：平行排列，如图4-11（a）所示；等腰三角形排列，如图4-11（b）所示。

上述条件（1）通过正确的装配工艺可以实现，但条件（2）只有采用驱动轮独立悬架时，才有可能通过整车的总体布置来实现。若驱动轮采用非独立悬架时，由于弹性悬架的振动，主减速器输入轴与变速器输出轴的相对位置不断变化，不可能在任何情况下都保证 $\alpha_1 = \alpha_2$，此时万向传动装置只能做到使传动的不等速尽可能小。

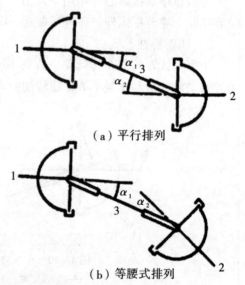

（a）平行排列

（b）等腰式排列

图4-11 双万向节等速排列方式
1—主动叉轴；2—从动叉轴；3—传动轴

所谓等速传动是对传动轴两端的输入轴和输出轴而言。对传动轴来说，只要传动轴两端的输入轴和输出轴的夹角不为0，它就是不等角速传动，与传动轴的排列方式无关。

4）优缺点

十字轴式万向节结构简单，工作可靠，但因受轴向尺寸及轴间夹角的限制，难以

实现转向驱动桥和断开式驱动桥的要求,在转向驱动桥和断开式驱动桥上多采用准等速万向节和等速万向节。

2. 准等速万向节

准等角速万向节是根据两个普通万向节实现等速传动的原理制成的,只能近似实现等角速传动。常见的有三销轴式和双联式万向节,下面仅介绍三销轴式万向节。

图 4-12 为三销轴式万向节的结构图。它主要由两个偏心轴叉 1、3,两个三销轴 2、4,六个滑动轴承和密封件等组成。每一偏心轴叉的两叉孔通过轴承和一个三销轴大端的两轴颈配合,两个三销轴的小端轴互相插入对方的大端轴承孔内,形成了 Q_1—Q_1'、Q_2—Q_2' 和 R—R' 三根轴线。传递转矩时,由主动偏心轴叉 1 经轴 Q_1—Q_1'、Q_2—Q_2' 和 R—R' 传到从动偏心轴叉 3。与主动偏心轴叉相连的三销轴的两个轴颈端面和轴承座之间装有推力垫片 10。其余轴颈端面均无推力垫片,且端面与轴承座之间留有较大的空隙,保证转向时三销轴式万向节无运动干涉现象。

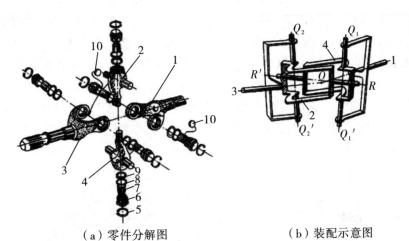

(a)零件分解图　　（b)装配示意图

图 4-12　三销轴式准等速万向节

1—主动偏心轴叉;2、4—三销轴;3—从动偏心轴叉;5—卡环;6—轴承座;
7—衬套;8—毛毡圈;9—密封罩;10—推力垫片

三销轴式万向节的最大特点是允许相邻两轴有较大的夹角,最大可达 45°。采用此万向节的转向驱动桥可使汽车获得较小的转弯半径,提高了汽车的机动性。

3. 等速万向节

等速万向节的基本原理是,从结构上保证万向节在工作过程中,其传力点始终位于两轴交点的平分面上。这一原理可用一对大小相同的锥齿轮传动来说明,如图 4-13 所示。两个大小相同锥齿轮的接触点 P 位于两齿轮轴线夹角 α 的平分面上,由 P 点到两轴的垂直距离都等于 r。P 点处两齿轮的圆周速度相等,因此两齿轮的角速度也相等。可见,若万向节的传力点在其夹角变化时,始终位于两轴夹角的平分面上,就能保证等角速传动。

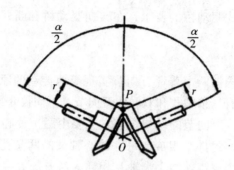

图 4-13 等速万向节工作原理

等速万向节的常见类型有球叉式、球笼式和三叉式等。

1) 球叉式

图 4-14 （a）为球叉式万向节的结构图。它主要由主动叉 5、从动叉 1、四个传动钢球 4、定心钢球 6、定位销 3、锁止销 2 组成。主、从动叉分别与内、外半轴制成一体，叉内各有四条曲面凹槽，装合后形成两条相交的环槽，作为钢球 4 的滚道，定心钢球 6 装在两叉中心凹槽内，以定中心。球叉式万向节等速传动的原理如图 4-14（b）所示，主、从动叉曲面凹槽的中心线分别是以 O_1、O_2 为圆心的两个半径相等的圆，且圆心 O_1、O_2 到万向节中心 O 的距离相等，这样无论主、从动轴以任何角度相交，传动钢球中心都位于两圆的交点上，从而保证传动钢球始终位于两轴夹角 α 的平分面上，因而保证了等速传动。

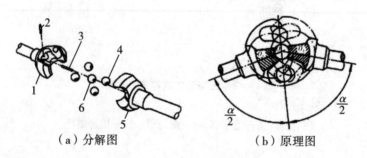

（a）分解图　　　　　　　（b）原理图

图 4-14 球叉式万向节

1—从动叉；2—锁止销；3—定位销；4—传动钢球；5—主动叉；6—定心钢球

球叉式万向节结构简单，允许轴间最大夹角为 32°～38°。但由于工作时只有两个传动钢球传力，而另两个钢球则在反转时传力，因此钢球与滚道间的接触压力大、磨损快，影响其使用寿命，所以通常用于中、小型越野汽车的转向驱动桥上。

目前有些球叉式万向节中省去了定位销和锁止销，定心钢球也不铣凹面，而靠压力装配，这样结构简单，但拆装不方便。

2) 球笼式

球笼式万向节按其内、外滚道结构不同又分为 RF 型球笼万向节、VL 型球笼万向节及球笼式双补偿万向节。

（1）RF 型球笼万向节。图 4-15（a）为奥迪 100 型和上海桑塔纳轿车半轴外万向节所采用的 RF 型球笼万向节。它主要由内球座 7、球笼 4、外球座 8 及钢球 6 等组成。内球座通过花键与中段半轴相连。内球座的外表面有六条曲面凹槽，形成内滚道。外球座与带外花键的外半轴制成一体，内表面制有相应的六条曲面凹槽，形成外滚道。六个钢球分别装于六条凹槽中，并用球笼使之保持在一个平面内。

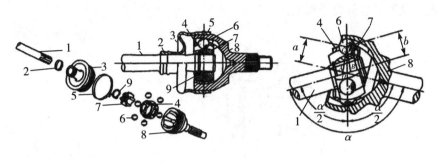

（a）分解图　　　　（b）原理图

图 4-15　RF 型球笼万向节

1—中段半轴；2、5—钢带箍；3—外罩；4—球笼（钢球保持架）；6—钢球；
7—内球座（内滚道）；8—外球座（外滚道）；9—卡环

动力由中段半轴 1 传至内球座 7，经六个钢球 6、外球座 8 输出。当中段半轴 1（主动轴）和外球座轴 8（从动轴）之间夹角 α 发生变化时，传力钢球中心始终位于两轴夹角的平分面上，并且到两轴线的距离相等，如图 4-15（b）所示，从而保证了主、从动轴以相等的角速度旋转。

RF 型球笼式万向节工作时，六个钢球全部参加工作，因而磨损小，寿命长，承载能力强。此外，它允许的两轴相夹角较大（42°～47°），灵活性好，一般用于半轴的外侧。

（2）球笼式双补偿万向节。图 4-16 为球笼式双补偿万向节。球笼式双补偿万向节又称为球笼式万向节的滑动式，其外球座 4 为圆筒形，内、外滚道是与轴线平行的直线凹槽（即圆筒形）。在传递转矩过程中，内球座 2 与外球座 4 可以相对轴向移动，因此称为滑动式等速万向节。球笼 3 的内外球面在轴线方向是偏心的，内球面中心 B 与外球面中心 A 分别位于万向节中心 O 的两边，且 $OA=OB$。同样，钢球中心 C 到 A、B 的距离相等，以保证万向节做等角速传动。

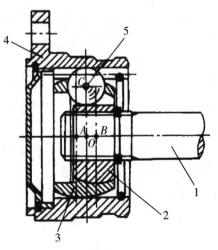

图 4-16　球笼式双补偿万向节

1—主动轴；2—内球座；3—球笼；
4—外球座；5—钢球

(3) VL型球笼万向节。图4-17为奥迪100型和上海桑塔纳轿车转向驱动桥半轴内万向节（靠近主减速器处）所采用的VL型球笼式万向节。VL型球笼式万向节也属于滑动式等速万向节，其结构与球笼式双补偿万向节类似，其内、外滚道为圆筒形，但内、外滚道不与轴线平行，而是以相同的角度相对于轴线倾斜着。装合后，同一周向位置内、外滚道的倾斜方向刚好相反，即对称交叉，而钢球则处于内、外滚道的交叉部位。当内半轴7与中半轴1以任意夹角相交时，所有传动钢球都位于轴间夹角的平分面上，从而实现等角速传动。

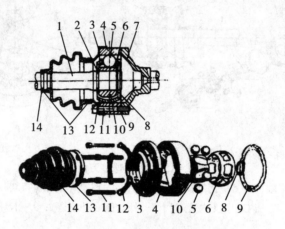

图4-17　VL型球笼万向节

1—中半轴；2—挡圈；3—外罩；4—外球座；5—钢球；6—球笼；7—内半轴；8—卡环；9—密封垫；10—内球座；11—圆头内六角螺栓；12—锁片；13—箍带；14—防尘套

VL型球笼式万向节允许两轴最大夹角为15°~21°，且具有轴向滑动的特性（轴向伸缩量可达45 mm），寿命长，强度高，不但满足了车轮转向性能的要求，还具有结构简单、尺寸小、质量轻等优点。

滑动式等速万向节由于能轴向相对移动，因此可省去万向传动装置中的滑动花键等伸缩机构，使结构简化。且轴向位移是通过钢球沿内、外滚道的滚动来实现的，与滑动花键相比，滚动阻力小，磨损轻，寿命长，故适用于断开式驱动桥。

3）三叉式

图4-18为三叉式等速万向节（也称三角式万向节）。它主要由三销总成11和万向节套5组成。三销总成的花键孔与传动轴内花键配合，三个销轴上均装有轴承，以减小磨损。万向节套的凸缘用螺栓连接，为防止润滑脂外露，万向节由防尘套3、7封护，并用卡箍8、10、12紧固。

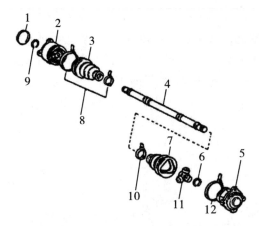

图 4-18 三叉式等速万向节
1—端盖；2—外万向节；3—外万向节防尘套；4—传动轴；5—内万向节套；
6、9—卡环；7—内万向节防尘套；8、10、12—卡箍；11—三销总成

三叉式等速万向节结构简单，磨损小，并且可以轴向伸缩（因此也属于滑动式等速万向节），在轿车中的应用也逐渐增多。

(二) 传动轴与中间支承

1. 传动轴

传动轴是万向传动装置中的主要传力部件。传动轴的功用是用来联结变速器（或分动器）和驱动桥（图 4-7），在转向驱动桥和断开式驱动桥中，则用来联结差速器和驱动轮（图 4-19）。此时，传动轴分成左右两半，因此也称为半轴。

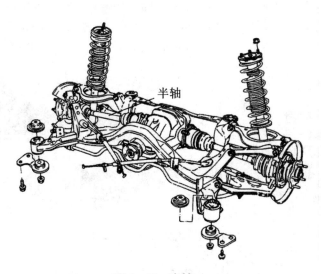

图 4-19 半轴

汽车行驶过程中，变速器与驱动桥的相对位置经常变化，为避免运动干涉，传动轴上设有由滑动叉和花键轴组成的滑动花键连接（图 4-20），使传动轴的长度能随传

动距离的变化而伸缩。而在转向驱动桥和断开式驱动桥中,由于车轮的上下跳动,半轴的长度也必须能够变化,这是通过半轴两端的等速万向节来实现的。一般与差速器相连的等速万向节采用滑动式,如 VL 型球笼式万向节、球笼式双补偿万向节、三叉式等速万向节;而与车轮相连的等速万向节则采用固定式,如 RF 型球笼万向节(图 4-21)。这样,当车辆在坎坷不平的道路上行驶时,半轴长度可以发生变化,避免了运动干涉。

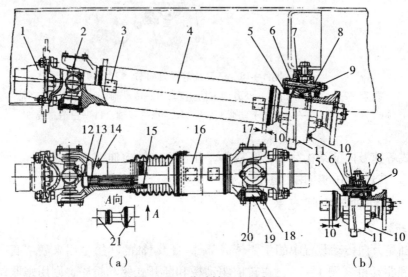

图 4-20 传动轴和中间支承

1—凸缘叉;2—万向节;3—平衡片;4—中间传动轴;5、15—油封;6—中间支承前盖;7—橡胶垫环;8—中间支承后盖;9—双列圆锥滚子轴承;10、14—注油嘴;11—支架;12—堵盖;13—万向节滑动叉;16—主传动轴;17—锁片;18—滚针轴承油封;19—万向节滚针轴承;20—滚针轴承盖;21—装配位置标记

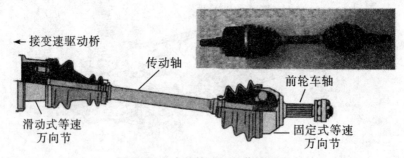

图 4-21 内外等速万向节的配用

传动轴在工作过程中处于高速旋转状态,其转速和所传递的转矩都在不断发生变化。为了避免由于离心力引起传动轴的振动,在传动轴和万向节装配后,必须进行平衡试验,以满足动平衡的要求。平衡后在滑动花键部分还制有箭头标记,以便重装时保证二者的相对位置不变。

传动轴有实心轴和空心轴之分。为了减轻传动轴的质量，节省材料，提高轴的强度、刚度及临界转速，传动轴多为空心轴，一般用厚度为 1.5~3.0 mm 且厚薄均匀的钢板卷焊而成，超重型货车则直接采用无缝钢管。而转向驱动桥、断开式驱动桥及微型汽车的传动轴通常制成实心轴。

当传动距离较远时，为了避免因传动轴过长而使自振频率降低，高速时产生共振，将传动轴分为两段：前段称为中间传动轴，其后端部设有中间支承；后段称为主传动轴，都用薄钢板卷焊而成。中间传动轴的两端用止口定位，分别焊有万向节叉和带花键的轴头，花键轴头与凸缘连接，并用螺母紧固。主传动轴前端用花键轴头与万向节滑动叉套合形成滑动连接，使主传动轴可以轴向伸缩。

由于万向传动装置中润滑脂嘴较多，为了加注方便，装配时应保证所有润滑脂嘴处于同一条直线上，且十字轴上的润滑脂嘴朝向传动轴。

2. 中间支承

传动轴分段时须加设中间支承，通常将其安装在车架横梁上。中间支承除对传动轴起支承作用外，还应能补偿传动轴轴向和角度方向的安装误差，以及汽车行驶过程中由于发动机窜动或车架变形等引起的位移。

普通中间支承通常用弹性元件来满足上述要求。它主要由轴承、带油封的轴承盖、支架和使轴承与支架间成弹性连接的弹性元件所组成。图 4-23 中所采用的是双列圆锥滚子轴承式中间支承，这种支承的特点是承载能力大，轴承轴向间隙可调（磨削轴承内圈之间的隔圈），使用寿命长。

此外，常用的中间支承还有蜂窝软垫式中间支承、摆动中间支承以及轴式中间支承等多种型式。

（三）基本维护与检修

1. 主要元件检修

1）传动轴

传动轴的主要损伤形式有弯曲、凹陷或裂纹等，主要检修以下几个方面。

（1）传动轴轴管不得有裂纹及严重的凹瘪，否则应更换传动轴。

（2）检查传动轴弯曲程度。用 V 形铁架起传动轴，使其水平，而后旋转，用百分表在轴的中间部位测量。径向圆跳动公差应符合规定，否则应更换或校正传动轴。或者目视传动轴，如发现明显变形，更换新件。

（3）检查中间传动轴支承轴颈的径向圆跳动公差不应超过 0.10 mm，否则应更换或镀铬修复。

（4）检查传动轴花键与滑动叉花键、凸缘叉与所配合花键的间隙，轿车应不大于 0.15 mm，其他类型的汽车应不大于 0.30 mm，装配后应能滑动自如。若超过极限值，则应更换传动轴或滑动叉。

2）万向节叉、十字轴及轴承

（1）检查万向节叉和十字轴不得有裂纹，否则应更换。

（2）检查十字轴轴颈表面，若有疲劳剥落、磨损沟槽或滚针压痕深度在 0.10 mm 以上时，应换新件。

(3) 检查出滚针轴承的油封失效、滚针断裂、轴承内圈有疲劳剥落时,应换新件。

(4) 检查十字轴与轴承的最小配合间隙应符合原厂规定,最大配合间隙应符合原厂规定。

(5) 检查十字轴及轴承装入万向节叉后的轴向间隙,剖分式轴承孔为 0.10~0.50 mm,整体式轴承孔为 0.02~0.25 mm,轿车为 0~0.05 mm。

3) 中间支承

中间支承的常见故障是橡胶老化和轴承磨损所引起的振动和异响等。检查中间支承轴承的旋转是否灵活,油封和橡胶衬垫是否损坏,否则应更换;拆下中间支承前,可以在中间支承周围摇动传动轴,检查中间支承轴承的松旷程度,分解后可进一步检查轴承的轴向和径向间隙应符合原厂规定;中间支承经使用磨损后,需及时检查和调整,以恢复其良好的技术状况。

4) 传动轴管焊接组合件

传动轴管焊接组合件经修理后,原有的动平衡已不复存在。因此,传动轴管焊接组合件(包括滑动套)应重新进行动平衡试验。传动轴两端任一端的动不平衡量,轿车应不大于 10 g·cm。传动轴管焊接组合件的平衡可在轴管的两端加焊平衡片,每端最多不得多于 3 片。

5) 等速万向节

等速万向节的失效形式有内外球座滚道、球笼、钢球发生异常磨损。检修时,首先要检视球笼防尘套是否破裂,如破裂,必须更换;同时拆检万向节,检视球座滚道、钢球、球笼是否磨损严重,必要时更换新件。

2. 维护

一级维护时,应进行润滑和紧固作业。对万向节的十字轴、传动轴滑动叉、中间支承轴承等加注润滑脂(通常为锂基2号润滑脂),检查传动轴各部螺栓和螺母的紧固情况,特别是万向节叉凸缘连接螺栓和中间支承支架的固定螺栓等,应按规定的力矩拧紧。

二级维护时,应按如图 4-22 所示的方法检查十字轴轴承的间隙。十字轴轴承的配合应用手不能感觉出轴向移动量。对传动轴中间支承轴承,应检查其是否松旷及运转中有无异响,当其径向松旷超过规定或拆检轴承出现黏着磨损时,应更换中间支承轴承。

拆卸传动轴前,车辆应停放在水平的路面上,楔住汽车的前后轮,防止拆卸传动轴时汽车移动造成事故。同时应在每个万向节叉的凸缘上做好标记,以确保作业后的原位装复,否则极易破坏万向传动装置的平衡性,造成运转噪声和强烈振动。

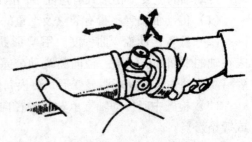

图 4-22 十字轴轴承配合间隙的检查

拆卸传动轴时,应从传动轴后端与驱动桥连接处开始,先将与后桥凸缘连接的螺栓拧松取下,然后将与中间传动轴凸缘连接的螺栓拧下,拆下传动轴总成。接着,松开中间支承支架与车架的连接螺栓,最后松下前端凸缘盘,拆下中间传动轴。

维护后的传动轴按记号原位装复。

3. 装配

万向传动装置装配时,应注意装配位置对其传动速度特性的影响,装配时应注意以下问题。

1)清洁零件

待装零件应彻底清洗,特别是十字轴的油道、轴颈和滚针轴承,最好用清洁的煤油清洗后,再用压缩空气吹干。装配时,在轴颈和轴承上涂适量的润滑脂;应避免磕碰,并注意传动轴管两端点焊的平衡片是否脱落。

2)核对零件的装配标记

应认真校对十字轴及万向节叉、十字轴及短传动轴和滑动叉及花键轴管等的装配标记,按原标记装配。在安装滑动叉时,特别要保证传动轴两端万向节叉的轴承孔轴线位于同一平面上,其位置误差应符合原厂规定。

3)十字轴的安装

十字轴上的润滑脂嘴要朝向传动轴以便注油;两偏置油嘴应间隔180°,以保持传动轴的平衡。剖分式承孔的U型固定螺栓的力矩严格执行原厂规定。

4)中间支承的安装

将中间支承轴承对正后压入中间传动轴的花键凸缘内。压入时,不允许用手锤敲打轴承,以防止轴承内圈挡边破裂。紧固中间支承前后轴盖上的三个紧固螺栓时,应支起后轮,边转动驱动轮边紧固,以便自动找正中心;也可以先不拧紧到规定力矩,待走合一段时间,自动找正中心后再按规定力矩拧紧。但在走合中,一定要注意紧固螺栓的松脱。

5)加注润滑脂

用油枪加注汽车通用的锂基2号或二硫化钼锂基脂。注油时,既要充分又不过量,以从油封刃口处或中间支承的气孔能看到有少量新润滑脂被挤出为宜。

(四)常见故障诊断

万向传动装置由于经常受汽车在复杂道路上行驶的影响,使传动轴在其角度和长度不断变化的情况下传递转矩,因此常出现传动轴动不平衡,万向节与中间支承松旷、发响等故障。

1. 传动轴动不平衡与异响

1)故障现象

在万向节和伸缩叉技术状况良好时,汽车行驶中发出周期性的响声;速度越高响声越大,甚至伴随有车身振动,握转向盘的手感觉麻木。

2)故障原因

(1)传动轴上的平衡块脱落。

(2)传动轴弯曲或传动轴管凹陷。

(3)传动轴管与万向节叉焊接不正或传动轴未进行过动平衡试验和校准。

(4)伸缩叉安装错位,造成传动轴两端的万向节叉不在同一平面内,不满足等角速传动条件。

（5）中间支承吊架固定螺栓松动或万向节凸缘盘连接螺栓松动，使传动轴偏斜。

3）故障诊断与排除

（1）检查传动轴管是否凹陷，有凹陷，则故障由此引起；无凹陷，则继续检查。

（2）检查传动轴管上的平衡片是否脱落，如脱落，则故障由此引起；否则继续检查。

（3）检查伸缩叉安装是否正确，不正确，则故障由此引起；否则继续检查。

（4）拆下传动轴进行动平衡试验，动不平衡，则应校准以消除故障。弯曲应校直。

（5）检查中间支承吊架固定螺栓和万向节凸缘盘连接螺栓是否松动，若有松动，则异响由此引起，应紧固。

2. 万向节、伸缩叉松旷及异响

1）故障现象

在汽车起步和突然改变车速时，传动轴发出"吭"的响声；在汽车缓行时，发出"咣当、咣当"的响声。

2）故障原因

（1）万向节凸缘盘连接螺栓松动。

（2）万向节主、从动部分游动角度太大。

（3）万向节轴承、十字轴磨损严重。

（4）万向节、伸缩叉磨损松旷。

3）故障诊断与排除

（1）用榔头轻轻敲击各万向节凸缘盘连接处，检查其松紧度。太松旷则故障由连接螺栓松动引起，否则继续检查。

（2）用双手分别握住万向节、伸缩叉的主、从动部分转动，检查游动角度。万向节游动角度太大，则异响由此引起；伸缩叉游动角度太大，则异响由此引起。

3. 中间支承松旷

1）故障现象

汽车运行中出现一种连续的"呜呜"响声，车速越高响声越大。

2）故障原因

（1）滚动轴承缺油烧蚀或磨损严重。

（2）中间支承安装方法不当，造成附加载荷而产生异常磨损。

（3）橡胶圆环损坏。

（4）车架变形，造成前后连接部分的轴线在水平面内的投影不同线而产生异常磨损。

3）故障诊断与排除

（1）给中间支承轴承加注润滑脂，响声消失，则故障由缺油引起；否则继续检查。

（2）松开夹紧橡胶圆环的所有螺钉，待传动轴转动数圈后再拧紧，若响声消失，则故障由中间支承安装方法不当引起。否则故障可能是橡胶圆环损坏，或滚动轴承技术状况不佳，或车架变形等。

四、知识链接：半轴拆装与检查

下面以丰田卡罗拉轿车C50手动变速器为例，介绍半轴拆装与检查的具体步骤。

（一）前桥半轴结构

前桥半轴结构如图4-23、图4-24所示。

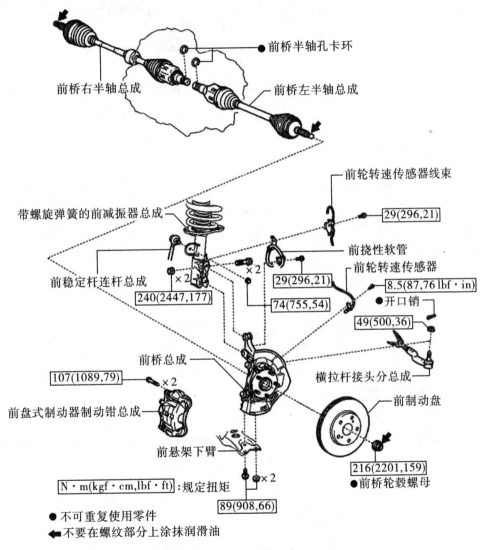

图4-23 半轴总成

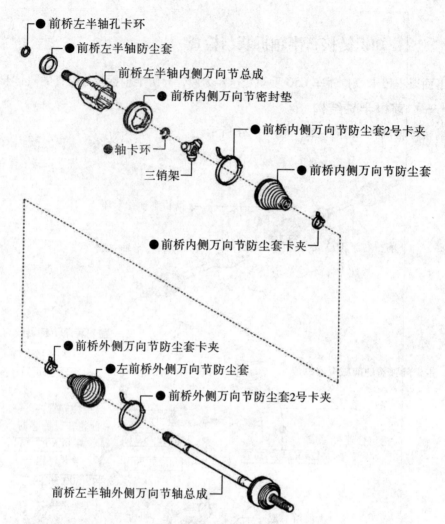

图 4-24　左半轴分解图

（二）半轴总成的分解与装配

1. 半轴总成的分解

（1）拆卸前桥内侧万向节防尘套 2 号卡夹。用螺丝刀松开防尘套卡夹的锁紧部件并分离防尘套卡夹，如图 4-25（a）所示。

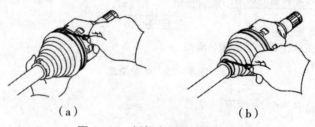

（a）　　　　　　　　（b）

图 4-25　拆卸内侧防尘套卡夹

（2）拆卸前桥内侧万向节防尘套卡夹。用螺丝刀松开防尘套卡夹的锁紧部件并分离防尘套卡夹，如图4-25（b）所示。

(3) 分离前桥内侧万向节防尘套。将内侧万向节防尘套从内侧万向节密封垫上分离。

(4) 拆卸前桥左半轴内侧万向节总成。清除内侧万向节上的所有旧润滑脂。在内侧万向节和外侧万向节轴上做好装配标记，如图4-26所示。

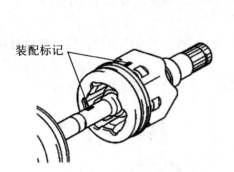

图4-26 做好装配标记

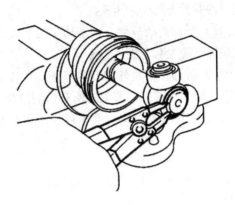

图4-27 拆下卡环

❗ **注意**：不能用冲子冲出标记。

将内侧万向节从外侧万向节轴上拆下。在台钳上的两个铝板之间夹住外侧万向节轴。

❗ **注意**：不要过度紧固台钳。

使用卡环扩张器拆下轴卡环，如图4-27所示。

在外侧万向节轴和三销架上设置装配标记，用铜棒和锤子从外侧万向节轴上敲出三销架，如图4-28所示。

图4-28 拆下三销架

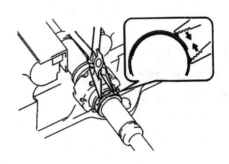

图4-29 拆下减振器卡夹

❗ **注意**：不要冲出标记，不要敲击滚子。

(5) 拆卸前桥右半轴内侧万向节总成。

❗ **注意**：执行与左侧相同的程序。

(6) 拆卸前桥内侧万向节密封垫。将内侧万向节密封垫从内侧万向节上拆下。

(7) 拆卸前桥内侧万向节防尘套。拆下内侧万向节防尘套、内侧万向节防尘套2

号卡夹和内侧万向节防尘套卡夹。

（8）拆卸前桥右半轴减振器卡夹（右侧）。如图4-29所示，用尖嘴钳拆下2个驱动轴减振器卡夹。

（9）拆卸前桥右半轴减振器（右侧）。将前桥半轴减振器从外侧万向节轴上拆下。

（10）拆卸前桥外侧万向节防尘套2号卡夹（左侧）。用螺丝刀松开防尘套卡夹的锁紧部件并拆下防尘套卡夹。

（11）拆卸前桥外侧万向节防尘套卡夹（左侧）。用螺丝刀松开防尘套卡夹的锁紧部件并拆下防尘套卡夹。

（12）拆卸左前桥外侧万向节防尘套（左侧）。从外侧万向节轴上拆下外侧万向节防尘套。清除外侧万向节上的所有旧润滑脂。

（13）拆卸前桥左半轴孔卡环。用螺丝刀拆下孔卡环，如图4-30所示。

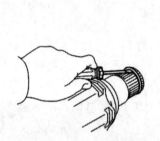

图4-30 拆卸左半轴孔卡环

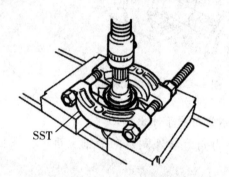

图4-31 拆卸半轴防尘套

（14）拆卸前桥右半轴孔卡环。

注意：执行与左侧相同的程序。

（15）拆卸前桥左半轴防尘套。使用SST和压力机，压出半轴防尘套，如图4-31所示。

注意：小心不要掉落内侧万向节。

（16）拆卸前桥右半轴防尘套。

注意：执行与左侧相同的程序。

2. 半轴检查

检查前桥半轴，如图4-32所示。

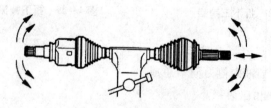

图4-32 半轴间隙检查

(1) 检查并确定外侧万向节在径向上没有过大间隙。
(2) 检查并确定内侧万向节在止推方向上滑动顺畅。
(3) 检查并确定内侧万向节在径向上没有过大间隙。
(4) 检查防尘套是否损坏。

注意：在检查过程中保持驱动轴总成水平。

3. 半轴总成的装配

(1) 安装前桥左半轴防尘套。使用 SST 和压力机，压进一个新的半轴防尘套，如图 4-33 所示。

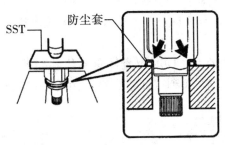

图 4-33 安装防尘套

注意：防尘套应完全安装到位，注意不要损坏防尘套。

(2) 安装前桥右半轴防尘套。

注意：执行与左侧相同的程序。

(3) 安装前桥左半轴孔卡环。安装一个新的孔卡环。
(4) 安装前桥右半轴孔卡环。

注意：执行与左侧相同的程序。

(5) 安装左前桥外侧万向节防尘套（左侧）。

注意：在安装防尘套之前，请用塑料带缠绕驱动轴外侧万向节轴的花键，以防止防尘套损坏，如图 4-34 所示。

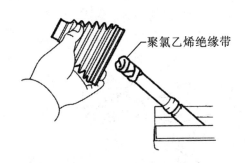

图 4-34 安装外侧防尘套

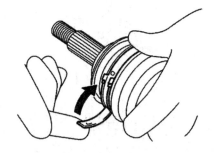

图 4-35 安装防尘套（一）

按以下顺序，将新零件安装到外侧万向节轴上：

① 2 号外侧万向节防尘套卡夹；

②外侧万向节防尘套;

③外侧万向节防尘套卡夹;

④用防尘套维修组件中的润滑脂涂抹外侧万向节轴和防尘套,标准润滑脂容量为 135～145 g;

⑤将外侧万向节防尘套安装在外侧万向节轴槽上。

注意:槽里不能有润滑脂。

(6) 安装前桥外侧万向节防尘套 2 号卡夹(左侧)。

注意:佩戴保护手套以防伤手。

将防尘套卡夹安装到外侧万向节防尘套上并暂时将杆折回,如图 4-35 所示。

注意:将杆正确地安装至导槽,将卡夹安装至车辆内侧尽可能远处;将杆折回前,检查箍带和杆没有变形。

朝工作面按压外侧万向节,同时把身体重量倚靠到手上并向前转动外侧万向节。转动外侧万向节并折叠杆直至听到"咔嗒"声,如图 4-36 所示。

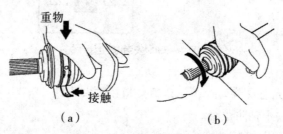

图 4-36　安装防尘套(二)

注意:不要损坏导流板,确保外侧万向节与工作面直接接触。

调整杆和槽之间的间隙以使锁扣边缘和杆端之间的间隙均匀,同时用塑料锤敲击锁扣将其固定,如图 4-37 所示。

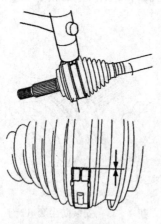

图 4-37　调整卡夹

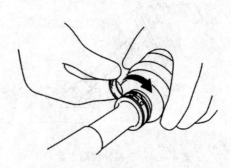

图 4-38　安装防尘套卡夹

⚠ **注意**：不要损坏外侧万向节防尘套。

（7）安装前桥外侧万向节防尘套卡夹（左侧）。将防尘套卡夹安装到外侧万向节防尘套上并暂时将杆折回，如图 4-38 所示。

⚠ **注意**：佩戴保护手套以防伤手；将杆正确地安装至导槽；将杆折回前，检查箍带和杆没有变形。

用水泵钳子捏住防尘套卡夹，暂时将其固定，如图 4-39 所示。

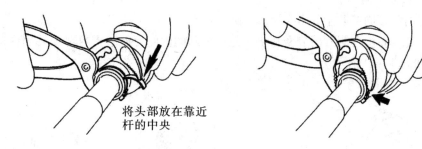

图 4-39 安装防尘套卡夹

调整杆和槽之间的间隙以使锁扣边缘和杆端之间的间隙均匀，同时用塑料锤敲击锁扣将其固定。

⚠ **注意**：不要损坏外侧万向节防尘套。

（8）安装前桥右半轴减振器（右侧）。

按以下顺序，将零件安装到外侧万向节轴上：

①驱动轴减振器卡夹；

②驱动轴减振器；

③驱动轴减振器卡夹。

确保减振器在轴的凹槽上。按规定设置距离，标准距离为 458.0~462.0 mm，如图 4-40 所示。

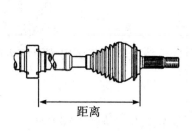

图 4-40 半轴距离

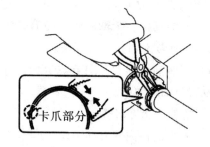

图 4-41 安装减振器卡夹

（9）安装前桥右半轴减振器卡夹（右侧）。在台钳上的两个铝板之间夹住前桥半轴。将驱动轴减振器卡夹安装至减振器。

⚠ 注意：确保将卡夹安装到正确的位置。

用尖嘴钳安装 2 个驱动轴减振器卡夹，如图 4-41 所示。

（10）暂时安装前桥内侧万向节防尘套。用塑料带缠绕外侧万向节轴的花键，以防止防尘套损坏，如图 4-34 所示。

按以下顺序，将新零件安装到外侧万向节轴上：

①内侧万向节防尘套卡夹；

②内侧万向节防尘套；

③2 号内侧万向节防尘套卡夹。

（11）安装前桥内侧万向节密封垫。将一个新的内侧万向节密封垫安装到内侧万向节槽上，如图 4-42 所示。

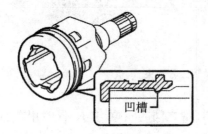
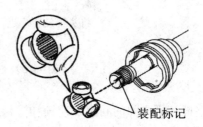

图 4-42　安装内侧万向节密封垫　　图 4-43　三销架装配标记

⚠ 注意：将内侧万向节密封垫上的凸出部分牢固地安装至内侧万向节槽。

（12）安装前桥左半轴内侧万向节总成。使三销架轴向花键的斜面朝向外侧万向节。在装配之前，对准做好的装配标记，如图 4-43 所示。

用铜棒和锤子把三销式万向节敲进驱动轴。

⚠ 注意：不要敲击滚子；确保以正确方向安装三销架。

用防尘套维修组件中的润滑脂涂抹内侧万向节轴和防尘套。标准润滑脂容量为 175~185 g。使用卡环扩张器，安装一个新的半轴卡环。对准装配标记，将内侧万向节安装至外侧万向节轴。

（13）安装前桥右半轴内侧万向节总成。

⚠ 注意：执行与左侧相同的程序。

（14）安装前桥内侧万向节防尘套。将内侧万向节防尘套安装至内侧万向节密封垫和外侧万向节轴的槽中。

⚠ 注意：槽里不能有润滑脂。

（15）安装前桥内侧万向节防尘套卡夹。将防尘套卡夹安装到内侧万向节防尘套上并暂时将杠杆折回。

⚠ 注意：佩戴保护手套以防伤手；将杠杆正确地安装至导槽；将杠杆折回前，检查箍带和杠杆没有变形。

用水泵钳子，捏住防尘套卡夹，暂时将其固定。调整杠杆和槽口之间的间隙以使锁扣边缘和杆端之间的间隙均匀，同时用塑料锤敲击锁扣将其固定。

❗**注意**：不要损坏内侧万向节防尘套。

（16）安装前桥内侧万向节防尘套2号卡夹。将防尘套卡夹安装到内侧万向节防尘套上。将内侧万向节密封垫的凹陷部位拉出，使内侧万向节的内部暴露在大气压力下。如图4-44所示，将杠杆支点设置在任一A点处并暂时弯曲杠杆。

❗**注意**：佩戴保护手套以防伤手；执行该操作时，内侧万向节的内部必须保持在大气压力下；将杠杆正确地安装至导槽，将卡夹尽可能靠近车辆内侧安装；将杠杆折回前，检查箍带和杠杆没有变形。

朝工作面按压内侧万向节，同时把身体重量集中到手上并向前转动内侧万向节。转动内侧万向节并折起杠杆直至听到"咔嗒"声。

❗**注意**：不要损坏导流板；确保内侧万向节与工作面直接接触。

调整杆和槽之间的间隙以使锁扣边缘和杆端之间的间隙均匀，同时用塑料锤敲击锁扣将其固定。

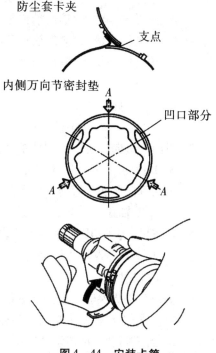

图4-44　安装卡箍

❗**注意**：不要损坏内侧万向节防尘套。

（17）检查前桥半轴。

五、自我测试题

（一）判断题

1. 半轴两端的等速万向节一般都采用固定式，以防止车轮产生侧滑。　（　）
2. 球笼式万向节在传动时只有一半钢球参与传力。　（　）
3. EQ1090E传动轴上伸缩节的作用是防止传动轴在后轮跳动时发生轴向窜动。
  　（　）
4. 十字轴式万向节的主动叉和从动叉的转速在一周内其平均速度相等。　（　）
5. 传动时，球笼式万向节的传力点始终处于两轴夹角的平分面上。　（　）
6. RF型球笼式万向节一般用于半轴的驱动轮侧。　（　）
7. VL型球笼式万向节一般用于半轴的差速器侧。　（　）
8. VL型球笼式万向节的内外球座之间可以做轴向滑动。　（　）
9. 维护时，球笼式万向节内的润滑脂只要没变质，仍可以继续使用。　（　）
10. 拆卸时，三叉式万向节的三销总成与轴之间必须做好装配标记。　（　）

（二）选择题

1. 用两个万向节加一根传动轴实现等速传动时，必须满足的条件是（　　）。
   A. 传动轴与输入/输出轴夹角不等，且传动轴两端万向节叉不在同一平面
   B. 传动轴与输入/输出轴夹角不等，且传动轴两端万向节叉在同一平面
   C. 传动轴与输入/输出轴夹角相等，且传动轴两端万向节叉不在同一平面
   D. 传动轴与输入/输出轴夹角相等，且传动轴两端万向节叉在同一平面

2. 球叉式万向节在传递动力时，无论正反向，总有（　　）个钢球参与传力。
   A. 2　　　　B. 3　　　　C. 4　　　　D. 5

3. 下面的万向节可以实现伸缩节作用的是（　　）。
   A. 球叉式　　　B. RF 型　　　C. VL 型　　　D. 三叉式

4. 下列万向节属于等速万向节的是（　　）。
   A. 十字轴式　　B. 球叉式　　C. 三叉式　　D. 三销轴式

5. 当东风 EQ1090E 在路上匀速直线行驶时，其传动轴的转速（　　）。
   A. 与主减速器输入轴等速　　　B. 与变速器输出轴等速
   C. 时快时慢　　　　　　　　　D. 总是大于变速器输出轴转速

6. 下列有关更换驱动轴护套的说法正确的是（　　）。
   A. 当把横拉杆端头从转向节分离时，通过用锤子敲击横拉杆端头将其分离
   B. 当把驱动轴从传动桥上拆下时，一个人支撑驱动轴另外一个人用 SST 拆卸驱动轴
   C. 当拆卸三角头球节时，通过敲击滚柱而拆卸三角头球节滚柱
   D. 当把润滑脂涂到外侧球节时，将新的润滑油涂到旧的润滑油上即可

7. 下列关于十字轴式万向节的叙述，错误的是（　　）。
   A. 主动叉与从动叉的角速度可以不相等
   B. 每旋转一周，主动叉与从动叉的平均转速相等
   C. 主动叉与从动叉之间的夹角可以变化
   D. 主动叉与从动叉之间的距离可以变化

8. 关于等速万向节的叙述，错误的是（　　）。
   A. 等速万向节的传力点始终处于两轴夹角的平分面上
   B. 半轴内端一般均采用滑动式等速万向节
   C. 球叉式等速万向节的传力钢球一般有 4 个
   D. 球笼式等速万向节的内外滚道都采用了曲面凹槽

（三）填空题

1. 万向传动装置的功用是在具有_____和_____的两转轴之间传递动力。

2. 十字轴式万向节的不等速特性是_____。

（四）简答题

简述更换半轴球笼防尘套的简要步骤，并说明有哪些注意事项。

项目五

驱动桥维修

一、项目描述

汽车行驶过程中,驱动桥能对变速器输出的动力进一步实现减速增扭,并能使左右车轮差速运转,使车辆在经过高低不平的路面和弯道转向时保证两侧的驱动轮能够正常运转。为了使驱动桥保持良好的工作状态,就必须对其定期进行维护保养及检修。通过本项目的学习,应能达到以下要求。

1. 知识要求

(1) 掌握驱动桥的作用、类型及特点。

(2) 掌握主减速器、差速器的结构及原理。

(3) 熟悉半轴的支承型式及结构特点。

(4) 了解后驱动桥常见故障的诊断与排除方法。

2. 技能要求

(1) 会按正确方法对后驱动桥的油液进行检查。

(2) 能按正确方法对驱动桥进行分解与组装。

(3) 能够按正确方法对主减速器、差速器进行检查与调整。

3. 素质要求

(1) 能按照5S要求,对工具、场地进行整理。

(2) 选择和使用工具合理规范。

(3) 拆装工艺合理,操作规范。

(4) 技术要求符合维修手册。

(5) 安全文明生产,保证工具、设备和自身安全。

(6) 与同学精诚合作,相互帮助,共同进步。

二、项目实施

任务一　驱动桥拆装与认识

1. 训练内容
(1) 在台架上对驱动桥总成进行分解及组装。
(2) 对实车和散件进行元件认识。
(3) 完成并填写学习工作单的相关项目。
(4) 学习汽车驱动桥结构与原理的相关知识。

2. 训练目标
(1) 熟悉后轮驱动的拆装方法与结构特点。
(2) 熟悉驱动桥主要零部件的名称、作用及相互装配关系。
(3) 掌握主减速器、差速器的结构及原理。
(4) 熟悉半轴的结构。

3. 训练设备
(1) 后驱动桥总成台架六台。
(2) 常用工具六套。
(3) 专用工具若干。

4. 训练步骤
1) 相关知识学习
通过课堂教学和学生课外自学，学习汽车主减速器、差速器、半轴的结构与原理的相关知识。

2) 驱动桥总成的分解与组装
下面以上海桑塔纳轿车为例说明驱动桥总成分解与组装的步骤。
(1) 差速器的解体。桑塔纳轿车属于前轮驱动，因此差速器的解体与变速器的解体是同时进行的，具体如图5-1所示。分解后，认识驱动桥各部件名称，熟悉其结构及工作原理。
(2) 主减速器和差速器的检修。
(3) 差速器的装配（图5-2）。
①行星齿轮的安装。
②从动锥齿轮的安装。
③差速器轴承和车速表主动齿轮的安装。
④轴承外圈的压入。
⑤差速器总成的安装。
注意操作安全，具体步骤参见维修手册。

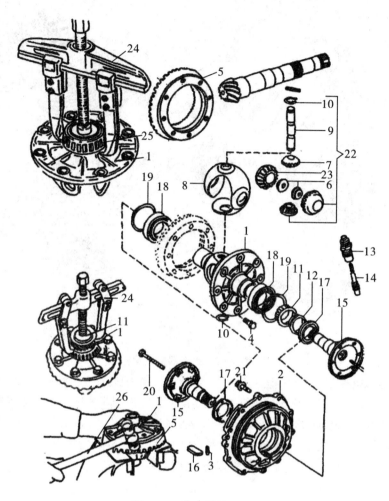

图 5-1 差速器的解体

1—差速器壳；2—主减速器盖；3—弹性销；4、20、21—螺栓；5—从动齿轮；6—螺纹套；
7—行星齿轮；8—复合式止推垫片；9—行星齿轮轴；10—挡圈；11—车速表齿轮；
12—锁紧套筒；13—车速表被动齿轮套筒；14—车速表被动齿轮；15—半轴；16—磁铁；
17—油封；18—圆锥滚子轴承；19—调整垫片；22—差速器总成；23—半轴齿轮；24—工具；
25—圆锥滚子轴承内圈；26—软锤

5. 任务细分

（1）认识主减速器。

（2）认识普通差速器。

（3）认识防滑差速器。

（4）认识半轴和桥壳。

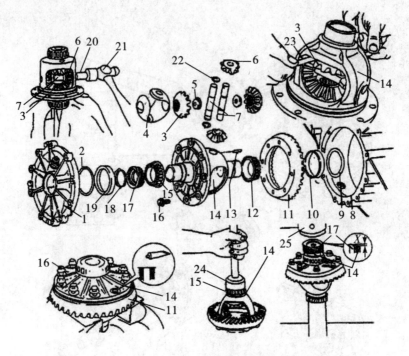

图 5-2 差速器的装配

1—主减速器盖；2、9—调整垫片；3—半轴齿轮；4—复合式止推垫片；5—螺纹套；
6—行星齿轮；7—行星齿轮轴；8—变速器壳体；10—轴承外圈；11—从动齿轮；
12—圆锥滚子轴承；13—止动销；14—差速器壳；15—圆锥滚子轴承内圈；16—螺栓；
17—车速表齿轮；18—锁紧套筒；19—轴承外圈；20—芯棒；21—锤；22—挡圈；
23—塞尺；24—工具；25—压力机

任务二　后驱动桥维修

1. 训练内容

（1）在实车上对后驱动桥进行维护作业。

（2）在台架上对后驱动桥进行调整作业。

（3）完成并填写学习工作单的相关项目。

（4）学习汽车后驱动桥使用与维修的相关知识。

2. 训练目标

（1）熟悉后驱动桥油液的检查方法。

（2）掌握主减速器、差速器的检查与调整方法。

（3）了解后驱动桥常见故障的诊断与排除方法。

3. 训练设备

（1）后轮驱动的整车四部。

（2）后驱动桥台架六台。

(3) 常用工具六套。
(4) 专用工具若干。
4. 训练步骤
1) 相关知识学习
通过课堂教学和学生课外自学，学习汽车后驱动桥维护的内容及方法，学习驱动桥检测与调整的项目及方法。
2) 驱动桥的维护
将车辆在举升机上举起，在车辆上检查驱动桥外壳是否存在漏油现象，并对后驱动桥油液进行检查（品质和液面高度）。
3) 驱动桥的检测与调整
在台架上对驱动桥的主减速器、差速器进行检测与调整。
5. 任务细分
(1) 驱动桥的检修。
(2) 驱动桥的调整。

三、相关知识

驱动桥的功用是将万向传动装置（或变速器）传来的动力经减速增矩、改变动力传递方向后，分配到左、右驱动轮，使汽车行驶，并允许左、右驱动轮以不同的转速旋转。

驱动桥是传动系统的最后一个总成，它由主减速器、差速器、半轴和桥壳等组成，如图5-3所示。动力由万向传动装置输入，传至主减速器5，减速增扭后传至差速器4，再经过半轴3，传给驱动轮。

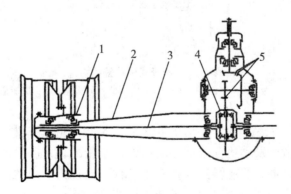

图5-3 整体式驱动桥示意图
1—轮毂；2—桥壳；3—半轴；4—差速器；5—主减速器

(1) 按悬架结构不同，驱动桥分为整体式驱动桥和断开式驱动桥两种。
①整体式驱动桥采用非独立悬架，如图5-3所示。其驱动桥壳为一个刚性的整体，驱动桥两端通过悬架与车架连接，左、右半轴始终在一条直线上，即左、右驱动

轮不能相互独立地跳动,整个车桥和车身会随着路面的凸凹变化而发生倾斜。这种结构多用于汽车的后桥上。

②断开式驱动桥采用独立悬架,如图5-4所示。其驱动桥壳1制成分段并用铰链连接,半轴2也分段并用万向节6连接。驱动桥两端分别用悬架与车架连接。主减速器4固定在车架上。这样,两侧的驱动轮7及桥壳可以彼此独立地相对于车架上下跳动,从而提高了汽车行驶的平顺性和通过性。

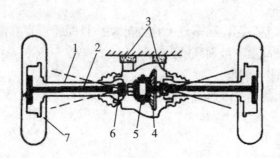

图5-4 断开式驱动桥示意图
1—桥壳;2—半轴;3—支架;4—主减速器;5—差速器;6—万向节;7—驱动轮

另外,有些汽车的断开式驱动桥还省去了桥壳,如图5-5所示,主减速器1与驱动轮5之间通过摆臂6铰链连接,半轴2分段并用万向节相连接。

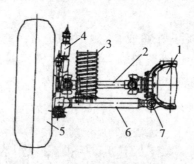

图5-5 断开式驱动桥的构造
1—主减速器;2—半轴;3—弹性元件;4—减振器;5—驱动轮;6—摆臂;7—摆臂轴

(2)按驱动桥的安装位置,驱动桥可分为前驱动桥和后驱动桥。

①前驱动桥一般与发动机前置前轮驱动的汽车相配用,也称转向驱动桥。其驱动桥将变速器、主减速器、差速器安装在一个三件组合的外壳(常称为变速器壳)内。由于取消了贯穿前后的传动轴,简化了结构,有效地减小了传动系统的体积,使汽车的自重减轻,而且动力直接传给前轮,提高了传动效率。

②后驱动桥一般与发动机前置后轮驱动的汽车相配用。由于变速器与驱动桥距离较远,两者之间要用万向传动装置联结。

(一)主减速器

主减速器的功用是将输入的转矩增大,转速降低,并将动力传递方向改变后(发动机横向布置的除外）传给差速器。

为满足不同的使用要求，主减速器的结构形式也有所不同。

（1）按参加减速传动的齿轮副数目分，有单级式主减速器和双级式主减速器。有些重型汽车又将双级式主减速器的第二级齿轮传动设置在两侧驱动轮处，称为轮边主减速器。

（2）按主减速器传动比个数分，有单速式和双速式主减速器。前者的传动比是固定的，而后者有两个传动比供驾驶员选择。

（3）按齿轮副结构型式分，有圆柱齿轮式（又可分为定轴轮系式和行星轮系式）主减速器和圆锥齿轮式（又可分为螺旋锥齿轮式和双曲面锥齿轮式）主减速器。

1. 单级主减速器

如图 5-6 所示为东风 EQ1090E 型汽车单级主减速器，它由一对双曲面锥齿轮 18、7 及其支承调整装置、主减速器壳 4 等组成。主动锥齿轮 18 的齿数为 6，从动锥齿轮 7 的齿数为 38，故其传动比 $i_0 = 38:6 = 6.33$。

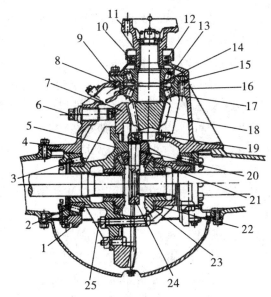

图 5-6　EQ1090E 型汽车单级主减速器

1—差速器轴承盖；2—轴承调整螺母；3、13、17—圆锥滚子轴承；4—主减速器壳；
5—差速器壳；6—支承螺栓；7—从动锥齿轮；8—进油道；9、14—调整垫片；
10—防尘罩；11—叉形凸缘；12—油封；15—轴承座；16—回油道；18—主动锥齿轮；
19—圆柱滚子轴承；20—行星齿轮球面垫片；21—行星齿轮；22—半轴齿轮推力垫片；
23—半轴齿轮；24—行星齿轮十字轴；25—螺栓

为了保证主动锥齿轮有足够的支承刚度，改善啮合条件，主动锥齿轮 18 与主动轴制成一体，并通过三个轴承以跨置式支承在主减速器壳 4 上。其中前端采用两个圆锥滚子轴承 13、17，后端采用一个圆柱滚子轴承 19。轴承内圈用隔套和轴肩定位，外圈用轴承座 15 内孔上的台阶限位。轴承座依靠凸缘定位，用螺钉固装在主减速器壳体的前端，两者之间有调整垫片 9。轴承盖上装有防漏油的油封 12，凸缘上焊有防尘防水的防尘罩 10。

从动锥齿轮 7 靠凸缘定位，用螺栓紧固在差速器壳 5 上，而差速器壳则用两个圆锥滚子轴承 3 支承在主减速器壳的瓦盖式轴承座孔中。轴承盖 1 与壳体是装配在一起加工的，不能互换，二者之间有装配记号。轴承座孔外侧装有环形调整螺母 2。在从动锥齿轮啮合处背面的主减速器壳体上装有支承螺栓 6，用以限制大负荷下从动锥齿轮过度变形而影响正常啮合。装配时，应在支承螺栓与从动锥齿轮背面之间预留一定间隙（0.3~0.5 mm），转动支承螺栓可以调整此间隙。

圆锥滚子轴承一般须成对使用，装配时应使其具有一定的预紧度，以减小锥齿轮在传动中因轴向力而引起的轴向位移，提高轴的支承刚度，保证锥齿轮副的正确啮合。但轴承预紧度也不能过大，否则摩擦和磨损增大，传动效率降低。为此，设有轴承预紧度的调整装置。主动轴上两圆锥滚子轴承 13、17 的预紧度用调整垫片 14 来调整，增加垫片 14 的厚度，轴承预紧度减小，反之轴承预紧度增加。支承差速器壳的一对圆锥滚子轴承 3 的预紧度则用调整螺母 2 来调整，拧入调整螺母，轴承预紧度增加，反之轴承预紧度减小。

为了保证齿轮传动工作正常、磨损均匀，延长其使用寿命，主减速器还设置了齿轮啮合的调整装置。锥齿轮啮合的调整是指齿面啮合印痕和齿侧啮合间隙的调整，它们是通过锥齿轮轴的轴向移动，从而改变主、从动锥齿轮的相对位置来得到的。所以，主、从动锥齿轮的啮合印痕可通过增减调整垫片 9 的厚度来调整，增加垫片厚度，主动轴及主动锥齿轮前移，反之则后移。啮合间隙则通过拧动调整螺母 2 来调整，一端螺母拧入，另一端螺母拧出，即可使从动锥齿轮轴向移动。

近年来，主减速器的主、从动锥齿轮越来越多地采用双曲面锥齿轮。这是因为它与螺旋锥齿轮相比，不仅具有重叠系数大、参加啮合的齿数多、传动平稳、噪声小、承载能力大的特点，还具有主动锥齿轮的轴线可相对从动锥齿轮轴线偏移的特点。当主动锥齿轮轴线向下偏移时，在保证一定离地间隙的情况下，可降低主动锥齿轮及传动轴的位置，从而使汽车质心降低，提高了行驶的稳定性。而且双曲面齿轮发生根切的最少齿数较少（最少可为 5 个），因此主动齿轮在满足传动比和强度要求的条件下尺寸可尽量小一些，相应从动锥齿轮的尺寸也可减小，可使主减速器结构紧凑。但双曲面齿轮的啮合面间相对滑动速度大，接触压力大，摩擦面的油膜易被破坏，因而对润滑油要求高，必须使用专门的双曲面齿轮油。另外，双曲面齿轮螺旋角较大，传动时轴向力大，易造成轴的支承定位件的损坏而引起轴向窜动。因此，对这些机件的强度、刚度要求高，相应地调整精度要求也较高。

为了减小主减速器齿轮、轴承等的摩擦和磨损，在主减速器壳体内储有一定量的齿轮油。从动齿轮旋转时，将齿轮油飞溅到各齿轮、轴及轴承上进行润滑。主动轴前端的两个圆锥滚子轴承靠壳体进油道 8 飞溅进的油润滑，润滑过轴承的油经回油道 16 流回主减速器内。为防止主减速器内温度升高使气压增大而造成齿轮油外溢，在主减速器壳上装有通气塞。此外，还装有加油螺塞和放油螺塞。

图 5-7 为上海桑塔纳轿车单级主减速器，因采用发动机纵置前轮驱动，整个传动系统都集中布置在汽车前部，因此其主减速器装于变速器壳体内，没有专门的主减速器壳体。变速器输出轴即为主减速器主动轴，动力由变速器直接传递给主减速器，省

去了变速器到主减速器之间的万向传动装置。

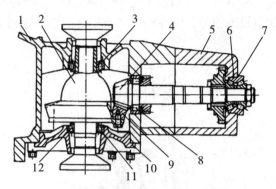

图 5-7 桑塔纳轿车单级主减速器
1—变速器前壳体；2—差速器；3、7、11—调整垫片；4—主动锥齿轮；5—变速器后壳；
6—双列圆锥滚子轴承；8—圆柱滚子轴承；9—从动锥齿轮；10—主减速器盖；12—圆锥滚子轴承

其主减速器由一对双曲面锥齿轮组成。主动锥齿轮4与变速器输出轴制为一体，用双列圆锥滚子轴承6和圆柱滚子轴承8支承在变速器壳体内。环状的从动锥齿轮9靠凸缘定位，并用螺钉与差速器壳连接。差速器壳由一对圆锥滚子轴承12支承在变速器壳体上。

主动锥齿轮轴上轴承的预紧度无需调整。轴承12的预紧度可通过调整垫片3、11来调整。齿轮啮合的调整通过调整垫片3、7和11进行，即增减垫片厚度，使主、从动锥齿轮轴向移动。

在发动机纵向布置的汽车上，由于需要改变动力传递方向（一般为90°），单级主减速器都采用一对圆锥齿轮传动。若发动机横向布置，由于主减速器主动齿轮轴线与差速器轴线平行，因此主减速器采用一对圆柱斜齿轮传动即可，无须改变动力的传递方向。

单级主减速器具有结构简单、质量和体积小、传动效率高等特点，且动力性能满足中型以下货车及轿车的要求。因此，单级主减速器在这些车型上得以普遍采用。

2. 双级主减速器

当汽车要求主减速器具有较大的传动比时，由一对锥齿轮构成的单级主减速器已不能保证足够的离地间隙，这时需要采用两对齿轮降速的双级主减速器，以使其既能保证足够的动力，又能减小其外廓尺寸，提高汽车的通过性。

图5-8为解放CA1091型汽车双级主减速器，第一级为锥齿轮传动，第二级为圆柱斜齿轮传动。主动锥齿轮与轴制成一体，采用悬臂式支承。

主动锥齿轮轴轴承的预紧度，可借增减调整垫片8的厚度来调整，中间轴圆锥滚子轴承预紧度则借改变两边侧向轴承盖4、15和主减器壳12间的调整垫片6、13的总厚度来调整。支承差速器壳的滚子轴承的预紧度是靠旋动调整螺母3调整的。为便于进行锥齿轮副的啮合调整，主动和从动锥齿轮的轴向位置都可以略加移动。增加轴承座10和主减速器壳12间的调整垫片7的厚度，第一级主动锥齿轮11则沿轴向离开从动锥齿轮，反之则靠近。若减小左轴承盖 4 处的调整垫片 6，同时将这些卸下来的垫片都加到右轴承盖 15 处，则第一级从动锥齿轮 16 右移，反之则左移。若两组调整垫片 6、13 总厚度的减量和增量不相等，则将破坏已调控好的中间轴轴承预紧度。

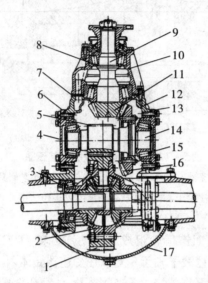

图 5-8　解放 CA1091 型汽车双级主减速器

1—第二级从动齿轮；2—差速器；3—调整螺母；4、15—轴承盖；5—第二级主动齿轮；6、7、8、13—调整垫片；9—第一级主动齿轮轴；10—轴承座；11—第一级主动锥齿轮；12—主减速器壳；14—中间轴；16—第一级从动锥齿轮；17—后盖

（二）差速器

差速器的功用是将主减速器传来的动力传给左、右两半轴，并在必要时允许左、右半轴以不同转速旋转，以满足两侧驱动轮差速的需要。

按安装位置，差速器可分为轮间差速器和轴间差速器。轮间差速器装在同一驱动桥两侧驱动轮之间，而轴间差速器装在多轴驱动汽车的各驱动桥之间。

按工作特性，差速器可分为普通差速器和防滑差速器两大类。

1. 普通差速器

1）基本结构

普通齿轮式差速器有锥齿轮式和圆柱齿轮式两种。由于锥齿轮式差速器结构简单、紧凑，工作平稳，因此目前应用最为广泛。

图 5-9 为行星锥齿轮差速器，它由四个行星锥齿轮 4、一个十字形行星锥齿轮轴 7、两个半轴锥齿轮 2、差速器壳 1 和 5、垫片 3 和 6 等组成。主减速器的从动锥齿轮用铆钉或螺栓固定在差速器壳左半部 1 的凸缘上。装配时，十字形的行星齿轮轴 7 的四个轴颈嵌在差速器壳两半端面上相应的半圆槽所形成的孔中，差速器壳的剖分面通过行星齿轮轴各轴颈中心线。行星锥齿轮 4 分别松套在四个轴颈上，两个半轴锥齿轮 2 分别与行星锥齿轮啮合，以其轴颈支承在差速器壳中，并以花键孔与半轴联结。行星锥齿轮背面和差速器壳的内表面均制成球面，以保证行星齿轮的对中性，使其与两个

半轴锥齿轮能正确啮合。行星齿轮和半轴齿轮的背面与差速器壳之间装有推力垫片，用以减轻摩擦面间的摩擦和磨损，提高差速器的使用寿命。使用中还可以通过更换垫片来调整齿轮的啮合间隙。

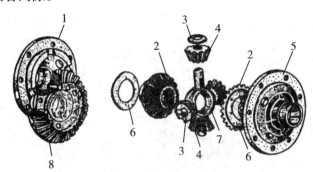

图 5-9 行星锥齿轮差速器

1、5—差速器壳；2—半轴锥齿轮；3—行星锥齿轮球形垫片；4—行星锥齿轮；
6—半轴锥齿轮推力垫片；7—行星锥齿轮轴（十字轴）；8—主减速器齿轮

十字轴的四个装配孔是左、右两半差速器壳装合后加工成形的，装配时不应周向错位。

差速器靠主减速器壳内的齿轮油来润滑，因此差速器壳上开有供润滑油进出的窗孔。为了保证行星齿轮与十字轴轴颈之间的润滑，在十字轴轴颈上铣有平面，并在行星齿轮的齿间钻有油孔与其中心孔相通。同样，半轴齿轮齿间也钻有油孔，与其背面相通，以加强背面与差速壳之间的润滑。

工作时，主减速器的动力传至差速器壳，依次经十字轴7、行星齿轮4和半轴齿轮2传给半轴，再由半轴传给驱动车轮。

在中型以下的货车或轿车上，因传递的转矩较小，故可用两个行星齿轮，相应的行星齿轮轴为一直轴。上海桑塔纳轿车差速器即采用这种结构，如图5-10所示。差速器壳9为一整体框架结构。行星齿轮轴5装入差速器壳后用止动销6定位。半轴齿轮2背面也制成球面，其背面的推力垫片与行星齿轮背面的推力垫片制成一个整体，称为复合式推力垫片（见图5-10中的1）。螺纹套3用来紧固半轴齿轮。

2）工作原理

(1) 运动特性。图5-11为行星锥齿轮差速器的运动原理图。差速器壳3与行星齿轮轴5联成一体并由主减速器从动齿轮6带动一起转动，是差速器的主动件，设其转速为n_0。半轴齿轮1和2为从动件，设其转速分别为n_1和n_2。A、B两点分别为行星齿轮4与半轴齿轮1和2的啮合点。C点为行星齿轮4的中心。A、B、C点到差速器旋转轴线的距离相等。

当两侧驱动轮没有滑转和滑移趋势，即两侧车轮转速相等（如汽车直线行驶，两侧车轮所受的行驶阻力相等）时，两侧车轮施加于半轴齿轮的反作用力相等。由于两半轴齿轮的直径相等，均为r，故通过两啮合点A、B施加于行星齿轮的力也相等。行星齿轮相当于一个等臂的杠杆保持平衡，即行星齿轮不自转，而只随行星齿轮轴5及

差速器壳体一起公转,所以两半轴无转速差,如图 5-11(b)所示,差速器不起作用。即

$$n_1 = n_2 = n_0$$

且

$$n_1 + n_2 = 2n_0$$

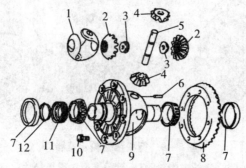

图 5-10 上海桑塔纳轿车差速器

1—复合式推力垫片;2—半轴齿轮;3—螺纹套;4—行星齿轮;5—行星齿轮轴;6—止动销;
7—圆锥滚子轴承;8—主减速器从动锥齿轮;9—差速器壳;10—螺栓;11—车速表齿轮;
12—车速表齿轮锁紧套筒

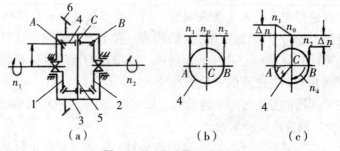

图 5-11 差速器运动原理

1、2—半轴齿轮;3—差速器壳;4—行星齿轮;5—行星齿轮轴;6—主减速器从动齿轮

当汽车转弯(或两侧驱动轮条件不同)时,通过半轴及半轴齿轮反作用于行星齿轮两啮合点的力将不相等,从而破坏了行星齿轮的平衡,使得行星齿轮除了随差速器壳一起公转外,还要绕行星齿轮轴自转。设其自转速度为 n_4,方向如图 5-11(c)所示,则半轴齿轮 1 的转速加快,而半轴齿轮 2 的转速减慢。因 $AC=CB$,所以半轴齿轮 1 转速的增加值等于半轴齿轮 2 转速的减小值。设半轴齿轮转速的增减值为 Δn,则两半轴的转速分别为

$$n_1 = n_0 + \Delta n$$
$$n_2 = n_0 - \Delta n$$

这就是差速器的差速作用。即汽车在转弯或其他情况下行驶,两侧车轮有滑转和滑移趋势时,行星齿轮即发生自转。借行星齿轮的自转,使两侧车轮以不同的转速在地面上滚动。

显然此时仍有

$$n_1 + n_2 = 2n_0$$

上式即为行星锥齿轮差速器的运动特性方程式。它表明，差速器无论差速与否，都具有两半轴齿轮转速之和始终等于差速器壳转速的两倍，而与行星齿轮自转速度无关的特性。

由上述分析还可得知：当任何一侧半轴齿轮的转速为零时，另一侧半轴齿轮的转速为差速器壳转速的两倍；当差速器壳转速为零时，若一侧半轴齿轮受其他外来力矩而转动，则另一侧半轴齿轮以相同的速度反转。

（2）转矩特性。图5-12为行星锥齿轮差速器的转矩分配示意图。设主减速器传至差速器壳的转矩为 M_0，经行星齿轮轴和行星齿轮传给两半轴齿轮，两半轴齿轮的转矩分别为 M_1 和 M_2。

当行星齿轮不自转时，即 $n_4 = 0$，$M_T = 0$（M_T 为行星齿轮自转时，其内孔和背面所受的摩擦力矩），行星齿轮相当于一个等臂杠杆，均衡拨动两半轴齿轮转动。所以，差速器将转矩 M_0 平均分配给两半轴齿轮，即

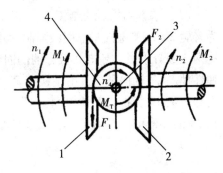

图 5-12 差速器转矩分配示意图
（标注同图5-11）

$$M_1 = M_2 = M_0/2$$

当行星齿轮按图5-12中 n_4 方向自转时（即 $n_1 > n_2$），行星齿轮所受摩擦力矩 M_T 与其自转方向相反，从而使行星齿轮分别对半轴齿轮1和2附加作用了大小相等而方向相反的两个圆周力 F_1 和 F_2。F_1 使传到转得快的半轴齿轮1上的转矩 M_1 减小，而 F_2 却使传到转得慢的半轴齿轮2上的转矩 M_2 增加，且 M_1 的减小值等于 M_2 的增加值，设为 $\Delta M/2$。所以，当两侧驱动轮存在转速差时（$n_1 > n_2$）：

$$M_1 = (M_0 - \Delta M)/2$$
$$M_2 = (M_0 + \Delta M)/2$$

即转得慢的车轮分配到的转矩大于转得快的车轮分配到的转矩。由于摩擦力矩 M_T 很小，其影响可忽略不计，则

$$M_1 = M_2 = M_0/2$$

可见，无论差速器差速与否，行星锥齿轮差速器都具有转矩等量分配的特性。

上述普通锥齿轮式差速器转矩等量分配的特性对于汽车在好路面上行驶是有利的。但汽车在坏路面上行驶时却会严重影响其通过能力。当汽车的一个驱动轮处于泥泞路面因附着力小而原地打转时，由于差速器等量分配转矩的特性，附着力好的驱动轮也只能分配到打滑车轮同样小的转矩，以至于总的牵引力不足以克服行驶阻力，使得汽车不能前进。

为了提高汽车通过坏路面的能力，可采用防滑差速器。当汽车某一侧驱动轮发生滑转时，差速器的差速作用即受限制，并将大部分或全部转矩分配给未滑转的驱动轮，充分利用未滑转车轮与地面之间的附着力，以产生足够的牵引力使汽车继续行驶。

2. 防滑差速器

普通差速器使汽车通过坏路面的行驶能力受到限制，为了提高汽车在坏路面上的

通过能力，一些越野汽车、高速小客车和载重汽车装用了防滑差速器。

汽车上常用的防滑差速器有人工强制锁止式和自锁式两大类，近年来又发展了电子控制式防滑差速器。人工强制锁止式差速器是人为地将差速器暂时锁住，使差速器不起差速作用。而自锁式差速器是在汽车行驶过程中，根据路面情况自动对差速器进行限制，从而改变驱动轮间的转矩分配。自锁式差速器有摩擦片式、滑块凸轮式、托森式、粘性耦合器式等多种形式。下面对防滑差速器的结构原理进行介绍。

1）强制锁止式差速器

（1）基本结构。强制锁止式差速器是在普通差速器上加装了一个差速锁。图5-13为奔驰20026A型汽车上用的强制锁止式差速器，它的差速锁由牙嵌式接合器及操纵机构两大部分组成。牙嵌式接合器的固定接合套26用花键与差速器壳24左端联结，并用弹性挡圈27轴向限位。滑动接合套28用花键与半轴29联结，并可轴向滑动。操纵机构的拨叉37装在拨叉轴36上，并可沿导向轴39轴向滑动，其叉形部分插入滑动接合套28的环槽中。滑动接合套通过花键孔与半轴29联结，并可轴向移动。

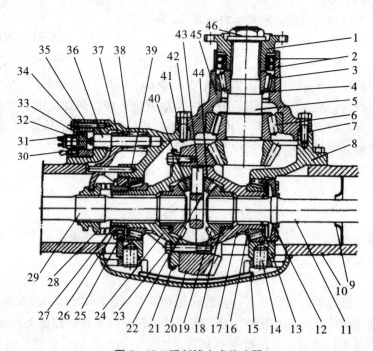

图5-13 强制锁止式差速器

1—传动凸缘；2—油封；3、6、16—轴承；4—调整隔圈；5—主减速器主动齿轮；7—调整垫片；8—主减速器壳；9—挡油盘；10—桥壳；11、29—半轴；12—带挡油盘的调整螺母；13—轴承盖；14—定位销；15—集油槽；17、24—差速器壳；18、44—推力垫片；19—半轴齿轮；20—主减速器从动齿轮；21—锁板；22—衬套；23、42—螺栓；25—调整螺母；26—固定接合套；27—弹性挡圈；28—滑动接合套；30—气管接头；31—带密封圈的活塞；32—差速器锁指示灯开关；33—调整螺钉及其锁紧螺母；34—缸盖；35—缸体；36—拨叉轴；37—拨叉；38—复位弹簧；39—导向轴；40—行星齿轮；41—密封圈；43—十字轴；45—轴承座；46—螺母

(2) 工作原理。当汽车在好路面上行驶时，牙嵌式接合器的固定接合套 26 与滑动接合套 28 不嵌合，即处于分离状态，此时为普通行星锥齿轮差速器。

当汽车通过坏路面时，通过驾驶员的操纵，压缩空气由进气管接头 30 进入气动活塞缸左腔，推动活塞 31 右行，并经调整螺钉 33 和拨叉轴 36 推动拨叉 37 压缩复位弹簧 38 右移，从而拨动滑动接合套 28 右移，与固定接合套 26 接合，将左半轴 29 与差速器壳 24 联成一个整体，则左右两半轴被锁成一个整体转动。即差速器锁死不起差速作用，这样发动机转矩就直接分配给了好路面上的车轮。

当需要解除差速器的锁止时，通过操纵机构，放出气缸内的压缩空气，拨叉 37 及滑动接合套在复位弹簧 38 的作用下左移，接合器分离，差速器恢复差速作用。

(3) 优缺点及应用。强制锁止式差速器结构简单，制造方便，但要在停车时才能操纵。如 2010 款奔驰 G500 5.5L、2009 款两门版 Rubicon（罗宾汉）3.8L，其差速器就属于一种强制锁止式差速器，它们在仪表台上有相应的电控按钮。

2）摩擦式自锁差速器

(1) 基本结构。摩擦式自锁差速器是在普通差速器基础上发展起来的，其结构如图 5-14 所示。两半轴齿轮背面与差速器壳 1 之间各安装了一套摩擦式离合器，用以增大差速器内部摩擦阻力矩。摩擦式离合器由推力压盘 4、主动摩擦片 3 和从动摩擦片 2 组成。推力压盘的内花键与半轴相连，而其外花键与从动摩擦片 2 的内花键联结。主动摩擦片 3 的外花键与差速器壳 1 的内花键联结。主、从动摩擦片及推力压盘均可做微小的轴向移动。十字轴 6 由两根互相垂直的行星齿轮轴组成，其轴颈的端部均切有凸 V 形斜面，两根行星齿轮轴是反向安装的。

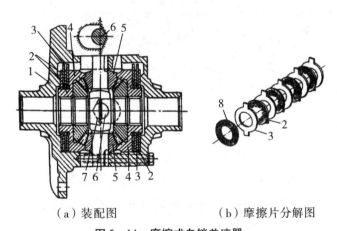

(a) 装配图　　(b) 摩擦片分解图

图 5-14　摩擦式自锁差速器

1—差速器壳；2—从动摩擦片；3—主动摩擦片；4—推力压盘；5—行星齿轮；
6—十字轴；7—V 形斜面；8—弹簧钢片

(2) 工作原理。在汽车直线行驶过程中，两根半轴的转速相等，发动机的转矩平均分配给两根半轴。由于差速器壳是通过 V 形斜面驱动行星齿轮轴，在传递转矩时，斜面上产生的平行于半轴轴线的轴向分力迫使两根行星齿轮轴分别向左、右方向略微移动，通过行星齿轮推动压盘压紧摩擦片。此时，转矩经两条路线传给半轴：一条经行星齿轮轴、行星齿轮和半轴齿轮将大部分转矩传给半轴;另一条则由差速器壳,主、从动力摩擦片,推力压盘传给半轴。

当汽车转弯或其中一侧的车轮在坏路面上滑转时,两根半轴的转速不等,即其中一侧半轴的转速高于差速器壳的转速,而另一侧低于差速器壳的转速。这样,由于转速差及摩擦力的存在,主、从动摩擦片间将产生摩擦力矩,且经从动摩擦片及推力压盘传给两半轴的摩擦力矩方向正好相反,与快转速半轴的转向相反,而与慢转速半轴的转向相同。因此,慢转速半轴所分配到的转矩大于快转速半轴所分配到的转矩,且转速差越大,摩擦作用越强,两半轴的转矩差越大,最大可达5~7倍。

(3) 优点及应用。摩擦式自锁差速器具有结构简单、工作平稳的特点,常被应用于轿车和轻型货车上。如2011款Jeep指南者2.4L、2011款科帕奇2.4L,就采用了摩擦片式自锁差速器。

3) 托森式自锁差速器

(1) 基本结构。图5-15为奥迪80和奥迪90全轮驱动的轿车前、后驱动桥之间采用的新型托森差速器。它是一种轴间自锁差速器,装在变速器后端。转矩由变速器输出轴传动给托森差速器,再由差速器直接分配给前驱动桥和后驱动桥。

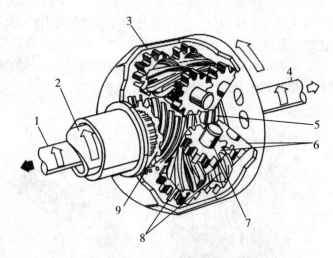

图5-15 托森差速器

1—差速器齿轮轴(前桥驱动轴);2—空心轴;3—差速器壳;4—后桥驱动轴;5—后轴蜗杆;
6—直齿圆柱齿轮;7—蜗轮轴;8—蜗轮;9—前轴蜗杆

托森差速器由差速器壳3、六个蜗轮8、六个蜗轮轴7、十二个直齿圆柱齿轮6及前、后轴蜗杆9和5组成。差速器壳3由花键与空心轴2联结。三个蜗轮轴7沿差速器壳圆形断面等弦长安装(图5-16),每根蜗轮轴上固定联结一个蜗轮8和两个直齿圆柱齿轮6。六根蜗轮轴沿驱动轴1、4方向分为两组安装,同一弦长位置前后蜗轮轴上的直齿圆柱齿轮相互啮合,与前桥驱动轴1、后桥驱动轴4分别相连的两个蜗杆9和5置于差速器壳内,并分别同轴向位置的三个蜗轮啮合,构成六对蜗杆蜗轮啮合副。由变速器空心轴2传来的转矩经差速器壳3、蜗轮轴7、蜗轮8传至蜗杆9和5,然后分配给前、后桥驱动轴 1 和 4，再分别传至前驱动桥和后驱动桥。

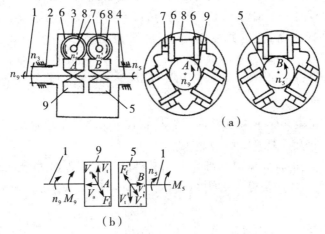

图 5-16 托森差速器工作原理示意图

n_3—差速器壳转速；n_5—后轴蜗杆轴的转速；n_9—前轴蜗杆轴的转速；n_8'—前排蜗轮自转速度；n_9'—后排蜗轮自转速度；V_s、V_s'—蜗杆相对于蜗轮的滑动速度；F_f、F_f'—蜗杆啮合点受的滑动摩擦力；A、B—蜗杆、蜗轮啮合点；M_9—前轴蜗杆转矩；M_5—后轴蜗杆转矩（其余图注同图 5-15）

（2）工作原理。图 5-16 为托森差速器的工作原理示意图。当前、后桥驱动轴 1 和 4 无转速差时，蜗轮 8 绕自身轴 7 无自转。各蜗轮、蜗杆与差速器壳一体等速转动，即 $n_9 = n_5 = n_3$，差速器不起差速作用。

当前、后驱动桥需要有转速差时，例如汽车转弯时，因前轮转弯半径大，故要求 $n_9 > n_5$，差速器产生差速作用。此时蜗轮除公转传递力外，还要自转。由于直齿圆柱齿轮的相互啮合，使前后蜗轮的自转方向相反，如图 5-16（a）中 n_8' 和 n_9' 所示，从而使前轴蜗杆轴的转速 n_9 增加，后轴蜗杆轴的转速 n_5 减小，实现了差速。在托森差速器起作用的同时，因前后轮反向自转，使 $n_9 > n_5$，前轴蜗杆在啮合点 A 将受一个与相对滑动速度 V_s 方向相反，且与蜗杆转向相反的滑动摩擦力 F_f，从而减小了前轴蜗杆分配的转矩。而后轴蜗杆在啮合点 B 也将受一个与相对滑动速度 V_s' 方向相反，且与蜗杆转向相同的滑动摩擦力 F_f'，从而增加了前轴蜗杆分配的转矩。由此可见，托森差速器起差速作用的同时，由于蜗杆蜗轮啮合副之间的摩擦作用，转速较低的后驱动桥比转速较高的前驱动桥分配到的转矩大。若后驱动桥分配到的转矩大到一定程度而出现滑转时，则后桥转速升高一点，转矩又立刻重新分配给前桥一些，所以驱动力矩的分配可根据转弯的要求自动调节，使汽车转弯具有良好的驾驶性能。

同理，当前、后驱动桥中某一桥因附着力而出现滑转时，差速器起作用，将转矩大部分分配给附着力好的另一驱动桥（最大可达 3.5 倍），从而提高了汽车通过能力。

（3）优点及应用。托森差速器结构紧凑，性能优良。托森差速器是奥迪 Quattro 全时四驱的精髓。托森是单词"Torsen"的音译，这个名字取自 Torque-sensing Traction 的单词头几个字母的组合，具体解释为牵引力自感应式扭矩分配。

Quattro 是奥迪在 1980 年创立的全时四轮驱动系统的名称，首先装备于奥迪 80

Coupe 上,并在 1980 年的日内瓦车展上全球首发。随后,Quattro 技术经历了六次主要革新,其中的核心部件——托森中央差速锁也经历了三次变化。首代 A 型托森差速锁(蜗轮蜗杆式)于 1980 年作为 Quattro 的核心部件面世,随后在 1994 年演变至 B 型(平行齿轮式),并在 2005 年更新为 C 型(行星齿轮式)。而最新的 Quattro 在采用了 C 型托森差速锁的基础上,新增了 Sport Differential 运动型横向扭力分配系统,不但可以调整前后轴的扭力分配,还可以调整内外侧车轮的扭力分配,从而增加车辆动态性能。

自 1995 年,也就是丰田 LX450 时代,托森式中央差速器已经成了 LX 的标配。丰田 Land Cruiser 也采用了托森式中央差速器。

自锁差速器的结构各异,但其都是利用某种结构在工作时产生较大的摩擦力,形成较大的内摩擦力矩,使快转一侧力矩减小,慢转一侧力矩增加,同时可阻止差速趋势,防止打滑。

4)粘性耦合器式自锁差速器

粘性耦合器式自锁差速器的基本结构如图 5-17 所示。

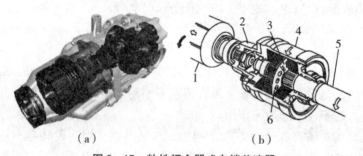

图 5-17 粘性耦合器式自锁差速器
1—前传动轴;2—传动鼓;3、6—内外叶片;4—壳体;5—后传动轴

东风本田 CR-V 的中央差速器采用的就是粘性耦合器式自锁差速器,它是所有中央差速器中结构最简单、成本最低的,没有复杂的电子系统,也没有精密的机械结构。差速器体积很小巧,没有为车辆增加额外重量,它是一种"适时四驱"差速器,平时采用的动力是液力传递工作的原理。它的结构是一个装有黏稠硅油的密闭容器,两端分别是连接前轴和后轴的金属叶片。

粘性耦合器式自锁差速器的工作原理有点像自动变速器的液力变矩器。正常行驶时,前轮驱动车辆前进,后轮没有动力,被拖着前进,带动中央差速器的叶片做同方向旋转,两个叶片之间没有作用力,而转弯时的前后轮速度差也被柔性的黏稠硅油所吸收,车辆转向可以顺利进行。当 CR-V 在越野的时候,也只能是以前轮驱动行进。只有当前轮陷入泥土中开始打滑,而这时后轮停止转动时,中央差速器也只有联结前轴的叶片在转动,而联结后轴的叶片停止转动。飞速转动的前叶片搅动着密闭容器里的黏稠硅油,而黏稠硅油开始带动后叶片的转动,原理有点像洗衣机搅动水流,而水流带动衣服在转一样。由于后叶片的转动,后轮开始获得动力,带动车辆离开下陷的路面。

粘性耦合器式中央差速器在城市 SUV 中广泛使用。与中央多片离合器式差速器相比，中央粘性耦合器式差速器的越野性能要更差一些，它只有当前轮完全失去抓地力时才会将驱动力分配到后轮，并且分配的最大比率只能达到30%，但因此也更省油。

(三) 半轴与桥壳

1. 半轴

半轴的功用是将差速器传来的动力传给驱动轮。因其传递的转矩较大，常制成实心轴。半轴的结构因驱动桥结构形式的不同而异。整体式驱动桥中的半轴为一刚性整轴。而转向驱动桥和断开式驱动桥中的半轴则分段并用万向节联结。半轴内端一般制有外花键与半轴齿轮联结。半轴外端结构形式，有的直接在轴端锻造出凸缘盘，也有的制成花键与单独制成的凸缘盘滑动配合，还有的制成锥形并通过键和螺母与轮毂固定联结。

半轴的受力情况由半轴与驱动轮的轮毂在桥壳上的支承型式而定。现代汽车常采用全浮式半轴支承和半浮式半轴支承两种型式。

1) 全浮式半轴支承

全浮式半轴支承广泛应用于各型货车上。图5-18为东风EQ1090型汽车采用的全浮式半轴支承，它表明汽车半轴外端与轮毂及桥壳的联结情况。半轴6外端锻有凸缘，用螺栓紧固在轮毂9上，轮毂用两个圆锥滚子轴承8和10支承在半轴套管上。半轴套管与空心梁压配成一体，组成驱动桥壳。这种半轴支承型式，半轴与桥壳没有直接联系。半轴的内端用花键与差速器的半轴齿轮联结，半轴齿轮的毂部支承在差速器壳两侧轴颈的孔内，而差速器壳又以两侧轴颈直接支承在桥壳上。

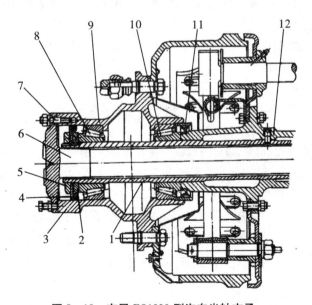

图5-18 东风EQ1090型汽车半轴支承

1—半轴套管；2—调整螺母；3、11—油封；4—锁紧垫圈；5—锁紧螺母；6—半轴；
7—轮毂螺栓；8、10—圆锥滚子轴承；9—轮毂；12—驱动桥壳由图 5-19 可知，在半轴外端，路面对驱动轮的作用力（垂直反力 F_Z、切向反力 F_X、侧向反力 F_Y）以及由它们形成的弯矩，直接由轮毂通过两个圆锥滚子轴承传给桥壳，完全由桥壳承受，半轴只承受转矩。同样，在内端作用在主减速器从动锥齿轮上的力及其形成的弯矩，全部由差速器壳直接承受，半轴内端也只承受转矩。这种使半轴只承受转矩，而两端均不承受其他任何反力和反力矩的半轴支承型式称为全浮式半轴支承。所谓"浮"是指半轴不承受弯曲载荷。

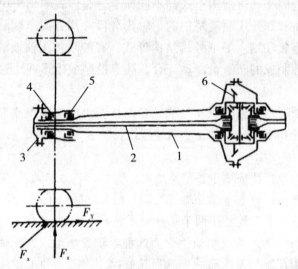

图 5-19　全浮式半轴支承示意图
1—桥壳；2—半轴；3—半轴凸缘；4、5—轴承；6—主减速器从动锥齿轮

全浮式半轴支承便于拆装，只需拆下半轴凸缘上的螺栓，即可将半轴抽出，而车轮和桥壳照样能支持住汽车。

2）半浮式半轴支承

图 5-20 为红旗 CA7560 型高级轿车所采用的半浮式半轴支承。半轴内端通过花键与半轴齿轮联结，其支承方式与全浮式半轴支承方式相同，即半轴内端只承受转矩，不承受弯矩。半轴外端制成锥形，锥面上铣有键槽，最外端制有螺纹。轮毂 6 以其相应的锥孔与半轴上的锥面配合，并用键 5 联结，用螺母 4 紧固。半轴用一个圆锥滚子轴承 3 直接支承在桥壳凸缘 7 的座孔内。车轮与桥壳之间无直接联系，而支承于悬伸出的半轴外端。因此，路面作用于车轮的各种反作用力及其反力矩都须经半轴外端的悬伸部分再传给桥壳，使半轴外端不仅要承受转矩，而且还要承受各种反力及其反力矩。这种只能使半轴内端免受弯矩，而外端却承受全部弯矩的半轴支承型式称为半浮式半轴支承。

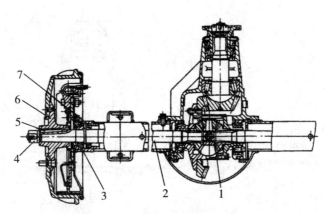

图 5-20　典型半浮式半轴支承型式
1—止推块；2—半轴；3—圆锥滚子轴承；4—锁紧螺母；5—键；6—轮毂；7—桥壳凸缘

为了对半轴进行轴向限位，差速器内装有止推块，以限制其向内轴向窜动；而半轴向外的轴向窜动则通过制动底板对轴承限位来限制。

半浮式半轴支承结构简单，但半轴受力情况复杂且拆装不便，多用于反力、弯矩较小的各类轿车上。

2. 桥壳

驱动桥壳既是传动系统的组成部分，同时也是行驶系统的组成部分，其功用是用来安装并保护主减速器、差速器和半轴，以及用来安装悬架或轮毂，与从动桥一起支承汽车悬架以上各部分质量，承受驱动轮传来的反力和力矩，并在驱动轮与悬架之间传力。因此，要求桥壳应具有足够的强度和刚度，质量小，便于制造，便于主减速器的拆装和调整。

驱动桥壳可分为整体式桥壳和分段式桥壳两种类型。

1）整体式桥壳

图 5-21 为解放 CA1092 型汽车的整体式驱动桥壳，它由空心梁、半轴套管、主减速器壳及后盖等组成。空心梁用球墨铸铁铸成，中部有一环形大通孔，前端用以安装主减速器及差速器总成，后端用来检视主减速器及差速器的工作情况。后盖 6 用螺栓装于后端面，后盖上装有检查油面用的螺塞 5。空心梁上凸缘盘 1 用来固定制动底板，两端压入钢制半轴套管 8，并用止动螺钉 2 限定位置。半轴套管外端轴颈用来安装轮毂轴承。为了对轴承进行限位及调整轴承预紧度，最外端还制有螺纹。

这种铸造的整体式桥壳具有较大的强度和刚度，且便于主减速器的拆装和调整。缺点是质量大，铸造质量不易保证。因此，适用于中型以上货车。

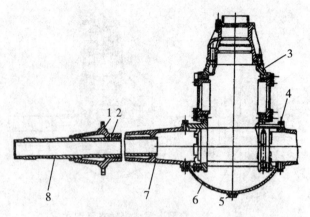

图 5-21 整体式桥壳

1—凸缘盘；2—止动螺钉；3—主减速器壳；4—固定螺栓；5—油面检查螺塞；
6—后盖；7—空心梁；8—半轴套管

2）分段式桥壳

分段式桥壳一般分为两段，如图 5-22 所示，由螺栓 1 将两段联成一体。它主要由主减速器壳 10、盖 13 以及两根钢制半轴套管 4 组成。

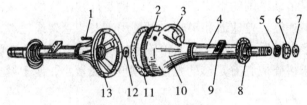

图 5-22 分段式桥壳

1—螺栓；2—注油孔；3—主减速器壳颈部；4—半轴套管；5—调整螺母；6—止动垫片；
7—锁紧螺母；8—凸缘盘；9—弹簧座；10—主减速器壳；11—垫片；12—油封；13—盖

分段式桥壳最大的缺点是拆装、维修主减速器和差速器十分不便，必须把整个驱动桥从车上拆下来，现已很少应用。

（四）基本维护与检修

汽车行驶时，驱动桥的受力情况十分复杂。各传递动力的零件，由于接近最终传动，其所受的各种应力远远大于传动系统的其他部位。以后轮驱动的汽车，其驱动桥壳要承受相当一部分的载重质量；以前轮为驱动轮的轿车，半轴暴露在外，两端万向节的防尘套长期使用后的老化都会影响驱动桥的技术状况，造成传动间隙增大而出现异响、主减速器和差速器壳体温度过高、漏油等现象，影响汽车的正常使用。在汽车维护和维修时，应对驱动桥进行有针对性的作业。

1. 主要元件检修

1）桥壳和半轴套管

（1）桥壳和半轴套管不允许有裂纹存在。各部螺纹损伤不得超过 2 牙。

(2) 钢板弹簧座定位孔的磨损不得大于 1.5 mm，超限时先进行补焊，然后按原位置重新钻孔。

(3) 整体式桥壳以半轴套管的两内端轴颈的公共轴线为基准，两外端轴颈的径向圆跳动误差超过 0.30 mm 时应进行校正，校正后的径向圆跳动误差不得大于 0.08 mm。

(4) 分段式桥壳以桥壳的接合圆柱面、接合平面及另一端内锥面为基准，轮毂的内外轴颈的径向圆跳动误差超过 0.25 mm 时应进行校正，校正后的径向圆跳动误差不得大于 0.08 mm。

(5) 桥壳承孔与半轴套管的配合及伸出长度应符合原厂规定。如半轴套管承孔的磨损严重，可将座孔镗至修理尺寸，更换相应的修理尺寸半轴套管。

(6) 滚动轴承与桥壳的配合应符合原厂规定。如配合处过于松旷，可用刷镀修复轴承孔。

2) 半轴

(1) 半轴应进行隐伤检查，不得有任何形式的裂纹存在。

(2) 半轴花键应无明显的扭转变形。

(3) 以半轴轴线为基准，半轴中段未加工圆柱体径向圆跳动误差不得大于 1.3 mm；花键外圆柱面的径向圆跳动误差不得大于 0.25 mm；半轴凸缘内侧端面圆跳动误差不得大于 0.15 mm。径向圆跳动超限，应进行冷压校正；端面圆跳动超限，可车削端面进行修正。

(4) 半轴花键的侧隙增大量较原厂规定不得大于 0.15 mm。

3) 主减速器壳

(1) 壳体应无裂损，各部位螺纹的损伤不得多于 2 牙，否则应更换。

(2) 差速器左、右轴承孔同轴度公差为 0.10 mm。

(3) 圆柱主动齿轮轴承（或侧盖）承孔轴线及差速器轴承孔轴线对减速器壳前端面的平行度公差：当轴线长度在 200 mm 以上，其值为 0.12 mm；轴线长度小于或等于 200 mm，其值为 0.10 mm。

(4) 主减速器壳纵轴线对横轴线的垂直度公差：当纵轴线长度在 300 mm 以上，其值为 0.16 mm；纵轴线长度小于或等于 300 mm，其值为 0.12 mm；纵、横轴线应位于同一平面（双曲线齿轮结构除外），其位置度公差为 0.08 mm。

4) 主减速器锥齿轮副

(1) 齿轮工作表面不得有明显斑点、剥落、缺损和阶梯形磨损。

(2) 主动圆锥齿轮锥面的径向圆跳动公差为 0.05 mm；前后轴承与轴颈、轴承孔的配合应符合原厂规定；从动锥齿轮的铆钉联结应牢固可靠；用螺栓联结的，连接螺栓的紧固应符合原厂规定，紧固螺栓锁止可靠。

(3) 齿轮必须成对更换。

5) 差速器

(1) 差速器壳产生裂纹，应更换。

(2) 差速器壳与行星齿轮、半轴齿轮垫片的接触面应光滑、无沟槽。如有小的沟槽，可用砂纸打磨，并更换半轴齿轮垫片。

(3) 行星齿轮、半轴齿轮不得有裂纹，工作表面不得有明显斑点、脱落和缺损。

(4) 差速器壳体与轴承、差速器壳与行星齿轮轴的配合应符合原厂规定。

6) 滚动轴承

(1) 轴承的钢球（或柱）和滚道上不得有伤痕、剥落、严重黑斑或烧损变色等缺陷，否则应更换。

(2) 轴承架不得有缺口、裂纹、铆钉松动或钢球（或柱）脱出等现象，否则应更换。

7) 轮毂

(1) 轮毂应无裂纹，否则更换。轮毂各部位螺纹的损伤不得多于 2 牙。

(2) 轮毂与半轴凸缘及制动鼓的接合端面对轴承孔公共轴线的端面圆跳动公差均为 0.15 mm，超值可车削修复。

(3) 轮毂轴承孔与轴承的配合应符合原厂规定。轴承孔磨损逾限可用刷镀或喷焊修理。

2. 驱动桥的维护

1) 一级维护

一级维护时，对驱动桥和车轮应进行下述维护作业：

(1) 检查后桥壳是否有裂纹及不正常的渗漏，如有渗漏，应查明原因，予以排除；

(2) 检查各部螺栓、螺母的连接是否可靠；

(3) 检查后桥壳体内的润滑油量是否合适，其油面应不低于检视孔下沿 15 mm 处；

(4) 检查后桥壳的通气塞应保持畅通；

(5) 用推动轮毂来检查轴承的紧度时，应无明显松旷的感觉；

(6) 检视轮胎和半轴上的外露螺栓、螺母，不得有松动。

2) 二级维护

(1) 二级维护除进行一级维护的所有项目外，还有以下内容。

①检查半轴。半轴应无弯曲、裂纹，键槽无过度磨损。如有可视的键槽磨损时，应进行左右半轴的换位。

②拆下轮毂，检查半轴套管是否有配合松旷和裂纹，各螺纹的损伤不得超过 2 牙。

③检视后桥壳是否有裂纹。

④放油后，拆下后桥壳盖，清除油污并检视齿轮、轴承及各部螺栓紧固情况，必要时可以更换齿轮和轴承。

⑤检视主减速器的油封有无漏油，凸缘螺母是否松动，检查主减速器的连接螺栓是否紧固。

⑥检查轮毂轴承的紧固情况，必要时按技术条件的要求拧紧。

(2) 二级维护时，还要根据有无下列现象，决定后桥维护的附加作业项目。

①主减速器有无异响，主减速器的啮合间隙是否过大。如有上述现象，说明轮齿磨损或啮合间隙过大，应调整啮合间隙并检查齿面接合状况。

②检查后桥在正常工作时的油温是否超过 60 ℃ 并伴有异响。如有此现象说明齿轮啮合不当或轮齿有断齿，也可能是由于轴承预紧度过大，应拆检主减速器和差速器。

上述作业结束后,装复后桥壳后盖,按规定加注符合原厂规定的齿轮油至规定油面。

3. 差速器的装配与调整

差速器装配时,应按下述顺序进行并注意各步骤的注意事项。

1)装差速器轴承

安装差速器轴承内圈时,应用压力机平稳地压入,不得用手锤敲击,以免损伤轴承的工作表面、刮伤轴承表面或破坏配合性质。

2)装齿轮

在与行星齿轮和半轴齿轮配合的工作表面上涂以机油,先装入垫片和半轴齿轮,然后装入已装好行星齿轮及垫片的十字轴,并使行星齿轮与半轴齿轮啮合。在行星齿轮上装入另一侧半轴齿轮及垫片,扣上另一侧的差速器壳。装入另一侧壳体时,应使两侧壳体上的位置标记对正,以免破坏齿轮副的正常啮合。

3)从动齿轮的安装和差速器的装合

将主减速器从动齿轮装在差速器壳体上,将固定螺栓按规定方向穿过壳体,套入垫片,用规定力矩交替拧紧螺母,锁死锁片。

4. 主减速器的装配与调整

主减速器装配中的调整包括主、从动圆锥齿轮轴承预紧度的调整(含差速器轴承预紧度的调整),主、从动圆锥齿轮啮合印痕和啮合间隙的调整等项目。由于主减速器的调整质量是决定主减速器圆锥齿轮副使用寿命的关键,因此在进行调整作业时,必须遵守主减速器的调整规则。

第一,先调整轴承的预紧度,再调整啮合印痕,最后调整啮合间隙。

第二,主、从动圆锥齿轮轴承的预紧度必须按原厂规定的数值和方法进行调整与检查,在主减速器调整过程中,轴承的预紧度不得变更,始终都应符合原厂规定值。

第三,在保证啮合印痕合格的前提下,调整啮合间隙;啮合印痕、啮合间隙和啮合间隙的变化量都必须符合技术条件,否则成对更换齿轮副。

第四,准双曲面圆锥齿轮、奥利康圆锥齿轮(等高齿)和格利森圆锥齿轮(圆弧非等高齿)啮合印痕的技术标准不尽相同,调整方法亦有差异。前两种齿轮往往以移动主动圆锥齿轮调整啮合印痕,以移动从动圆锥齿轮调整啮合间隙;而对格利森齿轮的调整则无特殊的要求。

1)轴承预紧度的调整

主、从动锥齿轮轴的轴承,安装时都应具有一定的预紧力,以消除轴承多余的轴向和径向间隙,平衡一部分前、后轴承的轴向负荷,这对主、从动锥齿轮工作时保持正确的啮合和前、后轴承获得较为均匀的磨损,都是十分必要的。

(1)主动锥齿轮轴承预紧度的调整。主动圆锥齿轮轴承预紧度的调整方法有两种。

①通过增减调整垫片进行调整,如图5-23所示。如在两轴承之间隔套前装有调整垫片3(图5-23(a))或在轴肩前有调整垫片3(图5-23(b)),增减调整垫片的厚度即可改变两轴承内圈压紧后的距离,从而使轴承预紧度得到调整。预紧度是否符合要求,可用测量转动凸缘盘的力矩来判断,若所测得的力矩大于标准值,说明轴

承的预紧度过大，应增加调整垫片的厚度。另外，也有的两轴承内圈之间的距离已定，在主减速器油封后面装有调整垫片3（图5-23（c）），增减此垫片厚度即可改变两轴承之间的距离，以调整轴承预紧度。与此类似，有的汽车不用调整垫片，而是通过精选隔套长度来调整（图5-23（d））。

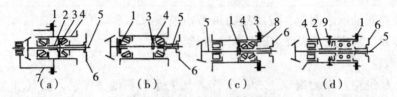

图5-23 主动锥齿轮轴承预紧度调整装置（一）
1—主动锥齿轮啮合调整垫片；2—隔套；3—轴承预紧度调整垫片；4—主动锥齿轮轴承座；
5—主动锥齿轮轴；6—凸缘叉；7—主减速器；8—油封盖；9—调整螺栓

②用一个弹性隔套来调整主动锥齿轮轴承的预紧度，如图5-24所示。装配时，在前、后轴承内圈之间放置一个可压缩的弹性薄壁隔套，按规定力矩拧紧凸缘盘固定螺母时，隔套产生弹性变形，其张力自动适应对轴承预紧度的要求。但采用这种方法，因隔套的弹性衰退，每次都必须换用新的隔套。

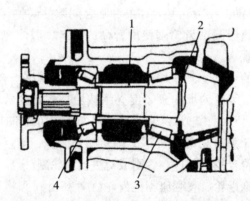

图5-24 主动锥齿轮轴承预紧度调整装置（二）
1—弹性隔套；2—调整垫片；3—后轴承；4—前轴承

(2) 从动锥齿轮轴承预紧度的调整。从动锥齿轮轴承预紧度的调整因驱动桥的结构分为两种。

①单级主减速器，其从动锥齿轮固定在差速器壳上，从动锥齿轮轴承就是差速器轴承，调整从动锥齿轮轴承预紧度就是调整差速器轴承的预紧度。此外，双级主减速器差速器轴承预紧度的调整与此相同。

在图5-6中，差速器轴承两侧都有调整螺母。装配时，将差速器轴承外圈套在轴承上，将差速器总成装入差速器壳内，将两侧调整螺母装在座孔内的螺纹部分（螺纹一定要对好），然后将两侧轴承盖对准螺纹后装复（左、右两轴承盖不得互换），装好锁片用螺栓紧固轴承盖。

调整轴承预紧度时，慢慢转动两侧调整螺母，同时慢慢转动差速器总成，使轴承的滚柱处于正确位置。正确的预紧度可用转动差速器总成的力矩来衡量。预紧度调整后，应将调整螺母锁片锁住。

②双级主减速器，从动锥齿轮与二级减速的主动圆柱齿轮固定在同一根轴上，两端用轴承支承在主减速器壳上。轴承预紧度的调整可参照图5-8，选择适当厚度的调整垫片6和13，安装在主减速器与轴承盖之间。拧紧轴承盖紧固螺栓后，用转动从动圆锥齿轮的力矩来衡量预紧度是否合适。如所需力矩过大，说明预紧度过大，应增加垫片的厚度。

此外，有些汽车采用组合式桥壳，其从动锥齿轮轴承预紧度可通过轴承与差速器壳之间的垫片厚度来调整（见图5-7中垫片3）。增加垫片的厚度，轴承预紧度增加。

2）主、从动锥齿轮啮合印痕与齿侧间隙的调整

锥齿轮副必须有正确的啮合印痕与齿侧间隙才能正常工作并达到正常的使用寿命。正确的啮合印痕与齿侧间隙是通过齿轮的轴向移动改变其相对位置来实现的，因此锥齿轮传动机构都有轴向位置调整装置，即啮合印痕与齿侧间隙调整装置。

对主、从动锥齿轮啮合印痕与齿侧间隙的调整要求是，主、从动锥齿轮应沿齿长方向接触，其位置控制在齿轮的中部偏向小端，离小端端部2~7 mm；接触痕迹的长度不小于齿长的50%；齿高方向的接触印痕应不小于齿高的50%，一般应距齿顶0.80~1.60 mm（图5-25）；齿侧间隙为0.15~0.50 mm，但每一对锥齿轮副啮合间隙的变动量不得大于0.15 mm。

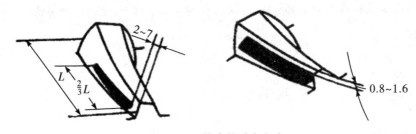

图5-25 锥齿轮啮合印痕

如果主、从动圆锥齿轮的啮合印痕和齿侧间隙不符合要求时，应按如下的口诀进行调整：大进从、小出从；顶进主、根出主。按这种方法调整时，要注意保证齿侧间隙不得小于最小值。

实现齿轮位移的具体方法与车辆的结构有关。

（1）主动圆锥齿轮的移动。

①通过增减主动锥齿轮轴承座与主减速器壳之间的调整垫片厚度来调整，如图5-23（a）的垫片1所示。当增减此垫片厚度时，就可实现主动锥齿轮轴向移动。

②通过增减主动锥齿轮背面与轴承之间的调整垫片厚度来调整，如图5-23（b）中的垫片1所示。这种结构若轴承预紧度调整垫片是靠在轴肩上的，则调整锥齿轮轴向移动的同时，也必须等量增减轴承预紧度的调整垫片。否则由于轴肩轴向位置的移动将改变已调好的轴承预紧度。该调整方式，每次调整都需将主动锥齿轮上的轴承压

下来，维修调整不方便。

③通过增减主动锥齿轮轴肩前面的调整垫片厚度来调整，如图5-23（c）中的垫片1所示。

④用调整螺栓配合调整垫片来调整，如图5-23（d）所示。通过增减调整垫片1并使前端锥度的调整螺栓9旋进或旋出，就可调整前轴承的轴向位置，也就调整了主动锥齿轮的轴向位置。

（2）从动圆锥齿轮的移动。从动圆锥齿轮轴向位置的调整装置与轴承预紧度的调整装置是共享的。因此，在轴承预紧度调整好后，只需将左、右两侧的调整垫片从一侧调到另一侧（图5-8），或左、右侧的调整螺母一侧松出多少另一侧就等量紧进多少，就可以在不改变轴承预紧度的前提下，改变从动圆锥齿轮的轴向位置(图5-6)。

5. 驱动桥的磨合试验

驱动桥装合后，应按规定加注润滑油进行磨合试验。磨合转速一般为1400～1500 r/min。在此转速下进行正、反转试验，各项试验的时间不得少于10 min。

驱动桥装配后进行磨合试验的目的在于改善零件相配合表面的接触状况和检查修理装配的质量。驱动桥的修理和装配质量可从三个方面进行检验：齿轮的啮合噪声、轴承区的温度和渗漏现象。

在试验过程中，各轴承区温升不得超过25 ℃，齿轮的啮合不允许有敲击声和高低变化的响声，各接合部位不允许有漏油现象。试验后，应进行清洗并换装规定的润滑油。

（五）常见故障诊断

驱动桥的常见故障为驱动桥过热、漏油和异响等，下面介绍这些故障的原因及诊断排除方法。

1. 过热

1）故障现象

汽车行驶一段里程后，用手探试驱动桥壳中部或主减速器壳，有无法忍受的烫手感觉。

2）故障原因

（1）齿轮油变质、油量不足或牌号不符合要求。

（2）轴承预紧度过大或齿轮啮合间隙过小。

（3）止推垫片与齿轮背隙过小。

（4）油封过紧或各运动副、轴承润滑不良而产生干（或半干）摩擦。

3）故障诊断及排除

检查驱动桥中各部分受热情况。

（1）局部过热：油封处过热，则故障由油封过紧引起，更换合适的油封；轴承处过热，则故障由轴承损坏或调整不当引起，应更换损坏的轴承或调整轴承；油封和轴承处均不过热，则故障由止推垫片与齿轮背隙过小引起，应调整好背隙。

（2）普遍过热。检查齿轮油面高度：油面太低，则故障由油量不足引起，应将齿轮油加至规定高度；若油量充足，则应检查齿轮油规格、黏度或润滑性能，如检查结果不符合要求，则故障由齿轮油变质或牌号不符引起，应排尽原来的齿轮油，冲洗桥壳内部，换上规定型号的润滑油。若不是上述问题，则应检查齿轮啮合间隙。先松开驻车制动器，变速器置于空挡，然后轻轻转动主减速器的凸缘盘。若转动角度太小，则故障由主减速器齿轮啮合间隙太小引起；若转动角度正常，则故障由行星齿轮与半轴齿轮啮合间隙太小引起，应重新调整上述齿轮啮合间隙。

2. 漏油

1）故障现象

从驱动桥加油口、放油口螺塞处或油封、各接合面处可见到明显漏油痕迹。

2）故障原因

(1) 加油口、放油口螺塞松动或损坏，通气孔堵塞。

(2) 油封磨损、硬化，油封装反，油封与轴颈磨成沟槽。

(3) 接合平面变形、加工粗糙，密封衬垫太薄、硬化或损坏，紧固螺栓松动或损坏。

(4) 桥壳有铸造缺陷或裂纹。

3）故障诊断及排除

(1) 检查加油口、放油口螺塞是否松动，密封垫是否损坏，通气孔是否堵塞。对松动的螺塞按规定力矩拧紧或更换密封垫，对堵塞的通气孔进行疏通。

(2) 检查油封是否磨损、损坏或装反，对磨损、损坏的予以更换，对装反的油封重新安装。

(3) 检查桥壳，视情况进行修理或更换。

3. 异响

1）故障现象

驱动桥在运行时发出不正常的响声，可分为驱动时发出异响，滑行时发出异响及转弯行驶时发出异响等。

2）故障原因

(1) 齿轮油油量不足、油质变差，特别是油内有较大金属颗粒。

(2) 各类轴承损伤、严重磨损松旷，齿轮齿面磨损、点蚀，轮齿变形或折断。

(3) 主减速器锥齿轮严重磨损、啮合面调整不当、啮合间隙不符合标准（太大或太小）、啮合间隙不均或未成对更换。

(4) 差速器壳与十字轴和行星齿轮轴孔与十字轴配合松旷。

(5) 半轴齿轮与行星齿轮啮合间隙不符合标准（过大或过小）或半轴齿轮与半轴花键配合松旷。

3）故障诊断和排除

(1) 汽车挂挡行驶、脱挡滑行均有异响。油量不足或油质、齿轮油型号不符合要求时，按规定高度加注齿轮油或更换齿轮油；主减速器或差速器轴承的预紧度不足时，按规定调整轴承的预紧度；若不是上述故障，则检查主减速器锥齿轮啮合间隙、轮齿变形、齿面磨损、齿面点蚀、轮齿折断，对此应酌情进行修理、调整或更换。

(2) 挂挡行驶有异响，脱挡滑行声响减弱或消失。故障一般由主减速器锥齿轮齿面的正面磨损严重、齿面损伤或啮合面调整不当等引起，而齿的反面技术状况良好，应酌情修复、调整或更换。

（3）转弯行驶有异响，直线行驶时声响减弱或消失。故障一般由半轴齿轮或行星齿轮的齿面严重磨损、齿面点蚀、轮齿变形或折断、行星齿轮轴磨损、半轴弯曲等引起，对损伤严重的齿轮、行星齿轮轴应予以更换，对弯曲的半轴进行校正或更换。

（4）汽车起步或突然换车速时发出"吭"的一声，或汽车缓速行驶时发出"咔啦、咔啦"的撞击声，则故障由驱动桥内游动角度太大引起，应予以调整。

（5）若异响时有时无，或有时呈周期性变化，则故障一般由齿轮油中的杂物引起，应更换齿轮油。

四、自我测试题

（一）判断题

1. 防滑差速器可通过限制发动机转速的方法来限制传递到两个车轮的动力。 (   )
2. 当采用FF且发动机横置时，其主减速器一般采用准双曲面锥齿轮副。（   ）
3. 驱动力经传动系统放大后传至驱动轮，驱动车辆行驶。（   ）
4. 汽车右转弯时，差速器行星轮既在做公转又在做顺时针自转。（   ）
5. 普通桑塔纳半轴的支承型式属于全浮式支承。（   ）
6. 驱动轮上得到的驱动力矩的大小为发动机输出扭矩与变速器传动比的乘积。（   ）
7. 差速器两端半轴的长度一般应保持相等。（   ）
8. 轿车上一般采用双级主减速器。（   ）
9. 两轴式变速器中，主减速器主动齿轮一般直接加工在变速器输出轴上。（   ）
10. 为了提高支承性能，双级主减速器的输入轴一般采用跨置式支承。（   ）

（二）选择题

1. 以下关于驱动轴的说法正确的是（   ）。
   A. 只要没有严重的破损，驱动轴护套夹可以再次使用
   B. 在更换驱动轴的过程中，与护套总成一起提供的油脂没有被测量，因此在添加油脂之前先对其进行测量
   C. 通常情况下，驱动轴上的外侧球节是不可拆卸零件
   D. 对于驱动轴护套，通常情况下，内侧比外侧更容易破损

2. 下面关于拆卸差速器齿圈的说法中正确的是（   ）。
   甲：拆卸之前，做出标记，以便不改变齿圈和差速器壳的装配位置和方向。
   乙：当松开齿圈定位螺栓时，按照对角线方向均匀松开齿圈定位螺栓。
   A. 只有甲正确　　　　　　　　B. 只有乙正确
   C. 甲和乙都正确　　　　　　　D. 甲和乙都不正确

3. 图5-26是关于检查的图例，其检查内容正确的是（   ）。
   A. 测量轴向间隙　　　　　　　B. 测量径向间隙
   C. 测量齿隙　　　　　　　　　D. 检查齿轮滑动

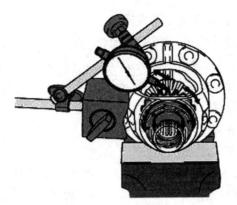

图 5-26 检查图（一）

4. 下面有关差速器半轴齿轮齿隙的叙述正确的是（　　）。
   A. 即使没有齿隙齿轮也会旋转
   B. 齿隙防止齿轮被咬死和产生噪音
   C. 欲测量齿隙，只要用百分表测量一个部位即可
   D. 当半轴齿轮齿隙很大时，可更换为一个厚垫片来调整

5. 对于断开式驱动桥，以下说法正确的是（　　）。
   A. 与独立悬架相配用　　　　　B. 桥壳总是分段的
   C. 左右车轮运动状态互不影响　D. 半轴必须分段

6. 对于普通差速器，下列说法错误的是（　　）。
   A. 车辆未前进时，差速器不工作
   B. 差速器壳体转速总是大于车轮转速
   C. EQ1090E 的传动轴转速总是大于车轮转速
   D. 左驱动轮陷入泥路时，车辆无法前进

7. 装用普通行星齿轮差速器的车辆，当左侧驱动轮陷入泥泞时，汽车难以驶出的原因是（　　）。
   A. 此时，两侧车轮力矩相反而抵消
   B. 好路面上车轮得到与该轮相同的小扭矩
   C. 此时，两轮转向相反
   D. 差速器不工作

8. 对于双级主减速器，下列说法正确的是（　　）。
   A. 若锥齿轮副齿侧间隙过大，应使从动锥齿轮靠近主动锥齿轮
   B. 若锥齿轮副啮合印痕偏向齿顶，应使主动锥齿轮远离从动锥齿轮
   C. 若圆锥滚子轴承预紧度过大，会使减速器传动发卡
   D. 应先进行轴承预紧度调整，再进行锥齿轮啮合调整

9. 对于越野车 EQ2080，下列说法正确的是（　　）。
   A. 中桥和后桥总是同时参与驱动
   B. 分动器同时也具有减速增扭的作用

C. 驾驶员座椅旁边有 3 根操纵杆

D. 前轮既是转向轮,也可以是驱动轮

10. 对于分动器,下列说法正确的是(　　)。

　　A. 前桥未参与驱动时,只能在高挡工作

　　B. 在低挡工作时,前桥一定参与了驱动

　　C. 前桥参与驱动时,一定在低挡工作

　　D. 在高挡工作时,前桥可以参与驱动

11. 图 5-27 是关于检查调整的图例,其调整内容正确的是(　　)。

　　A. 调整齿轮啮合间隙　　　　B. 调整齿轮啮合印痕

　　C. 调整齿轮啮合宽度　　　　D. 调整轴承预紧度

图 5-27　装配调整示意图

12. 图 5-28 是关于主减速器检查的图例,其检查内容正确的是(　　)。

　　A. 测量轴向间隙　　　　　　B. 测量径向间隙

　　C. 测量齿侧间隙　　　　　　D. 检查齿轮滑动

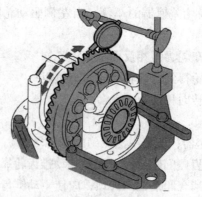

图 5-28　检查图(二)

13. 对于分动器,下列说法错误的是(　　)。

　　A. 分动器与变速器类似,也包括传动机构和操纵机构

　　B. 分动器的前桥可以参与驱动,需要时也可以摘下来

C. 摘下前桥时，分动器也可以保持在低挡

D. 有些分动器没有前桥控制，而让前桥一直参与驱动

14. 下列关于主减速器的叙述，错误的是（　　）。

　　A. 任何车辆都装配有主减速器

　　B. 主减速器可以与变速器布置成一体，也可以与变速器分开布置

　　C. 主减速器可以实现减速增扭

　　D. 主减速器的主动齿轮一般与差速器壳体装配成一体

15. 关于主减速器的调整，"大进从、小出从；顶进主、根出主"，以下说法错误的是（　　）。

　　A. 大进从，是指若锥齿轮之间的间隙过大，应将从动锥齿轮往里移动

　　B. 顶进主，是指若啮痕靠近齿顶，应将主动锥齿轮往里面移动

　　C. 当主动锥齿轮移动时，齿轮啮合间隙和啮痕都会改变

　　D. 当从动锥齿轮移动时，齿轮啮合间隙和啮痕都会改变

（三）填空题

1. 汽车的驱动桥一般由_____、_____、_____和_____等组成。

2. 主减速器主动锥齿轮轴的支承型式有_____和_____。

3. 普通行星锥齿轮差速器的运动特性方程式是_____，转矩分配特性是_____。

4. 若半轴两端只承受_____，不承受_____，则这种支承型式称为全浮式半轴支承。

5. 自锁式防滑差速器是利用某种结构产生较大的_____来进行力矩再分配的，转速较慢的驱动轮得到的驱动力矩较_____（大/小）。

6. 当差速器左轮转速为 320 r/min，右轮转速为 280 r/min，此时，主减速器（单级）的从动齿轮转速为_____r/min，汽车应向_____（左/右）转向。

（四）简答题

1. 驱动桥的作用是什么，它由哪几部分组成，其动力是如何传递的？
2. 主减速器内为什么要设差速器？简述差速器的工作原理。
3. 主减速器有哪些调整项目，调整时应注意哪些问题？
4. 简述丰田皇冠轿车 CROWN JZS155 主减速器的调整步骤及要求。

拓展与思考：电子差速器技术

目前，在一些新型汽车上采用了电子差速器技术，即 EDS。EDS 的全称是 "Electronic Differential System"，即 "电子防滑差速系统"，也有些车型称为 EDL（Electronic Differential Lock），中文即 "电子差速锁"。

电子防滑差速系统（EDS）是防滑差速器的一种，它的作用是在车辆起步或低速时，若一侧驱动轮有打滑趋势时，EDS 介入工作，使打滑驱动轮速度降低，并将大部分驱动力矩分配给另一侧转速慢的驱动轮，从而提高车辆的驱动性能和通过性能。

同普通车辆相比，带有 EDS 的车辆可以更好地利用地面附着力，获得更大的牵引力，从而提高了车辆的驱动性能和通过性能，尤其在倾斜的路面上，EDS 的作用更加明显。

但 EDS 有速度限制，只有在车速低于 40 km/h 时才会启动，因此 EDS 主要是防止车辆在起步和低速时驱动轮发生打滑。

EDS 是 ABS 的一种扩展功能，它建立在 ABS 的基础之上，即 EDS 并没有额外增加硬件，只是在 ABS 的基础上增加了一套控制软件。

目前，还只在一些高档车上才装置有 EDS，如奥迪 A6、奥迪 A4、帕萨特、宝来、凌志 LS430 等。

请你搜集一种具体车型 EDS 技术的相关资料，说明其基本结构与工作原理。

项目六

观察汽车制动系统

一、项目描述

观察汽车制动系统是汽车维护与检测的常规项目,应该了解制动系统的构成、主要部件和作用。对制动系统进行概貌性的了解,便于对制动系统进行维护作业。

1. 知识要求

(1) 观察汽车制动系统。
(2) 了解汽车制动系统的作用和分类。
(3) 了解对汽车制动系统的要求。
(4) 熟悉汽车制动系统的结构和工作原理。

2. 技能要求

(1) 会进行汽车液压制动系统组成部件与总成的位置与形状的识别。
(2) 认识汽车上常见制动系统的类型。
(3) 会分析制动装置的结构与工作原理。
(4) 能实现制动系统的要求。

3. 素质要求

(1) 选择和使用工具合理。
(2) 拆装工艺合理,操作规范。
(3) 安全文明生产,保证工具、设备和自身安全。
(4) 符合5S要求。

二、项目实施

 任务 观察汽车制动系统

1. 训练目标与要求

(1) 汽车制动系统的组成与相关零部件。
(2) 液压制动系统与气压制动系统的区别。
(3) ABS系统有什么特别之处。

2. 训练设备

(1) 三类轿车底盘四台。

(2) 汽车四辆（有 ABS 装置）。

(3) ABS 台架数台。

(4) 相关维修工具和举升设备。

3. 训练步骤

(1) 观察驾驶室，了解制动操纵装置的位置与操作方法。

(2) 观察驾驶仪表盘上故障显示灯的图案，如图 6-1 所示。

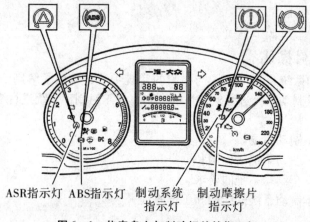

图 6-1　仪表盘上与制动相关的指示灯

(3) 观察制动系统（行车制动、驻车制动）的部件与连接关系，如图 6-2 所示。

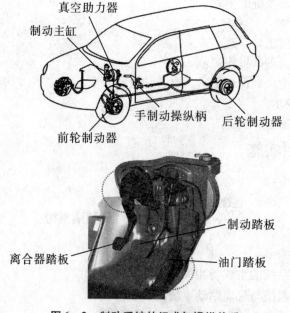

图 6-2　制动系统的组成与操纵关系

（4）观察 ABS 的部件与连接以及安装部位。

汽车行驶中的坐标轴线如图 6-3 所示。

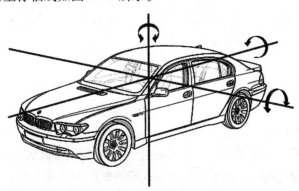

图 6-3 汽车行驶中的坐标轴线

三、相关知识

（一）制动系统的功用和组成

1. 制动系统的功用

制动是指固定在与车轮或传动轴共同旋转的制动鼓或制动盘上的摩擦材料承受外压力，产生摩擦作用使汽车减速停车或驻车，产生这样作用的一系列专门装置称为制动系统。其作用是使行驶中的汽车按照驾驶员的要求进行强制减速甚至停车，使已停驶的汽车在各种道路条件下（包括在坡道上）稳定驻车，使下坡行驶的汽车速度保持稳定。

对汽车起制动作用的只能是作用在汽车上且方向与汽车行驶方向相反的外力，而作用在行驶汽车上的滚动阻力、上坡阻力、空气阻力虽然都能对汽车起一定的制动作用，但这些外力的大小都是随机的、不可控制的。因此，汽车上必须装设一系列专门装置以实现上述功能。这样的一系列装置总称为制动装置。

2. 制动系统的组成

汽车制动系统一般包括两套独立的制动装置：一套是行车制动装置，用于使行驶中的汽车减速甚至停车，其制动器装在车轮上，通常由驾驶员用脚操纵，称为车轮制动装置或行车制动装置；另一套是驻车制动装置，用于使停驶的汽车驻留原地不动，通常由驾驶员用手操纵，称为驻车制动装置。以上两套装置是各种汽车的基本制动装置，每套制动装置都由产生制动作用的制动器和操纵制动器的传动结构组成。

此外，许多汽车还装有第二制动装置，其作用是在行车制动装置失效的情况下保证汽车仍能实现减速或停车。经常在山区行驶的汽车，若单靠行车制动装置来限制汽车下长坡的车速，则可能导致制动器过热而降低制动效能，甚至完全失效，故还应增装辅助制动装置。较完善的制动系统还具有制动力调节装置、报警装置、压力保护装置等附加装置。

(二)制动装置的基本结构和工作原理

以一定速度行驶的汽车,具有一定的动能。要使它按需减速停车,路面必须强制地对汽车车轮产生一个阻止汽车行驶的力——制动力。这个力的方向与汽车行驶的方向相反。实质上,制动就是将汽车的动能强制地转化成其他形式的能量,即转化为热能,扩散于大气中。

1. 基本结构

现代汽车的制动装置基本都是利用机械摩擦来产生制动作用的,其中用来直接产生摩擦力矩迫使车轮减速或停转的部分,称为制动器;通过驾驶员的操纵或将其他能源的作用传给制动器,迫使制动器产生摩擦作用的部分,称为制动传动机构。图6-4所示的行车制动装置即由车轮制动器和液压式传动机构两部分组成。它的车轮制动器由旋转部分、固定部分和张开机构所组成。旋转部分是制动鼓8,它固定在轮毂上并随车轮一起旋转。固定部分主要包括制动蹄10和制动底板11等。制动蹄上铆有摩擦片9,制动蹄下端套在支承销12上,上端用回位弹簧13拉紧压靠在轮缸6内的活塞7上。支承销12和轮缸6都固定在制动底板11上。制动底板用螺钉与转向节凸缘(前桥)或桥壳凸缘(后桥)固定在一起。制动蹄靠液压轮缸使其张开。不制动时,制动鼓8的内圆柱面与摩擦片9之间保留一定的间隙,使制动鼓可以随车轮一起旋转。液压式传动机构主要由制动主缸4、制动轮缸6、制动踏板1、推杆2和油管5等组成。

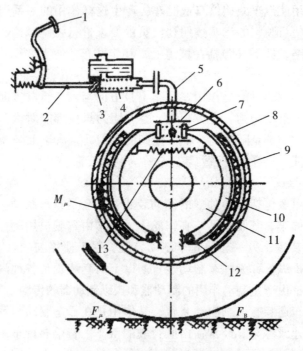

图6-4 制动装置工作原理图

1—制动踏板;2—推杆;3—主缸活塞;4—制动主缸;5—油管;6—制动轮缸;7—轮缸活塞;8—制动鼓;9—摩擦片;10—制动蹄;11—制动底板;12—支承销;13—制动蹄回位弹簧

2. 制动作用的产生

制动时，驾驶员踩下制动踏板 1，推杆 2 便推动制动主缸 3，迫使制动油液经油管 5 进入轮缸 6，推动轮缸活塞 7 克服回位弹簧 13 的拉力，使制动蹄 10 绕支承销 12 转动而张开，消除制动蹄与制动鼓之间的间隙后压紧在制动鼓上。这样，不旋转的制动蹄摩擦片 9 对旋转着的制动鼓 8 就产生一个摩擦力矩 M_μ，其方向与车轮旋转方向相反，其大小取决于轮缸的张开力、摩擦系数及制动鼓和制动蹄的尺寸。制动鼓将力矩 M_μ 传给车轮后，由于车轮与路面的附着作用，车轮即对路面作用一个向前的周缘力 F_A。同时，路面也会给车轮一个向后的反作用力，这个力就是车轮受到的制动力 F_B。各车轮制动力之和就是汽车受到的总制动力。在制动力作用下使汽车减速，直至停车。

放松制动踏板，在回位弹簧 13 的作用下，制动蹄与制动鼓的间隙又得以恢复，从而解除制动。

3. 最好的制动条件

制动时车轮上的制动力 F_B 随踏板力及其产生的制动力矩 M_μ 的增加而增加。但受到轮胎与附着情况的限制，制动力不可能超过附着力 F_μ（它等于轮胎上的垂直载荷 G 与轮胎和路面间的附着系数 μ 的乘积，即 $F_\mu = G\mu$）。当制动力等于附着力时，车轮将被抱死而在路面上拖滑。拖滑会使胎面局部严重磨损，在路面上留下一条黑色的拖印。同时滑拖使胎面产生局部高温，使胎面局部稀化，就好像轮胎与路面间被一层润滑剂隔开，使附着系数反而减小。最大制动力和最短制动距离并不是在车轮抱死时出现，而是在车轮将要抱死又未完全抱死时出现的（制动力接近附着力），即在所谓"临界状态"时达到最大值。

可见，制动到抱死状态所能达到的制动力与车轮上的垂直载荷成正比。即车轮上的载荷越大，可能获得的制动力也应越大。为此，应根据各类汽车前后桥车轮所分配的质量的不同（包括附着质量和转移质量），从制动器的结构型式上（如张开机构、制动鼓、制动蹄的型式和尺寸大小等方面），合理地分配制动力的大小，来获得较理想的制动工作状态。

实际上，一般结构的制动器，在制动过程中，因车轮的载荷及其与地面附着系数不是常数，所以很难完全避免车轮抱死拖滑。

不少汽车在制动系统中增设了前后桥车轮制动力分配调节装置，能减少车轮的抱死现象。但最理想的还是电子控制的自动防抱死装置，即 ABS 装置。

（三）对制动系统的要求

为了保证汽车能在安全的条件下发挥出高速行驶的能力，制动系统必须满足下列要求。

（1）具有良好的制动效能。其评价指标有制动距离、制动减速度、制动力和制动时间。制动效能可以用制动试验台来检验，常用制动力来衡量制动效能。而在实际使用过程中，往往用制动距离来衡量整车的制动效能。制动距离是以某一速度开始紧急制动（例如 40 km/h 或 60 km/h），从驾驶员踩上制动踏板起直至停车为止汽车所走过的距离。

（2）操纵轻便，即操纵制动系统所需的力不应过大。对于人力液压制动系统最大踏板力不大于500 N（轿车）和700 N（货车）。踏板行程货车不大于150 mm，轿车不大于120 mm。

（3）制动稳定性好，即制动时，前后车轮制动力分配合理，左右车轮上的制动力矩基本相等，汽车不跑偏、不甩尾。磨损后间隙应能调整。

（4）制动平顺性好。制动力矩能迅速而平稳地增加，也能迅速而彻底地解除。

（5）散热性好，即连续制动时，制动鼓的温度高达400 ℃，摩擦片的抗"热衰退"能力要高（指摩擦片抵抗因高温分解变质引起的摩擦系数降低）；水湿后恢复能力快。

（6）对挂车的制动系统，还要求挂车的制动作用略早于主车；挂车自行脱钩时能自动进行应急制动。

四、自我测试题

（一）概念题

1. 制动距离
2. 制动平顺性
3. 制动力

（二）判断题

1. 驻车制动装置，用于使行驶中的汽车减速甚至停车，其制动器装在车轮上，通常由驾驶员用脚操纵。（　　）

2. 制动是指固定在与车轮或传动轴共同旋转的制动鼓或制动盘上的摩擦材料承受外压力，产生摩擦作用使汽车减速停车或驻车，产生这样作用的一系列专门装置称为制动系统。（　　）

3. 作用在行驶汽车上的滚动阻力、上坡阻力、空气阻力同样都能对汽车起一定的制动作用。（　　）

（三）选择题

1. 盘式制动器的制动盘固定在（　　）。
   A. 轮毂上　　　B. 转向节上　　　C. 制动鼓上　　　D. 活塞上
2. （　　）制动器可在行车制动装置失效后用于应急制动。
   A. 盘式　　　B. 鼓式　　　C. 驻车　　　D. 行车
3. 桑塔纳轿车采用的是（　　）驻车制动器。
   A. 盘式　　　B. 鼓式　　　C. 盘鼓式　　　D. 中央
4. 鼓式车轮制动器的旋转元件是（　　）。
   A. 制动蹄　　　B. 制动鼓　　　C. 摩擦片　　　D. 制动底板
5. 汽车驻车制动器又称（　　）。
   A. 行车制动器　　　B. 手制动器
   C. 脚制动器　　　D. 以上答案都不对

（四）填空题

1. 汽车制动系统一般至少装用_____套各自独立的系统，即主要用于_____时制动的_____装置和主要用于_____时制动的_____装置。
2. 行车制动装置按制动力源可分_____和_____两类。
3. 制动力不可能超过_____。
4. 制动效能评价指标：_____、_____、_____。
5. 制动稳定性包括：_____、_____。

（五）简答题

1. 车制动系统的作用与组成是什么？
2. 制动系统的要求是什么？
3. 汽车上常见制动系统的类型有哪些？
4. 简述制动系统的工作原理。

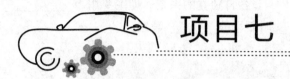

项目七

检查制动踏板位置与制动液、添加或更换制动液

一、项目描述

检查制动踏板位置与制动液、添加或更换制动液是有关汽车制动系统最常见的维修项目。本项目要求按照不同车型的维护规范进行相关作业，保证制动系统的工作正常。

1. 知识要求

（1）了解检查、调整制动踏板位置的重要性。
（2）掌握检查、调整制动踏板位置的操作技能。
（3）了解检查、添加或更换制动液的重要性。
（4）掌握检查、添加或更换制动液的操作技能。

2. 技能要求

（1）会进行制动踏板位置的检查与测量。
（2）知道制动液的种类，会检查制动液存储情况。
（3）会检查制动系统泄漏与管路中空气的存留情况。
（4）会排除制动系统的空气与进行性能试验。

3. 素质要求

（1）选择和使用工具合理。
（2）拆装工艺合理，操作规范。
（3）技术要求符合维修手册。
（4）安全文明生产，保证工具、设备和自身安全。
（5）符合5S要求。

二、项目实施

任务一 液压制动系统的检查与调整

1. 训练目标与要求

（1）汽车制动系统检查的部位与要求。

（2）液压制动系统如何进行调整。

（3）制动系统检查与调整的步骤。

2. 训练设备

（1）三类轿车底盘四台。

（2）汽车四辆（有 ABS 装置）。

（3）各种品牌制动液。

（4）相关维修工具和举升设备。

3. 训练步骤

1）制动踏板自由行程的检查与调整

（1）踏板自由行程的检查。踏板自由行程是主缸与推杆之间的间隙的反映。检查时，可用手轻轻压下踏板，当手感变重时，用钢板尺测出踏板下移的量，该量即为踏板自由行程，其应该符合有关技术规定。

踏板的踏下余量，也应该进行检测。将踏板踩到底后，踏板与地板之间的距离，即为踏板余量。踏板余量减小的原因主要是制动间隙过大、盘式制动器的自动补偿调整不良、制动管路内进气、缺制动液等。踏板余量过小或者为零，会使制动作用滞后、减弱，甚至失去制动作用。

（2）制动踏板自由行程的调整。踏板自由行程的调整，大多通过调节推杆长度的方法来实现，如图7-1所示。将推杆长度缩短，可以增大自由行程；加长则可以减小自由行程。

还有一些汽车推杆与踏板通过偏心销铰接，如图7-2所示。调整自由行程时，可转动偏心销，使推杆的轴向位置改变，而使自由行程改变。推杆向踏板方向移动，可使自由行程增大；向主缸方向移动，可使自由行程减小。

不论何种调整方法，调整完毕后，应将锁紧螺母锁止。

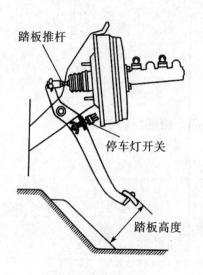 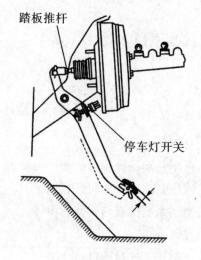

图7-1 踏板自由行程的调整（一）　　图7-2 踏板自由行程的调整（二）

2）车轮制动器调整

蹄鼓式制动器分成非平衡式、平衡式和自动增力式三种，每种制动器制动间隙的调整方法及部位如下。

（1）非平衡式和单向平衡式制动器的调整，如图7-3、图7-4所示。

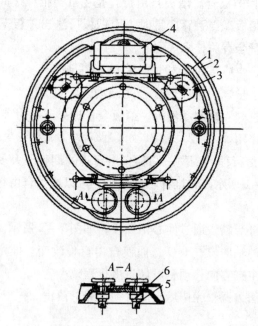

图7-3 简单非平衡式制动器

1—制动蹄片；2—制动鼓；3—偏心调整轮；4—制动轮缸；5—支承销；6—支承销螺母

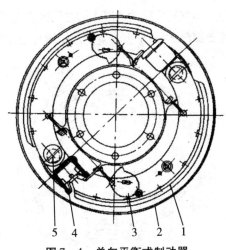

图 7-4 单向平衡式制动器
1—制动蹄片；2—制动鼓；3—偏心调整轮；4—制动轮缸；5—支承销

调整制动间隙时，应将制动踏板踩下。松开两个支承销螺母，转动支承销，使制动蹄片与制动鼓帖紧为止，然后将支承销螺母紧固。

放松制动踏板，转动制动鼓。如不能自由转动应朝反方向转动支承销，直至车轮制动鼓能转动为止，然后将螺母紧固。

若放松踏板后，能自由转动，则应锁紧支承销螺母，用手扳动偏心调整轮，使制动蹄与制动鼓紧贴。然后，向反方向转动偏心调整轮至制动鼓刚能转动为止。

（2）双向平衡式制动器的调整。调整时，将车桥支起，车轮能自由转动。从制动底板孔拨转调整螺母（图 7-5）直至车轮不能转动为止，然后反方向拨转调整螺母，使车轮刚好能自由转动为止。

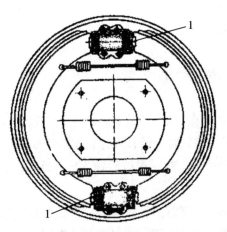

图 7-5 双向平衡式制动器
1—调整螺母

（3）自动增力式制动器的调整。将车桥支起，车轮能自由转动。取下制动底板下部的调整孔橡胶盖，用螺丝刀伸入调整孔内拨动两蹄下端之间推杆上的调整螺母，至制动鼓不能转动为止。然后再反方向拨动螺母 2~3 个齿，直至车轮能自由转动，如图 7-6 所示。

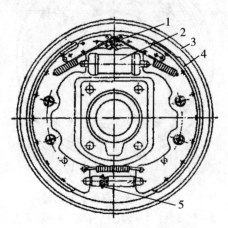

图 7-6　自动增力式制动器

1—支承销；2—制动轮缸；3—制动鼓；4—制动蹄片；5—调整螺母

任务二　液压制动系统的放气

1. 训练目标与要求

（1）液压制动系统放气的原因和目的。

（2）液压制动系统放气的步骤和要求。

（3）空气进入制动系统对制动的影响。

2. 训练设备

（1）三类轿车底盘四台。

（2）汽车四辆（有 ABS 装置）。

（3）相关维修工具和举升设备。

3. 训练步骤

液压制动系统在使用中，有气体进入管路后，应及时放出；否则，会影响制动性能。放气从离制动主缸最远的轮缸开始，具体操作程序如下：

（1）取下放气螺钉的护套，将一根胶管插入放气螺钉上，胶管另一端插入一个玻璃瓶内；

（2）一人坐于驾驶室内，连续踩下制动踏板，直至踩不下去时为止，并且保持不动；

（3）另一人将放气螺钉旋松一下，此时制动液连同空气一起从胶管喷入玻璃瓶内，然后尽快将放气螺钉旋紧；

（4）在排出制动液的同时，踏板高度会逐渐降低，在未拧紧放气螺钉之前，决不可将踏板抬起，以免空气再次侵入；

(5) 一个轮缸应反复放气几次，直至将空气完全放出（制动液中无气泡）为止，按照由远及近的原则，将各轮缸逐个放气完毕；

(6) 在放气过程中，应及时向储液室内添加制动液，保持液面的规定高度。

对制动系统进行维修或更换部件后添加制动液，除应对轮缸放气外，还应对制动主缸进行放气，放气方法如图7-7所示。

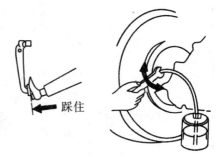

图7-7 制动主缸的放气

放气时，将放气管两端插入储液室制动液内，用推杆推动主缸活塞。将活塞推到底后，放松推杆，利用弹簧压力使活塞回位。如此反复几次，直至制动液中无气泡时为止。

三、相关知识

汽车制动传动装置是将驾驶员或其他动力源的作用力传到制动器，同时控制制动器工作，从而获得所需要的制动力矩。制动传动装置按传力介质的不同可分为液压式、气压式和气-液综合式；按制动管路的套数，可分为单管路和双管路制动传动装置。由于交通法规的要求，现代汽车的行车制动系统都必须采用双管路制动传动装置，单管路制动传动装置已被淘汰。

（一）液压式制动传动装置

液压式制动传动装置是利用特制油液作为传力介质，将驾驶员施于踏板上的力放大后传至制动器，推动制动蹄产生制动作用。

双管路液压制动传动装置是利用彼此独立的双腔制动主缸，通过两套独立管路，分别控制两桥或三桥的车轮制动器。其特点是若其中一套管路发生故障而失效时，另一套管路仍能继续起制动作用，从而提高了汽车制动的可靠性和行车安全性。

双管路的布置力求当一套管路发生故障而失效时，只引起制动效能的降低，但其前、后桥制动力分配的比值最好不变，以保持汽车良好的操纵性和稳定性。双管路的布置方案在各型汽车上各不相同，可归纳为如下几种。

(1) 一轴对一轴（Ⅱ）型，如图7-8（a）所示，前轴制动器与后轴制动器各有一套管路。这种布置型式最为简单，可与单轮缸鼓式制动器配合使用，是发动机前置、后轮驱动式汽车广泛采用的一种布置型式，如南京依维柯汽车等。其缺点是当一套管路失效时，前后桥制动力分配的比值被破坏。

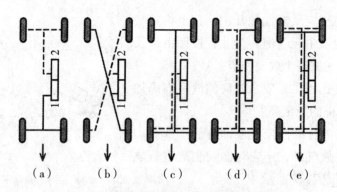

图 7-8 双管路液压制动传动装置布置型式

(a) 一轴对一轴（Ⅱ）型；(b) 交叉（X）型；(c) 一轴半对半轴（HI）型；
(d) 半轴一轮对半轴一轮（LL）型；(e) 双半轴对双半轴（HH）型

(2) 交叉（X）型，如图 7-8（b）所示，一轴的一侧车轮制动器与另一轴对侧车轮制动器同属一个管路。在任一管路失效时，剩余总制动力都能保持正常值的 50%，且前后桥制动力分配比值保持不变，有利于提高制动稳定性。这种布置型式多用于发动机前置、前轮驱动的轿车上，如上海桑塔纳、一汽奥迪 100、二汽富康-雪铁龙、天津夏利轿车等。

(3) 一轴半对半轴（HI）型，如图 7-8（c）所示，每侧前轮制动器的半数轮缸和全部后轮制动器轮缸属于一套管路，其余的前轮轮缸属于另一套管路。

(4) 半轴一轮对半轴一轮（LL）型，如图 7-8（d）所示，两套管路分别对两侧前轮制动器的半数轮缸和一个后轮制动器起作用。

(5) 双半轴对双半轴（HH）型，如图 7-8（e）所示，每套管路均只对每个前、后轮制动器的半数轮缸起作用。

以上五种布置型式，由于 HI、LL、HH 型布置型式复杂，应用较少。其中 HH 型和 LL 型在任一套回路失效时，前、后制动力比值均与正常情况相同，HH 型剩余总制动力可达正常值的 50% 左右，LL 型则为 80%。HI 型单用一轴半管路时剩余制动力较大。

图 7-9 为上海桑塔纳轿车双管路液压制动系统示意图，它属于交叉（X）型布置，由制动踏板、真空助力器、储液室、串联式双腔制动主缸、轮缸（图中未标出）及油管和接头等组成。踏板和主缸装在车架上，主缸与装在制动底板上的轮缸均装有活塞，用油管互相连通。由于车轮是通过弹性悬架与车架联系的，主缸与轮缸的相对位置经常变化，故主缸与轮缸的联结油管除用钢管外，部分有相对运动的区段还用高强度的橡胶软管联结。制动前整个系统充满了制动油液。另外，串联式双腔制动主缸利用一个缸体装入两个活塞，形成两个彼此独立的工作腔，分别和各自的管路联结，左前轮和右后轮，右前轮和左后轮。管路中还有各种管接头和制动灯开关等。

项目七 检查制动踏板位置与制动液、添加或更换制动液

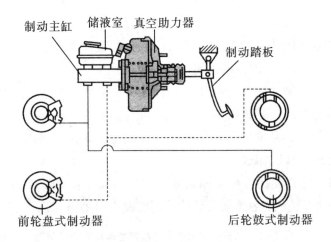

图 7-9　上海桑塔纳轿车液压制动系统示意图

制动时，驾驶员踩下制动踏板，先使制动主缸的后腔活塞工作，再使前腔活塞工作，将油液自主缸中压出并经油管同时分别进入前后各车轮缸内，使轮缸活塞向外移动，从而将制动蹄压靠到制动鼓（盘）上，使汽车产生制动。

在开始踩下制动踏板，制动蹄和制动鼓（盘）之间的间隙消除之前，系统中的油压并不高，只能克服制动蹄回位弹簧的张力以及油液在管路中流动的阻力。在制动器间隙消失并开始产生制动力矩时，油液压力才随踏板力继续增长，车轮制动器的制动力也随之与踏板力成正比例地增长，直到完全制动。

放开制动踏板，制动蹄和轮缸活塞在回位弹簧的作用下回位，将制动油液压回到制动主缸，制动作用即行解除。

显然，管路液压和制动器产生的制动力矩是与踏板力成线性关系的。若轮胎与路面间的附着力足够，则汽车所受到的制动力也与踏板力成线性关系。制动系统的这项性能称为制动踏板感（或称路感），驾驶员可因此而直接感觉到汽车制动强度，以便及时加以必要的控制和调节。

（二）制动液

汽车制动液是液压制动系统采用的非矿油型传递压力的工作介质。制动液的质量是保证液压系统工作可靠的重要因素。对制动液的要求是：高温下不易气化，否则将在管路中产生气阻现象，使制动系统失效；低温下有良好的流动性；不会使与之经常接触的金属（铸铁、钢、铝或铜）件腐蚀，橡胶件发生膨胀、变硬和损坏；能对液压系统的运动件起良好的润滑作用；吸水性差而溶水性良好，即能使渗入其中的水汽形成微粒而与之均匀混合，否则将在制动液中形成水泡而大大降低气化温度。

以前，国内使用的汽车制动液大部分是植物制动液，用 50% 左右的蓖麻油和 50% 左右的溶剂（丁醇、酒精或甘油等）配成。用酒精作溶剂的制动液黏度小，但气化温度只有 70 ℃ 左右；用丁醇作溶剂时，气化温度可达 100 ℃。但植物制动液的

气化温度都不够高,而且在 70 ℃ 的低温下都易凝结,蓖麻油又是贵重的化工原料,故现在已逐步被合成制动液和矿物制动液所取代。我国生产合成制动液的气化温度已超过 190 ℃,在 -35 ℃ 的低温下流动性良好,适用于高速汽车制动器,特别是盘式制动器。此外合成制动液对金属件(铝件除外)和橡胶件都无伤害,溶水性也很好,但目前成本还较高。矿物制动液在低温和高温下性能都很好,对金属也无腐蚀作用,但溶水性较差,且易使普通橡胶膨胀,故用矿物制动液时,活塞皮碗及制动软管等都必须用耐油橡胶制成。

汽车制动液应选择使用合成型制动液;质量等级符合 FMVSS No.116 DOT 标准。各种汽车制动液主要使用特性和推荐使用范围如表 7-1 所示。

表 7-1 汽车制动液主要使用特性和推荐使用范围

试验标准	FMVSS 116[①]			SAE J1703
要求/等级	DOT3	DOT4	DOT5, DOT5.1	11.83
干沸点 最低/℃	205	230	260	205
湿沸点 最低/℃	140	155	180	140
低温黏度(在 -40 ℃)/(mm^2/s)	1500	1800	900	1800

① FMVSS 116(Federal Motor Vehicle Safety Standards)机动车制动液,是由美国运输部国家公路交通安全管理局具体负责制定、实施的联邦机动车安全标准。

1. 汽车制动液的种类

汽车制动液按成分组成分醇型制动液、矿物油型制动液、合成型制动液三类。

合成型制动液通常是以乙二醇醚、二乙二醇醚、三乙二醇醚、水溶性聚脂、聚醚、硅油等为溶剂加入润滑剂和添加剂组成的,其工作温度范围宽,粘温性好,对橡胶和金属的腐蚀作用均很小,故适合于高速、大功率、重负荷和制动频繁的汽车使用,是目前使用最多、最广的一种制动液。

2. 制动液的规格

1938 年美国制定了第一个制动液标准,即美国军用规格 ES-377。1946 年美国汽车工程师协会(SAE)制定了 70R2(中负荷)和 70R1(重负荷)两个标准。1968 年美国联邦政府运输部 DOT(Department of Transportation)以 SAE T70b 为基础,制定了联邦机动车辆安全标准 FMVSS(Federal Motor Vehicle Safety Standards)。1972 年美国对此标准进行了大幅度修改,制定了 FMVSS No.116 DOT3、DOT4、DOT5 标准。日本 1964 年制定了制动液的标准(Japan Industrial Standard),1970 年又按照 SAE 标准制定了 JIS K2233 三种(DOT3)、四种(DOT4)的新标准。国际标准化组织 ISO 也于 20 世纪 70 年代参照 DOT3 规格制定了 ISO4925 标准。目前,西欧、美国、日本等发达国家的制动液仍执行 FMVSS No.116 DOT4 和 DOT3 标准,我国制动液也是参照这一标准进行分级的。

3. 使用中值得注意的几个问题

(1) 正确选择制动液产品代号。按照车辆使用说明书的要求选择制动液产品是最合理可靠的,各汽车生产厂家在推荐制动液时都是经过充分论证和大量实车试验的。

(2) 谨慎购买制动液。目前制动液销售市场比较混乱,质量参差不齐。国家质量技术监督局2012年底公布的有关结果显示,我国汽车制动液抽样合格率仅为38.8%,不足4成。

(3) 严禁混加制动液。由于不同种类的产品所使用的原料、添加剂和制造工艺不同,混合后会出现浑浊或沉淀现象,如不注意观察是很难发现的。在更换品牌时一定要用新加入的产品清洗管路。车厂提供配套制动液的生产厂家的产品,确保质量可靠,性能稳定。

(4) 加强制动液的保管。汽车制动液多为有机溶剂制成,易挥发、易燃,因此要远离火源,注意防火防潮,尤其注意防止雨淋日晒、吸水变质。当混入的水分不能完全被制动液溶解时,会沉到制动系统的底部或凹处,使金属产生腐蚀,引起轮缸漏液、污损、异常磨损,而且水分本身凝点高、沸点低,低温时容易结冰,高温时容易气阻,造成制动故障。

(5) 定期更换。一般是在车检时需要更换总泵和分泵的活塞皮碗,同时更换制动液。考虑到国产制动液大部分等级较低,建议视情况在行驶2~4万km或1年时间应更换一次。

四、自我测试题

(一) 概念题

1. 制动踏板自由行程
2. 制动器间隙
3. 双管路液压制动
4. 气压制动

(二) 判断题

1. 液压制动最好没有自由行程。 (   )
2. 制动系统不工作时,制动鼓的内圆面与制动蹄摩擦片的外圆面之间保持一定的间隙,简称制动间隙。 (   )

(三) 选择题

1. 液压制动系统在(   )之前,一定要排出制动管路中的空气。
   A. 添加制动液   B. 维修   C. 更换摩擦块   D. 制动试验
2. 标志307型汽车采用的是(   )驻车制动器。
   A. 盘式   B. 鼓式   C. 盘鼓式   D. 中央
3. 下列选项中,不符合汽车制动液性能要求的是(   )。
   A. 制动迅速准确,安全可靠   B. 蒸发性要好

C. 化学安定性好　　　　　　D. 对刹车皮碗的侵蚀要小

4. 桑塔纳朗逸、一汽奥迪、标志307轿车的制动系统管路均采用（　　）布置。

　A. LL型　　　B. X型　　　C. HH形　　　D. Ⅱ型

5. 目前汽车的行车制动系统均采用双管路制动系统，目的是（　　）。

　A. 由于采用双管路，便于维修

　B. 采用双管路，结构简单

　C. 若其中一套管路发生故障而失效时，另一套管路仍能继续起制动作用，从而提高了汽车制动的可靠性和行车安全性

　D. 以上都不对

（四）填空题

1. 按制动传动机构回路的布置型式，其中双回路制动系统提高了汽车制动的_____。布置型式有_____、_____、_____、_____。

2. 通过驾驶员的操纵或将其他能源的作用传给制动器，迫使制动器产生摩擦作用的部分，称为_____。

3. 常见的行车制动装置由_____和_____两部分组成。

4. 双管路液压制动传动装置是利用_____的双腔制动主缸，通过_____独立管路，分别控制两桥或三桥的车轮制动器。其特点是若其中一套管路_____而失效时，另一套管路仍能继续起_____作用，从而提高了汽车制动的可靠性和行车安全性。

5. 双管路交叉（X）型布置：一轴的_____车轮制动器与另一轴_____车轮制动器同属一个管路。前后桥_____保持不变，有利于提高制动稳定性。

6. 双管路一轴对一轴（Ⅱ）型布置：前轴制动器与后轴制动器_____管路。缺点是当一套管路失效时，前后桥_____被破坏。

7. 按交通法规的要求，现代汽车的行车制动系统都必须采用_____制动系统，因此液压制动系统都采用_____制动主缸。

（五）简答题

1. 为什么要检查制动踏板位置？
2. 调整制动踏板位置的具体步骤是什么？
3. 制动液的种类与添加、更换制动液的重要性是什么？
4. 制动系统中排除空气的步骤是什么？

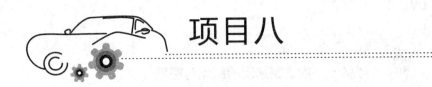

项目八

检查与调整车轮（盘式和鼓式）制动器

一、项目描述

检查与调整车轮（盘式和鼓式）制动器是有关汽车制动系统最常见的维修项目。本项目要求按照不同车型的维护规范进行相关检查与调整，保证制动系统的工作正常。

1. 知识要求

（1）熟悉车轮制动器的结构与类型。

（2）理解车轮（盘式和鼓式）制动器的工作原理。

（3）掌握车轮（盘式和鼓式）制动器的间隙调整及维护方法。

（4）掌握车轮（盘式和鼓式）制动器的简单故障诊断与排除方法。

2. 技能要求

（1）会进行鼓式制动器的检修与调整。

（2）会进行盘式制动器的检修与调整。

（3）会进行车轮（盘式和鼓式）制动器的维护。

（4）会进行车轮（盘式和鼓式）制动器简单故障诊断与排除。

3. 素质要求

（1）选择和使用工具合理。

（2）拆装工艺合理，操作规范。

（3）技术要求符合维修手册。

（4）安全文明生产，保证工具、设备和自身安全。

（5）符合5S要求。

二、项目实施

任务一 盘式制动器的检查与调整

1. 训练目标与要求
（1）盘式制动器检查的目的与要求。
（2）盘式制动器调整的标准与规范。
（3）盘式制动器的检查与调整步骤。

2. 训练设备
（1）三类轿车底盘四台。
（2）汽车四辆（有 ABS 装置）。
（3）相关维修工具和举升设备。

3. 训练步骤

1）制动盘厚度的检查

制动盘使用磨损会使其厚度减小，厚度过小会引起制动踏板振动、制动噪声及颤动。

检查制动盘厚度时，可用游标卡尺或千分尺直接测量，如图 8-1 所示。桑塔纳轿车前制动盘标准厚度为 10 mm，使用极限为 8 mm，超过极限尺寸时应予更换。

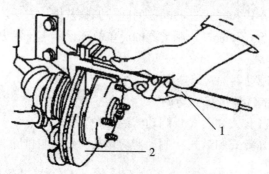

图 8-1 制动盘厚度的检查
1—游标卡尺；2—制动盘

注意：制动盘厚度的测量位置应在制动衬片与制动盘接触面的中心部位。

2）制动盘端面圆跳动的检查

制动盘端面圆跳动过大会使制动踏板抖动或使制动衬片磨损不均匀。

检查制动盘端面圆跳动可用百分表进行，如图 8-2 所示。轴向跳动量应不大于 0.06 mm。不符合要求可进行机加工修复（加工后的厚度不得小于 8 mm）或更换。

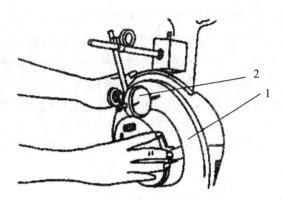

图8-2 制动盘端面圆跳动的检查
1—制动盘；2—百分表

3）制动块厚度的检查

制动块厚度的检查如图8-3所示。若制动块已拆下，可直接用游标卡尺测量。制动块摩擦片的厚度为14 mm（不包括底板），使用极限为7 mm。若车轮未拆下，对外侧的摩擦片，可通过轮辐上的检视孔，用手电筒目测检查。内侧摩擦片，利用反光镜进行目测。

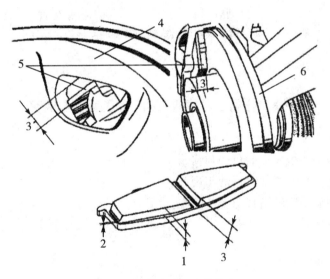

图8-3 制动块厚度的检查
1—制动块摩擦片厚度；2—制动块摩擦片磨损极限厚度；3—制动快的总厚度；
4—轮辐；5—外制动块；6—制动盘

4）制动器间隙的调整

制动过程中，制动块与制动盘间存在着相对的运动，两者均有不同程度的磨损。制动盘、制动块磨损后，制动器的间隙会增大，制动时活塞的行程增加，制动器开始起作用的时间滞后，制动效果下降。因此，制动器的间隙应随时调整。

桑塔纳轿车的前轮制动器制动间隙为自动调整，工作过程如图8-4所示。矩形密封圈嵌在制动轮缸的矩形槽内，密封圈内圆与活塞外圆配合较紧，制动时活塞被压向制动盘，密封圈发生了弹性变形；解除制动时，密封圈要恢复原状，于是将活塞拉回原位。当制动盘与制动块磨损后，制动器的制动间隙增大。若间隙大于活塞的设置行程δ时，活塞在制动液压力的作用下，克服密封圈的摩擦阻力而继续前移，直到实现完全制动为止。解除制动时，由于密封圈弹性变形量的限制，密封圈将活塞拉回的距离小于活塞前移的距离，则活塞与密封圈之间这一不可恢复的相对位移便补偿了过量的间隙。

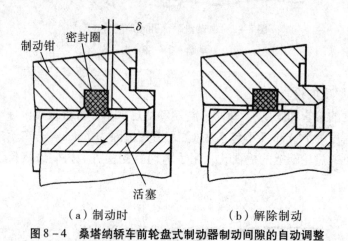

图8-4 桑塔纳轿车前轮盘式制动器制动间隙的自动调整

任务二 气压制动系统的检查与调整

1. 训练目标与要求

（1）气压制动系统检查的目的与要求。

（2）气压制动系统调整的标准与规范。

（3）气压制动系统的检查与调整步骤。

2. 训练设备

（1）气压制动的汽车底盘四台。

（2）相关维修工具和举升设备。

3. 训练步骤

1）制动踏板自由行程的检查与调整

（1）检查方法同离合器踏板自由行程，用钢板尺测出自由行程。

（2）调整。自由行程是由制动阀的排气间隙产生的，因此调整排气间隙，即可调整踏板自由行程。排气间隙由制动阀上相应的调整螺钉来调整。

2）空气压缩机皮带松紧度调整

（1）皮带松紧度检查。以29.4～49 N的力垂直压下皮带，皮带挠度应为15～20 mm，如过松应进行调整。

（2）皮带松紧度的调整。将空气压缩机的固定螺栓松开，拧动调整螺钉，待皮带达到合适松紧度后，将固定螺栓紧固即可。

3）制动阀密封性检查

如图 8-5 所示，在上、下进气腔与储气筒之间接一个容积为 1 L 的容器和一个阀门，通入压力为 784 kPa 的压缩空气。

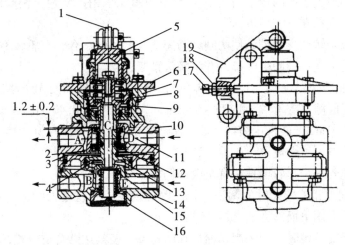

图 8-5 串联双腔活塞式制动阀

1—滚轮；2—通气孔；3—大活塞；4—小活塞回位弹簧；5—挺杆；6—上盖；7—上壳体；8—上活塞总成；9—上活塞回位弹簧；10—中壳体；11—上阀门；12—卡环；13—小活塞总成；14—下壳体；15—下阀门；16—排气阀；17—调整螺钉；18—锁紧螺母；19—拉臂

首先关闭阀门，检查 D、E 腔的密封性。要求在 5 min 内气压表指针不大于 24.5 kPa。

将拉臂拉到极限位置，检查 A、B 腔的密封性。要求在 1 min 内气压表指针下降不大于 49 kPa。

4）制动气室的检查

制动气室在制动时应无漏气现象，推杆不歪斜，运动无卡滞。前后制动器推杆伸出长度应合适，不得超过规定值。各制动器推杆应协调一致，不得长短不一。

推杆变形时应进行校直，长度不合适时，应调整其长度。

5）车轮制动器的调整

（1）局部调整。经一段时间使用后，制动蹄片因磨损变薄，导致制动间隙增大。制动时，制动气室的推杆行程增大，当推杆行程超过 40 mm 时，即应进行局部调整，以减少制动间隙。

调整时，拧动调整臂上的蜗杆，在推杆长度不改变的前提下，使凸轮轴转过一定的角度，以改变制动间隙。

为使两侧制动器有一样合适的制动间隙，调整时，首先通过转动蜗杆（前轮面向调整臂蜗杆顺时针拧动时制动间隙减小；后轮面向调整臂蜗杆逆时针拧动时制动间隙减小）将制动间隙调为零。然后，反方向拧动两侧蜗杆相同的角度，使两侧制动器出现制动间隙,并且制动间隙一样。

(2) 全面调整。在二级维护、更换摩擦片以及拆卸制动器后,应对制动器进行全面调整。调整时的步骤如下:

①将车桥支起,车轮离地;

②取下制动器上的检视孔盖;

③松开制动蹄支承销的固定螺母,转动制动蹄支承销,使两个销端的标记朝内相对,即两制动蹄支承端互相靠近;

④分别向外旋转两支承销,使两制动蹄完全与制动鼓贴合,车轮转不动为止;

⑤拧紧制动蹄支承销固定螺母,并将螺母锁紧;

⑥将蜗杆轴拧松3~4响(1/2~2/3转),制动鼓应能转动而无摩擦、拖滞现象;

⑦检查制动间隙,支承端为0.25~0.40 mm,凸轮端为0.40~0.55 mm,同一端两蹄之差不大于0.1 mm,通入压缩空气后,制动气室推杆的行程应为(25±5)mm;

⑧若上述检查不符合规定,应重新调整;

⑨应一个车轮一个车轮调整,直至全部调完。

(3) 两蹄间隙相差较大时的调整。若两蹄制动间隙相差过大时,应将凸轮轴支架紧固螺钉松开,采用下面的方法进行调整:

①旋转下部支承销时,利用制动蹄顶动凸轮轴,使其达到合适位置;

②踩下制动踏板,凸轮张开,利用制动蹄的反作用力使凸轮轴达到合适位置。

(4) 制动跑偏时的调整。发生前轮制动跑偏时,可以用加大跑偏另一侧制动间隙(或减小跑偏侧制动间隙)的方法来调整。这样做可以相对增大跑偏另一侧的推杆行程,使皮膜有效面积增大,制动力也增大,从而消除跑偏现象。

增大制动间隙时,会使制动力下降,因而只有当皮膜有效面积带来的制动力增大,超过由于制动间隙增大带来制动力下降时,才能使用该方法。因此,当左、右两制动器的制动间隙相差过大时,此法并不适用。

6) 制动蹄厚度及制动间隙的测量

制动间隙与制动蹄摩擦片厚度都是通过制动鼓上的检视孔测量的。检测制动间隙时,将车桥支起,车轮悬空,利用塞尺测出制动蹄各处与制动鼓之间的间隙。

制动蹄摩擦片厚度也应定期测量,当摩擦片过薄时,会铆钉外露,使制动力下降。过薄的制动蹄片,还会使制动间隙调整困难。尤其对于间隙自调的制动器来说,当蹄片过薄时,将不能自动调整出合适的制动间隙。

三、相关知识

目前汽车用的车轮制动器可分为鼓式和盘式两种。它们的区别在于前者的摩擦副中的旋转元件为制动鼓,其工作表面为圆柱面;后者的旋转元件则为圆盘状的制动盘,以端面为工作表面。旋转元件固装在车轮或半轴上,即制动力矩直接分别作用于两侧车轮上的制动器称为车轮制动器。

（一）鼓式车轮制动器

鼓式车轮制动器有内张型和外束型两种，前者的制动鼓以内圆柱面为工作表面，在汽车上应用广泛；后者制动鼓的工作表面则是外圆柱面，目前只有极少数汽车用作驻车制动器。

一般内张型鼓式车轮制动器都采用带摩擦片的制动蹄作为固定元件。位于制动鼓内部的制动蹄在一端承受促动力时，可绕其另一端的支点向外旋转，压靠到制动鼓（旋转元件）内圆面上，产生摩擦力矩（制动力矩）进行制动。凡对制动蹄加力使蹄转动的装置统称为制动蹄促动装置。常用的促动装置有制动轮缸、凸轮促动装置及楔形促动装置，相应的鼓式车轮制动器称为轮缸式车轮制动器、凸轮式车轮制动器和楔式车轮制动器。

根据制动过程中两制动蹄产生制动力矩的不同，鼓式车轮制动器可分为领从蹄式、双领蹄式、双向双领蹄式、双从蹄式、单向自增力式和双向自增力式等几种型式。

1. 轮缸式制动器

1）领从蹄式制动器

（1）增势与减势作用。图8-6为领从蹄式制动器示意图。汽车前进时制动鼓旋转方向（制动鼓正向旋转）如图中箭头所示，沿箭头方向看去，制动蹄的支承点在其前端，制动轮缸所施加的促动力作用于其后端，因而该制动蹄张开时的旋转方向与制动鼓的旋转方向相同。具有这种属性的制动蹄称为领蹄。与此相反，另一制动蹄的支承点在后端，促动力加于其前端，其张开时的旋转方向与制动鼓的旋转方向相反。具有这种属性的制动蹄称为从蹄。当汽车倒驶，即制动鼓反向旋转时，前蹄变成从蹄，而后蹄变成领蹄。这种在制动鼓正向旋转和反向旋转时，都有一个领蹄和一个从蹄的制动器即称为领从蹄式制动器。

在图8-6所示的结构中，轮缸的两活塞都可在轮缸内轴向移动，且二者直径相同。因此，制动时两活塞对两个制动蹄所施加的促动力永远是相等的，凡两蹄所受促动力相等的领从蹄式制动器都称为等促动力制动器。制动时，领蹄和从蹄在相等的促动力 F_S 的作用下，分别绕各自的支承点旋转到紧压在制动鼓上。旋转着的制动鼓即对两制动蹄分别作用着法向反力 N_1 和 N_2，以及相应的切向反力 T_1 和 T_2（这里法向反力 N 和切向反力 T 均为分布力的合力）。为解释方便起见，姑且假定这些力的作用点和方向如图8-6所示。两蹄受到的这些力分别被各自支点的支承反力 S_1 和 S_2 所平衡。

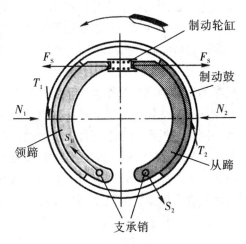

图8-6 领从蹄式制动器示意图

由图可见，领蹄上的切向合力 T_1 的作用结果是使领蹄在制动鼓上压得更紧，即力 N_1 变得更大，从而使 T_1 也更大。这表明领蹄具有"增势"作用。与此相反，切向合力 T_2 则使从蹄有放松制动鼓的趋势，即有使 N_2 和 T_2 本身减小的趋势。故从蹄具有

"减势"作用。

由此可见，虽然领蹄和从蹄所受的促动力相等，但所受制动鼓的法向反力 N_1 和 N_2 却不相等，且 $N_1 > N_2$，相应地 $T_1 > T_2$。故两制动蹄对制动鼓所施加的制动力矩不相等。一般说来，领蹄产生的制动力矩约为从蹄制动力矩的 2～2.5 倍。倒车制动时，虽然蹄2变成领蹄，蹄1变成从蹄，但整个制动器的制动效能还是同前进制动时一样。

显然，由于领蹄和从蹄所受的法向反力不等，在两蹄摩擦片工作面积相等的情况下，领蹄摩擦片上的单位压力较大，因而磨损较严重。为了使领蹄和从蹄的摩擦片寿命相近，有些领从蹄式制动器领蹄摩擦片的周向尺寸设计得较大。但这样将使两蹄的摩擦片不能互换，从而增加了零件品种数和制造成本。

此外，领从蹄式制动器的制动鼓所受到的来自两蹄的法向反力 N_1 和 N_2 不相平衡，则两蹄法向力之和只能由车轮轮毂轴承的反力来平衡，这就对轮毂轴承造成了附加径向载荷，使其寿命缩短。凡制动鼓所受来自两蹄的法向力不能互相平衡的制动器称为非平衡式制动器。

（2）制动蹄的支承方式。制动蹄的支承方式可分为固定式和浮动式两种。固定式支承是把蹄的一端套在或顶在支承销上，只能绕支承销摆转，只有一个自由度。如果摩擦表面的几何形状加工不正确，摩擦片只能部分和制动鼓表面接触。

浮动式支承蹄的支承端呈弧形，支靠在制动底板上的支承块上，需用两个回位弹簧来拉紧定位。它可使整个制动蹄向鼓的方向张开，又可沿支承块的支承平面有一定量的滑移，它具有两个自由度。其优点是，在制动时，蹄与鼓可以自动定心，保证两者有可能全面贴合。浮动式支承可以省掉一个调整点，调整蹄鼓间隙时，需踩下制动踏板使蹄贴合在鼓上，转动轮缸端的调整机构使蹄与鼓能刚脱离接触即可。为了防止不制动时蹄片滑移，多把轮缸布置在相当于时钟的三时和九时的位置上。此种结构在小型汽车的制动器上广泛地使用。

（3）领从蹄式制动器的结构和工作原理。北京 BJ2020N 型汽车、上海桑塔纳轿车、一汽捷达轿车和一汽奥迪 100 型轿车（四缸机）的后轮制动器都为领从蹄式制动器结构。

①北京 BJ2020N 型汽车后轮制动器的结构与工作原理。图 8-7 是北京 BJ2020N 型汽车的后轮制动器。作为旋转元件的制动鼓 18 固装在车轮轮毂的凸缘上。作为固定部分零件装配基体的制动底板 3 用螺栓与后驱动桥壳半轴套管上的凸缘联结（前轮制动器的制动底板则应与前桥转向节的凸缘联结）。用钢板料焊接成 T 形截面的前后两制动蹄 1 和 9，以其腹板下端的孔分别同两支承销 11 上的偏心轴颈做动配合。制动蹄的外圆面上，用埋头铆钉铆接着一般用石棉纤维及其他物质混合压制而成的摩擦片 2。铆钉头顶端埋入深度约为新摩擦片厚度的一半。

属于液压传动装置的制动轮缸 19 直接作为制动蹄促动装置，也用螺钉装在制动底板上，因而在结构上它又成为制动器不可分割的组成部分。制动蹄腹板的上端松嵌入压合在轮缸活塞 5 上顶块 6 的直槽中。两制动蹄由回位弹簧 4 和 10 拉拢，并以焊在腹板上的锁销 8 紧靠着装在制动底板上的调整凸轮 7。限位杆 15 借螺纹旋装在制动底板上。弹簧 14 使制动蹄腹板紧靠着限位杆 15 中部的台肩，借以防止制动蹄的轴向窜动。

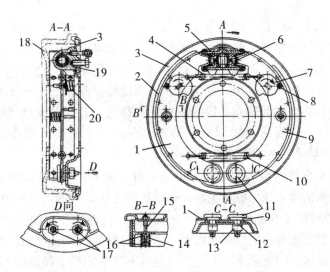

图 8−7　北京 BJ2020N 型汽车后轮制动器

1—前制动蹄；2—摩擦片；3—制动底板；4、10—制动蹄回位弹簧；5—制动轮缸活塞；
6—活塞顶块；7—调整凸轮；8—调整凸轮锁销；9—后制动蹄；11—支承销；12—弹簧垫圈；
13—螺母；14—制动蹄限位弹簧；15—制动蹄限位杆；16—弹簧盘；17—支承销内端面上的标记；
18—制动鼓；19—制动轮缸；20—调整凸轮压紧弹簧

制动时，两制动蹄在制动轮缸的液压作用下，各自绕其支承销偏心轴颈的轴线向外旋转，紧压到制动鼓上。解除制动时，撤除液压，两制动蹄便在弹簧 4 和 10 的作用下回位。

制动蹄在不工作的原始位置时，其摩擦片与制动鼓之间应保持合适的间隙，其设定值由汽车制造厂规定，一般在 0.25~0.50 mm。任何制动器摩擦副中的这一间隙（以下简称制动器间隙）如果过小，就不易保证彻底解除制动，造成摩擦副的拖磨；过大又将使制动踏板行程太长，以致操作不便，同时也会推迟制动器开始起作用的时刻。但是在制动器工作过程中摩擦片的不断磨损必将导致制动器间隙逐渐增大，此情况严重时，即使将制动踏板踩下到极限位置，也产生不了足够的制动力矩。目前大多数轿车都装有制动器间隙自调装置，但也有一些汽车，特别是载货汽车仍采用手工调节。

对制动器间隙是手工调节的制动器，如北京 BJ2020N 型汽车制动器，一般在制动鼓腹板外边缘处开有一个检查孔（图 8−7 上未标出），以便将厚薄规插入制动器间隙中检查。若发现间隙已增大到对制动器工作产生明显影响时，仅应用调整凸轮 7 进行局部调整。使调整凸轮朝箭头所示方向转动，沿摩擦片周向各处的间隙即减小。

由于北京 BJ2020N 型汽车制动器的调整凸轮工作表面上铣出了许多内凹的小圆弧面，凸轮每转过一个小弧面，都可被焊在制动器腹板上的锁销 8 锁住，再加上弹簧 20 的压紧力，即能更可靠地防止凸轮 7 自行转动。

在其他车型的制动器中，调整凸轮的工作面轮廓一般都是圆滑的曲线，其角位置全靠其弹簧的压紧力产生的摩擦力矩来保持。

当摩擦片磨损到铆钉头将要露出时，必须将制动器解体并更换摩擦片。制动鼓磨损到一定程度时，也需要重新加工修整其内圆面。为保证蹄片张开时制动蹄、制动鼓、制动毂三者同心而全面贴合，修整制动鼓内圆柱工作表面时，应以轮毂轴承定位。在进行上述或其他项目的修理作业后重新装配和安装制动鼓时，为保证蹄鼓的正确接触状态和间隙值，都应进行全面调整。全面调整除了靠转动调整凸轮外，还要转动支承销 11。从 C—C 剖面图可以看出，其支承制动蹄的轴颈是偏心的。支承销的尾端伸出制动底板外，并铣切出矩形截面，以便用扳手夹持使之转动。支承尾端面上打有标记 17（见 D 向视图），指明偏心轴颈轴线偏移方向。将支承销朝箭头方向转动，各处（特别是摩擦片下端处）的间隙即自行减小。

②桑塔纳轿车后轮制动器的结构与工作原理。图 8-8 是桑塔纳轿车的后轮制动器。制动轮缸是双活塞内张型液压轮缸。制动底板 1 用螺栓固定在后桥轴端支承座上，制动轮缸 21 用螺钉固定在制动底板上方，支架 8、止挡板 9 用铆钉 10 紧固在底板下方，以上构成了制动底板总成。夹紧销 15、弹簧座 16 和压簧 14 将制动蹄 17 和 7 紧压在制动底板的带储油孔的支承平面上，防止制动蹄轴向窜动。制动蹄 17 上固定有斜楔支承 19，它用来支承调节间隙用的楔形块 20，称为带斜楔装置的制动蹄总成。制动蹄 7 上铆有可以绕销轴 2 自由转动的制动杆 6。制动杆 6 下端做成钩形，与驻车制动钢索相连。制动蹄 7 称为带杠杆装置的制动蹄总成。摩擦衬片 18 用空心铆钉与制动蹄铆接在一起，铆钉头端部埋入摩擦片中，深度约为新摩擦片的 2/3 左右。制动蹄的两端做成圆弧形。回位弹簧 3、4、11 分别将两个制动蹄上端贴靠在轮缸左右活塞端面上，下端贴靠在止挡板两端面上。

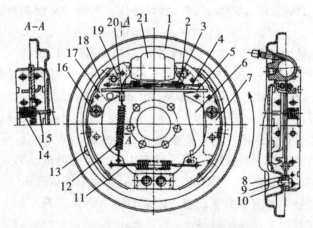

图 8-8 桑塔纳轿车后轮制动器

1—制动底板；2—销轴；3、4、11、12—拉簧；5—压杆；6—制动杆；7—带杠杆装置的制动蹄总成；8—支架；9—止挡板；10—铆钉；13—检测孔；14—压簧；15—夹紧销；16—弹簧座；17—带斜楔装置的制动蹄总成；18—摩擦衬片；19—斜楔支承；20—楔形块；21—制动轮缸

制动时，轮缸活塞在制动液压力的作用下推动制动蹄绕制动蹄与止挡板的接触点向外旋转，使摩擦片紧压在制动鼓上，产生制动力矩使汽车制动。解除制动时，制动液压力消失，在回位弹簧 3、4、11 的作用下制动蹄复位。

桑塔纳轿车后轮制动器兼作驻车制动器。因此，在制动器中装有驻车制动器的机械促动装置（图 8-8）。制动杆 6 插在压杆 5 右端槽中，它们的接触点就成为中间支点。制动蹄7、17的腹板卡在制动压杆两端的槽中。弹簧4的左端钩在制动压杆的孔内，右端与带杠杆装置的制动蹄腹板相连。弹簧3的右端卡在制动压杆右端的槽内，左端与斜楔支承的制动蹄腹板相连。

驻车制动时，将车厢内的手制动杆拉到制动位置，制动钢索拉动制动杆，使之绕销轴2转动。制动杆在转动过程中压迫制动压杆向左移动，将带斜楔支承的制动蹄压向制动鼓。当斜楔制动蹄压到制动鼓后，制动压杆停止移动，而制动杆绕与压杆接触的点即中间支点转动，把带杠杆的制动蹄总成压向制动鼓。钢索拉得越紧，摩擦片对制动鼓的压力也越大，制动鼓与摩擦片之间产生的摩擦力矩也越大。解除驻车制动时，松开手制动杆，制动杆6在绕钢索外的回位弹簧及回位弹簧3、4、11作用下将二制动蹄拉离制动鼓，恢复原位。

这种以车轮制动器兼作驻车制动器的驻车制动系统可用于应急制动。

桑塔纳轿车后制动器的制动蹄采用浮动式支承，可以沿止挡板和轮缸活塞的支承平面做一定的浮动。制动蹄可以自动定心，以保证与制动鼓全面接触。这种制动器的主要特点是顺、倒车制动的性能不变，构造简单，造价较低，而且便于附装驻车制动驱动机构。

桑塔纳轿车后轮制动器的制动间隙是自动调整的。图8-9为其调整原理。在制动蹄7和制动蹄17之间由一制动压杆5相连（图8-8），制动压杆两端开有缺口，其左端缺口端面压在楔形块20的齿形面上，楔形块另一侧齿形面压在斜楔支承19上。制动压杆右端缺口端面顶住制动杆6。压杆右端缺口头部有一个设计间隙S（图8-9），拉簧3的一头钩住制动蹄17的腹板，另一头钩在压杆5右端的钩尖内，使压杆紧紧压住楔形块和斜楔支承。斜楔支承是用铆钉紧固在制动蹄17上的，因此拉簧3也就将压杆紧压在楔形块和制动蹄17上了。拉簧4的一头钩在压杆左端的孔内，另一头钩在制动蹄7的腹板上部，使压杆与制动杆紧贴在一起。

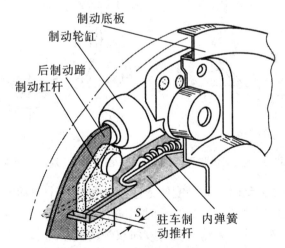

图8-9 桑塔纳轿车后轮制动器制动间隙自动调整原理示意图

制动时，轮缸活塞推动制动蹄7和制动蹄17各自绕自己与止挡板接触的支点转动，由于拉簧3的刚度设计得比拉簧4大，所以压杆始终压住楔形块与制动蹄17一起向左运动,制动杆用销轴2压铆在制动蹄7的腹板上,可以绕销轴自由摆动。在蹄7转动时,随着由于磨损而引起的制动间隙增加,制动杆与压杆原接触处逐渐分开,而与压杆凸耳的距离则越来越小,但是只要制动间隙不超过S值,制动杆就不会与压杆凸耳接触,在这种情况下不会发生间隙调整。这是通常行车制动时的情况。

当制动间隙增加到S时,若此时进行行车制动,活塞推动制动蹄17向左转动,这时在拉簧3的作用下带动楔形块和制动压杆向左移动。而制动蹄7向右转动时,制动杆移动了S距离后将与压杆凸耳接触,并克服拉簧3和4的拉力将压杆向右移动。这样压杆和楔形块之间便产生了间隙。在拉力弹簧12的作用下,将楔形块往下拉,直到压杆和楔形块重新接触,填补这个间隙。

撤消制动时,在拉簧3、4、11的作用下,虽然制动蹄要复位,但由于楔形块已下行填补了间隙S,因此制动蹄7和17已不可能恢复到制动前的位置。于是原来由于磨损变大的制动间隙便得到了补偿,恢复到初始的设置值。制动时,这个过程反复进行,实现了制动间隙的自动调整。

2) 双领蹄式和双向双领蹄式制动器

在制动鼓正向旋转时,两蹄均为领蹄的制动器称为双领蹄式制动器,如图8-10所示。双领蹄式制动器与领从蹄式制动器在结构上主要有两点不同:一是双领蹄式制动器的两制动蹄各用一个单活塞式轮缸,而领从蹄式制动器的两蹄共用一个双活塞式轮缸;二是双领蹄式制动器的两套制动蹄、制动轮缸、支承销在制动底板上的布置是中心对称的,而领从蹄式制动器中的制动蹄、制动轮缸、支承销在制动底板上的布置是轴对称的。

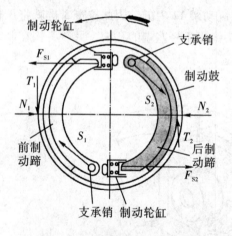

图8-10 双领蹄式制动器示意图

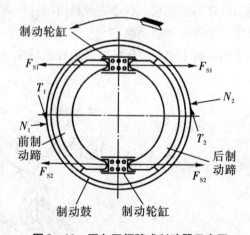

图8-11 双向双领蹄式制动器示意图

可以设想,在倒车制动时,如果能使上述制动器的两个制动蹄的支承点和促动力作用点互换位置,就可以得到与前进制动时相同的制动效能。无论是前进制动还是倒车制动,两制动蹄都是领蹄的制动器称为双向双领蹄式制动器,图8-11是其结构示意图。与领从蹄式制动器相比,双向双领蹄式制动器在结构上有三个特点:一是采用两个双活塞式制动轮缸;二是两制动蹄的两端都采用浮式支承,且支点的周向位置也是浮动的;三是制动底板上的所有固定元件,如制动蹄、制动轮缸、回位弹簧等都是成对的,而且既按轴对称,又按中心布置对称。

3）双从蹄式制动器

前进制动时两制动蹄均为从蹄的制动器称为双从蹄式制动器,如图 8-12 所示。这种制动器与双领蹄式制动器结构很相似,二者的差异只在于固定元件与旋转元件的相对运动方向不同。虽然双从蹄式制动器的前进制动效能低于双领蹄式和领从蹄式制动器,但其效能对摩擦系数变化的敏感程度较小,即具有良好的制动效能稳定性。

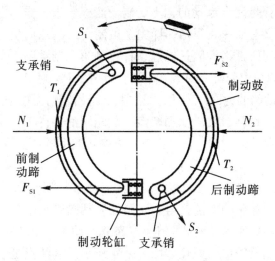

图 8-12 双从蹄式制动器示意图

双领蹄、双向双领蹄、双从蹄式制动器的固定元件布置都是中心对称的。如果间隙调整正确,则其制动鼓所受两蹄施加的两个法向合力能互相平衡,不会对轮毂轴承造成附加径向载荷。因此,这三种制动器都属于平衡式制动器。

4）单向和双向自增力式制动器

单向自增力式制动器的结构原理如图 8-13 所示。第一制动蹄 1 和第二制动蹄 2 的下端分别浮支在浮动的顶杆 6 的两端。制动器只在上方有一个支承销 4。不制动时,两蹄上端均借各自的回位弹簧拉靠在支承销 4 上。制动鼓正向旋转方向如箭头所示。

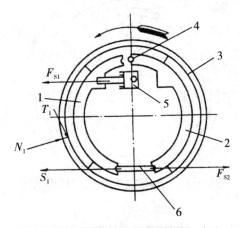

图 8-13 单向自增力式制动器示意图

1—第一制动蹄;2—第二制动蹄;3—制动鼓;4—支承销;5—轮缸;6—顶杆

汽车前进制动时，单活塞式轮缸 5 只将促动力 F_{S1} 加于第一制动蹄，使其上端离开支承销，整个制动蹄绕顶杆左端支承点旋转，并压靠在制动鼓 3 上。显然，第一制动蹄是领蹄，并且在促动力 F_{S1}、法向合力 N_1、切向（摩擦）合力 T_1 和沿顶杆轴线方向的 S_1 的作用下处于平衡状态。由于顶杆 6 是浮动的，自然成为第二制动蹄的促动装置，而将与力 S_1 大小相等、方向相反的促动力 F_{S2} 施于第二制动蹄的下端，故第二制动蹄也是领蹄。正因为顶杆是完全浮动的，不受制动底板约束，作用在第一制动蹄上的促动力和摩擦力的作用没有如一般领蹄那样完全被制动鼓的法向反力和固定于制动底板上的支承件反力的作用所抵消，而是通过顶杆传到第二制动蹄上，形成第二制动蹄促动力 F_{S2}。对制动蹄的受力分析可知 $F_{S2} > F_{S1}$。此外，F_{S2} 对第二制动蹄支承点的力臂也大于 F_{S1} 对第一制动蹄的力臂。因此，第二制动蹄的制动力矩必然大于第一制动蹄的制动力矩。由此可见，在制动鼓尺寸和摩擦系数相同的条件下，这种制动器的前进制动效能不仅高于领从蹄式制动器，而且高于双领蹄式制动器。

倒车制动时，第一制动蹄上端压靠支承销不动。此时第一制动蹄虽然仍是领蹄，且促动力 F_{S1} 仍可能与前进制动时的相等，但其力臂却大为减小，因而第一制动蹄此时的制动效能比一般领蹄的制动效能低得多。第二制动蹄则因未受促动力而不起制动作用。故此时整个制动器的制动效能甚至比双从蹄式制动器的制动效能还低。

双向自增力式制动器的结构原理如图 8-14 所示。其特点是制动鼓正向和反向旋转时均能借蹄鼓间的摩擦起自增力作用。它的结构不同于单向自增力式制动器之处，主要是采用双活塞式制动轮缸，可向两蹄同时施加相等的促动力 F_S。制动鼓正向（如箭头所示）旋转时，前制动蹄为第一制动蹄，后制动蹄为第二制动蹄，制动鼓反向旋转时则相反。由图可见，在制动时，第一制动蹄只受一个促动力 F_S，而第二制动蹄则有两个促动力 F_S 和 S，且 $S > F_S$。考虑到汽车前进制动的机会远多于倒车制动，且前进制动时制动蹄工作负荷也远大于倒车制动，故后蹄的摩擦面积做得较大。

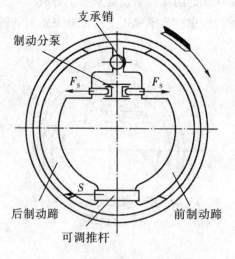

图 8-14 双向自增力式制动器示意图

以上介绍的各种鼓式制动器各有利弊。就制动效能而言，在基本结构参数和轮缸工作压力相同的条件下，自增力式制动器由于对摩擦助势作用利用得最为充分而居榜首，以下依次为双领蹄式、领从蹄式、双从蹄式。但蹄鼓之间的摩擦系数本身是一个不稳定的因素，随制动鼓和摩擦片的材料、温度和表面状况（如是否沾水、沾油，是否有烧结现象等）的不同可在很大范围内变化。自增力式制动器的制动效能对摩擦系数的依赖性最大，因而其制动效能的稳定性最差。此外，在制动过程中，自增力式制动器制动力矩的增长在某些情况下显得过于急速。双向自增力式制动器多用于轿车后轮，原因之一是便于兼充驻车制动器。单向自增力式制动器只用于中、轻型汽车的前轮，因倒车制动时对前轮制动器制动效能的要求不高。双从蹄式制动器的制动效能虽然最低，但却具有最好的制动效能稳定性，因而还是有少数华贵轿车为保证制动可靠性而采用（例如英国女王牌轿车）。领从蹄式制动器发展较早，其制动效能及其稳定性均居于中游，且有结构较简单等优点，故目前仍广泛应用于各种汽车。

2. 凸轮式制动器

目前，气压传动的制动器一般采用凸轮式机械张开装置，或用楔杆张开的装置型式。

东风 EQ1090E 型汽车的凸轮式前轮制动器如图 8-15 所示。该制动器除用制动凸轮作为张开装置外，其余结构与液压轮缸式领从蹄式制动器类同。前后两制动蹄用可锻制成，均以下端支孔与支承销的偏心轴颈间隙配合，并用挡板及锁销轴向限位。不制动时由回位弹簧把制动蹄上端支承面拉靠到制动凸轮轴的凸轮上，凸轮与轴制成一体，多为中碳钢，其表面经高频淬火处理，以提高其耐磨性。制动凸轮轴通过支座固定在制动底板上，其尾部花键轴插入制动调整臂的花键孔中。为了减少凸轮轴与支座之间的摩擦，在支座的两端装有青铜衬套或粉末冶金衬套，并有润滑油嘴可定期进行润滑。在衬套外端装有密封垫圈，并用止推垫和调整垫片限制和调整凸轮轴的轴向窜动量。

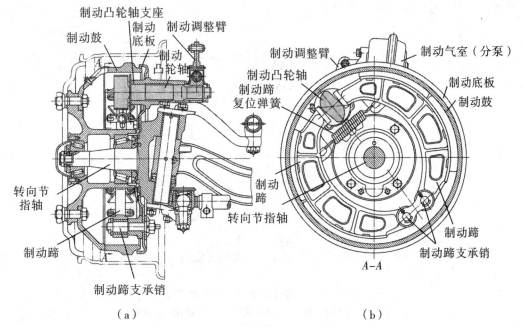

图 8-15 东风 EQ1090E 型汽车前轮制动器

制动时,制动调整臂在制动气室的推动下,带动制动凸轮轴转动,凸轮便迫使两制动蹄张开并压靠在制动鼓上,产生制动作用。由于凸轮的工作表面轮廓中心对称,且凸轮只能绕固定的轴线转动而不能移动,故当凸轮转过一定的角度时,两蹄张开的位移是相等的。在蹄与鼓之间摩擦力的作用下,前蹄(助势蹄)力图离开制动凸轮,而后蹄(减势蹄)却更加靠紧制动凸轮,造成凸轮对助势蹄的张开力小于减势蹄,从而使两蹄所受到的制动鼓的法向反力近似相等。但由于这种制动器结构上不是中心对称,两蹄作用于制动鼓的法向等效合力虽然大小近似相等,但其作用线存在一不大的夹角而不在一直线上,不可能相互平衡,故这种制动器仍是非平衡式的。

凸轮式车轮制动器的间隙可以根据需要进行局部或全面调整。局部调整时利用制动调整臂来改变制动凸轮轴的原始角位置。制动调整臂的结构如图 8-15 (a) 所示。在制动调整臂体和两侧的盖所包围的空腔内装有调整蜗轮和调整蜗杆。单线的调整蜗杆借细花键套装在蜗杆轴上,调整蜗轮以内花键与制动凸轮轴的外花键相啮合。转动蜗杆轴,即可在制动调整臂与制动气室推杆的相对位置不变的情况下,通过蜗轮使制动凸轮轴转过一定角度,从而改变制动凸轮的原始角位置。蜗杆轴一端的轴颈上,沿周向有六个均布的凹坑,当蜗杆每转到有一个凹坑对准位于调整臂孔中的锁止球时,锁止球便在压紧弹簧的作用下嵌入凹坑,使蜗杆轴不能自行转动。

进行全面调整时,还应同时转动带偏心轴颈的支承销。第二汽车制造厂规定东风 EQ1090E 型汽车制动器间隙标准值:靠近支承销的一端为 0.25~0.40 mm,靠近制动凸轮的一端为 0.40~0.55 mm。

图 8-16 为解放 CA1092 型汽车的制动调整臂。其蜗杆轴 4 与调整臂 6 的相对位置是靠锁止套 11 和锁止螺钉 12 来固定的。转动蜗杆轴 4 时,需将具有六角孔的锁止套 11 和弹簧 5 压进一定行程,调好后将锁止螺钉 12 拧入,使其杆部嵌入套 11 的槽中,起锁止作用。这种锁止装置更可靠。

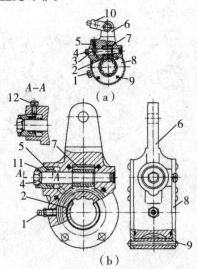

图 8-16 凸轮式制动器的制动调整臂

1—油嘴;2—调整蜗轮;3—锁止球;4—蜗杆轴;5—弹簧;6—制动调整臂体;7—调整蜗杆;8—盖;9—铆钉;10—制动气室推杆;11—锁止套;12—锁止螺钉

远离凸轮一端的间隙调整,是偏心的支承销。合适的蹄鼓间隙是,靠近支承销一端的间隙较靠近凸轮一端的间隙小,多为 0.25～0.55 mm。

这类制动器由于是用一个凸轮的转动同时调整两个蹄的间隙,二者很难达到一致。因此凸轮轴支座和制动底板的相对位置应能进行微量调整。通常是使固定支座和底板的孔径都稍大于固定螺杆的直径,松开固定螺母可使支座和凸轮轴线相对于制动底板做任一方向的移动,以保证制动凸轮、蹄、鼓之间的正确位置,使两蹄与鼓的间隙一致。

(二) 盘式车轮制动器

盘式制动器摩擦副中的旋转元件是以端面工作的金属圆盘,被称为制动盘。其固定元件则有着多种结构型式,大体上可分为两类。一类是工作面积不大的摩擦块与其金属背板组成的制动块,每个制动器中有 2～4 个。这些制动块及其促动装置都装在横跨制动盘两侧的夹钳形支架中,总称为制动钳。这种由制动盘和制动钳组成的制动器称为钳盘式制动器。另一类固定元件的金属背板和摩擦片也呈圆盘形,制动盘的全部工作面可同时与摩擦片接触,这种制动器称为全盘式制动器。钳盘式制动器过去只用作中央制动器,但目前越来越多地被各级轿车和货车用作车轮制动器。全盘式制动器只有少数汽车(主要是重型汽车)将其作为车轮制动器。本书只介绍钳盘式制动器。

钳盘式制动器又可分为定钳盘式和浮钳盘式两类,下面分别加以介绍。

1. 定钳盘式制动器

图 8-17 是定钳盘式制动器的结构示意图。跨置在制动盘上的制动钳固定安装在车桥上,它既不能旋转也不能沿制动盘轴线方向移动,其内的两个活塞分别位于制动盘的两侧。制动时,制动油液由制动总泵(制动主缸)经进油口进入钳体中两个相通的液压腔中(相当于制动轮缸),将两侧的制动块压向与车轮固定连接的制动盘,从而产生制动力。

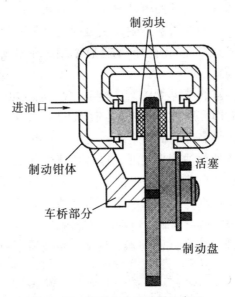

图 8-17 定钳盘式制动器示意图

图8-18是定钳盘式制动器的零件分解图。制动钳体由内侧钳体和外侧钳体通过螺钉连接而成。制动盘伸入制动钳的两个制动块之间。由摩擦块和钢质背板铆合或粘结而成的制动块通过两根导向销悬装在钳体上,并可沿导向销移动。内、外两侧钳体实际上各为一个液压缸缸体,其中各有一个活塞。油缸壁上有梯形截面环槽,其中嵌入矩形截面的活塞密封圈。内、外侧钳体的前部有油道将两侧油缸接通。内侧油缸的油道中装有放气阀。

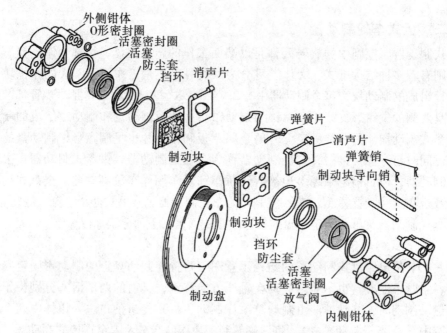

图8-18 定钳盘式制动器零件(部件)分解图

制动时,制动液被压入内、外两侧油缸中,两活塞在液压作用下移向制动盘,并将制动块压靠到制动盘上。油缸活塞与制动块之间通过消声片来传力,可以减轻制动时产生的噪声。依维柯轻型汽车的前轮制动器就采用定钳盘式制动器,但是在制动盘的内、外两侧各有两个油缸。

定钳盘式制动器中油缸的结构和制造工艺与一般制动轮缸相近,故在20世纪50年代中期盘式制动器问世时即采用了这种结构,直到60年代末仍然盛行。但是这种制动器存在着以下缺点:油缸较多,使制动钳结构复杂;油缸分置于制动盘两侧,必须用跨越制动盘的钳内油道或外部油管来连通,这必然使得制动钳的尺寸过大,难以安装在现代化轿车的轮辋内;热负荷大时,油缸(特别是外侧油缸)和跨越制动盘的油管或油道中的制动液容易受热汽化;若兼用于驻车制动,则必须加装一个机械促动的驻车制动钳。这些缺点使得定钳盘式制动器难以适应现代汽车的使用要求,故自20世纪70年代以来,逐渐让位于浮钳盘式制动器。近来,高档轿车为了提高制动力,通常也采用定钳盘式制动器。

2. 浮钳盘式制动器

图 8-19 为浮钳盘式制动器示意图。制动钳体通过导向销与车桥相连，可以相对于制动盘轴向移动。制动钳体只在制动盘的内侧设置油缸，而外侧的制动块则附装在钳体上。制动时，来自制动总泵的液压油通过进油口进入制动油缸，推动活塞及其上的制动块向右移动，并压到制动盘上。于是制动盘给活塞一个向左的反作用力，使得活塞连同制动钳体整体沿销钉向左移动，直到制动盘右侧的制动块也压到制动盘上。此时，两侧的制动块都压在制动盘上，夹住制动盘使其制动。

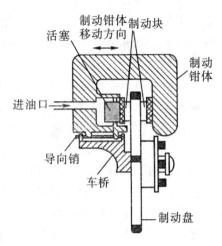

图 8-19　浮钳盘式制动器示意图

图 8-20 所示的桑塔纳轿车前轮制动器即是浮钳盘式制动器的一例。制动钳体用螺栓与支架相连，螺栓同时兼作导向销支架固定在前悬架焊接总成的轴承座法兰上。壳体可沿导向销与支架做轴向相对移动。内、外摩擦块装在支架上，用摩擦块止动弹簧卡住，使内、外摩擦块可以在支架上做轴向移动，但不会上下窜动。制动盘装在内、外摩擦块之间，并通过轮胎螺栓固定在前轮毂上。内、外摩擦衬块是由无石棉金属材料制成的，与钢制背板牢牢粘合在一起组成了内、外摩擦块。制动时活塞在制动液压力作用下，推动内摩擦块压向制动盘内侧面，制动钳上的反力则将摩擦块压向制动盘外侧面。于是内、外摩擦块将制动盘的两侧面紧紧夹住，实现了制动。

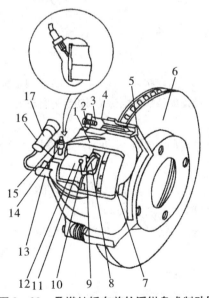

图 8-20　桑塔纳轿车前轮浮钳盘式制动器
1—制动钳体；2—紧固螺栓；3—导向销；4—防护套；5—制动钳支架；6—制动盘；7—固定制动块；8—消声片；9—防尘套；10—活动制动块；11—密封圈；12—活塞；13—电线导向夹；14—放气螺钉；15—放气螺钉帽；16—报警开关；17—电线夹

这种浮钳盘式制动器具有热稳定性和水稳定性均好的优点，此外结构简单、造价低廉。浮钳的结构还有利于整个制动器靠近车轮轮辐布置，使转向主销的小端点外移，实现负的偏移距（即指主销地点在车轮接地点的外侧），提高汽车抗制动跑偏能力。

桑塔纳轿车前轮盘式制动器的制动间隙是自动调整的。按工作过程的不同，制动器的间隙自动调整装置分为阶跃式和一次调准式两种。前者在安装到汽车上后，要进行多次制动动作后才能消除所积累的过量间隙；后者装到汽车上后，只要经过一次完全制动，即可以使制动器间隙调到设定值。前面所介绍的桑塔纳轿车后轮鼓式制动器的制动间隙自动调整装置和前轮盘式制动器的制动间隙自动调整装置就是一次调准式的。它是利用密封圈的弹性变形来实现的，其原理如图 8-21 所示。矩形密封圈嵌在制动钳油缸的矩形槽内，密封圈内圆与活塞外圆配合较紧。制动时活塞被压向制动盘，密封圈发生弹性变形；解除制动时圈要恢复原状，于是将活塞拉回原位。当制动盘与摩擦衬块磨损后引起的制动间隙增大超过活塞的设置行程 δ 时，活塞在制动液压力作用下克服密封圈的摩擦阻力而继续前移，直到实现完全制动为止。活塞与密封圈之间这一不可恢复的相对位移便补偿了过量间隙。这是盘式制动器使用最简单的间隙自动调整方式。

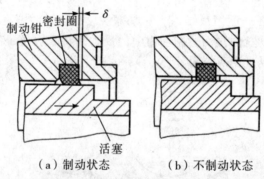

图 8-21 桑塔纳轿车前轮盘式制动器的制动间隙自动调整

桑塔纳轿车前轮制动器的制动盘有两种型式：桑塔纳 LX 型轿车采用实心式制动盘，特点是结构简单、加工方便、质量轻；桑塔纳 2000 型轿车采用的是通风式制动盘，它有更好的散热效果，进一步提高了热稳定性。两种制动器的允许磨损极限都是 2 mm，而相应的摩擦块的磨损极限是 7 mm。

制动摩擦片磨损超过一定极限时，会影响制动效能。因此，现在很多汽车制动器都装有磨损报警装置，如图 8-22 所示。声响磨损指示器如图 8-22（a）所示，电子磨损指示器如图 8-22（b）所示。

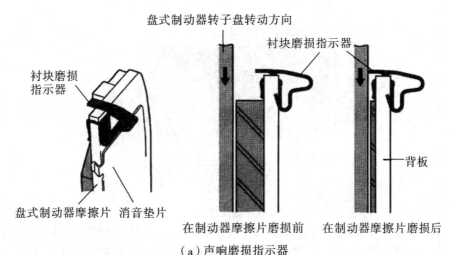

图 8-22 盘式制动器摩擦片磨损指示器

3. 带驻车制动的盘式制动器

早年乘用车的驻车制动器，均使用鼓式制动器来实现，有的车辆是采用盘中带鼓制动器，外部的盘式制动器是行车制动，内部的鼓式制动器是驻车制动。随着技术的发展，后轮使用盘式制动器也可以实现驻车制动。

1) 偏心轴式盘式驻车制动器

外体 8（图 8-23）支承在两个可移动的导向销 2 上。导向销装在固定在车轮支架上的保持架上。制动活塞 6 将制动摩擦衬片 3、5 直接压向制动盘 4。制动活塞由经接头 11 流入的制动液压力控制。薄盒 10 和中间环 13 用以防止制动液进入机械的驻车制动系统。驻车制动系统由手制动杆 17 操纵。

用行驶制动系统制动时，制动液压力由主缸经接头 11 作用在制动活塞 6 上。制动活塞 6 将内制动摩擦衬片 5 直接压向制动盘 4，同时还有一个反作用力作用在外体底部 1。外体 8 在导向销 2 上滑动并带动外制动摩擦衬片 3 向制动盘 4 移动。这样，制动摩擦衬片在制动盘两侧的夹紧力是相同的。在松开制动器时，制动时变了形的活塞密封环 18 将活塞拉回到原始位置，制动盘又可自由转动。

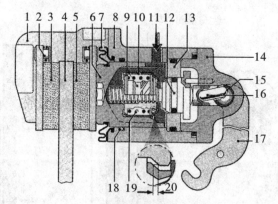

图 8-23 偏心轴式盘式驻车制动器

1—外体底部；2—导向销（后面的导向销图中已遮盖）；3—外制动摩擦衬片；4—制动盘；
5—内制动摩擦衬片；6—制动活塞；7—保护罩；8—外体；9—调整机构；10—薄盒；
11—与主缸相连的接头；12—压杆；13—中间环；14—外体盖；15—偏心轴；16—压力滑块；
17—手制动杆；18—活塞密封环；19—压簧；20—空气隙

在操纵驻车制动器时，拉动手制动杆 17 上的拉索，偏心轴 15 摆动并将压力滑块 16、压杆 12、制动活塞 6 和内制动摩擦衬片 5 压向制动盘。通过反作用力，外制动摩擦衬片 3 也压向制动盘。

2）推力盘式驻车制动器

图 8-24 是推力盘式驻车制动器。它是利用滚道中的滚球改变纵向尺寸产生压紧力，将手制动杆的摆动转变为制动活塞的纵向移动，而产生驻车制动。不驻车制动时，单向钢球在凹槽中，不会产生压紧内制动摩擦片的压紧力。操纵驻车制动器时，转动杆转动带动输入轴转动，使得滚道内的 3 个钢球各自在相应导向滚道内转动而滚出凹槽，推动推杆和活塞并将内制动摩擦衬片压向制动盘，通过反作用力，外制动摩擦衬片也压向制动盘，产生驻车制动。

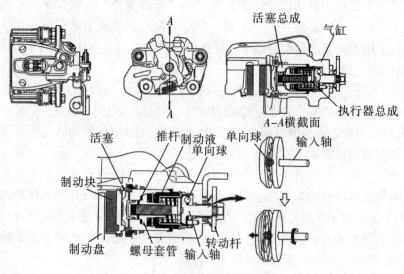

图 8-24 推力盘式驻车制动器

4. 盘式制动器的特点

盘式制动器与鼓式制动器相比，有以下优点：一般无摩擦助势作用，因而制动器效能受摩擦系数的影响较小，即效能较稳定；浸水后效能降低较少，而且只需经一两次制动即可恢复正常；在输出的制动力矩相同的情况下，尺寸和质量一般较小；制动盘沿厚度方向的热膨胀量极小，不会像制动鼓那样热膨胀使制动器间隙明显增加而导致制动踏板行程过大；较容易实现间隙自动调整，维护也较简便。

盘式制动器的不足之处是效能较低，故液压制动系统的促动管路压力较高，一般要用伺服装置。目前，盘式制动器已广泛应用于轿车，但除了在一些高性能轿车（如装备五缸发动机的奥迪 100 型轿车）上用于全部车轮外，大都只用作前轮制动器。它与后轮的鼓式制动器配合，以保证汽车制动时有较高的方向稳定性。盘式制动器在货车上也有采用，但不是很普及。

四、自我测试题

（一）概念题

1. 鼓式制动器
2. 盘式制动器

（二）判断题

1. GB 7258《机动车运行安全技术条件》中规定，汽车（三轮汽车除外）的行车制动应采用双回路或多回路，当部分管路失效后，剩余制动效能仍应能保持原规定值的 50% 以上。　　　　　　　　　　　　　　　　　　　　　　　　　　　（　　）
2. 制动系统不工作时，制动鼓的内圆面与制动蹄摩擦片的外圆面之间保持一定的间隙，简称制动间隙。　　　　　　　　　　　　　　　　　　　　　（　　）
3. DOT3 型制动液比 DOT5 型制动液沸点高。　　　　　　　　　　　（　　）
4. 带有驻车制动器的盘式制动器兼有汽车行驶制动和驻车制动功能。（　　）
5. 制动盘工作表面有磨损或划痕时，不能进行车削修理。　　　　　（　　）

（三）选择题

1. 桑塔纳后轮鼓式制动器间隙是通过（　　）自动调整。
   A. 弹簧　　　　B. 密封圈　　　　C. 楔块　　　　D. 调整杆
2. 桑塔纳前轮盘式制动器间隙是通过（　　）自动调整。
   A. 弹簧　　　　B. 密封圈　　　　C. 楔块　　　　D. 调整杆
3. （　　）制动器可在行车制动装置失效后用于应急制动。
   A. 盘式　　　　B. 鼓式　　　　C. 驻车　　　　D. 行车
4. EQ1092 型汽车的车轮制动器为（　　）式制动器。
   A. 双从蹄式　　B. 领从蹄式　　C. 双领蹄式　　D. 自动增力
5. 桑塔纳后轮鼓式制动器是（　　）。
   A. 双从蹄式　　B. 领从蹄式　　C. 双领蹄式　　D. 自动增力

6. 双向双领蹄式制动器的固定元件的安装是（　　）。
   A. 中心对称　　　　　　　　B. 轴对称
   C. 既是 A 又是 B　　　　　　D. 既不是 A 也不是 B

（四）填空题

1. 鼓式制动器有_____、_____、_____、_____、_____几种形式。

2. 液压式传动机构主要由_____、_____、制动踏板、推杆和油管等组成。

3. 盘式制动器有_____、_____两种类型。

（五）简答题

1. 车轮制动器的结构与类型有哪些？
2. 简述制动器的工作原理（盘式和鼓式）。
3. 鼓式车轮制动器如何调整？
4. 盘式车轮制动器如何检查与调整？
5. 归纳车轮制动器适用的特点。

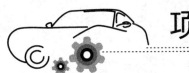

项目九

检查或更换制动摩擦片

一、项目描述

检查或更换制动摩擦片是有关汽车制动系统最常见的维修项目。本项目要求按照不同车型的维护规范进行相关检查,必要时进行相关的修理作业。

1. 知识要求

(1) 了解检查或更换制动摩擦片的重要性。

(2) 掌握检查或更换制动摩擦片的技能。

2. 技能要求

(1) 会进行制动蹄片种类与材料的识别。

(2) 会检查车轮(盘式或鼓式)制动蹄片的磨损与工作情况,确定是否更换。

(3) 能够熟练更换制动摩擦片。

(4) 会进行制动性能试验。

3. 素质要求

(1) 选择和使用工具合理。

(2) 拆装工艺合理,操作规范。

(3) 技术要求符合维修手册。

(4) 安全文明生产,保证工具、设备和自身安全。

(5) 符合5S要求。

二、项目实施

 任务 检查或更换制动摩擦片

1. 训练目标与要求

(1) 会进行制动蹄片种类与材料的识别。

(2) 会检查车轮(盘式或鼓式)制动蹄片的磨损与工作情况,确定是否更换。

(3) 能够熟练更换制动摩擦片。

(4) 会进行制动性能试验。

2. 训练设备

(1) 三类轿车底盘四台。

(2) 汽车四辆（有 ABS 装置）。

(3) 相关维修工具和举升设备。

3. 训练步骤

1) 盘式制动器

(1) 目视检查。制动摩擦片是否有裂纹、油渍、脱胶现象，如有则更换清洁；检查制动摩擦片表面与制动盘的接触面积和接触位置。

(2) 量具检查。可直接用游标卡尺测量。制动块摩擦片的厚度为 14 mm（不包括底板），使用极限为 7 mm，低于极限应更换（对于不同车型，数值不一，具体依据维修手册确定）。

(3) 更换制动块（摩擦片）。用粗砂纸打磨制动盘和制动块摩擦表面。

(4) 安装制动钳。操作步骤省略。

(5) 制动性能试验。操作步骤省略。

2) 鼓式制动器

(1) 目视检查。制动摩擦片是否有裂纹、油渍、铆钉外露现象，如有则更换清洁；检查制动摩擦片表面与制动鼓的接触面积和接触位置，如需要可镗削制动鼓。

(2) 量具检查。可直接用游标卡尺测量。制动块摩擦片的厚度为 5 mm（不包括底板），使用极限为 2.5 mm，低于极限应更换。

(3) 更换制动摩擦片。用粗砂纸打磨制动鼓和制动蹄摩擦表面。

(4) 安装制动蹄与相关零件。操作步骤省略。

(5) 制动性能试验。操作步骤省略。

注意：轮胎不要混淆，按照原来位置安装；先调自动调整杆，在最小位置再安装鼓式制动器；分泵防尘罩不能损坏；摩擦片要成对全桥更换，否则左右轮制动不易平衡，造成汽车制动的不稳定；利用高温黄油脂对背板及制动蹄片接触点、固定板及制动蹄片接触点进行润滑，油脂不能沾到摩擦面上，否则影响摩擦系数。

鼓式制动器蹄片贴合印痕如图 9-1 所示。

（a）不合格的贴合印痕　　（b）合格的贴合印痕

图 9-1　鼓式制动器蹄片贴合印痕

项目九 检查或更换制动摩擦片

三、相关知识

（一）制动摩擦材料概述

摩擦材料是一种应用在动力机械上，依靠摩擦作用来执行制动和传动功能的部件材料。它主要包括制动器衬片（刹车片）和离合器面片（离合器）。刹车片用于制动，离合器片用于传动。

任何机械设备与运动的各种车辆都必须要有制动或传动装置。摩擦材料是这种制动或传动装置上的关键性部件。它最主要的功能是通过摩擦来吸收或传递动力。如离合器片传递动力，制动片吸收动能。它们使机械设备与各种机动车辆能够安全可靠地工作。由此可见，摩擦材料是一种应用广泛又很关键的材料。

摩擦材料是一种高分子三元复合材料，是物理与化学复合体。它是由高分子粘结剂（树脂与橡胶）、增强纤维、摩擦性能调节剂及其他配合剂构成，经一系列生产加工而制成的制品。摩擦材料的特点是具有良好的摩擦系数和耐磨损性能，同时具有一定的耐热性和机械强度，能满足车辆或机械的传动与制动的性能要求。它们被广泛应用在汽车、火车、飞机、石油钻机等各类工程机械设备上，民用品如自行车、洗衣机等中作为动力传递或制动减速不可缺少的材料。

（二）摩擦材料发展简史

自世界上出现动力机械和机动车辆后，在其传动和制动机构中就使用摩擦片。初期的摩擦片用棉花、棉布、皮革等作为基材，如将棉花纤维或其织品浸渍橡胶浆液后，进行加工成型制成刹车片或刹车带。其缺点是耐热性较差，当摩擦面温度超过120 ℃后，棉花和棉布会逐渐焦化甚至燃烧。随着车辆速度和载重的增加，其制动温度也相应提高，这类摩擦材料已经不能满足使用要求。人们便开始寻求耐热性好的、新的摩擦材料类型，石棉摩擦材料由此诞生。

石棉是一种天然的矿物纤维，它具有较高的耐热性和机械强度，还具有较长的纤维长度，很好的散热性、柔软性和浸渍性，可以通过纺织加工制成石棉布或石棉带并浸渍粘结剂。石棉短纤维和其布、带织品都可以作为摩擦材料的基材。更由于其具有较低的价格（性价比），所以很快就取代了棉花与棉布而成为摩擦材料中的主要基材料。1905年石棉刹车带开始被应用，其制品的摩擦性能和使用寿命、耐热性和机械强度均有较大的提高。1918年开始，人们用石棉短纤维与沥青混合制成模压刹车片。20世纪20年代初酚醛树脂开始工业化应用，由于其耐热性明显高于橡胶，所以很快就取代了橡胶，而成为摩擦材料中主要的粘结剂材料。由于酚醛树脂与其他的各种耐热型的合成树脂相比价格较低，故从那时起，石棉-酚醛型摩擦材料被世界各国广泛使用至今。

20世纪60年代，人们逐渐认识到石棉对人体健康有一定的危险性。在开采或生产过程中，微细的石棉纤维易飞扬在空气中被人吸入肺部，长期处于这种环境下的人们比较容易患上石棉肺一类的疾病。因此人们开始寻求能取代石棉的其他纤维材料来制造摩擦材料，即无石棉摩擦材料或非石棉摩擦材料。20世纪70年代，以钢纤维为主要代替材料的半金属材料在国外被首先采用。80—90年代初，半金属摩擦材料已占据了整个汽车用盘式片领域。20世纪90年代后期以来，NAO（少金属）摩擦材料在欧洲的出现是一个发展的趋势，无石棉，采用两种或两种以上纤维（以无机纤维为主，并有少量有机纤维），只含少量钢纤维、铁粉。NAO（少金属）型摩擦材料有助于克服半金属型摩擦材料固有的高比重、易生锈、易产生制动噪音、伤对偶（盘、鼓）及导热系数过大等缺陷。目前，NAO（少金属）型摩擦材料已得到广泛应用，取代半金属型摩擦材料。2004年开始，随着汽车工业飞速发展，人们对制动性能的要求越来越高，开始研发陶瓷型摩擦材料。陶瓷型摩擦材料主要以无机纤维和几种有机纤维混杂组成，无石棉，无金属。其特点为：

（1）无石棉符合环保要求；

（2）无金属和多孔性材料的使用可降低制品密度，有利于减少损伤制动盘（鼓）和产生制动噪音的粘度；

（3）摩擦材料不生锈，不腐蚀；

（4）磨耗低，粉尘少（轮毂）。

（三）摩擦材料的分类

在大多数情况下，摩擦材料都是同各种金属对偶起摩擦的。一般公认，在干摩擦条件下，同对偶摩擦系数大于0.2的材料，称为摩擦材料。

材料按其摩擦特性分为低摩擦系数材料和高摩擦系数材料。低摩擦系数材料又称减摩材料或润滑材料，其作用是减少机械运动中的动力损耗，降低机械部件磨损，延长使用寿命。高摩擦系数材料又称摩阻材料（称为摩擦材料）。

1. 按工作功能分

按工作功能可分为传动与制动两大类摩擦材料。如起传动作用的离合器片，系通过离合器总成中离合器摩擦面片的贴合与分离将发动机产生的动力传递到驱动轮上，使车辆开始行走。起制动作用的刹车片（分为盘式与鼓式刹车片），系通过车辆制动机构将刹车片紧贴在制动盘（鼓）上，使行走中的车辆减速或停下来。

2. 按产品形状分

按产品形状可分为刹车片（盘式片、鼓式片）、刹车带、闸瓦、离合器片、异性摩擦片等。盘式片呈平面状，鼓式片呈弧形。闸瓦（火车闸瓦、石油钻机）为弧形产品，但比普通弧形刹车片要厚得多，一般为25~30 mm。刹车带常用于农机和工程机械上，属软质摩擦材料。离合器片一般为圆环形状制品。异性摩擦片多用于各种工程机械方面，如摩擦压力机、电葫芦等。

3. 按产品材质分

按产品材质可分为石棉摩擦材料、无石棉摩擦材料两大类。

1）石棉摩擦材料

（1）石棉纤维摩擦材料，又称为石棉绒质摩擦材料，应用于各种刹车片、离合器片、火车合成闸瓦、石棉绒质橡胶带等。

（2）石棉线质摩擦材料，应用于缠绕型离合器片、短切石棉线段摩擦材料等。

（3）石棉布质摩擦材料，应用于制造层压类钻机闸瓦、刹车带、离合器面片等。

（4）石棉编织摩擦材料，应用于制造油浸或树脂浸刹车带、石油钻机闸瓦等。

2）无石棉摩擦材料

（1）半金属摩擦材料，应用于轿车和重型汽车的盘式刹车片。其材质配方组成中通常含有30%～50%的铁质金属物（如钢纤维、还原铁粉、泡沫铁粉）。半金属摩擦材料因此而得名。它是最早取代石棉而发展起来的一种无石棉材料。其特点是耐热性好，单位面积吸收功率高，导热系数大，能适用于汽车在高速、重负荷运行时的制动工况要求。但其存在制动噪音大、边角脆裂等缺点。

（2）NAO摩擦材料，从广义上是指非石棉、非钢纤维型摩擦材料，但现在盘式片也含有少量的钢纤维。NAO摩擦材料中的基材料在大多数情况下为两种或两种以上纤维（以无机纤维为主，并有少量有机纤维）混合物。因此NAO摩擦材料是非石棉混合纤维摩擦材料。通常刹车片为短切纤维型摩擦块，离合器片为连续纤维型摩擦片。

（3）粉末冶金摩擦材料，又称烧结摩擦材料，系将铁基、铜基粉状物料经混合、压型，并在高温下烧结而成。适用于较高温度下的制动与传动工况条件，如飞机、载重汽车、重型工程机械的制动与传动。优点：使用寿命长；缺点：制品价格高，制动噪音大，重而脆性大，对偶磨损大。

（4）碳纤维摩擦材料，系用碳纤维为增强材料制成的一类摩擦材料。碳纤维具有高模量、导热好、耐热等特点。碳纤维摩擦材料是各种类型摩擦材料中性能最好的一种。碳纤维摩擦片的单位面积吸收功率高且比重轻，特别适合生产飞机刹车片，国外有些高档轿车的刹车片也使用。因其价格昂贵，故其应用范围受到限制，产量较少。在碳纤维摩擦材料组分中，除了碳纤维外，还使用石墨、碳的化合物。组分中的有机粘结剂也要经过碳化处理，故碳纤维摩擦材料也称为碳–碳摩擦材料或碳基摩擦材料。

（四）摩擦材料的技术要求

摩擦材料是应用在车辆与机械的离合器总成和制动器中的关键材料，在传动和制动过程中，主要应满足以下技术要求。

1. 适宜而稳定的摩擦系数

摩擦系数是评价任何一种摩擦材料的一个最重要的性能指标，关系着摩擦片执行传动和制动功能的好坏。它不是一个常数，而是受温度、压力、摩擦速度或表面状态及周围介质因素等影响而发生变化的一个数。理想的摩擦系数应具有理想的冷摩擦系数和可以控制的温度衰退。由于摩擦产生热量，增高了工作温度，导致了摩擦材料的摩擦系数发生变化。

温度是影响摩擦系数的重要因素。摩擦材料在摩擦过程中，由于温度的迅速升高，一般温度达200℃以上，摩擦系数开始下降。当温度达到树脂和橡胶分解温度范围后，产生摩擦系数的骤然降低，这种现象称为"热衰退"。严重的"热衰退"会导致制动效能变差和恶化。在实际应用中会降低摩擦力，从而降低了制动作用，这很危险也是必须要避免的。在摩擦材料中加入高温摩擦调节剂填料，是减少和克服"热衰退"的有效手段。经过"热衰退"的摩擦片，当温度逐渐降低时摩擦系数会逐渐恢复至原来的正常情况，但也有时会出现摩擦系数高于原来正常的摩擦系数而恢复过头，对这种摩擦系数恢复过头我们称之为"过恢复"。

摩擦系数通常随温度增加而降低，但过多的降低也是不能忽视的。我国汽车制动器衬片台架试验标准中就有制动力矩、速度稳定性要求（QC/T 239—1997《货车、客车制动器性能要求》，QC/T 582—1999《轿车制动器性能要求》，T 564—1999《轿车制动器台架试验方法》，QC/T 479—1999《货车、客车制动器台架试验方法》），因此当车辆行驶速度加快时，要防止制动效能下降。

摩擦材料表面沾水时，摩擦系数也会下降，当表面的水膜消除恢复至干燥状态后，摩擦系数就会恢复正常，称之为"涉水恢复性"。

摩擦材料表面沾有油污时，摩擦系数显著下降，但应保持一定的摩擦力，使其仍有一定的制动效能。

2. 良好的耐磨性

摩擦材料的耐磨性是其使用寿命的反映，也是衡量摩擦材料耐用程度的重要技术经济指标。耐磨性越好，表示它的使用寿命越长。但是摩擦材料在工作过程中的磨损，主要是由摩擦接触表面产生的剪切力造成的。工作温度是影响磨损量的重要因素。当材料表面温度达到有机粘结剂的热分解温度范围时，有机粘结剂如橡胶、树脂产生分解、碳化和失重现象。随温度升高，这种现象加剧，粘结作用下降，磨损量急剧增大，称之为"热磨损"。

选用合适的减磨填料和耐热性好的树脂、橡胶，能有效地减少材料的工作磨损，特别是热磨损，可延长其使用寿命。

摩擦材料的耐磨性指标有多种表示方法，我国 GB 5763—98《汽车制动器衬片》国家标准中规定了磨损指标（定速式摩擦试验机），即 100～350 ℃温度范围每挡温度（50 ℃为一挡）的磨损率。磨损率系样品与对偶表面进行相对滑动过程中做单位摩擦功时的体积磨损量，可由测定的摩擦力的滑动距离及样品因磨损减少的厚度而计算出。但由于被测样品在摩擦性能测试过程中，受高温影响会产生不同程度的热膨胀，掩盖了样品的厚度磨损，有时甚至出现负值，即样品经高温磨损后的厚度反而增加，这就不能真实正确反映出实际磨损。故有的生产厂家除测定样品的体积磨损外，还要测定样品的重量磨损率。

3. 具有良好的机械强度和物理性能

摩擦材料制品在装配使用之前，需进行钻孔、铆装装配等机械加工，才能制成刹车片总成或离合器总成。在摩擦工作过程中，摩擦材料除了要承受很高温度的同时，还要承受较大的压力与剪切力。因此要求摩擦材料必须具有足够的机械强度，以保证在加工或使用过程中不出现破损与碎裂。如铆接刹车片时，要求有一定的抗冲击强度、铆接应力、抗压强度等。粘结刹车片时，盘式片要具有足够的常温粘结强度与高温（300 ℃）粘结强度，以保证摩擦材料与钢背粘结牢固，可经受盘式片在制动过程中的高剪切力，而不产生相互脱离，造成制动失效的严重后果。离合器片要求具有足够的抗冲击强度、静弯曲强度、最大应变值以及旋转破坏强度，以保证离合器片在运输、铆装加工过程中不致损坏，保障离合器片在高速旋转的工作条件下不发生破裂。

4. 制动噪音低

制动噪音关系到车辆行驶的舒适性，而且会对周围环境特别是城市环境造成噪音污染。对于轿车和城市公交车来说，制动噪音是一项重要的性能要求。就轿车盘式片而言，摩擦性能良好的无噪音或低噪音刹车片成为首选产品。随着汽车工业的发展，人们对制动噪音越来越重视，有关部门已经提出了标准规定。一般汽车制动时产生的噪音不应超过 85 dB。

引起制动噪音的因素很多，刹车片只是制动总成的一个零件，因制动时刹车片与刹车盘（鼓）在高速与高压相对运动下的强烈摩擦作用，彼此产生振动，从而放大产生不同程度的噪音。

就摩擦材料而言，长期使用经验告诉我们，造成制动噪音的因素大致有：

（1）摩擦材料的摩擦系数越高，越易产生噪音，达到 0.45～0.5 或更高时，极易产生噪音；

（2）制品材质硬度高易产生噪音；

（3）高硬度填料用量多时易产生噪音；

（4）刹车片经高温制动作用后，工作表面形成光亮而硬的碳化膜，又称釉质层，在制动摩擦时会产生高频振动及相应的噪音。

由此可知，适当控制摩擦系数使其不要过高，降低制品的硬度，减少硬质填料的用量，避免工作表面形成碳化层，使用减振垫或涂胶膜以降低振动频率，均有利于减少与克服噪音。

5. 对偶面磨损较小

摩擦材料制品的传动或制动功能，都要通过对偶件即摩擦盘（鼓）在摩擦中实现。在此摩擦过程中，这一对摩擦偶件相互都会产生磨损，这是正常现象。但是作为消耗性材料的摩擦材料制品，除自身应该磨损尽量小外，对偶件的磨损也要小，也就是应该使对偶件的使用寿命相对较长，这才充分显示出具有良好摩擦性能的特性。同时在摩擦过程中不应出现将对偶件即摩擦盘或制动鼓的表面磨成较重的擦伤、划痕、沟槽等过度磨损情况。

（五）摩擦材料的结构与组成

摩擦材料属于高分子三元复合材料，它包括三部分：

（1）以高分子化合物为粘结剂；

（2）以无机或有机纤维为增强组分；

（3）以填料为摩擦性能调节剂或配合剂。

1. 有机粘结剂

摩擦材料所用的有机粘结剂为酚醛类树脂和合成橡胶，而以酚醛类树脂为主。它们的特点和作用是当处于一定加热温度下时先呈软化而后进入粘流态，产生流动并均匀分布在材料中形成材料的基体，最后通过树脂固化作用的橡胶硫化作用，把纤维和填料粘结在一起，形成质地致密、有相当强度及能满足摩擦材料使用性能要求的摩擦片制品。

对于摩擦材料而言，树脂和橡胶的耐热性是非常重要的性能指标。因为车辆和机械在进行制动和传动工作时,摩擦片处于 200~450 ℃ 的高温工况条件下。此温度范围内,纤维和填料的主要部分为无机类型,不会发生热分解,而对于树脂和橡胶、有机类的来说,又进入热分解区域。摩擦材料的各项性能指标此时多会发生不利的变化(摩擦系数、磨损、机械强度等),特别是摩擦材料在检测和使用过程中发生的三热(热衰退、热膨胀、热龟裂)现象,其根源都是由于树脂和橡胶、有机类的热分解而致。因此选择树脂与橡胶对摩擦材料的性能具有非常重要的作用。选用不同的粘结剂就会得出不同的摩擦性能和结构性能。目前使用酚醛树脂及其改性树脂,如腰果壳油改性、丁腈粉改性、橡胶改性及其他改性酚醛树脂作为摩擦材料的粘结剂。

对树脂的质量要求是:
(1) 耐热性好,有较好的热分解温度和较低的热失重;
(2) 粉状树脂细度要高,一般为 100~200 目,最好在 200 目以上,有利于混料分散的均匀性,可降低树脂在配方中的用量;
(3) 游离粉含量低,以 1%~3% 为宜;
(4) 适宜的固化速度(40~60 s,150 ℃)和流动距离(40~80 mm,120 ℃)。

2. 纤维增强材料

纤维增强材料构成摩擦材料的基材,它赋予摩擦制品足够的机械强度,使其能承受摩擦片在生产过程中的磨削和铆接加工的负荷力,以及使用过程中由于制动和传动而产生的冲击力、剪切力、压力。

我国有关标准及汽车制造厂根据摩擦片的实际使用工况条件,对摩擦片提出了相应的机械强度要求。如冲击强度、抗弯强度、抗压强度、剪切强度等。为了满足这些强度性能要求,需要选用合适的纤维品种增加、满足强度性能。

摩擦材料对其使用的纤维组分要求:
(1) 增强效果好;
(2) 耐热性好,在摩擦工作温度下不会发生熔断、碳化与热分解现象;
(3) 具有基本的摩擦系数;
(4) 硬度不宜过高,以免产生制动噪音和损伤制动盘或鼓;
(5) 工艺可操作性好。

3. 填料

摩擦材料组分中的填料,主要是由摩擦性能调节剂和配合剂组成的。使用填料的目的,主要有以下几个方面:
(1) 调节和改善制品的摩擦性能、物理性能与机械强度;
(2) 控制制品热膨胀系数、导热性、收缩率,增加产品尺寸的稳定性;
(3) 改善制品的制动噪音;
(4) 提高制品的制造工艺性能与加工性能;
(5) 改善制品外观质量及密度;
(6) 降低生产成本。

在设计摩擦材料的配方时,选用填料必须要了解填料的性能以及在摩擦材料各种特性中所起到的作用。正确使用填料决定摩擦材料的性能,在制造工艺上也是非常重要的。

根据摩擦性能调节剂在摩擦材料中的作用，可将其分为增磨填料与减磨填料两类。摩擦材料本身属于摩阻材料，为能执行制动和传动功能要求具有较高的摩擦系数，因此增磨填料是摩擦性能调节剂的主要成分。不同填料的增磨作用是不同的。

增磨填料的莫氏硬度通常为3~9。硬度高的增磨效果显著。5.5硬度以上的填料（如氧化铝、锆英石等）属硬质填料，但要控制其用量、粒度。

减磨填料一般为低硬度物质，低于莫氏硬度2的矿物如石墨、二硫化钼、滑石粉、云母等。它既能降低摩擦系数又能减少对偶材料的磨损，从而提高摩擦材料的使用寿命。

摩擦材料是在热与较高压力的环境中工作的一种特殊材料，因此要求所用的填料成分必须有良好的耐热性，即热稳定性，包括热物理效应和热化学效应等。

填料的堆砌密度对摩擦材料的性能影响很大。因摩擦材料有不同的性能要求，对填料堆砌密度的要求也不同。

四、自我测试题

（一）概念题

1. 涉水恢复性
2. 热磨损
3. 摩擦材料
4. NAO摩擦材料

（二）判断题

1. 摩擦材料是一种应用在动力机械上，依靠摩擦作用来执行制动功能，但不具有传动功能的部件材料。（　　）
2. 石棉是一种天然的矿物纤维，它具有较高的耐热性和机械强度，因此广泛应用于制动摩擦片。（　　）
3. 摩擦系数不是一个常数，而是受温度、压力、摩擦速度或表面状态及周围介质因素等影响而发生变化的一个数。（　　）
4. 摩擦材料在摩擦过程中不应出现将对偶件即摩擦盘或制动鼓的表面磨成较重的擦伤、划痕、沟槽等过度磨损情况。（　　）

（三）选择题

摩擦材料的各项性能指标在高温工况条件下多会发生（　　）不利的变化，其根源都是由于树脂和橡胶、有机类的热分解而致。

　A. 摩擦系数、磨损、机械刚度

　B. 摩擦系数、磨损、机械强度

　C. 热衰退、磨损、机械刚度

　D. 摩擦系数、耐磨、机械刚度

（四）填空题

1. 摩擦材料由_____、_____、_____等部分组成。
2. 半金属摩擦材料应用于轿车和重型汽车的盘式刹车片。其材质配方组成中通常含有30%~50%左右的_____，是最早取代_____而发展起来的一种无石棉材料。
3. 粉末冶金摩擦材料又称烧结摩擦材料，系将_____粉状物料经混合、压型，并_____而成。

（五）简答题

1. 更换制动摩擦片的原因是什么？
2. 制动摩擦片有哪些种类？
3. 更换制动摩擦片的步骤是什么？
4. 通过更换制动摩擦片，简述制动间隙调整的原理。

项目十

检查或更换制动盘（鼓）、制动总泵及分泵

一、项目描述

检查或更换制动盘（鼓）、制动总泵及分泵是汽车制动系统中比较常见的维修项目。本项目要求按照不同车型的维护规范进行相关检查或更换，必要时进行相关的修理作业。

1. 知识要求

（1）了解检查或更换制动盘（鼓）、制动总泵及分泵的重要性。

（2）熟悉制动总泵及分泵的结构和工作原理。

（3）掌握检查或更换制动盘（鼓）、制动总泵及分泵的技能。

2. 技能要求

（1）会检查制动盘和鼓的磨损与工作状况。

（2）会拆卸与安装制动总泵。

（3）会进行制动分泵的拆卸与安装和空气排除。

（4）会熟练安装制动盘和鼓。

（5）能够进行制动性能试验。

3. 素质要求

（1）选择和使用工具合理。

（2）拆装工艺合理，操作规范。

（3）技术要求符合维修手册。

（4）安全文明生产，保证工具、设备和自身安全。

（5）符合5S要求。

二、项目实施

任务一 鼓式制动器的检修

1. 训练目标与要求

(1) 鼓式制动器检修的目的与要求。

(2) 鼓式制动器检修的标准与规范。

(3) 鼓式制动器的检修步骤。

2. 训练设备

(1) 三类丰田威驰轿车底盘一台。

(2) 汽车四辆（有 ABS 装置）。

(3) 相关维修工具和举升设备。

3. 训练步骤

(1) 后制动蹄衬片（摩擦片）厚度检查（图 10-1）。用卡尺 1 测量后制动蹄衬片（摩擦片）2 的厚度，标准值为 5 mm，使用极限为 2.5 mm，其铆钉头 3 与摩擦片 2 表面的深度不得小于 1 mm，以免铆钉头刮伤制动鼓内表面。在未拆下车轮时，后制动蹄摩擦片的厚度可从制动底板 6 的观察孔 4 中检查。

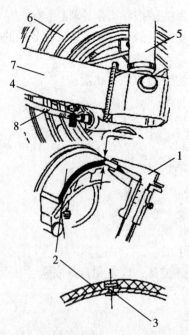

图 10-1 后制动蹄衬片（摩擦片）厚度检查

1—卡尺；2—摩擦片；3—铆钉；4—观察孔；5—后减振器；
6—制动底板；7—后桥体；8—驻车制动钢索

(2) 后制动鼓内孔磨损与尺寸的检查（图10-2）。应首先检查后制动鼓1内孔有无烧损、刮痕和凹陷，若有可修磨加工，并用卡尺2检查内孔尺寸，标准值为Φ180 mm，使用极限为Φ181 mm。用工具3测量制动鼓1内孔的不圆度，使用极限为0.03 mm，超过极限应更换后制动鼓1。

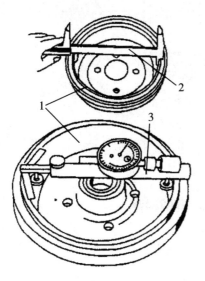

图10-2 后制动鼓内孔磨损及尺寸检查
1—后制动鼓；2—卡尺；
3—测量不圆度工具

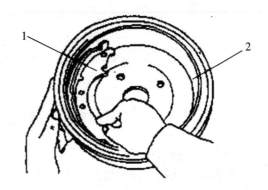

图10-3 后制动蹄衬片与后制动鼓接触面积检查
1—后制动蹄衬片（摩擦片）；2—制动鼓

(3) 后制动蹄衬片（摩擦片）与后制动鼓接触面积的检查（图10-3）。将后制动蹄衬片（摩擦片）1表面打磨干净后，靠在后制动鼓2上，检查二者的接触面积，应不小于60%，否则应继续打磨衬片（摩擦片）1的表面。

(4) 后制动器定位弹簧及回位弹簧的检查（图10-4）。检查后制动器定位弹簧、上回位弹簧、下回位弹簧和楔形调整板拉簧的自由长度，若增长率达到5%，则应更换新弹簧。

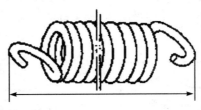

图10-4 后制动器定位弹簧检查

(5) 后制动分泵缸体与活塞的检查（图10-5）。首先应检查后制动分泵泵体1内孔与活塞2外圆表面的烧蚀、刮伤和磨损情况，然后测出分泵泵体1内孔孔径B，活塞2外圆直径C，并计算出活塞2与泵体1的间隙A，标准值为0.04~0.106 mm，使用极限为0.15 mm。

桑塔纳轿车后制动分泵内孔标准值为 Φ15.87 mm，富康轿车标准值为 Φ20.6 mm。

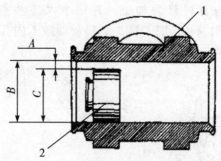

图 10-5　后制动分泵缸体与活塞检查
1—后制动分泵泵体；2—后制动分泵活塞
A—活塞与泵体间隙；B—泵体内孔孔径；C—活塞外圆直径

任务二　前盘式制动器的检修

1. 训练目标与要求
（1）盘式制动器检修的目的与要求。
（2）盘式制动器检修的标准与规范。
（3）盘式制动器的维修与调整步骤。

2. 训练设备
（1）三类轿车底盘四台。
（2）汽车四辆（有 ABS 装置）。
（3）相关维修工具和举升设备。

3. 训练步骤
（1）制动盘表面磨损厚度的检查（图 10-6）。除检查制动盘 2 表面的磨损外，可用卡尺 1 检查制动盘 2 的厚度，标准值为 12 mm，使用极限为 10 mm，超过极限应更换。富康轿车制动盘的标准厚度为 10 mm（实体），使用极限为 8 mm；或制动盘的标准厚度为 20.4 mm（通风型），使用极限为 18.4 mm。

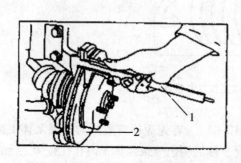

图 10-6　制动盘表面磨损及厚度检查
1—卡尺；2—制动盘

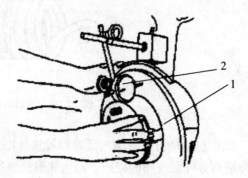

图 10-7　制动盘跳动检查
1—制动盘；2—百分表

(2) 制动盘跳动的检查（图 10-7）。用百分表 2 检查制动盘 1 端面跳动量，使用极限为 0.08 mm。

(3) 制动盘的修磨（图 10-8）。制动盘在允许厚度的范围内可以修磨其上锈斑、刻痕。使用砂轮打磨制动盘表面时，打磨的痕迹可以是无方向性的，但打磨痕迹应相互垂直。

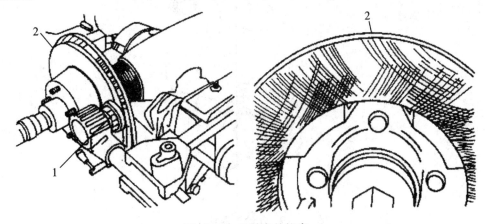

图 10-8 制动盘的修磨
1—砂轮盘；2—制动盘

(4) 制动衬片厚度的检查（图 10-9）。制动衬片的总厚度标准值为 14 mm，使用极限为 7 mm。制动衬片摩擦片厚度磨损极限的残余厚度应不小于 0.8 mm。在未拆下时外制动衬片 5 可通过轮辐 4 上的孔检查其厚度，或拆下车轮后检查。

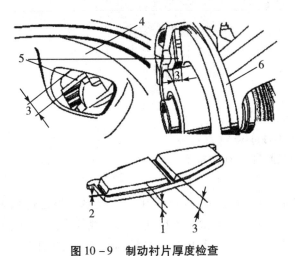

图 10-9 制动衬片厚度检查
1—制动衬片摩擦片厚度；2—制动衬片摩擦片磨损极限的残余厚度；
3—制动衬片的总厚度；4—轮辐；5—外制动衬片；6—制动盘

(5) 制动钳体与活塞的检查（图 10-10）。用内径表 1 检查制动钳体 2 的内孔直径，用千分尺 3 检查活塞 4 的外径，并可计算出活塞 4 与钳体 2 的间隙，标准值为 0.04~0.116 mm，使用极限为 0.16 mm。

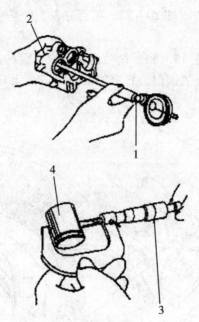

图 10-10 制动钳体与活塞检查
1—内径表；2—制动钳体；3—千分尺；4—活塞

任务三 制动主缸（总泵）的检修

1. 训练目标与要求

（1）制动主缸（总泵）检查的目的与要求。

（2）制动主缸（总泵）检查的标准与规范。

（3）制动主缸（总泵）的检查与调整步骤。

2. 训练设备

（1）三类轿车底盘四台。

（2）汽车四辆（有 ABS 装置）。

（3）相关维修工具和举升设备。

3. 训练步骤

制动主缸（总泵）与活塞的检查如图 10-11 所示，先检查泵体 2 内孔和活塞 4 表面的划伤和腐蚀，再用内径表 1 检查主缸（总泵）泵体 2 内孔的直径 B。用千分尺 3 检查主缸（总泵）活塞外径 C，算出泵体与活塞 4 的间隙值 A，其标准值为 0.04 ~ 0.106 mm，使用极限为 0.15 mm，超过极限应更换。同时还应检查密封圈的老化、损坏与磨损，并更换之。

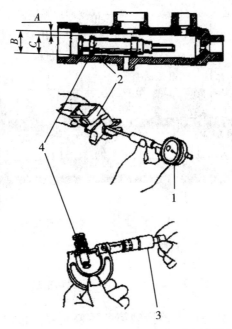

图 10-11 制动主缸(总泵)与活塞的检查
1—内径表；2—制动主缸(总泵)泵体；3—千分尺；4—主缸(总泵)活塞
A—泵体与活塞的间隙；B—泵体内孔直径；C—活塞的外径

三、相关知识

以下介绍液压式制动传动装置主要部件的结构。

(一) 制动主缸

制动主缸的作用是将踏板输入的机械能转换成液压能。

制动主缸有的与储液室铸成一体，也有二者分制而装合在一起或用油管联结的。按交通法规的要求，现代汽车的行车制动系统都必须采用双回路制动系统，因此液压制动系统都采用串列双腔式制动主缸。目前国内轿车及大多数国外轿车都采用等径制动主缸，即制动主缸两腔的缸径相同，而某些国外轿车上装用了异径制动主缸，即制动主缸两腔的缸径不相等。

图 10-12 是桑塔纳、捷达、奥迪轿车等采用的串列双腔等径制动主缸。缸体呈筒形，内有两个活塞。第二活塞位于缸筒的中间位置，将主缸分成左右两个工作腔。每个工作腔内产生的液压经各自的管路分别传至前、后轮制动器。每个工作腔分别通过补偿孔和回油口与储液室相通。第二活塞两端都承受弹簧力，当主缸不工作时，第二活塞处在正确的中间位置，使各缸的补偿孔和回油孔都与缸内相通。第一活塞在弹簧的作用下压靠在限位环上，使其处于右腔的补偿孔和回油孔之间。每个活塞上都有轴向小孔，皮碗的端部通过垫片压在小孔的一侧，以便两腔建立油压并保证密封。

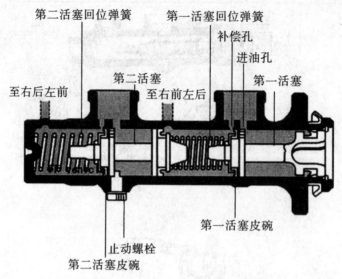

图10-12　串列双腔等径制动主缸

当踩下制动踏板时，真空助力器推动第一活塞左移，直到皮碗盖住补偿孔后，右工作腔中液压升高，油液一方面通过腔内出油口进入右前和左后制动管路，一方面又推动第二活塞左移。在右腔液压和弹簧的作用下，第二活塞向左移动，左腔压力也随之提高，油液通过腔内出油口进入右后和左前制动管路。当继续踩下制动踏板时，左、右腔的液压继续提高，使前、后制动器制动。

解除制动时，活塞在弹簧作用下回位，高压油液自制动管路流回制动主缸。如活塞回位过快，工作腔容积迅速增大，油压迅速降低，制动管路中的油液由于管路阻力的影响，来不及充分流回工作腔，使工作腔中形成一定的真空度，于是储液室中的油液便经进油口和活塞上的轴向小孔推开垫片及皮碗进入工作腔（某些车型中，油液通过皮碗的唇边进入工作腔）。当活塞完全回位时，补偿孔开放，制动管路中流回工作腔的多余油液经补偿孔流回储液室。如图10-13、图10-14所示。

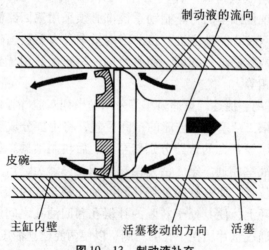

图10-13　制动液补充

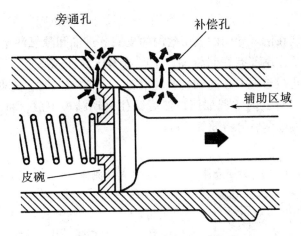

图 10-14 制动液回流到储液室

若与左腔联结的制动管路损坏漏油,则在踩下制动踏板时只有右腔中能建立液压,左腔中无压力。此时在压差作用下,第二活塞迅速移到其前端顶到主缸缸体上。此后,右工作腔中液压方能升高到制动所需的值。

若与右腔联结的制动管路损坏漏油,则在踩下制动踏板时,起先只是第一活塞前移,而不能推动第二活塞,因而右工作腔中不能建立液压。但在第一活塞直接顶触第二活塞时,第二活塞便前移,使左工作腔建立必要的液压而制动。

由此可见,双回路液压制动系统中任一回路失效时,制动主缸仍能工作,只是所需踏板行程加大,将导致汽车的制动距离增长,制动效能降低。

(二) 制动轮缸

制动轮缸的作用是把油液压力转变为轮缸活塞的推力,推动制动蹄压靠在制动鼓上,产生制动作用。制动轮缸有双活塞式和单活塞式两种。图 10-15 是上海桑塔纳轿车和一汽捷达、奥迪轿车所采用的双活塞式制动轮缸。缸体用螺栓固定在制动底板上,缸内有两个活塞,二者之间的内腔由两个皮碗密封。制动时,制动液自油管接头和进油孔进入,活塞在液压作用下外移,通过顶块推动制动蹄。弹簧保证皮碗、活塞、制动蹄紧密接触,并保持两活塞之间的进油间隙。防护罩除防尘外,还可防止水分进入,以免活塞和轮缸生锈而卡住。在轮缸缸体上方还装有放气阀,以便放出液压系统中的空气。

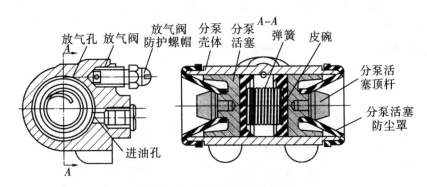

图 10-15 双活塞式制动轮缸

图10-16为单活塞式制动轮缸。为缩小轴向尺寸,液压腔密封件不用抵靠活塞端面的皮碗,而采用装在活塞导向面上切槽内的皮圈。进油间隙靠活塞端面的凸台保持。放气阀的中部有螺纹,尾部有密封锥面,平时旋紧压靠在阀座上。与密封锥面相连的圆柱面两侧有径向孔,与阀中心的轴向孔道相通。需要放气时,先取下橡胶护罩,再连踩几下制动踏板,对缸内空气加压,然后踩住制动踏板不放,将放气阀旋出少许,空气即行排出。空气排尽后再将放气阀旋闭。

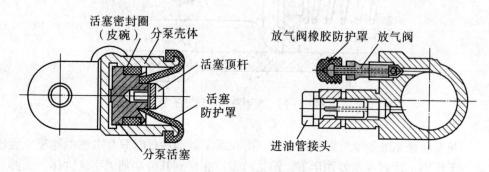

图10-16 单活塞式制动轮缸

四、集中训练

制动器拆装与检修(威驰手动)具体步骤如下。

1. 训练目标与要求

(1) 车轮制动器拆装与检修的目的与要求。

(2) 车轮制动器检修的标准与规范。

(3) 车轮制动器的拆装与检修步骤。

2. 训练设备

(1) 三类丰田威驰轿车底盘四台。

(2) 汽车四辆(有ABS装置)。

(3) 相关维修工具和举升设备。

3. 训练步骤

进行拆检前松开驻车制动,并把点火开关置于ACC挡位。

1) 前制动器(左侧)的拆装与检修

前制动器的拆装如图10-17所示。

项目十 检查或更换制动盘（鼓）、制动总泵及分泵

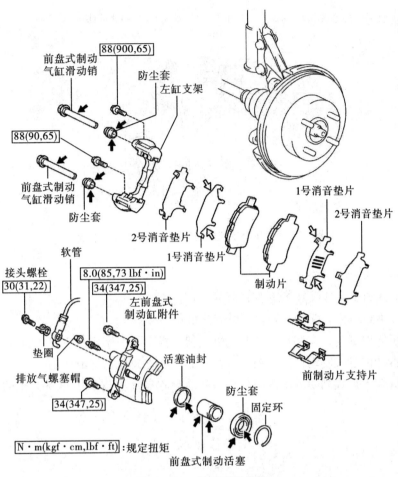

图 10-17 前制动器分解

（1）拆下前轮。
（2）排除制动液。

注意：不要让制动液溅到油漆表面，否则应立刻清洗。

（3）拆下前盘式制动缸。
①从前盘式制动缸上拆下接头螺栓和垫圈，然后脱开软管（图 10-18）。

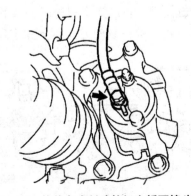

图 10-18 从前盘式制动轮缸上拆下接头螺栓

227

②固定住前盘式制动缸滑动销，拆下2个螺栓（图10-19）。

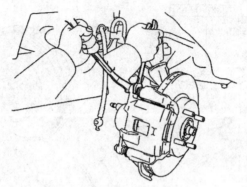

图10-19 拆下前盘式制动缸滑动销的2个螺栓

（4）拆下前制动片套件。
①拆下制动盘内外两侧2块带消音垫片的制动片。
②从每块制动片上拆下1号和2号消音垫片。
（5）拆卸前制动片支持片。从制动缸支架上拆下2个摩擦衬块（支持片）。
（6）拆卸前盘式制动缸滑动销。从盘式制动缸支架上拆下滑动销。
（7）拆卸前盘式制动滑动销防尘套。从前盘式制动缸支架上拆下2个防尘套（图10-20）。

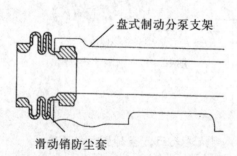

图10-20 从前盘式制动缸支架上拆下防尘套

（8）拆卸左前盘式制动缸支架。拆卸2个螺栓后，取下左前盘式制动缸支架。
（9）拆下制动缸防尘套。用改锥（螺丝刀）拆下固定环和防尘套（图10-21）。

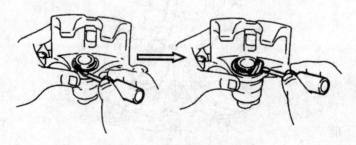

图10-21 拆下制动缸防尘套

(10) 拆下前盘式制动器放气螺栓。

(11) 拆下前制动活塞。

①在制动缸和活塞间放一块布或近似物。

②用压缩空气把活塞从制动缸中吹出，如图10－22所示。

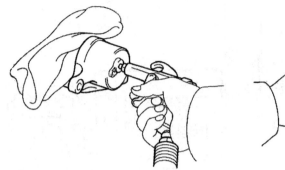

图10－22 拆下前制动活塞　　　　图10－23 拆卸活塞油封

● **警告**：在吹压缩空气时，手指不要放在活塞面前。

● **注意**：不要溅出制动液。

(12) 拆卸活塞油封。用改锥（螺丝刀）从制动缸中取下油封，如图10－23所示。

(13) 检查制动缸和活塞。检查缸壁和活塞有无生锈或划伤。

(14) 检查制动片衬面厚度。用直尺测量衬面厚度，如图10－24所示。

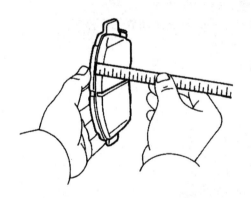
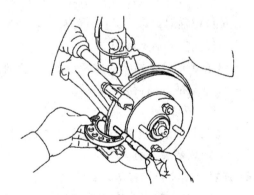

图10－24 检查制动片衬面厚度　　　　图10－25 检查制动盘厚度

标准厚度：11.0 mm；最小厚度：1.0 mm。

(15) 检查前制动磨损指示器钢片。确保磨损指示器钢片有足够的弹性、无变形破裂或磨损，对所有锈蚀、赃物和其他杂质应清除干净。

(16) 检查制动盘厚度。用螺旋测微器测量制动盘厚度（图10－25）。

标准厚度：18.0 mm；最小厚度：16.0 mm。

(17) 拆下前制动盘。

①在制动盘和轮毂上做标记。

②拆下制动盘。

(18) 安装制动盘。

❗ 提示：选择制动盘摆动最小的位置进行安装。

(19) 检查制动盘摆动（图10-26）。

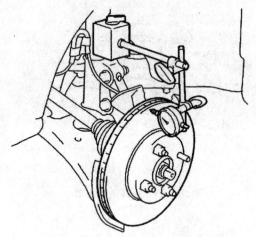

图10-26 检查制动盘摆动

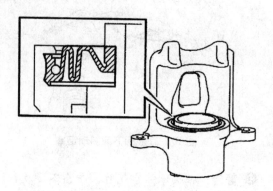

图10-27 安装制动缸防尘套

①临时紧固制动盘。扭矩：103 N·m。

②用百分表在距制动盘外缘10 mm处测量制动盘的摆动。

制动盘最大摆动：0.05 mm。

(20) 临时拧紧制动放气螺栓。在前制动缸上临时拧紧制动放气螺栓。

(21) 安装活塞油封。

①在新活塞油封上涂抹锂皂基乙二醇润滑脂。

②把新活塞油封装入制动缸。

(22) 安装制动活塞。

①在制动活塞上涂抹锂皂基乙二醇润滑脂。

②把活塞装入前盘制动缸中。

❗ 注意：不要强行将活塞旋拧进制动缸。

(23) 安装制动缸防尘套（图10-27）。

①在新制动缸防尘套上涂抹锂皂基乙二醇润滑脂，并将它装入制动缸。

❗ 提示：将防尘套可靠安装在制动缸和活塞的凹槽中。

②用改锥（螺丝刀）装入定位环。

❗ 注意：小心不要损伤制动缸防尘套。

(24) 安装左前盘制动分泵支架。用2个螺栓紧固前盘制动缸支架。

扭矩：88 N·m。

(25) 安装前盘制动衬套（滑动销）防尘套。

①在2个新防尘套的封表面涂抹锂皂基乙二醇润滑脂。

②把2个防尘套装入前盘制动缸支架。

(26) 安装前盘制动缸滑动销。

①在2个滑动销的滑动部分和油封表面涂抹锂皂基乙二醇润滑脂。

②把2个滑动销装入前盘制动缸支架。

(27) 安装前制动片支持片。把2个前制动片支持片安装在前盘制动缸支架上。

(28) 安装制动衬块（片）组件。

注意：在更换磨损制动衬块（片）时，必须同时更换消音垫片。

①在每片消音垫片（1号消音垫片）的两侧和制动衬块（片）背面的两个凹坑中涂盘式制动润滑脂（图10-28）。

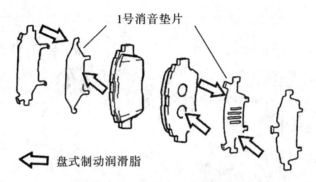

图10-28 制动衬块背面润滑

②在每块制动衬块（片）上安装消音垫片。

③磨损指示器向上，安装内侧制动衬块（片），然后装入外侧制动衬块（片）。

注意：制动片和制动盘的摩擦表面不能附着机油或润滑脂。

(29) 安装前盘制动分泵（缸）。

①用2个螺栓安装前盘制动分泵（缸）（图10-29）。

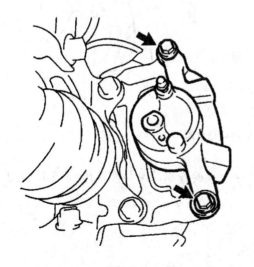

图10-29 安装前盘制动分泵（缸）

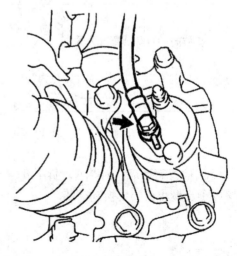

图10-30 安装制动软管

扭矩:34 N·m。

②用接头螺栓安装新垫片和软管(图10-30)。

扭矩:30 N·m。

❀ 提示:要将软管可靠地紧固在制动分泵(缸)的锁止孔内。

(30)向制动储液罐加注制动液,并排出制动总泵和制动管路中的空气。

(31)安装前轮。

扭矩:103 N·m。

2)后制动器(左侧)的拆装与检修

后制动器的拆装如图10-31所示。

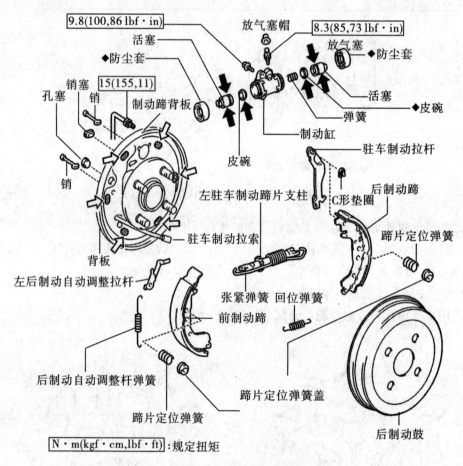

图10-31 后制动器分解

(1)检查制动蹄衬面厚度。拆下孔塞,通过孔检查制动蹄衬面厚度(图10-32)。如厚度小于最小值,更换制动蹄。

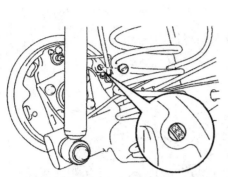
图10-32 通过孔检查制动蹄衬面厚度

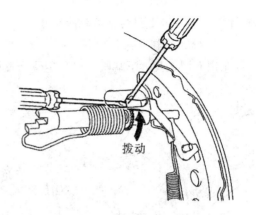
图10-33 使制动自动调节杆与调整器分开

最小厚度：1.0 mm。

（2）拆下后轮。

（3）排出制动液。

❗ **注意**：不要让制动液溅到油漆表面，否则应立刻清洗。

（4）拆下后制动鼓。

①松开驻车制动杆后拆下制动鼓。

❗ **提示**：如果不能轻易拆下制动鼓，进行下列操作。

②拆下孔塞，经背板插入一把改锥（螺丝刀），使制动自动调节杆与调整器分开（图10-33）。

③用另一把改锥（螺丝刀），拨动调整轮来减小调整器的长度。

（5）检查制动鼓的内径。用制动鼓量规或游标卡尺测量鼓的内径（图10-34）。

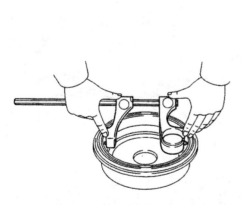
图10-34 检查制动鼓的内经

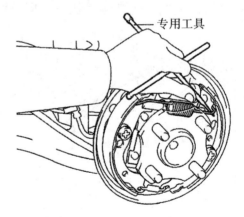
图10-35 拆下张紧弹簧

标准内径：200.0 mm；最大内径：201.0 mm。

（6）分离驻车制动蹄左侧定位支柱。用专用工具从前后制动蹄上拆下张紧弹簧后分离驻车制动蹄左侧定位支柱（图10-35）。

注意：小心不要损伤制动缸防尘套。

（7）拆卸前制动蹄。

①用专用工具拆下端帽、蹄片定位弹簧以及销（图10-36）。

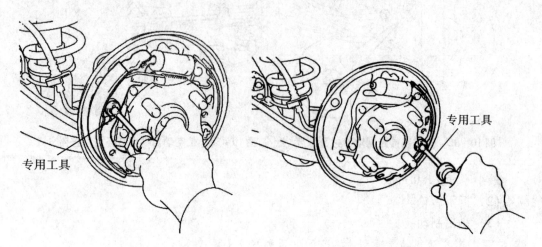

图10-36 拆下前制动蹄端帽、蹄片定位弹簧及销　　图10-37 拆下后制动蹄端帽、蹄片定位弹簧及销

②脱开回位弹簧后将前制动蹄拆下。

③拆下驻车制动蹄左侧定位支柱。

（8）拆下左侧制动自动调整拉杆。拆下制动调整拉杆弹簧和自动调整拉杆。

（9）拆下制动蹄回位弹簧。从制动蹄上拆下回位弹簧。

（10）拆下后制动蹄。

①使用专用工具拆下端帽、蹄片定位弹簧和销（图10-37）。

②用尖嘴钳，从驻车制动拉杆上拆下驻车制动拉线（图10-38）。

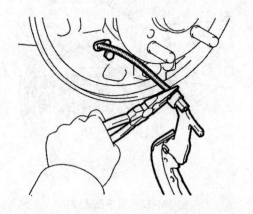 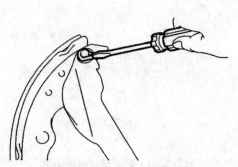

图10-38 从驻车制动拉杆上拆下驻车制动拉线　　图10-39 拆卸驻车制动蹄拉杆附件

（11）拆卸驻车制动蹄拉杆附件（图10-39）。用改锥（螺丝刀）拆下C形垫片和驻车制动蹄拉杆。

（12）检查制动蹄衬面厚度。用直尺测量制动蹄衬面厚度，如图10-40所示。

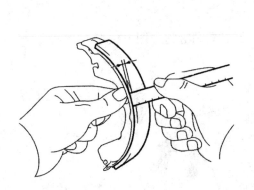
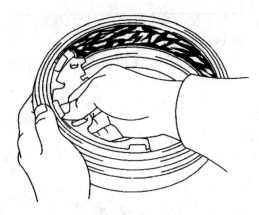

图 10-40　检查制动蹄衬面厚度　　　　图 10-41　检查制动鼓与制动蹄衬面是否正常接触

标准厚度：4.0 mm；最小厚度：1.0 mm。

如果衬面厚度达到最小厚度或更小，或者存在严重或不均匀的磨损，应更换制动蹄。

（13）检查制动鼓与制动蹄衬面是否正常接触。在制动鼓内表面涂上粉笔后，将制动蹄与鼓内表面贴合，进行研磨（图 10-41）。

如果鼓与蹄片衬面接触不良，研磨制动蹄或更换制动蹄。

（14）拆卸制动缸。

①脱开制动油管（图 10-42），用容器接盛制动液。

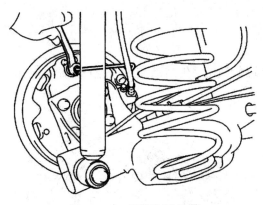

图 10-42　脱开制动油管

②拆下螺栓和制动缸。

（15）拆卸制动缸皮碗。

①从制动缸上拆下 2 个防尘套。

②拆下 2 个活塞和弹簧。

③从每个活塞上拆下制动缸帽。

（16）检查制动缸。检查缸壁和活塞有无生锈或划伤。

（17）拆下制动鼓后放气螺塞。

(18) 临时拧紧制动鼓后放气螺塞。

(19) 安装制动缸皮碗。

①在2个制动缸皮碗和活塞上涂抹锂皂基乙二醇润滑脂(图10-43)。

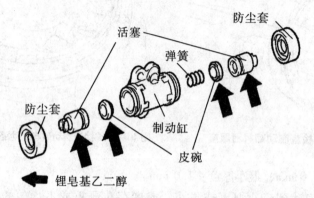

图10-43 在制动缸皮碗和活塞上涂抹锂皂基乙二醇润滑脂

②在每个活塞上装入2个制动缸帽。

③把压紧弹簧和2个活塞装入制动缸中。

④把2个新防尘套装上制动缸。

(20) 安装制动缸。

①用螺栓安装制动缸。

扭矩:9.8 N·m。

②连接制动油管。

扭矩:15 N·m。

(21) 涂抹耐高温润滑脂。在制动背板与制动蹄接触表面涂抹耐高温润滑脂(图10-44)。

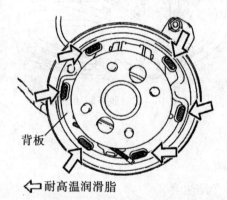

图10-44 在制动背板与制动蹄接触表面涂抹耐高温润滑脂

(22) 安装驻车制动蹄拉杆附件。加装一个新的C形垫片后安装驻车制动拉杆(图10-45)。

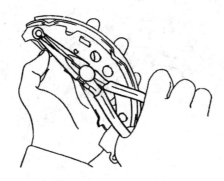

图 10-45 安装驻车制动蹄拉杆附件

(23) 安装制动蹄。

①用尖嘴钳把驻车制动拉线连接到驻车制动拉杆上（图 10-46）。

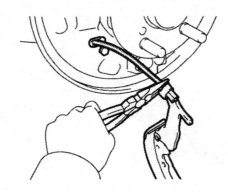

图 10-46 用尖嘴钳把驻车制动拉线连接到驻车制动拉杆上

②用专用工具安装后制动蹄、销、蹄片定位弹簧和蹄片定位弹簧帽（图 10-47）。

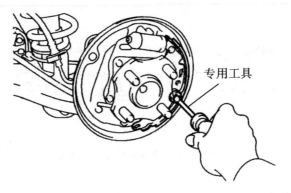

图 10-47 安装后制动蹄、销、蹄片定位弹簧和蹄片定位弹簧帽

(24) 安装制动蹄回位弹簧。把回位弹簧安装到制动蹄上。

(25) 安装左制动自动调整拉杆。在前制动蹄上装入自动调整拉杆和自动调整拉杆弹簧（图 10-48）。

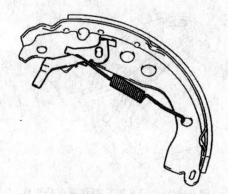

图 10-48 在前制动蹄上装入自动调整拉杆弹簧

(26) 安装驻车制动蹄支柱。
①在调整螺栓上涂抹耐高温润滑脂（图 10-49）。

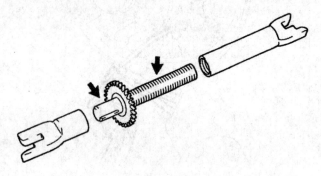

图 10-49 在调整螺栓上涂抹耐高温润滑脂

②如图 10-50 所示，安装驻车制动蹄左侧支柱。

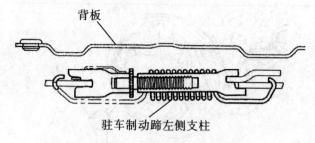

图 10-50 安装驻车制动蹄左侧支柱

(27) 安装前制动蹄。
①把回位弹簧安装到前制动蹄上。
②用专用工具装入前制动蹄、销、蹄片定位弹簧和定位弹簧帽（图 10-51）。

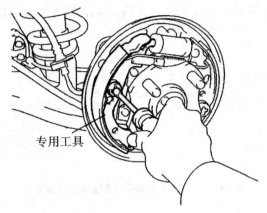

图 10-51 装入前制动蹄、销、蹄片定位弹簧和定位弹簧帽

（28）用专用工具把张紧弹簧连接到前、后制动蹄上（图 10-52）。

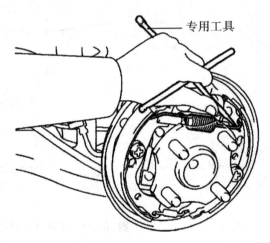

图 10-52 用专用工具把张紧弹簧连接到前、后制动蹄上

❀ **注意**：小心不要损伤制动缸防尘套。

（29）检查制动鼓的安装情况。

①检查每个零件是否正确安装（图 10-53）。

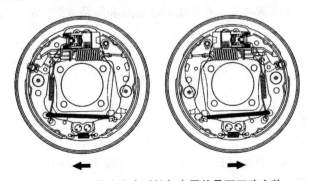

图 10-53 检查左右后轮每个零件是否正确安装

②测量制动鼓内径和制动蹄的直径（图10-54），检查两者之差是否为正确的制动蹄间隙。

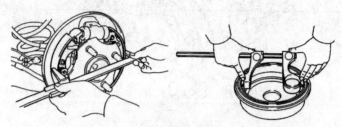

图10-54 测量制动蹄的直径和制动鼓内径

制动蹄间隙：0.6 mm。

※ 注意：制动蹄衬面和制动鼓的摩擦表面不能粘附有油污或润滑脂。

（30）调整制动鼓蹄片间隙（图10-55）。

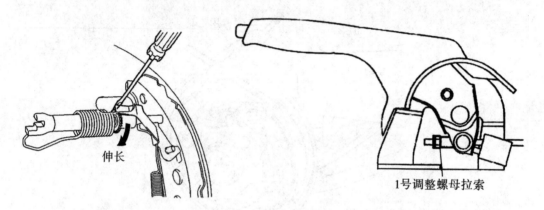

图10-55 调整制动鼓蹄片间隙　　图10-56 调整驻车制动拉杆行程

①临时安装上2个轮毂螺母。
②回转调整器8个齿。
③安装孔塞。

（31）安装后制动鼓。

（32）向储液罐加注制动液，并排出制动总泵和制动管路中的空气。

（33）安装后轮。

扭矩：103 N·m。

（34）检查驻车制动拉杆行程。拉足驻车制动拉杆并计算发出"卡啦"声的数目。

驻车制动拉杆行程：6~9声"卡啦"声。

（35）调整驻车制动拉杆行程。
①拆卸手套箱盖。
②转动1号调整螺母直至拉杆行程正确为止（图10-56）。
③安装手套箱盖。

五、自我测试题

简答题

1. 检查鼓式、盘式车轮制动器的重要性是什么？
2. 如何检查制动盘和鼓的磨损与工作情况？
3. 制动总泵、制动分泵的结构与工作原理是什么？
4. 如何检查与调整盘式车轮制动器？
5. 检查或更换制动总泵、制动分泵的操作步骤是什么？

项目十一

检查或更换制动助力器

一、项目描述

检查或更换制动助力器是有关汽车制动系统比较常见的维修项目。本项目将按照不同车型的维护规范进行相关检查，必要时进行相关的修理作业。

1. 知识要求

（1）了解检查或更换制动助力器的重要性。

（2）熟悉制动助力器的结构和工作原理。

（3）掌握检查或更换制动助力器的操作技能。

2. 技能要求

（1）会拆卸与安装制动助力器。

（2）会进行真空助力器系统检查与测试的操纵步骤。

（3）会进行制动助力器安装后的性能试验。

3. 素质要求

（1）选择和使用工具合理。

（2）拆装工艺合理，操作规范。

（3）技术要求符合维修手册。

（4）安全文明生产，保证工具、设备和自身安全。

（5）符合5S要求。

二、项目实施

 任务一　真空助力器的检查与调整

1. 训练目标与要求

（1）真空助力器检修的目的与要求。

（2）真空助力器检修的标准与规范。

（3）真空助力器的检修步骤。

2. 训练设备

(1) 三类液压制动系统的轿车底盘四台。

(2) 汽车四辆（有 ABS 装置）。

(3) 相关维修工具和举升设备。

3. 训练步骤

1) 就车真空助力器检查

检查真空助力器时，将发动机熄火。首先，用力踩几次制动踏板，以消除真空助力器中残留的真空度。用适当的力踩住制动踏板，并保持在一定的位置，然后启动发动机，使真空系统重新建立起真空，并观察踏板。

(1) 若踏板位置有所下降，说明真空助力器正常。

(2) 若踏板位置保持不动，则说明助力器或真空单向阀损坏。

2) 就车真空助力器真空试验

如图 11-1 所示，试验时需要 T 型管、真空表、软管及卡紧装置。试验过程如下：

(1) 与进气歧管相连的真空管从助力器单向阀上拔下，用 T 型管接于真空管、助力器单向阀和与进气歧管相连的真空管之间；

(2) 启动发动机，怠速运转 1 min；

(3) 卡紧与进气歧管相连的真空管上的卡紧装置，切断助力器单向阀与进气歧管之间的通路；

(4) 将发动机熄火，观察真空表的变化，如果在规定时间内真空度下降过多（BJ2023 规定在 15 s 之内真空度下降不大于 3386.35 Pa），说明助力器膜片或者真空阀损坏。

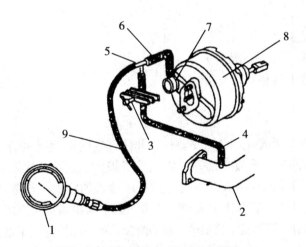

图 11-1 真空助力器的就车试验

1—真空表；2—进气歧管；3—卡紧工具；4—软管；5—三通接头；6—软管；
7—单向阀；8—真空助力器；9—软管

3) 真空助力单向阀试验

真空助力单向阀试验如图 11-2 所示。将与单向阀相连的真空管拆下，将单向阀从助力器上拆下，把手动真空泵软管与单向阀真空源接口相连。

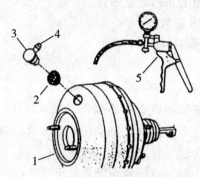

图 11-2 真空助力器的单向阀试验

1—真空表；2—单向阀密封圈；3—真空助力器单向阀；4—单向阀真空源接口；5—手动真空泵

扳动手动真空泵手柄给单向阀加上 50.80~67.7 kPa 的真空度，在正常情况下，真空应保持稳定。如果真空泵指示表上显示出真空度下降，则表明单向阀损坏。

任务二 真空增压器试验

1. 训练目标与要求

（1）真空增压器试验的目的与要求。

（2）真空增压器试验的标准与规范。

（3）真空增压器试验步骤。

2. 训练设备

（1）三类液压制动系统的轿车底盘四台。

（2）汽车四辆（有 ABS 装置）。

（3）相关维修工具和举升设备。

3. 训练步骤

1）简单试验方法

（1）制动踏板高度试验。启动发动机，并使真空度达到规定值。此时，踩下制动踏板，并测出踏板距地板高度。然后，将发动机熄火，连续几次踩制动踏板，使真空度降为零，此时再踩下制动踏板，并测出踏板距地板的距离。正常情况下，后一次测得的距离应小于前一次，若两次距离相等，说明真空增压器不起作用。

（2）控制阀检验。启动发动机不踏下制动踏板，将一团棉丝置于增压器空气滤清器口处，此时棉丝不被吸入。若棉丝被吸入，说明空气阀漏气。踏下制动踏板，棉丝应被吸入。若棉丝不被吸入，或者吸力过小，说明空气阀开度过小，或者助力器膜片破损。

（3）加力气室膜片行程检查。发动机不工作而且不踩下制动踏板时，取下加力气室加油口橡胶盖。从该孔测出膜片位置。测完后再塞紧橡胶盖。

将发动机启动运转，并踩下制动踏板。取下加力气室加油孔橡胶盖，再次测出膜片位置，两次测出的位置差即为膜片行程。若膜片行程过小说明增压器工作不良；若膜片行程过大,说明制动系统存在泄漏,或者制动间隙过大。

2) 仪表试验

(1) 不工作情况下真空增压器的气密性试验。如图11-3所示,将真空表和开关串联于真空筒和加力气室真空接孔之间。在真空增压器不工作的情况下,打开开关,使真空表达到66.66 kPa的真空度,然后再关闭开关。在15 s之内,真空表不低于63.23 kPa。也可用真空泵代替真空筒做该试验,若真空度下降过快,则可能存在膜片(加力气室和控制阀)破裂和空气阀关闭不严的故障。

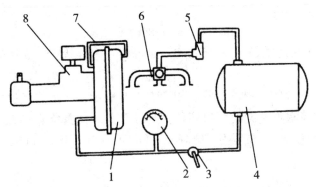

图11-3 不工作情况下真空增压器气密性试验
1—真空加力气室;2—真空表;3—开关阀;4—真空储气筒;
5—单向阀;6—发动机进气管;7—通气管;8—辅助缸

(2) 油密性试验。如图11-4所示,在辅助缸出口处接压力表和开关。首先将开关关闭,使制动主缸至辅助缸出口之间充满压力油,并将气体从放气螺钉处放净。然后打开开关,从A处充入压力为11800 Pa的制动液,关闭开关。压力表压力10 s内不得下降到10800 Pa,否则,辅助缸存在泄漏问题。

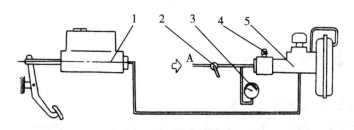

图11-4 油密性试验
1—制动主缸;2—开关;3—压力表;4—放气螺钉;5—真空增压器

(3) 单向阀气密性试验。如图11-5所示,在发动机进气歧管之间,装一个开关。在单向阀另一端安装一个带真空表的密封容器。先打开开关,启动发动机,使密封容器上真空表的真空达67 kPa。然后关闭开关,真空表指针下降至64 kPa的时间不得少于15 s。利用真空泵代替发动机,也可以做此项试验。

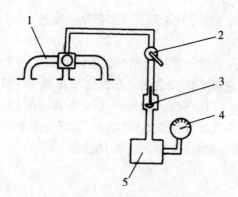

图 11-5 单向阀气密性试验

1—发动机进气歧管；2—开关；3—单向阀；4—真空表；5—密封容器

（4）加力气室膜片的气密性试验。如图 11-6 所示，将加力气室与控制阀之间的通气管拆下，并把控制阀一侧的管口堵住。打开开关，使真空表指针达 35 kPa，然后再将开关关闭。此时，真空泵压力下降到 27 kPa 的时间应小于 1 min，否则，说明膜片密封不严。

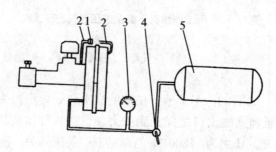

图 11-6 加力气室膜片的气密性试验

1—制动阀；2—通气管；3—真空表；4—开关；5—真空储气筒

三、相关知识

（一）真空液压制动传动装置

在普通的液压制动系统中，加装真空加力装置，可以减轻驾驶员施加于制动踏板上的力，增加车轮制动力，达到操纵轻便、制动可靠的目的。真空加力装置是用发动机工作时在进气管中形成的真空度（或利用真空泵）为力源的动力制动传动装置。它可分为增压式和助力式两种形式。增压式是通过增压器将制动主缸的液压进一步增加，增压器装在主缸之后；助力式是通过助力器来帮助制动踏板对制动主缸产生推力，助力器装在踏板与主缸之间。

1. 真空增压式液压制动传动装置

图 11-7 为跃进 NJ1061A 型汽车装用的真空增压式液压制动传动装置。它比普通

液压制动传动装置多装了一套真空增压系统，其中包括：由发动机进气管9（真空源）、真空单向阀8、真空筒7组成的供能装置；作为控制装置的控制阀6；作为传动装置的加力气室5及辅助缸4。

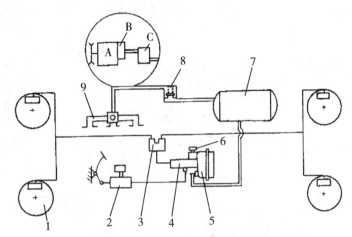

图11-7　跃进NJ1061A型汽车真空增压式制动传动装置

1—车轮制动器；2—制动主缸；3—双活塞安全缸；4—辅助缸；5—加力气室；
6—控制阀；7—真空筒；8—单向阀；9—进气管
A—发动机；B—真空泵；C—单向阀

发动机工作时，在进气歧管9中的真空度作用下，真空筒中的空气经真空单向阀8被吸入发动机，因而筒中也具有一定的真空度，作为制动加力的力源（柴油发动机因进气管的真空度不高，需另装一真空泵作为真空源）。单向阀8的作用是：当进气管（或真空泵）的真空度高于真空筒的真空度时，单向阀被吸开，将真空筒及加力气室内的空气抽出；当发动机熄火或因工况变化以致使进气管的真空度低于真空筒的真空度时，单向阀即关闭，以保持真空筒及加力气室的真空度。

踩下制动踏板时，制动主缸2输出的制动油液首先进入辅助缸4，由此一面传入前后制动轮缸，另一面又作为控制压力输入控制阀6，控制阀6使真空加力气室5起作用，这样气室5输出的力与主缸传来的液压一同作用于辅助缸活塞上，使辅助缸输送至轮缸的液压变得远高于主缸液压。

图11-8为国产66-Ⅳ型真空增压器。它由加力气室、辅助缸和控制阀三部分组成。

加力气室是把进气管（或真空泵）产生的真空度与大气压力的压力差，转变为机械推力的总成。壳体20和23是钢板冲压件，前壳体20用螺钉与辅助缸体3的后端相连，其间有连接块和密封垫圈。膜片22的外缘装在用卡箍21夹紧的壳体20和23之间，中部经托盘24等件与推杆紧固在一起，不制动时膜片在回位弹簧25作用下处于最右端位置。膜片左腔C有孔管经单向阀与发动机的进气管相通，经由辅助缸体3中的孔道与控制阀下气室B相通；其右腔室经通气管28通至控制阀上腔A。

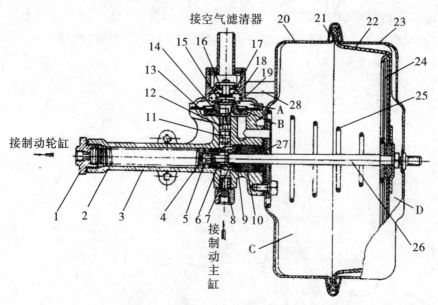

图 11-8 国产 66-Ⅳ型真空增压器

1—辅助缸出油接头;2—辅助缸活塞回位弹簧;3—辅助缸体;4—辅助缸活塞;5—球阀门;6—皮圈;
7—活塞限位座;8—辅助缸进油接头;9—双口密封圈;10—密封圈座;11—控制阀活塞;12—皮圈;
13—控制阀膜片;14—膜片座;15—真空阀;16—空气阀;17—阀门弹簧;18—控制阀体;
19—控制阀膜片回位弹簧;20—加力气室前壳体;21—卡箍;22—加力气室膜片;23—加力气室后壳体;
24—膜片托盘;25—加力气室膜片回位弹簧;26—推杆;27—连接头;28—通气管
A—控制室上腔;B—控制室下腔;C—加力气室前部;D—加力气室后部

　　辅助缸是把低压油变成高压油的装置。装有皮圈 6 的活塞 4 把辅助缸体 3 分成两部分:左腔经出油接头 1 通向前后制动轮缸;右腔经进油接头 8 通向制动主缸的出油口。活塞 4 的中部有小孔而保持左、右腔在不制动时连通,加力气室不工作时回位弹簧 2 使活塞靠在活塞限位座 7 的右极限位置。前端嵌装球阀 5 的推杆 26 用来推动活塞移动,杆的后端与加力气室膜片 22 联结。密封圈 9、10 起密封和导向作用。

　　控制阀是控制加力气室起作用的随动控制机构。膜片 13 的中部紧固在膜片座 14 上,装有皮圈 12 的控制活塞 11 与座 14 固装在一起,活塞 11 处于与辅助缸右腔相通的孔中。真空阀 15 和空气阀 16 刚性地联结在一起,阀门弹簧 17 在不制动时使空气阀 16 关闭,膜片回位弹簧 19 则使膜片 13 保持在真空阀 15 开启的下方位置。膜片座中央有孔道使气室 A 和气室 B 相通,因此不制动时四个气室 A、B、C 和 D 相通而且有相等的真空度。

　　踩下制动踏板时,如图 11-9(a) 所示,主缸中的制动液即被压入辅助缸,因此时球阀 5 还是开启的,故液压油经活塞 4 上的孔进入各制动轮缸,轮缸液压即等于主缸液压。与此同时,液压还作用在控制阀活塞 11 上,并通过膜片座 14 压缩弹簧 19,使真空阀 15 的开度逐渐减小,直至关闭,气室 A 和 B 即隔绝。这时的控制液压还不足以使空气阀 16 开启,膜片 22 还未开始工作,即所谓增压滞后。

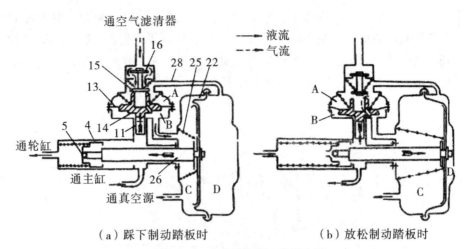

（a）踩下制动踏板时　　　　（b）放松制动踏板时

图 11-9　真空增压器工作示意图

（标注同图 11-8）

随着控制液压升高，液压使膜片座 14 继续升起，压缩阀门弹簧 17 打开空气阀 16，由空气滤清器进入的空气即进入气室 A 和 D。此时，气室 B 和 C 的真空度仍保持原值不变，在 D、C 两气室压力差作用下，膜片 22 带动推杆 26 左移，使球阀 5 关闭。这样，制动主缸便与辅助缸左腔隔绝，辅助缸内的油液即增加了一个由加力气室膜片两侧气压差造成并经推杆传来的推动力。所以在辅助缸左腔及各轮缸中的压力远高于主缸的压力。

制动踏板在某一位置不动（即维持制动状态）时，随着进入气室空气量的增加，A 和 B 气室的压力差加大，对膜片 13 产生向下的压力，因而膜片座 14 及活塞 11 随之下移，使空气阀 16 的开度逐渐减小，直至落座关闭，此时处于真空阀、空气阀都关闭的"双阀关闭"状态。油压对活塞 11 向上的压力与气室 A、B 压力差造成的向下压力相平衡。气室 D、C 压力差作用在膜片上的总推力与控制油压作用在活塞右端的总推力之和，与高压油液作用在活塞左端的总阻抗力相平衡，辅助缸活塞即保持相对稳定状态。这一稳定值的大小取决于控制活塞下面的液压（主缸液压），即取决于踏板力和踏板行程。

放松制动踏板时，控制油压下降，控制阀活塞连同膜片座下移，使空气阀 16 关闭，而真空阀开启，如图 11-9（b）所示。于是 D、A 两气室的空气经 B、C 两气室被吸出，从而 A、B、C 和 D 各气室又互相连通，都具有一定的真空度，以备下次制动之用。此时，所有运动部件都在各自回位弹簧的作用下回位。

当真空增压器失效或真空管路无真空度（发动机熄火）时，推杆及活塞不会动作，辅助缸中的球阀 5 将永远开启，保持制动主缸和轮缸之间的油路畅通。这样，整个系统与普通液压制动传动机构一样工作，但所需的踏板力要大得多。

2. 真空助力式液压制动传动装置

图 11-10 为奥迪 100 型轿车双管路真空助力式液压制动传动装置。串联双腔制动主缸的前腔通向左前轮制动器的轮缸 10，并经感载比例阀 9 通向右后轮制动器的轮缸

13。主缸的后腔通向右前轮制动器的轮缸 12，并经阀 9 通向左后轮制动器轮缸 11。加力气室 3 和控制阀 2 组成一个整体部件，称为真空助力器。制动主缸直接装在加力气室的前端，真空单向阀 7 装在加力气室上，真空加力气室工作时产生的推力，也同踏板力一样直接作用在制动主缸 4 的活塞推杆上。

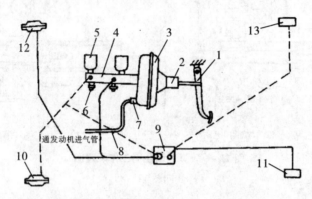

图 11-10　奥迪 100 型轿车真空助力式液压制动传动装置
1—制动踏板机构；2—控制阀；3—加力气室；4—制动主缸；5—储液罐；
6—制动信号灯液压开关；7—真空单向阀；8—真空供能管路；9—感载比例阀；
10—左前轮缸；11—左后轮缸；12—右前轮缸；13—右后轮缸

图 11-11 为目前乘用车所用的双室式真空助力器，其中的放大部分为控制阀的工作过程。加力气室前室与后室通过膜片隔开，前气室经真空单向阀通向发动机进气管，外界空气经过滤环和毛毡过滤环滤清后进入加力气室的后腔，后部借传动杆与制动踏板机构联结。

加力气室膜片座内有斜通道连通加力气室前腔和控制阀室；有竖通道连通加力气室后腔和控制阀。带有密封套的橡胶阀门 B 与在加力气室膜片座 A 上加工出来的阀座组成真空阀；又与控制阀的后部阀座组成大气阀。控制阀与推杆之间是球头铰接。

未踩下制动踏板时，如图 11-11（a）所示，弹簧将推杆连同阀门 B 推至右极限位置（即真空阀开启），阀门 B 被弹簧压靠在控制阀上（即大气阀关闭位置）。加力气室前、后两腔经斜通道、控制阀腔和竖通道互相连通，并与大气隔绝。发动机运转后，真空单向阀被吸开，加力气室左、右两腔内都有一定的真空度。

刚踩下制动踏板时，加力气室尚未起作用，膜片座固定不动，来自踏板机构的控制力可以推动推杆和柱塞相对于膜片座右移。当柱塞与橡胶反作用盘之间的间隙消除后，控制力便经反作用盘传给制动主缸推杆。继续踩下时，推杆带动阀门 B 左移与膜片座 A 接触，此时真空阀关闭，斜通道与竖直通道隔绝；另一方面，控制阀与阀门 B 打开（大气阀开启），如图 11-11（b）所示，于是外界空气经过空气过滤器、控制阀腔和竖通道进入加力气室的后腔，此时前腔是真空，后腔是大气，在加力气室前、后腔之间产生一个压力差，形成真空助力。在此过程中，膜片与阀座也不断左移，直到阀门重新与大气阀座接触而达到平衡状态为止。因此，在任何一个平衡状态下，加力

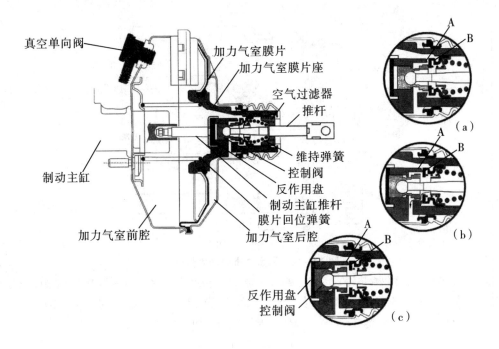

图 11-11 双室式真空助力器

(a) 不起真空助力阀门位置；(b) 产生真空助力阀门位置；(c) 最大制动时的阀门位置

A—膜片座；B—阀门

气室后腔中的稳定真空度均与踏板行程成递增函数关系，从而体现控制阀的随动作用，如图 11-11 (c) 所示。

加力气室两腔真空度差值造成的作用力，除一部分用来平衡回位弹簧的力以外，其余部分都作用在反作用盘上。因此制动主缸推杆所受的力为膜片座和反作用盘二者所施作用力之和。另经反作用盘反馈过来的力，使得驾驶员有一定的踏板感。

目前，许多高档乘用车使用四室式真空助力器。四室式真空助力器同双室式真空助力器一样，都是利用汽油机进气管负压增加制动踏板的作用力，但四室式真空助力器比双室式真空助力器增加的制动踏板的作用力更强。

工作室Ⅰ、负压室Ⅰ、工作室Ⅱ和负压室Ⅱ，分别为图 11-12 中的 15、5、16 和 3 的四个室。在负压室Ⅰ和工作室Ⅱ间有一个分隔壁 6。当放大了的制动力通过压杆 1 作用在主缸上时，活塞杆 13 将制动踏板的作用力传递到工作活塞 8 上。

四室式真空助力器的工作原理与双室式真空助力器相似。在不制动时，通过真空接头 3，四个室内的气体都处于真空状态。一旦开始制动，传感活塞 9 离开双阀门 10 的密封圈。外界空气进入工作室Ⅰ (15) 和工作室Ⅱ (16)，并在两个工作室和两个真空室间产生压降。该压降作为制动踏板的助力，从而增强了驾驶员对制动踏板的作用力。

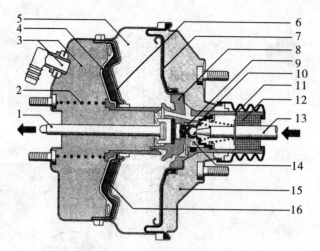

图 11 - 12　四室式真空助力器

1—压杆（至串接制动主缸输出力）；2—压簧；3—带负压接头的负压室Ⅱ；4—带膜片盘的膜片Ⅱ；5—负压室Ⅰ；6—分隔壁；7—带膜片盘的膜片Ⅰ；8—工作活塞；9—传感活塞；10—双阀门；11—阀体；12—空气过滤器；13—活塞杆（传递踏板作用力）；14—阀座；15—工作室Ⅰ；16—工作室Ⅱ

（二）制动力分配调节装置

汽车制动时，作用在车轮上的制动力随踏板力的增加而增加，但受到轮胎与路面间附着力的限制，制动力不能超过附着力，否则车轮将被"抱死"。无论前轮先抱死还是后轮先抱死都会严重影响行驶的安全性并加剧轮胎的磨损，尤其是后轮先抱死的危害更大。要使汽车既得到尽可能大的制动力，又能使汽车保持行驶方向的稳定性，就必须使汽车前后轮同时达到抱死的边缘，其条件是前后轮制动力之比等于前后轮对路面垂直载荷之比，如图 11 - 13 所示。

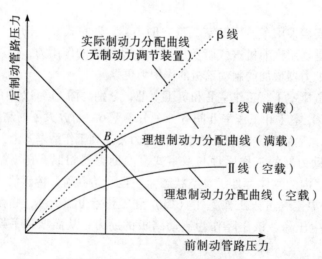

图 11 - 13　前后轮制动力分配曲线

汽车在制动过程中，前后车轮所受载荷是变化的，加上轮胎气压、胎面花纹磨损状况不同而使前后轮的附着系数也不同。为使前后轮获得最理想的制动力，现代汽车上采用了各种制动力调节装置，来调节前后车轮制动管路的工作压力，常用的有限压阀和感载比例阀等。

1. 限压阀与比例阀

1）限压阀

限压阀串联于液压制动回路的后促动管路中，其作用是当前、后促动管路压力 P_1 和 P_2 由零同步增长到一定值后，即自动将 P_2 限定在该值不变。

限压阀的结构如图 11-14 所示。自进油口输入的控制压力是前促动管路压力（亦即主缸压力）P_1，从出油口输出的是后促动管路压力 P_2。阀门与活塞联结成一体，装入阀体后，弹簧即受到一定的预紧力。在弹簧力的作用下，阀门离开阀体上的阀座而抵靠着阀盖。

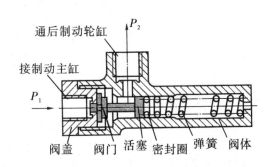

图 11-14 限压阀的结构原理

阀门凸缘上开有若干个通油切口。当输入压力 P_1 较低时，阀门一直保持开启，因而 $P_2 = P_1$，即限压阀尚未起限压作用。当 P_2 与 P_1 同步增长到一定值 P_S 时，活塞上所受的液压作用力将弹簧压缩到使阀门关闭，后轮轮缸与主缸隔绝。此后 P_2 即保持定值 P_S，不再随 P_1 增长。

2）比例阀

比例阀（又称 P 阀）也串联于液压制动回路的后促动管路中，其作用是当前、后促动管路压力 P_1 与 P_2 同步增长到某一定值 P_S 后，即自动对 P_2 的增长加以限制，使 P_2 的增量小于 P_1 的增量。

比例阀一般采用两端承压面积不等的异径活塞结构，如图 11-15 所示。不工作时，异径活塞在弹簧的作用下处于上极限位置。此时阀门保持开启，因而在输入控制压力 P_1 与输出压力 P_2 从零同步增长的初始阶段，$P_1 = P_2$。但是压力 P_1 的作用面积 A_1 小于压力 P_2 的作用面积 A_2，故活塞上方液压作用力大于活塞下方液压作用力。在 P_1、P_2 同步增长过程中，活塞上、下两端液压作用力之差超过弹簧的预紧力时，活塞便开始下移。当 P_1 和 P_2 增长到一定值 P_S 时，活塞内腔中的阀座与阀门接触，进油腔与出油腔即被隔绝。此即比例阀的平衡状态。

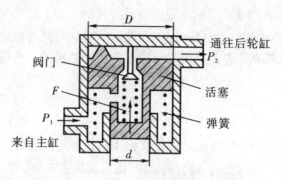

图 11-15 比例阀的结构原理

若进一步提高 P_1，则活塞将回升，阀门再度开启，油液继续流入出油腔，使 P_2 也升高。但由于 $A_1 < A_2$，P_2 尚未增加到新的 P_1 值，活塞又下降到平衡位置。

2. 感载比例阀

有些汽车在实际装载质量不同时，其总重力和重心位置变化较大，因而满载和空载下的理想促动管路压力分配特性曲线差距也较大。在此情况下，采用一般的特性曲线不变制动力调节装置已不能保证汽车的制动性能符合法规的要求，故有必要采用特性随汽车实际装载质量而变化的感载比例阀。

感载比例阀有液压和气压式两种形式。图 11-16 为液压式感载比例阀及其感载控制机构，阀体安装在车身上，其中的活塞为两端承压面积不等的差径结构，其右部空腔内有阀门。杠杆的一端用拉力弹簧与后悬架联结，另一端压在差径活塞上。不制动

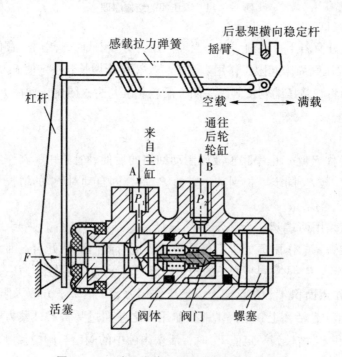

图 11-16 液压感载比例阀及其感载控制机构

时，活塞在弹簧通过杠杆施加的推力 F 作用下处于右极限位置。阀门因其杆部顶触螺塞而开启，使左右阀腔连通。制动时，来自主缸压力为 P_1 的制动液由进油口 A 进入，并通过阀门从出油口 B 输至后轮轮缸，输出压力 $P_2 = P_1$。因活塞左右两端面液压之差大于推力 F 时活塞左移，使其上的阀座与阀门接触而达到平衡状态，此后 P_2 增量将小于 P_1 的增量。

感载比例阀的特点是作用于活塞的轴向力 F 是可变的。汽车上是利用轴载变化时，车身与车桥间的距离发生变化来改变弹簧预紧力（图 11-16）。拉力弹簧右端经吊耳与摇臂相连，而摇臂则夹紧在后悬架的横向稳定杆的中部。当汽车的轴载荷增加时，后桥向车身移近，后悬架的横向稳定杆便带动摇臂逆时针转过一个角度，将弹簧进一步拉紧，作用于活塞上的推力 F 便增加；反之，轴载荷减小，推力 F 便减小。这样，调节作用起始点压力值 P_S 就随轴载荷而变化。

通过感载控制机构输入感载阀的控制信号，一般是有关悬架的变形量。然而影响悬架变形量的因素，除了汽车总重力分配到该悬架上的载荷（包括制动时的载荷转移）以外，还有汽车行驶时不平路面对车轮和悬架的瞬时冲击载荷。感载控制机构中设置容量较大的弹簧的目的就在于吸收这种冲击载荷，以排除其对感载阀工作的干扰。另外，液压感载比例阀中油液本身的阻尼也有助消除这一干扰。

3. 惯性阀

惯性阀（也称 G 阀）的调节作用起始点的控制压力值 P_S 取决于汽车制动时作用在汽车重心上的惯性力，即 P_S 不仅与汽车总质量或实际装载质量有关，而且与汽车制动减速度有关。惯性阀分为惯性限压阀和惯性比例阀两类。

1）惯性限压阀

如图 11-17 所示，惯性限压阀内有一个惯性球，惯性球的支承面相对于水平面的仰角 θ 必须大于零，惯性阀方可起作用。汽车在水平路面上时，θ 应为 $10° \sim 13°$。

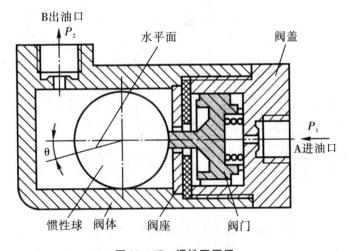

图 11-17　惯性限压阀

通常惯性球在其本身重力作用下处于下极限位置，并将阀门推到与阀盖接触，使得阀门与阀座之间保持一定的间隙。此时进油口 A 与出油口 B 连通。

在水平路面上施行制动时，来自主缸的压力油即由进油口 A 输入惯性球，再从出油口 B 进入后促动管路，输出压力 P_2 即等于输入压力 P_1。当路面对车轮的制动力使汽车产生减速度时，惯性球也具有相同的减速度。当控制压力 P_1 较低、减速度较小时，惯性球向前的惯性力沿支承面的分力不足以平衡球的重力沿支承面的分力，阀门便仍然保持开启，P_2 也依然等于 P_1。当 P_1 增高到某一定值 P_S 时，制动力和减速度增大到足以实现上述二力平衡，阀门弹簧便通过阀门将球推向前上方，使阀门得以压靠阀座，切断液流通路。此后 P_1 继续增高，前轮制动力也即汽车总制动力继续增高时，球的惯性力使球滚到前上极限位置不动，阀门对阀座的压紧力也因 P_1 的增高而加大，故 P_2 就此 P_S 值不变。

汽车在上坡路上制动时，由于支承面仰角 θ 增大，惯性球重力沿支承面的分力也增大，使得惯性阀开始起作用所需的控制压力值 P_S 也更高，即所限定的输出压力 P_2 值更高，这正与汽车上坡时后轮附着力加大相适应。相反，在下坡路上制动时，后轮附着力减小，惯性阀所限定的 P_2 也正好相应地减低。

2）惯性比例阀

如图 11-18 所示，惯性比例阀的阀座 8 位于惯性球 7 的前方，惯性球兼起阀门作用。阀体上部有两个同心但直径不等的油腔 E 和 G，E 腔与出油口 B 连通，而 G 腔通

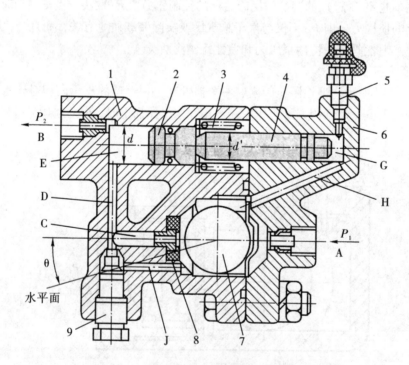

图 11-18 惯性比例阀

1—前阀体；2—第一活塞；3—弹簧；4—第二活塞；5—放气阀；
6—阀体；7—惯性球；8—阀座；9—旁通锥阀
A—进油口；B—出油口；C、D、H、J—油道；E、G—油腔

过油道 H 与进油口 A 连通。E 腔中直径较大的第一活塞 2 与 G 腔中直径较小的第二活塞 4 组成异径活塞组。在输入压力 P_1 和输出压力 P_2 同步增长的初始阶段，惯性球保持在后极限位置不动，进油口 A 与出油道 C、D 相通，因而 $P_2 = P_1$。此时异径活塞组两端的液压作用力不等，其差值由弹簧 3 承受。当该力超过弹簧预紧力时，异径活塞组便进一步压缩弹簧 3 而右移。当 P_1、P_2 同步增长到某一定值 P_S 时，惯性球沿倾斜角为 θ 的支承面向上滚到压靠阀座 8 时，油腔 E 和 G 便互相隔绝，异径活塞组停止右移。此后，继续增长的输入压力 P_1 对第二活塞 4 的作用力 N_1 与弹簧力 F 之和作用于第一活塞 2 上，使 E 腔压力 P_2 也随之增长。

当汽车实际装载量不同时，其总质量也不同。在总制动力相同的情况下，满载汽车的减速度比空车的小。但是使同一惯性阀开始起作用的减速度值只与仰角 θ 有关，而与汽车装载量无关。因此，汽车满载时，相应于调节作用起始点的控制压力值 P_S 比空载时的高。

在某些情况下不需要惯性比例阀起作用时，可将旁通锥阀 9 旋出，使旁通油道 H 与出油道 D 连通。于是阀门被短路，异径活塞组也失效。

4. 组合阀

近年来，一些新车型上装用了组合阀。图 11-19 即是集计量阀、故障警告开关及比例阀于一体的组合阀，用于前盘后鼓式制动系统中。组合阀左端是计量阀，中间是制动故障警告开关，右端是比例阀。

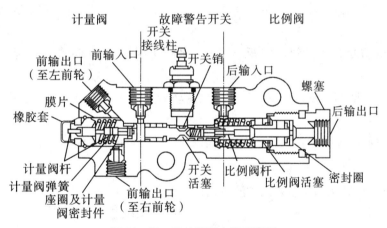

图 11-19 三功能组合阀示意图

一般情况下，盘式制动器动作快，而鼓式制动器需要克服弹簧拉力和杆系间隙，制动动作较慢（相对盘式制动器而言）。计量阀的作用是使后轮鼓式制动器开始工作后，制动管路中建立起一定压力并推动计量阀杆左移，此时前轮盘式制动器才开始工作。

当前、后制动管路压力相等时，开关销位于开关活塞中部的轴颈中，开关销与开关接线柱不接触，故障警告灯灭。当前、后制动管路压力不相等时，假设后制动管路压力高于前制动管路压力，则开关活塞左移，从而将开关销顶起，使之与开关接线柱接触，故障警告灯便点亮。

右端的比例阀也是异径活塞结构，工作原理在前面已有叙述。

四、自我测试题

（一）判断题

1. 双腔制动主缸在后制动管路失效时，前活塞仍由液压推动。（ ）
2. 真空增压器在不制动时，其大气阀门是开启的。（ ）
3. 真空增压器失效时，制动主缸也将随之失效。（ ）
4. 感载比例阀的调节作用起始点压力值 P_s 随轴载荷改变而改变。（ ）
5. 汽车产生制动热衰退的原因是制动器受热变形。（ ）
6. 如果没有真空助力器，液压制动系统的制动力应该随着驾驶员踏板力的增加而一直线性上升。（ ）
7. 制动系统的气密性检查方法是踩住制动踏板，若启动发动机后制动踏板下沉，则说明气密性良好。（ ）
8. 真空助力器失效时，汽车行车制动也随之失效。（ ）
9. 气压制动气室膜片破裂会使制动失灵。（ ）
10. 真空助力器失效时，汽车行车制动依然工作。（ ）
11. 真空增压器装在制动踏板与主缸之间，用来帮助制动踏板对制动主缸产生推力。（ ）
12. 真空助力器装在制动踏板与主缸之间，用来帮助制动踏板对制动主缸产生推力。（ ）
13. 对于相同的踏板力，双向自增力式制动器比领从式制动器产生更大制动力。（ ）
14. 液压制动主缸的补偿孔和加油盖的通气孔，必须保持密封。（ ）

（二）选择题

1. 制动管路泄漏和储液罐制动液不足，造成（　　）。
   A. 制动不灵　　　　　　　　B. 制动拖滞
   C. 制动噪音　　　　　　　　D. 制动跑偏
2. 现在的轿车普遍所采用的制动主缸是（　　）。
   A. 单腔式　　　　　　　　　B. 串联双腔活塞式
   C. 并联双腔活塞式　　　　　D. 往复式
3. 真空助力器安装在制动主缸（　　），制动踏板之前。
   A. 之后　　　B. 之前　　　C. 左面　　　D. 右面
4. 真空助力器的助力作用在（　　）。
   A. 主缸的推杆上　　　　　　B. 制动踏板上
   C. 辅助缸活塞上　　　　　　D. 主缸以后的液压管路上

5. 在结构形式、几何尺寸和摩擦副的摩擦系数一定时，制动器的制动力矩取决于（   ）。
   A. 促动管路内的压力　　　　　　B. 车轮与地面间的附着力
   C. 轮胎的胎压　　　　　　　　　D. 车轮与地面间的摩擦力

（三）填空题
1. 汽车在制动系统中增设了前后桥_____装置，以提高制动时的稳定性。
2. 制动效能可以用_____来检验，也可以使用_____来检验。
3. 制动稳定性好，即制动时，_____分配合理，左右车轮上的制动力矩基本相等，_____。磨损后间隙应能调整。

（四）简答题
1. 制动助力器的结构与工作原理是什么？
2. 制动力分配调节装置的结构与工作原理是什么？
3. 检查、更换制动助力器的操作步骤是什么？

项目十二

检查或更换 ABS 轮速传感器

一、项目描述

检查或更换 ABS 轮速传感器是有关汽车 ABS 比较常见的维修项目。ABS 轮速传感器影响了整个 ABS 的工作，本项目将按照不同车型的规范进行相关检查，必要时进行相关的更换作业。

1. 知识要求

（1）了解检查或更换 ABS 轮速传感器的重要性。

（2）熟悉 ABS 的组成、ABS 轮速传感器的结构与工作原理。

（3）掌握检查或更换 ABS 轮速传感器的操作技能。

2. 技能要求

（1）会进行不同车辆 ABS 轮速传感器的识别。

（2）学会判断 ABS 轮速传感器的好坏。

（3）会进行速度传感器的数据检测，并检查 ABS 轮速传感器性能。

3. 素质要求

（1）选择和使用工具合理。

（2）拆装工艺合理，操作规范。

（3）技术要求符合维修手册。

（4）安全文明生产，保证工具、设备和自身安全。

（5）符合 5S 要求。

二、项目实施

 任务 轮速传感器的检查与更换

1. 训练目标与要求

（1）轮速传感器检修的目的与要求。

（2）轮速传感器检修的标准与规范。

(3) 轮速传感器的检修与更换步骤。

2. 训练设备

(1) 三类液压制动系统的轿车底盘四台。

(2) 汽车四辆（有 ABS 装置）。

(3) 轮速传感器若干。

(4) 相关维修工具和举升设备。

3. 训练步骤

1) 电磁式轮速传感器

(1) 结构。电磁式轮速传感器主要由传感器头和齿圈两部分组成，如图 12-1 所示。

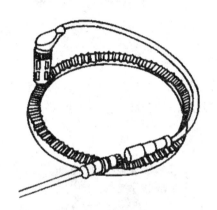

图 12-1 轮速传感器外形

齿圈一般安装在轮毂或轴座上，如图 12-2 所示。对于后轮驱动且后轮采用同时控制的汽车，齿圈也可安装在差速器或传动轴上，如图 12-3 所示。

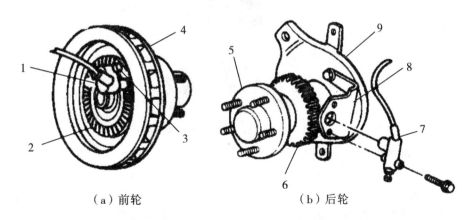

(a) 前轮　　　　　　　　(b) 后轮

图 12-2 轮速传感器在车轮处的安装位置

1、7—传感器；2、6—传感器齿圈；3—定位螺钉；4—轮毂和组件；5—半轴；
8—传感器支架；9—后制动器连接装置

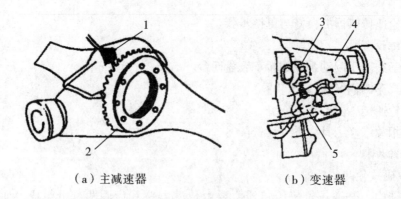

(a) 主减速器　　　　　　　　　(b) 变速器

图12-3　轮速传感器在传动系统中的安装位置

1、5—传感器头；2—主减速器从动齿轮；3—齿圈；4—变速器输出部位

齿圈随车轮或传动轴一起转动，通常用磁阻很小的铁磁材料制成。传感头通常由永久磁铁、电磁线圈和磁极等组成，如图12-4所示。它对应安装在靠近齿圈而又不随齿圈转动的部件上，如转向节、制动底板、驱动轴套管或差速器、变速器壳体等固定件上。传感头与齿圈的端面有一空气间隙，此间隙一般为1 mm，通常可移动传感头的位置来调整间隙。

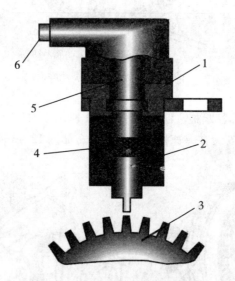

图12-4　电磁式轮速传感器的结构

1—传感器外壳；2—极轴；3—齿圈；4—电磁线圈；5—永久磁铁；6—导线

（2）工作原理。电磁式轮速传感器的工作原理如图12-5所示。传感器齿圈随车轮旋转的同时，即与传感头极轴做相对运动。当传感头的极轴与齿圈的齿隙相对时，极轴距齿圈之间的空气间隙最大，即磁阻最大。传感头的磁极磁力线只有少量通过齿圈而构成回路，在电磁线圈周围的磁场较弱，如图12-5所示。当传感头的极轴与齿圈的齿顶相对时，两者之间的空隙较小，即磁阻最小。传感头的磁极磁力线通过齿圈

的数量增多,在电磁线圈周围的磁场较强,如图12-5所示。齿圈随车轮不停地旋转,就使传感头电磁线圈周围的磁场以强—弱—强—弱周期性地变化,因此电磁线圈就感应出交变电压信号,即车轮转速信号,如图12-6所示。

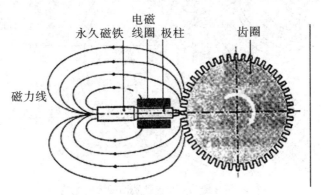

图12-5 电磁式轮速传感器的工作原理

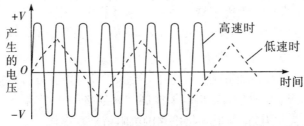

图12-6 电磁式轮速传感器输出的电压信号

交变电压信号的频率与齿圈的齿数和转速成正比,因齿圈的齿数一定,因而车轮转速传感器输出的交流电压信号频率只与相应的车轮转速成正比。

轮速传感器由电磁线圈引出两根导线,将其速度变化产生的交变电压信号送至ABS的电子控制单元(ECU)。为防止外部电磁波对速度信号的干扰,传感器的引出线采用屏蔽线,以保证反映车轮速度变化的交变电压信号准确地送至ABS的电子控制单元(ECU)。

(3)传感器的检测。轮速传感器损坏后,电子控制单元接收不到转速信号,不能控制制动压力调节器工作,ABS将停止工作,车辆维持常规制动。

轮速传感器的导线、插接器或传感头松动,电磁线圈等出现接触不良、断路、短路或脏污、间隙不正常,都会影响轮速传感器的工作,从而造成ABS工作异常。

传感器的检测方法如下。

①传感器的外观检查。检查传感器外观时,应注意以下内容:传感器安装有无松动;传感头和齿圈是否吸有磁性物质和污垢;传感器导线是否破损、老化;插接器是否连接牢固和接触良好,如有锈蚀、脏污,应清除,并涂少量防护剂,然后重新将导线插入连接器,再进行检测。

②传感头与齿圈齿顶端面之间间隙的检查。传感头与齿圈齿顶端面之间间隙可用无磁性厚薄规或合适的硬纸片检查,检查方法如图12-7所示。

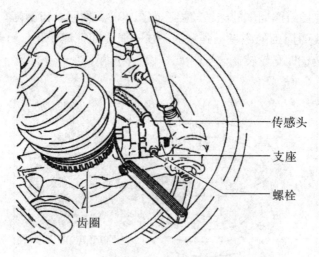

图 12-7 传感头与齿顶端面间隙的检查

将齿圈上的一个齿正对着传感器的头部,选择规定厚度的厚薄规片或合适的硬纸片,放入轮齿与传感器的头部之间,来回拉动厚薄规片,其阻力应合适。若阻力较小,说明间隙过大;若阻力较大,说明间隙过小。

③传感器电磁线圈及其电路检测。使点火开关处于 OFF 位置,将 ABS 电子控制单元插接器插头拆下,查出各传感器与电子控制单元连接的相应端子,在相应端子上用万用表电阻档检测传感器线圈与其连接电路的电阻值是否正常。

⚙ **注意**:桑塔纳 2000 俊杰轿车 ABS 轮速传感器电磁线圈的电阻正常值应为 1.0 ~ 1.2 kΩ。

若阻值无穷大,表明传感器线圈或连接电路有断路故障;若电阻值很小,表明有短路故障。为了区分故障是在电磁线圈或在连接电路,应拆下传感器插接器插头,用万用表电阻档直接测试电磁线圈的阻值。若所测阻值正常,表明传感器连接电路或插接器有故障,应修复或更换。

④模拟检查。为进一步证实传感器是否能产生正常的转速信号,可用示波器检测传感器的信号电压及其波形。其方法是,使车轮离开地面,将示波器测试线接于 ABS 电子控制单元(ECU)插接器插头的被测传感器对应端子上,用手转动被测车轮(传感器装在差速器上则应挂上前进挡启动发动机低速运转),观察信号电压及其波形是否与车轮转速相当,以及波形是否残缺变形,以判定传感头或齿圈是否脏污或损坏。

⚙ **注意**:桑塔纳 2000 俊杰轿车车轮以约 1 r/s 的速度转动时,ABS 轮速传感器应输出 190 ~ 1140 mV 的交流电压。

经测试,若信号电压值或波形不正常,则应更换和修理传感头或齿圈。

2)霍尔式轮速传感器

(1)霍尔式轮速传感器的组成。霍尔式轮速传感器也是由传感头、齿圈组成的。其齿圈的结构及安装方式与电磁式轮速传感器的齿圈相同,传感头由永磁体、霍尔元件和电子电路等组成。

（2）霍尔式轮速传感器的工作原理如图12-8所示，永磁体的磁力线穿过霍尔元件通向齿圈，齿圈相当于一个集磁器。齿圈转动时，使得穿过霍尔元件的磁力线密度发生变化，因而引起霍尔元件电压的变化，霍尔元件将输出一毫伏级的准正弦波电压。此信号由电子电路转化成标准的脉冲电压。

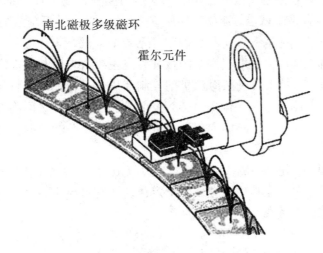

图12-8　霍尔式轮速传感器

3）两类传感器的特点

（1）电磁式轮速传感器结构简单，成本低，但存在以下缺点。

①其输出信号的幅值是随转速变化而变化的。在规定的转速范围内，其输出信号的幅值一般在1~15 V范围内变化。若车速过低，其输出信号低于1 V，电子控制单元无法检测。

②频率相应不高。当转速过高时，传感器的频率响应跟不上，容易产生误信号。

③抗电磁波干扰能力差。

（2）霍尔式车轮转速传感器克服了电磁式传感器的缺点，其输出信号电压幅值不受转速的影响，频率响应高，抗电磁波干扰能力强。因此，霍尔传感器在ABS系统中的应用越来越广泛。

三、相关知识

随着汽车行驶速度的提高，以及道路行车密度的增大，对于汽车行驶安全性能的要求也越来越高，汽车的防滑控制系统就是在这种要求下产生而发展的。目前防滑控制系统已经成为汽车电子化发展的一个重要方面。

防滑控制系统最初只是在制动过程中防止车轮被制动抱死，避免车轮在路面上进行纯粹的滑移，提高汽车在制动过程中的方向稳定性和转向操纵能力，缩短制动距离，所以被称为制动防抱死系统（Anti-Lock Brake System，ABS）。随着对汽车性能要求的不断提高，防滑控制系统的功能进一步得到完善和扩展，不仅能够在制动过程中防止车轮发生抱死，而且能够在驱动过程中（特别是在起步、加速、转弯等过程中）防止驱动车轮发生滑转，使汽车在驱动过程中的方向稳定性、转向操纵能力和加速性能等也都得到提高。驱动过程中防止驱动车轮发生滑转的控制系统被称为驱动防滑转系统（Acceleration Slip Regulation，ASR）。由于驱动防滑转系统是通过调节驱动车轮的牵引力实现驱动车轮滑转控制的，因此也被称为牵引力控制系统（Traction Control System，TCS）。汽车防滑控制系统就是对制动防抱死系统和驱动防滑转系统的统称。

在驾驶员、汽车和环境三者所组成的闭环系统中，汽车与环境之间的最基本联系是轮胎与路面之间的作用力。由于汽车的行驶状态主要由轮胎与路面之间的纵向作用力和横向作用力决定，因此驾驶员对汽车的控制实质上是在控制车轮与路面之间的作用力。但是，车轮与路面之间的作用力必然要受到轮胎与路面之间附着力的限制，汽车的加速和减速运动主要受车轮纵向附着力的限制，而汽车的转向运动和抵抗外界横向力作用的能力则主要受车轮横向附着力的限制。

在硬实的路面上，轮胎与路面之间的附着力就是轮胎与路面之间的摩擦力。所以，轮胎与路面之间的附着力也必然会遵循摩擦定律，即轮胎与路面之间的附着力取决于其间的垂直载荷和附着系数，其关系式为

$$F_\mu = G\mu$$

式中：F_μ——轮胎与路面之间的附着力，N；
$\quad\quad G$——轮胎与路面之间的垂直载荷，N；
$\quad\quad \mu$——轮胎与路面之间的附着系数。

在汽车的实际行驶过程中，轮胎与路面之间的垂直载荷和附着系数会随许多因素而变化，因此，轮胎与路面之间的附着力实际上是经常变化的。在影响附着力的诸多因素中，车轮相对于路面的运动状态对附着力有着重要的影响，特别是在湿滑路面上，其影响更为明显。

（一）车轮滑动率对附着系数的影响

汽车在行驶过程中，车轮在路面上的纵向运动可以区分为滚动和滑动两种形式，车轮相对于路面的滑动又可区分为滑移和滑转两种形式。引入车轮滑动率的概念可以表征在车轮转向运动中滑动成分所占的比例。

汽车在制动过程中，车轮可能相对于路面发生滑移，滑移成分在车轮纵向运动中所占的比例可以由负滑动率来表征：

$$S_B = (r\omega - v)/v \times 100\%$$

其中：S_B——车轮的负滑动率；
$\quad\quad r$——车轮的自由滚动半径，m；
$\quad\quad \omega$——车轮的转动角速度，rad/s；
$\quad\quad v$——车轮中心的纵向速度，m/s。

当车轮在路面上自由滚动时，车轮中心的纵向速度完全是由于车轮滚动产生的，此时 $v = r\omega$，因此，滑动率 $S_B = 0$；当车轮被制动到完全抱死在路面上进行纯粹的滑移时，车轮中心的纵向速度则完全是由于车轮滑移产生的，此时 $\omega = 0$，因此，滑动率 $S_B = -100\%$；当车轮在路面上一边滚动一边滑移时，车轮的中心纵向速度的一部分是由于

车轮滚动产生的,另一部分则是由于车轮滑移产生的,此时 $r\omega < v$,因此,$-100\% < S_B < 0$。车轮中心纵向速度中,车轮滑移所占的成分越多,滑移率 S_B 的数值就越大。

汽车在驱动过程中,驱动车轮可能相对于路面发生滑转,滑转成分在车轮纵向运动中所占的比例可由正滑动率来表征:

$$S_A = (r\omega - v)/r\omega \times 100\%$$

式中:S_A——车轮的正滑动率;
r——车轮的自由滚动半径,m;
ω——车轮的转动角速度,rad/s;
v——车轮中心的纵向速度,m/s。

当车轮在路面上自由滚动时,车轮中心的纵向速度完全是由于车轮滚动产生的,此时 $v = r\omega$,因此,滑动率 $S_A = 0$;当车轮在路面上完全滑转时,车轮中心的纵向速度 $v = 0$,因此,滑动率 $S_A = 100\%$;当车轮在路面上一边滚动一边滑移时,$r\omega > v$,因此,$0 < S_A < 100\%$。在车轮转动中,滑转所占的比例越大,车轮滑动率 S_A 的数值也就越大。

车轮滑动率可以总结为如下一般性的关系:

当车轮滑移时,$S_B = (r\omega - v)/v \times 100\%$;

当车轮自由滚动时,$S = 0$;

当车轮滑转时,$S_A = (r\omega - v)/r\omega \times 100\%$。

通过试验发现,在硬实的路面上,弹性车轮与路面间的附着系数 μ 和滑动率 S 存在如图 12-9 所示的一般性关系。

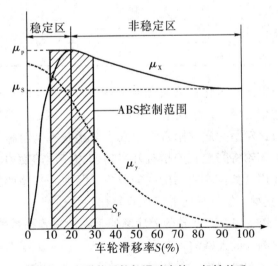

图 12-9 附着系数与滑动率的一般性关系

通常当车轮滑动率处于 15%~30% 的范围内时,轮胎与路面间的纵向附着系数 μ_x 有其最大值,该最大值称为峰值附着系数 μ_p,与其相对应的车轮滑动率称为峰值附着系数滑动率 S_p。当车轮在路面上自由滚动时,由于轮胎与路面之间没有产生相对运动趋势,其间的纵向附着系数(即摩擦系数)就是零。当车轮滑动率从零增大到峰值附

着系数滑动率 S_p 时,尽管车轮滑动率不等于零,但轮胎与路面之间并没有发生真正的滑动,滑动率不等于零完全是由于弹性车轮变形产生的。因此,当车轮滑动率处于这一范围时,车轮与路面间的纵向附着系数实质上就是其间静摩擦系数的表现。所以,随着轮胎与路面间纵向相对滑动趋势的增大,其间的纵向附着系数就会迅速增大。当车轮滑动率达到峰值附着系数滑动率 S_p 时,弹性车轮与路面之间即将发生相对滑动,此时其间的纵向附着系数就是最大静摩擦系数的表现。此后,直到车轮将完全滑动($|S|=100\%$),轮胎与路面之间的纵向附着系数就是从最大静摩擦系数到滑动摩擦系数的过渡,轮胎与路面间的纵向附着系数称为滑动附着系数 μ_s。由于物体间的滑动摩擦系数总是小于最大静摩擦系数,所以轮胎与路面间的滑动附着系数 μ_s 总是小于峰值附着系数 μ_p。通常,在干燥硬实的路面上,μ_s 比 μ_p 要小 10%~20%;在湿滑硬实的路面上,μ_s 比 μ_p 要小 20%~30%。在各种路面条件下轮胎与路面间峰值附着系数 μ_p 和滑动附着系数 μ_s 的平均值如表 12-1 所示。

表 12-1　峰值附着系数 μ_p 和滑动附着系数 μ_s 的平均值

路面种类及状况	峰值附着系数 μ_p	滑动附着系数 μ_s
沥青路面和水泥路面(干)	0.8~0.9	0.75
沥青路面(湿)	0.5~0.7	0.45~0.6
水泥路面(湿)	0.8	0.7
石　子　路	0.6	0.55
土　路(干)	0.68	0.65
土　路(湿)	0.55	0.45~0.5
雪(压实)	0.2	0.15
冰	0.1	0.07

从图 12-9 可以看出,车轮在路面上自由滚动时,其间的横向附着系数 μ_y 最大,随着车轮滑动率 S 数值的增大,横向附着系数 μ_y 会迅速减小。当轮胎在路面上完全滑动时($|S|=100\%$),轮胎的横向附着系数几乎减小到零,轮胎与路面之间的横向附着力也就接近于零,车轮将完全丧失抵抗外界横向力作用的能力。此时,如果车轮上存在外界横向力的作用(如汽车重力的横向分力、路面不平整产生的横向力、横向风力等),车轮将会在里面上发生横向滑移。

从图 12-9 还可以看出,当车轮的滑动率处于峰值附着系数滑动率 S_p 的附近范围内时,横向附着系数约为最大横向附着系数的 50%~75%。如果将车轮的滑动率控制在这一范围内时,车轮的纵向附着系数最大,车轮的横向附着系数也较大。最大的纵向附着系数可使汽车获得制动和驱动所需的纵向附着力最大,而较大的横向附着系数可使汽车获得转向或防止汽车横向滑移所需的横向附着力较大。

为使汽车获得较大的纵向和横向附着力,现代汽车已经广泛地装备了防滑控制系统(其中以制动防抱死系统为主),其作用就是使汽车能够自动地将车轮控制在纵向和横向附着系数都很大的滑动率范围内。制动防抱死系统在制动过程中,通常将车轮的滑动率控制在 10%~20% 的范围内；驱动防滑转系统在驱动过程中，通常将驱动车轮的滑动率控制在 5%~15% 的范围内。

控制车轮的滑动率是通过作用于车轮上的力矩（制动力矩或驱动力矩）实现的，即控制作用于车轮上的力矩与车轮所能获得的最大纵向附着力相适应。

车轮所能获得的纵向附着力取决于轮胎与路面间的垂直载荷和附着系数，这两个方面又会受到许多因素的影响，其中的一些因素在汽车的实际行驶过程中又是随机变化的。如附着系数除了受到车轮滑动率的影响外，还要受到轮胎结构、轮胎表面花纹、轮胎胎压、路面种类、路面状况、车轮偏转角、汽车行驶速度等因素的影响。而垂直载荷除了受汽车的实际装载质量及静态分布情况影响外，各车轮的垂直载荷在汽车行驶过程中还会发生动态变化。例如，汽车上坡时，前轮的垂直载荷会减小，而后轮的垂直载荷会增大，汽车下坡时相反；汽车转弯时，内侧车轮的垂直载荷会减小，而外侧车轮的垂直载荷会增大；汽车加速时，前轮的垂直载荷会减小，而后轮的垂直载荷会增大，汽车减速时则相反。此外，空气的作用和路面干扰引起的车轮跳动也会使车轮的垂直载荷发生变化。

由于车轮附着力受到诸多随机因素的影响，其实际上是一个随机变量。所以，为了控制车轮的滑动率，就要对作用于车轮上的力矩进行实时的自适应调节，即要求防滑控制系统具有足够快的反应速度和足够高的调节精度；否则，就难以将车轮的滑动率控制在理想的狭窄范围内。

制动防抱死系统都是在制动过程中通过调节制动轮缸（或制动气室）的制动压力使作用于车轮的制动力矩受到控制，而将车轮的滑动率控制在较为理想的范围之内。而防滑驱动控制系统在驱动过程中通常可以通过调节发动机的输出转矩、传动系统的传动比、差速器的锁紧系数等控制作用于驱动车轮的驱动力矩，以及通过调节驱动车轮制动轮缸（或制动气室）的制动压力控制作用于驱动车轮的制动力矩，实现对驱动车轮牵引力矩的控制，将驱动车轮的滑动率控制在较为理想的范围之内。

（二）防滑控制系统的基本组成及工作过程

汽车防滑控制系统包括制动防抱死系统（ABS）和驱动防滑转系统（ASR），制动防抱死系统在制动过程中防止被控制车轮发生制动抱死，驱动防滑转系统在驱动过程中防止驱动车轮发生驱动滑转，其作用都是将被控制车轮的滑动率控制在峰值附着系数滑动率的附近范围内，使被控制车轮获得尽可能大的纵向附着力和较大的横向附着力。

1. ABS 的基本组成及工作过程

1) 基本组成

ABS 通常都由车轮轮速传感器、制动压力调节器、电子控制单元（ECU）和 ABS 警示装置等组成。在不同的 ABS 系统中，制动压力调节器的结构形式和工作原理往往不同，电子控制单元（ECU）的内部结构和控制逻辑也可能不尽相同。

在图 12-10 所示的 ABS 系统中，每个车轮上各安置一个转速传感器，将关于各车轮转速的信号输入电子控制单元（ECU）。电子控制单元（ECU）根据各个车轮转速传感器输入的信号对各个车轮的运动状态进行监测和判定，并形成响应的控制指令。制动压力调节器主要由调压电磁阀总成、电动泵总成和储液器等组成一个独立的整体，通过制动管路与制动主缸和各制动轮缸相连，制动压力调节器受电子控制单元（ECU）的控制，对各制动轮缸的制动压力进行调节。

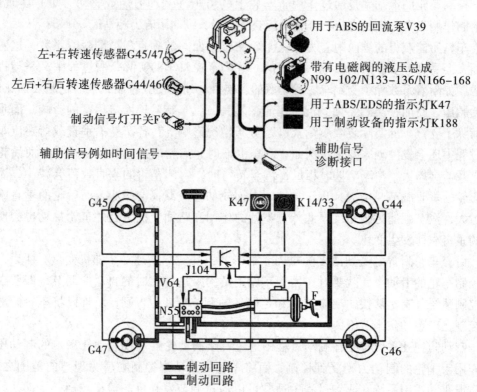

图 12-10 典型 ABS 系统的组成

2）工作过程

图 12-11 所示 ABS 的工作过程可以分为常规制动、制动压力保持、制动压力减小和制动压力增大等阶段。在常规制动阶段，ABS 并不介入制动压力控制，调压电磁阀总成中的各进液电磁阀均不通电而处于开启状态，各出液电磁阀均不通电而处于关闭状态，电动泵也不通电运转，制动主缸至各制动轮缸的制动管路均处于沟通状态，而各制动轮缸至储液器的制动管路均处于封闭状态，各制动轮缸的制动压力将随制动主缸的输出压力而变化。此时的制动过程与常规制动系统的制动过程完全相同，如图 12-11（a）所示。

在制动过程中，电子控制单元（ECU）根据车轮转速传感器输入的车轮转速信号判定有车轮趋于抱死时，ABS 就进入防抱死制动压力调节过程。例如，电子控制单元（ECU）判定右前轮趋于抱死时，就使右前轮制动压力的进液电磁阀通电，使右前进液电磁阀转入关闭状态，制动主缸输出的制动液不再进入右前制动轮缸。此时，右前出液电磁阀仍未通电而处于关闭状态，右前制动轮缸中的制动液也不会流出，右前制动轮缸的制动压力就保持一定，而其他未趋于抱死的车轮的制动压力仍会随制动主缸输出压力的增大而增大，如图 12-11（b）所示。

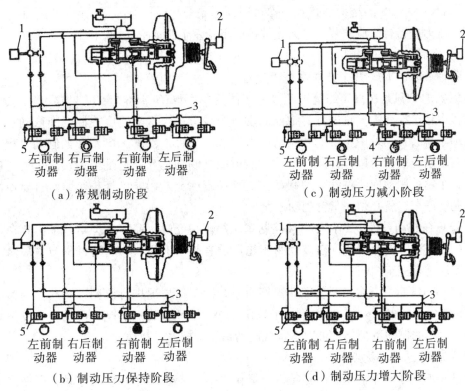

图 12-11 ABS 的工作过程
1—电动泵；2—制动开关；3—高压管路；4—低压管路；5—电磁阀

如果在右前制动轮缸的制动压力保持一定时，电子控制单元（ECU）判定右前轮仍然处于抱死，就使右前出液电磁阀也通电而转入开启状态，右前制动轮缸中的部分制动液就会经过处于开启状态的出液电磁阀流回储液器，使右前制动轮缸的制动压力迅速减小，右前轮的抱死趋势将开始消除，如图 12-11（c）所示。

随着右前制动轮缸制动压力的减小，右前轮会在汽车惯性力的作用下逐渐加速。当电子控制单元（ECU）根据车轮转速传感器输入的信号判定右前轮的抱死趋势已经完全消除时，就使右前进液电磁阀和出液电磁阀都断电，使进液电磁阀转入开启状态，使出液电磁阀转入关闭状态，同时也使电动泵通电运转，向制动轮缸泵送制动液。由制动主缸输出的制动液和电动泵泵送的制动液都经过处于开启状态的右前进液电磁阀进入右前制动轮缸，使右前制动轮缸的制动压力迅速增大，右前轮又开始减速转动，如图 12-11（d）所示。

ABS 通过使趋于抱死车轮的制动压力循环往复地经历保持—减小—增大过程，而将趋于抱死车轮的滑动率控制在峰值附着系数滑动率的附近范围内，直至汽车速度减小到很低或者制动主缸的输出压力不再使车轮趋于抱死时为止，制动压力调节循环的频率可达 3~20 Hz。在该 ABS 中对应于每一个制动轮缸各有一对进液和出液电磁阀，可由电子控制单元（ECU）分别进行控制。因此，各制动轮缸的制动压力能够被独立地调节，从而使四个车轮都不发生制动抱死现象。

尽管各种 ABS 的结构形式和工作过程并不完全相同，但都是通过对趋于抱死车轮的制动压力进行自适应调节，来防止被控制车轮发生制动抱死的。

3）各种 ABS 的相同点

各种 ABS 在以下几个方面都是相同的。

(1) ABS 只是在汽车的速度超过一定值（如 5 km/h 或 8 km/h）以后，才会对制动过程中趋于抱死的车轮进行防抱死制动压力调节。当汽车速度被制动降低到一定值时，ABS 就会自动地中止防抱死制动压力调节。此后，装备 ABS 汽车的制动过程将与常规制动系统的制动过程相同，车轮仍然可能被制动抱死。这是因为在汽车的速度很低时，车轮被制动抱死对汽车的制动性能和稳定性能的影响已经很小，而且要使汽车尽快制动停车，就必须使车轮制动抱死。

(2) 在制动过程中，只有当被控制车轮趋于抱死时，ABS 才会对趋于抱死车轮的制动压力进行防抱死调节；在被控制车轮还没有趋于抱死时，制动过程与常规制动系统的制动过程完全相同。

(3) ABS 都具有自诊断功能，能够对系统的工作情况进行监测，一旦发现存在影响系统正常工作的故障将自动地关闭 ABS，并将 ABS 警告灯点亮，向驾驶员发出警示信号，汽车的制动系统仍然可以像常规制动系统一样进行制动。

4）ABS 系统的优点

(1) 增加了汽车制动时的稳定性。资料表明，装有 ABS 系统的车辆，可使因车轮侧滑引起的事故比例下降 8% 左右。

(2) 能缩短制动距离。这是因为在同样紧急制动的情况下，ABS 系统可以将滑动率控制在峰值附着系数滑动率附近的范围内，从而可获得最大的纵向制动力。需要说明的是，当汽车在积雪路面上制动时，若车轮被抱死，则车轮前的楔状积雪可阻止汽车前进，在此条件下装有 ABS 系统的汽车，其制动距离可能会更长。

(3) 改善了轮胎的磨损状况。事实上，车轮抱死会加剧轮胎磨损，而且使轮胎胎面磨耗不均匀。经测定，在汽车的使用寿命内，将紧急制动时车轮抱死造成的轮胎磨损引起的花费进行累加，已超过一套防抱死制动系统的造价。因此，装用 ABS 系统具有一定的经济效益。

(4) 使用方便，工作可靠。ABS 系统的使用与普通制动系统几乎没有区别，制动时只要把脚踏在制动踏板上，ABS 系统就会根据情况自动进入工作状态。如遇雨雪路滑，驾驶员也没有必要用一连串的点刹车方式进行制动，ABS 系统会使制动状况保持在最佳点。

2. ASR 的基本组成及工作过程

1）基本组成

ASR 也被称为 TCS（驱动力控制系统）。ASR 可以通过调节作用于驱动车轮的驱动力矩和制动力矩，在驱动过程中防止驱动车轮发生滑转。

调节作用于驱动车轮的驱动力矩可以通过调节发动机的输出转矩、变速器的传动比、差速器锁紧系数等实现。目前，调节变速器传动比和差速器锁紧系数的方式在 ASR 中尚采用较少，而调节发动机的输出转矩又可通过调节节气门开度、点火提前角、燃油喷射量以及中断燃油喷射和点火来实现。由于发动机已经实现了电子控制，因此可以通过发动机电子控制系统对发动机的点火和供油进行控制，对发动机的输出转矩进行调节。虽然中止部分气缸的点火可以使发动机的输出转矩迅速减小，但如果不能及时完全地中断相应气缸的燃油供给，将会对催化转换器造成严重的损害。因此，中止部分气缸点火的方式在 ASR 中也很少采用。目前在 ASR 中通常通过控制节气门开度和点火提前角的方式调节发动机的输出转矩，从而对作用于驱动车轮的驱动力矩进行调节。

为了使驱动车轮的转速迅速降低，或者使两侧驱动车轮获得不同的牵引力，通常 ASR 都可以通过对驱动车轮施加一定的制动力矩得以实现。

在 ASR 中为了确定驱动车轮是否滑转，可以利用 ABS 中的车轮转速传感器获得车轮的转速信号。ASR 电子控制单元（ECU）既可是独立的，又可与 ABS 共用。ASR 的制动压力调节器通常与 ABS 的制动压力调节器共用，为了控制节气门开度，通常设有电动控制的副节气门及节气门开度传感器，点火提前角的控制则通过发动机电子控制系统进行。因此，ASR 通常都与 ABS 和发动机电子控制系统交织在一起。此外，ASR 中都具有 ASR 关闭指示灯和 ASR 工作指示灯。

图 12-12 是一种较为典型的具有制动防抱死和驱动防滑转功能的 ABS/ASR 防滑控制系统。其中的 ASR 与 ABS 共用车轮转速传感器和电子控制单元（ECU），只在通往驱动车轮制动轮缸的制动管路中增设一个 ASR 制动压力调节器，在由加速踏板控制的主节气门上方增设一个由步进电机控制的副节气门，并在主、副节气门处各设置一个节气门开度传感器，即可实现驱动防滑转控制。

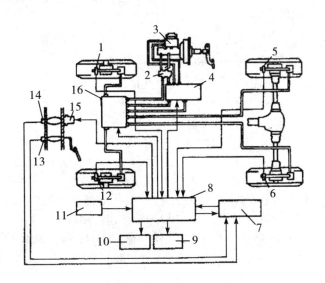

图 12-12　典型 ABS/ASR 系统的组成

1—右前车轮转速传感器；2—比例阀和差压阀；3—制动主缸；4—ASR 制动压力调节器；
5—右后车轮转速传感器；6—左后车轮转速传感器；7—发动机/变速器电子控制单元（ECU）；
8—ABS/ASR 电子控制单元（ECU）；9—ASR 关闭指示灯；10—ASR 工作指示灯；
11—ASR 选择开关；12—左前车轮转速传感器；13—主节气门开度传感器；
14—副节气门开度传感器；15—副节气门驱动步进电机；16—ABS 制动压力调节器

2) 工作过程

图 12-12 所示 ABS/ASR 中的 ASR 在汽车驱动过程中，ABS/ASR 电子控制单元（ECU）根据各车轮转速传感器产生的车轮转速信号，确定驱动车轮的滑动率和汽车的参考速度。当 ABS/ASR 电子控制单元判定驱动车轮的滑动率超过设定的限值时，就使驱动副节气门的步进电机转动，减小副节气门的开度。此时，即使主节气门的开度不变，发动机的进气量也会因副节气门开度的减小而减小。如果驱动车轮的滑动率仍未降低到设定的控制范围内，ASB/ASR 电子控制单元（ECU）又会控制 ASR 制动压力调节器和 ABS 制动压力调节器，对驱动车轮施加一定的制动压力，就会有制动力矩作用于驱动车轮。

图 12-12 所示 ABS/ASR 中的 ASR 制动压力调节器主要包括制动供能装置和电磁控制阀总成两部分，制动供能装置主要由电动泵和储能器组成，电磁阀总成中有三个二位二通电磁阀。ASR 制动压力调节器与 ABS 制动压力调节器所组成的制动液压系统如图 12-13 所示。

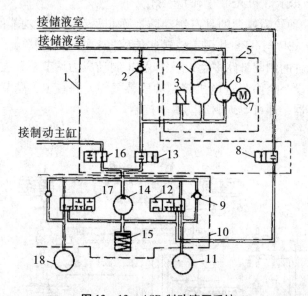

图 12-13　ASR 制动液压系统

1—ASR 电磁阀总成；2—单向阀；3—压力开关；4—储能器；5—制动供能装置；6—泵；
7—电动机；8—电磁阀Ⅰ；9—单向阀；10—ABS 制动压力调节器；11—左后驱动车轮；
12—电磁阀Ⅳ；13—电磁阀Ⅱ；14—回油泵；15—储液器；16—电磁阀Ⅲ；17—电磁阀Ⅴ；
18—右后驱动车轮

当 ABS/ASR 电子控制单元（ECU）判定需要对驱动车轮施加制动力矩时，就使 ASR 制动压力调节器中的三个二位二通电磁阀都通电，电磁阀Ⅲ将制动主缸至后制动轮缸的制动管路封闭，电磁阀Ⅱ将储能器至 ABS 制动压力调节器的制动管路沟通，电磁阀Ⅰ将 ABS 制动压力调节器至储液室的制动管路沟通。储能器中具有一定压力的制动液就会经过处于开启状态的电磁阀Ⅱ、Ⅳ和Ⅴ进入两后制动轮缸，驱动车轮的制动力矩随着制动轮缸制动压力的增大而增大。

当 ABS/ASR 电子控制单元（ECU）判定需要保持两驱动车轮的制动力矩时，就使 ABS 制动压力调节器中的两个三位三通电磁阀Ⅳ和Ⅴ的电磁线圈中通过较小的电流，使电磁阀Ⅳ和Ⅴ都处于中间位置，将两后制动轮缸的进、出液管路都封闭，两后制动轮缸的制动压力就保持一定。

当 ABS/ASR 电子控制单元判定需要减小两驱动车轮的制动力矩时，就使电磁阀Ⅳ和Ⅴ的电磁线圈中都通过较大的电流，使电磁阀Ⅳ和Ⅴ分别将两后制动轮缸的进液管路封闭，而将两后制动轮缸的出液管路沟通，两后制动轮缸中的制动液就会经电磁阀Ⅳ、Ⅴ和Ⅰ流回制动主缸储液室，两后制动轮缸的制动压力就会减小。

在 ASR 制动压力调节过程中，ABS/ASR 电子控制单元根据车轮转速传感器输入的车轮转速信号，对驱动车轮的运动状态进行连续监测，通过控制电磁阀Ⅳ和Ⅴ的通电情况，使后制动轮缸的制动压力循环往复地进行增大—保持—减小过程，从而将驱动车轮的滑动率控制在设定的理想范围内。如果 ABS/ASR 电子控制单元（ECU）判定需要对两驱动车轮的制动力矩进行不同控制时，就对电磁阀Ⅳ和Ⅴ进行分别控制，使两后制动轮缸的制动压力进行各自独立的调节。

当 ABS/ASR 电子控制单元（ECU）判定无需对驱动车轮实施防滑转控制时，就使各个电磁阀均不再通电，各电磁阀恢复到如图 12-13 所示的状态，后制动轮缸中的制动液可经电磁阀Ⅳ和Ⅴ流回制动主缸，驱动车轮的制动力矩将完全消除。在解除驱动车轮制动的同时，ABS/ASR 电子控制单元（ECU）还控制步进电机转动，将副节气门完全开启。

3）各种 ASR 系统的相同点

目前，在各种车型上装备的 ASR 系统的具体结构和工作过程不尽相同，但在如下几个方面却是相同的。

（1）ASR 可以由驾驶员通过 ASR 选择开关对其是否进入工作状态进行选择。在 ASR 进行防滑转调节时，ASR 工作指示灯会自动点亮，如果通过 ASR 选择开关将 ASR 关闭，ASR 关闭指示灯会自动点亮。

（2）ASR 处于关闭状态时，副节气门将自动处于全开位置；ASR 制动压力调节器也不会影响制动系统的正常工作。

（3）如果在 ASR 处于防滑转调节过程中，驾驶员踩下制动踏板进行制动时，ASR 将会自动退出防滑转调节过程，而不影响制动过程的进行。

（4）ASR 通常只在一定的车速范围内才进行防滑转调节，而当车速达到一定值（如 120 km/h 或 80 km/h）以后，ASR 将会自动退出防滑转调节过程。

（5）ASR 在其工作车速范围内通常具有不同的优先选择性。在车速较低时以提高牵引力作为优先选择，此时，对两驱动车轮施加的制动力矩可以不同，即对两后制动轮缸的制动压力进行分别调节。而在车速较高时则以提高行驶方向稳定性为优先选择，此时，对两驱动车轮施加的制动力矩将是相同的，即对两后制动轮缸的制动压力进行一同调节。

（6）ASR 都具有自诊断功能，一旦发现存在影响系统正常工作的故障时，ASR 将会自动关闭，并向驾驶员发出警示信号。

3. ABS 与 ASR 的比较

ABS 和 ASR 都是通过控制作用于被控制车轮的力矩，而将车轮的滑动率控制在设定的理想范围之内，从而缩短汽车的制动距离或提高汽车的加速性能，改善汽车的行驶方向稳定性和转向操纵能力。

ABS 和 ASR 都要求系统具有快速反应能力，以适应车轮附着力的变化；都要求控制偏差尽可能达到最小，以免引起汽车及传动系统的振动；都要求尽量减少调节过程中的能量消耗。

ABS 和 ASR 在以下几个方面又是不同的：ABS 对驱动和非驱动车轮都可进行控制，而 ASR 则只对驱动车轮进行控制；在 ABS 控制期间，离合器通常都处于分离状态（指装备手动变速器的汽车），发动机也处于怠速运转，而在 ASR 控制期间，离合器则处于接合状态，发动机的惯性会对 ASR 控制产生较大的影响；在 ABS 控制期间，汽车传动系统的振动较小，由此对 ABS 控制产生的影响也较小，而在 ASR 控制期间，很容易使传动系统产生较大的振动，由此对 ASR 控制产生的影响也就很大；在 ABS 控制期间，各车轮之间的相互影响不大，而在 ASR 控制期间，由于差速器的作用会使驱动车轮之间产生较大的相互影响；ABS 只是一个反应时间近似一定的制动控制单环系统，而 ASR 却是由反应时间不同的制动控制和发动机控制等组成的多环系统。

4. 控制通道

防滑控制系统中能够独立进行制动压力调节的制动管路称为控制通道。如果某车轮的制动压力可以进行单独调节，称这种控制方式为独立控制；如果对两个或两个以上车轮的制动压力是一同进行调节的，则称这种控制方式为一同控制。在对两个车轮的制动压力进行一同控制时，如果以保证附着力较大的车轮不发生制动抱死或驱动滑转为原则进行制动压力调节，称这种控制方式为按高选原则一同控制；如果以保证附着力较小的车轮不发生制动抱死或驱动滑转为原则进行制动压力调节，称这种控制方式为按低选原则一同控制。

ABS 按照控制通道数可分为四通道系统、三通道系统、双通道系统和单通道系统，而其布置型式却是多样的，如图 12 - 14 所示。

1）四通道 ABS 系统

对应于双制动管路 H 型（前后）或 X 型（对角）两种布置型式，四通道 ABS 也有两种布置型式，如图 12 - 14（a）、（b）所示。为了对四个车轮的制动压力进行独立控制，在每个车轮上各安装一个转速传感器，并在通往各制动轮缸的制动管路中各设置一个制动压力调节分装置（通道）。由于四通道 ABS 系统可以最大程度地利用每个车轮的附着力进行制动，因此汽车的制动效能最好。但在附着系数分离（两侧车轮的附着系数不相等）的路面上制动时，若同一轴上两侧车轮的制动力不相等，会使汽车产生较大的偏转力矩而跑偏。因此，ABS 系统通常不对四个车轮进行独立的制动压力调节。

2）三通道 ABS 系统

四轮 ABS 大多为三通道系统，而双通道系统都是对两前轮的制动压力进行单独控制，对两后轮的制动压力按低选原则一同控制，其布置型式如图 12 - 14（c）、（d）、（e）所示。图 12 - 14（c）所示的按对角布置的双管路制动系统中，虽然在通往四个制动轮缸的制动管路中各设置了一个制动压力调节分装置,但两个后制动压力调节分装置却是由电子控制单元(ECU)一同控制的,实际上仍是三通道 ABS 系统。由于三通道 ABS 系统对两后轮进行一同控制,对于后轮驱动的汽车,可以在变速器或主减速器中只设置一个转速传感器来检测两后轮的平均转速。

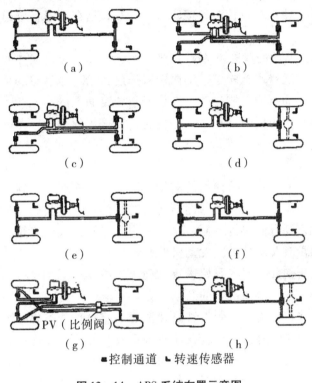

图 12-14 ABS 系统布置示意图

汽车紧急制动时,会发生很大的轴荷转移(前轴荷增加,后轴荷减小),使得前轮的附着力比后轮的附着力大很多(前置前驱动汽车的前轮附着力约占汽车总附着力的 70%~80%)。对前轮制动压力进行独立控制,可充分利用两前轮的附着力对汽车进行制动,有利于缩短制动距离。尽管两前轮制动压力独立控制可能会导致两前轮制动力的不平衡,但这种不平衡对汽车行驶时的方向稳定性影响较小,而且还可以通过转向操纵对此不利影响加以修正。对两后轮的制动压力按低选原则一同控制,即使汽车两侧车轮的附着力相差较大时,两后轮的制动力都被限制在较小的附着力水平,由此造成的制动力损失并不显著,而汽车的方向稳定性却得到很大改善。

3)双通道 ABS 系统

图 12-14(f)所示的双通道 ABS 系统,在按前后布置的双管路制动系统的前后制动管路中各设置了一个制动压力调节分装置,分别对两前轮和两后轮进行一同控制。两前轮可以根据附着条件进行高选或低选转换,当两前轮附着力相差较大时,按高选原则进行一同控制;当两前轮附着力相差不大时,按低选原则进行一同控制。两后轮则按低选原则一同控制。对于后轮驱动的汽车可在两前轮和传动系统中各装一个转速

传感器。当在附着系数分离的路面上进行紧急制动时,两前轮的制动力相差很大,为保持汽车的行驶方向,驾驶员会通过转动转向盘使前轮偏转,以求用转向轮产生的横向力与不平衡的制动力相抗衡,保持汽车行驶方向的稳定性。但是在两前轮从附着系数分离路面驶入附着系数均匀路面的瞬间,以前处于低附着系数路面而抱死的前轮的制动力因附着力突然增大而增大。由于驾驶员无法在瞬间将转向轮回正,转向轮上仍然存在的横向力将会使汽车向转向轮偏转方向行驶,这在高速行驶时是一种无法控制的危险状态。

图 12-14(g)所示的双通道 ABS 系统多用于制动管路对角布置的汽车上。两前轮独立控制,制动液通过比例阀按一定比例减压后传给对角后轮。采用此控制方式的汽车在附着系数分离的路面上制动时,高附着系数路面上的前轮产生高制动压力,通过管路和比例阀传至对角低附着系数侧的后轮,使该后轮抱死;而低附着系数侧的前轮制动压力低,通过管路和比例阀传至对角高附着系数侧的后轮,该后轮不会抱死,从而提高了汽车制动时的方向稳定性。当两前轮从附着系数分离路面驶入附着系数均匀路面时,以前处于低附着系数路面的前轮的制动力,逐渐增大到一直处于高附着系数路面前轮的制动力水平。在制动力逐渐增大的过程中,驾驶员有足够的时间将转向轮回正,使汽车的行驶方向得到控制。对于采用此控制方式的前轮驱动汽车,如果在紧急制动时离合器没有及时分离,发动机的制动力矩就会作用于前轮,因此前轮在制动压力较小时就趋于抱死,ABS 开始进行制动压力调节,而此时后轮的制动压力还远未达到其附着力的水平,所以汽车的制动力会显著减小。而对于采用此控制方式的后轮驱动汽车,如果将比例阀调整到正常制动情况下前轮趋于抱死时,后轮的制动力接近其附着力,则紧急制动时由于离合器往往难以及时分离,发动机的制动力矩即会作用于后轮,导致后轮抱死,使汽车丧失方向稳定性;如果将比例阀调整到即使在离合器没有分离的情况下进行紧急制动时,后轮也不会发生制动抱死,则在通常的制动情况下,后轮的制动力就会不足,汽车的制动距离会明显增加。

由于双通道 ABS 系统难以在方向稳定性、转向操纵能力和制动距离等方面得到兼顾,因此目前很少被采用。

4)单通道 ABS 系统

所有单通道 ABS 系统都是在前后布置的双管路制动系统的后制动管路中设置一个制动压力调节器,对于后轮驱动的汽车只需在传动系统中安装一个转速传感器,如图 12-14(h)所示。单通道 ABS 系统一般对两后轮按低选原则一同控制,其主要作用是提高汽车制动时的方向稳定性。在附着系数分离的路面上进行制动时,两后轮的制动力都被限制在处于低附着系数路面上的后轮的附着力水平,制动距离会有所增加。由于前制动轮缸的制动压力未被控制,前轮仍然可能发生制动抱死,所以汽车制动时的转向操纵能力得不到保障。但由于单通道 ABS 系统能够显著地提高汽车制动时的方向稳定性,又具有结构简单、成本低的优点,因此在轻型货车上得到广泛应用。

装备于后轮驱动汽车的 ASR,为了使汽车在低速驱动时获得尽可能大的驱动力,在高速驱动时获得良好的方向稳定性,各种 ASR 通常在汽车速度较低时对两驱动车轮进行独立控制或按高选原则一同控制,而在汽车速度较高时对两驱动车轮则按低选原则一同控制。汽车在低速范围内，尽管两驱动车轮进行独立控制或按高选原则一同控制会造成两驱动车轮驱动不平衡，但驱动力不平衡对汽车行驶方向稳定性的影响并不大。可是由于能够充分地利用两驱动车轮的附着力产生尽可能大的驱动力（特别是独立控制时），汽车的起步加速性能将会明显提高。而在高速范围内，由于两驱动车轮将按低选原则一同控制，因此两驱动车轮的驱动力处于平衡，从而提高了汽车的行驶方向稳定性，特别是当汽车处于附着系数分离的路面上时，其效果更为显著。

装备于前轮驱动汽车的 ASR，对两驱动车轮进行独立控制，既可增大驱动力，提高汽车的加速性能，又可保证汽车的转向操纵能力，而对汽车的方向稳定性影响也不大。

装备于四轮驱动汽车的 ASR，对两前轮进行独立控制，保证两前轮具有较高抵抗外界横向力作用的能力，提高了汽车的转向操纵能力，同时也可以充分地利用两前轮的附着力，获得更大的驱动力。在汽车速度较低时，对两后轮进行独立控制或按高选原则一同控制，则可以充分地利用两后轮的附着力，获得更大的牵引力，提高汽车的加速性能；在汽车速度较高时，对两后轮按低选原则一同控制，保证两后轮具有较高抵抗外界横向力作用的能力，使汽车在高速行驶时具有良好的方向稳定性。

（三）防滑控制系统主要组成件的结构及工作原理

1. 车轮转速传感器

车轮转速传感器的作用是检测车轮的速度，并将速度信号输入防滑控制系统的电子控制单元。目前，用于防滑控制系统的转速传感器主要有电磁式（无源）和霍尔式（有源）两种。如今，先进汽车的制动系统（ABS、ASR、ESP）几乎毫无例外地使用霍尔式（有源）车轮转速传感器。

2. 汽车减速度传感器

在有些 ABS 系统中，为了获得汽车的纵向或横向减速度，在汽车的车身上安装有减速度传感器（以下称为 G 传感器），如图 12-15、图 12-16 所示。

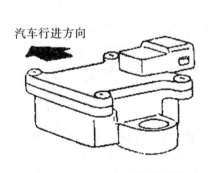

图 12-15　G 传感器外形图

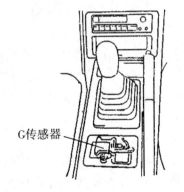

图 12-16　G 传感器安装位置图

图 12-17 是采用水银开关的 G 传感器的剖视图。这种水银开关如 A—A 剖面所示，与水平面有一定夹角，汽车处于水平位置时开关处在"ON"状态。汽车在低附着系数的路面上制动时，由于减速度较小，开关内的水银不移动，开关仍保持在

"ON"状态。在高附着系数的路面上制动时，因为减速度较大，开关内的水银离开触点，开关成为"OFF"状态。这样可识别出路面的附着系数信息，并传送到电子控制单元。

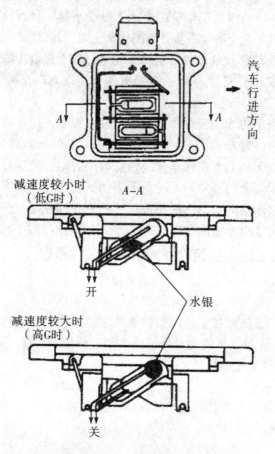

图12-17 G传感器水银开关

采用水银开关的G传感器中，有的能传递前进和后退两个方向的路面附着系数信息，还有的在前进方向上并列了两个水银开关，即使一个有故障，另一个也能正常工作。其他G传感器还有采用霍尔元件的模拟方式、光学阶梯检测式、差动变压器等多种形式。

3. ABS制动压力调节器

ABS/ASR制动压力调节器的作用是接收电子控制单元（ECU）的指令，通过电磁阀的动作来实现车轮制动器制动压力的自动调节。ABS/ASR制动压力调节器是在普通制动系统的液压装置基础上加装ABS/ASR制动压力调节器而成的。普通制动系统的液压装置一般包括制动助力器、双腔式制动主缸、储液室、制动轮缸和双液压管路等。ABS/ASR制动压力调节器装在制动主缸与轮缸之间，如果它与制动主缸装在一起，称之为整体式制动压力调节器，否则为非整体式制动压力调节器。

图 12-18 为一种整体式 ABS 制动压力调节器的零件分解图。它主要由电磁阀阀体 3、制动液储液室 5、储能器 6、双腔式制动主缸与液压助力器 7、电动泵 20 等组成。双腔式制动主缸与液压助力器组合在一起。

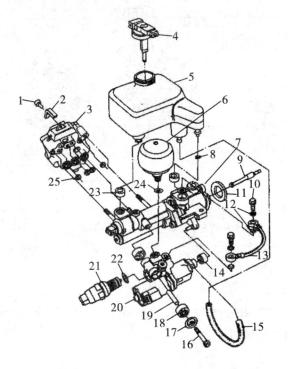

图 12-18 坦威斯（TEVES）MKⅡ制动压力调节器零件分解图

1—固定螺栓；2—储液室固定架；3—电磁阀阀体；4—组合液位开关；5—储液室；6—储能器；7—制动主缸与液压助力器；8、12、22、24、25—O 形密封圈；9—制动踏板推杆；10—高压管接头；11—密封圈；13—高压管；14—隔离套；15—回液管；16—电动泵固定螺栓；17—垫圈；18—隔离套；19—螺栓套筒；20—电动泵；21—组合压力开关；23—密封垫

除了普通制动系统的液压部件之外，ABS/ASR 制动压力调节器通常由电动泵、储能器、主控制阀、电磁控制阀和一些控制开关等组成。实质上，ABS/ASR 就是通过电磁控制阀体上的控制阀控制制动轮缸上的油压迅速变大或变小，从而实现了防滑控制功能。下面主要介绍 ABS 制动压力调节器。

1）电动泵

电动泵是一个高压泵，它可在短时间内将制动液加压到 14~18 MPa（在储能器中），并给整个液压系统提供高压制动液。电动泵能在汽车启动后一分钟内完成上述工作。电动泵的工作独立于 ABS 电子控制单元，如果电子控制单元出现故障或接线有问题，电动泵仍能正常工作。图 12-19 为一种由直流电动机和径向柱塞泵组合在一起的电动泵。电动机 8 由压力控制开关 1 控制，当柱塞泵出油口的压力低于设定的控制压力时，压力控制开关闭合，于是电动机驱动柱塞泵运转，将制动液泵入储能器中；当柱塞泵出油口的压力超过设定的控制压力时，压力控制开关即会断开，停止向电动机供电，电动机和柱塞泵便停止运转，柱塞泵出油口的压力便保持在一定的控制范围内。

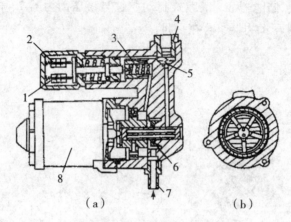

图 12-19 电动泵
1—控制开关；2—警告开关；3—限压阀；4—出油口；5—单向阀；
6—滤芯；7—进油口；8—电动机

2) 储能器

储能器的结构形式多种多样。图 12-20 为活塞-弹簧式储能器示意图，该储能器位于电磁阀和回油泵之间，由制动轮缸来的制动液进入储能器，进而压缩弹簧使储能器液压腔容积变大，以暂时储存制动液。

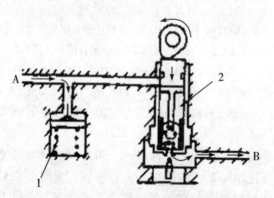

图 12-20 活塞-弹簧式储能器
1—储能器；2—回油泵

图 12-21 是一种气囊式储能器，在它的内部充有氮气，可储存高压和向制动系统提供高压。储能器被一个隔膜分成上下两个腔室，上腔室充满了氮气，下腔室充满了来自电动泵的制动液（储能器下腔与电动泵泵油腔相通）。要特别注意的是，禁止拆卸、分解储能器，因为储能器中的氮气在平时有较大的压力（8 MPa 左右）。储能器下腔的制动液始终保持大约 14~18 MPa 的压力。若储能器中的压力低于 14 MPa 时，电动泵向其下腔泵入制动液，使隔膜上移，储能器上端的氮气被压缩后产生压力；当储能器中的压力达到

18 MPa 时，电动泵停止向储能器泵油。

3）电磁控制阀

电磁控制阀是制动压力调节器的重要部件，由它完成对 ABS 系统各个车轮制动力的控制。ABS 系统中都有一个或两个电磁阀体，其中有若干对电磁控制阀，分别控制前、后轮的制动。常用的电磁阀有三位三通阀和二位二通阀等多种形式。

三位三通电磁阀的内部结构如图 12-22 所示，它主要由阀体、供油阀、卸荷阀、单向阀、弹簧、无磁支撑环、电磁线圈等组成。滑动柱塞 6 的两端由无磁支撑环 3 导向。主弹簧 13 和副弹簧 12 相对布置，但主弹簧的弹力大于副弹簧的弹力。为了关闭进油阀 5 和打开卸荷阀 4，滑动支架有约 0.25 mm 的移动行程。无磁支撑环被压进阀

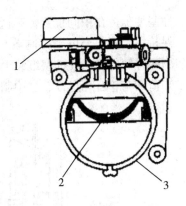

图 12-21　气囊式储能器
1—压力开关；2—隔膜；
3—储能器壳

体中，这样可迫使磁通在线圈中穿行时必须通过支架，并经工作气隙 a 穿出，以保证磁路有稳定的电磁特性。单向阀 8 与进油阀 5 并行设置，其作用是当解除制动时，单向阀打开，增加一个附加的、更大的由轮缸到主缸的回油通道，这样能使轮缸的压力迅速下降，即使在主弹簧断裂或支架被卡死的情况下也能使车轮制动器松开解除制动。

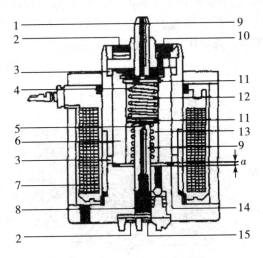

图 12-22　三位三通电磁阀
1—回油口接口；2—滤芯；3—无磁支撑环；4—卸荷阀；5—进油阀；6—柱塞（铁芯）；7—电磁线圈；
8—限压阀；9—阀座；10—出油口；11—承接盘；12—副弹簧；13—主弹簧；14—凹槽；15—进油口

该电磁阀工作过程如下（图 12-23）。当电磁线圈中无电流通过时，由于主弹簧弹力大于副弹簧弹力，进油阀被打开，卸荷阀关闭，制动主缸与轮缸油路接通，所以轮缸压力既能在没有 ABS 参与的常规制动条件下增加，也能在 ABS 系统工作的条件下增加。当向电磁线圈输入 1/2 最大电流时（保持电流），电磁力使柱塞向上（图 12-23 中为向下）移动一定距离将进油阀关闭。由于此时电磁力不足以克服两个弹簧的弹力，

柱塞便保持在中间位置，卸荷阀仍处于关闭状态。此时，三孔间相互密封，轮缸压力保持一定值。当电子控制单元向电磁线圈输入最大工作电流时，电磁力足以克服主、副两弹簧的弹力使柱塞继续上移（图12-23中为下移）将卸荷阀打开，此时主缸通过卸荷阀与轮缸相通，轮缸中制动液流入回油管路，压力降低。

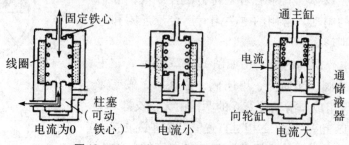

图12-23 三位三通电磁阀的工作原理

图12-24为一种常开式二位二通电磁阀的内部结构。当电磁线圈3中无电流通过时，在回位弹簧7的作用下，铁芯12被推至限位杆9与缓冲垫圈11相抵触的位置。此时，与铁芯联在一起的顶杆10没有将球阀6顶靠在阀座5上，电磁阀的进油口A和出油口B相通，电磁阀处于开启状态。当电磁线圈中有一定的电流通过时，铁芯在电磁吸力的作用下，克服弹簧力的作用，带动顶杆一起右移，顶杆将球阀顶靠在阀座上，电磁阀进油口与出油口之间的通道被封闭，电磁阀处于关闭状态。限压阀4的作用在于限制电磁阀的最高压力，以免压力过高导致电磁阀损坏。

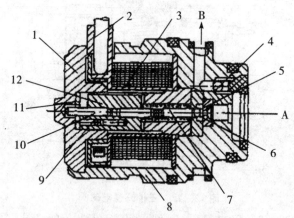

图12-24 常开式二位二通电磁阀
1—阀盖；2—引线；3—电磁线圈；4—限压阀；5—阀座；6—球阀；7—回位弹簧；
8—阀体；9—限位杆；10—顶杆；11—缓冲垫圈；12—铁芯

电磁线圈无电流通过时处于关闭状态的二位二通电磁阀称为常闭式二位二通电磁阀，其结构和工作原理与常开式电磁阀基本相同。

4）压力控制、压力警告和液位指示开关

通常，在电动泵旁边有一个开关装置，装置中就有压力控制和压力警告功能的触点开关,而液位开关在储液室上方。

压力控制开关(PCS)由一组触点组成,它独立于 ABS 电子控制单元工作。压力开关一般位于储能器下面,监视着储能器下腔的压力。当压力下降到一定的数值(一般为14 MPa)时,压力开关闭合,使电动泵继电器通电,电动泵运转。如果压力控制开关发生故障,尽管这时储能器仍能提供较大的压力,但最终会导致 ABS 液压系统中的压力下降。

压力报警开关(PWS)的功能是,当压力下降到一定值(14 MPa 以下)时,先点亮红色制动系统故障指示灯,紧接着点亮琥珀色或黄色 ABS 故障指示灯,同时让 ABS 电子控制单元停止防抱死制动工作。

液位指示开关(FLI)一般位于制动液储液室的盖上,它有两个触点。当制动液面下降到一定程度时,上面的触点闭合,下面的触点打开。上面触点的闭合点亮红色制动系统故障指示灯,它提醒驾驶员要对车辆的制动液进行检查。下面触点的打开切断了通向 ABS 电子控制单元的电路,发出使电子控制单元停止防抱死制动控制的信号,同时点亮琥珀色 ABS 故障指示灯。红色故障灯比琥珀色故障灯先亮。

4. 电子控制单元

电子控制单元(ECU)是防滑控制系统的控制中枢,其功用是接收转速传感器及其他传感器输入的信号,对这些信号进行测量、比较、分析、放大和判别处理;通过精确计算,得出制动时车轮的滑动率、车轮的加速度和减速度,以判断车轮是否有抱死趋势;再由其输出级发出控制指令,控制制动压力调节器去执行压力调节任务。

ABS 电子控制单元的内部电路结构原理如图 12-25 所示。ABS 电子控制单元一般由以下几个基本电路构成。

1)输入级电路

输入级电路的功用是将转速传感器输入的正弦交流信号转换成脉冲方波信号,经整形放大后输入运算电路。输入级电路主要由低通滤波器和用以抑制干扰并放大转速信号的输入放大器组成。

2)运算电路

运算电路的功用主要是进行车轮线速度、初始速度、滑动率、加速度及减速度等的运算,以及调节器电磁阀控制参数的运算和监控运算。经转换放大后的转速传感器信号输入车轮线速度运算电路,由电路计算出车轮的瞬时速度。初始速度、滑动率及加减速度运算电路根据车轮瞬时线速度加以积分,计算出初始速度,再把初始速度和车轮瞬时线速度进行比较运算,最后得到滑动率及加减速度。电磁阀控制参数运算电路根据计算出的滑动率、加减速度信号,计算出电磁阀控制参数。

电子控制单元中一般都设有两套运算电路,同时进行运算和传递数据,利用各自的运算结果相比较,相互监视,确保可靠性。

3)输出级(电磁阀控制)电路

输出级电路的功用是接收运算电路输入的电磁阀控制参数信号,控制大功率三极管向电磁阀提供控制电流。

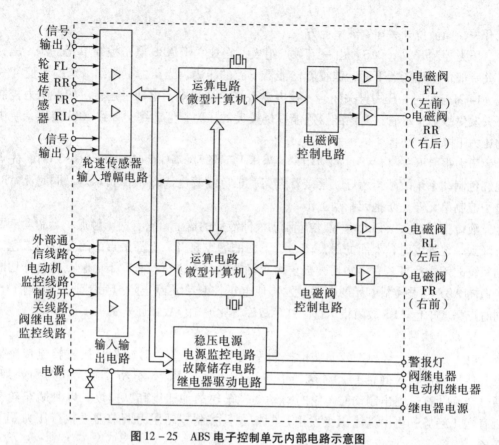

图 12-25　ABS 电子控制单元内部电路示意图

4）安全保护电路

安全保护电路的功用首先是将汽车电源（蓄电池、发电机）提供的 12 V 或 14 V 的电压变为电子控制单元内部所需的 5 V 标准稳定电压，对电源电路的电压是否稳定在规定的范围进行监控，同时还对转速传感器输入放大电路、运算电路和输出级电路的故障信号进行监视。当出现故障信号时，安全保护电路将关闭继动阀门，停止 ABS 系统的工作，转入常规制动状态，同时点亮仪表板上的 ABS 警告灯，提示驾驶员 ABS 系统出现故障，并将故障信息以故障代码的形式储存在存储器中，供故障诊断时调取。

在 ABS 电控系统中，除了电子控制单元外还有一些重要的外围电器，如继电器、故障指示灯等。

在 ABS 系统中，一般有两个继电器，一个是灰色主电源继电器，另一个是棕色电动泵继电器。主电源继电器通过点火开关供给 ABS 电脑电能。只要发动机启动 ABS 电脑就会感知并启动系统自检程序，检查 ABS 系统是否良好。如果主电源继电器损坏，电脑就会知道并让 ABS 系统停止工作（普通制动系统继续工作），直到主电源继电器修复为止。电动泵继电器主要给电动泵接通电源。当点火开关接通后，电流通过压力控制开关（接通状态）使电动泵继电器导通，控制电动泵的触点闭合，蓄电池直接给电动泵供电使其工作。如果电动泵继电器损坏或发生故障，电动泵就不能运行，必然导致整个系统压力下降而无法工作。此时车辆要停止运行，直到将电动泵继电器修复为止。

ABS 电脑保护二极管可起到保护电脑的作用。这个二极管装在主电源继电器和琥珀色 ABS 故障指示灯之间,防止电流由蓄电池的正极通过主电源继电器直接流向电脑而引起电脑损坏。

ABS 系统带有两个故障指示灯,一个是红色制动故障指示灯,另一个是琥珀色(或黄色) ABS 故障指示灯,如图 12-26 所示。两个故障指示灯正常闪亮的情况如下:当点火开关打开时,红色制动灯与琥珀色 ABS 灯几乎同时亮,制动灯亮的时间较短,ABS 灯会亮得长一些(约 3 s);启动汽车发动机后,蓄压器要建立系统压力,此时两故障指示灯会再亮一次,时间可达十几秒甚至几十秒钟。红色制动灯在停车驻车制动时也应点亮。如果在上述情况下灯不亮,就说明故障指示灯本身及线路有故障。

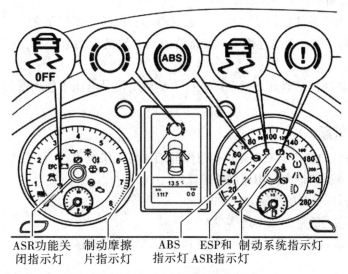

图 12-26 制动系统故障指示灯

红色制动故障指示灯常亮,说明制动液不足或蓄压器中的压力下降(低于 14 MPa),此时普通制动系统与 ABS 系统均不能正常工作,要检查故障原因及时排除。

琥珀色 ABS 故障指示灯常亮,说明电脑发现 ABS 系统有故障,要及时检修。

四、自我测试题

(一)判断题

1. ABS 轮速传感器均采用有源传感器。（   ）
2. 霍尔式车轮转速传感器可以测其阻值,以判断好坏。（   ）

(二)选择题

1. 关于 ABS,下列说法错误的是（   ）。
   A. 可将车轮滑动率控制在较为理想的范围内

B. 可使制动力最大

C. 在积雪路面，可使制动距离缩短

D. 可提高轮胎寿命

2. 磁电式轮速传感器输出信号为（　　）信号，信号大小（　　）转速影响。

A. 数字，不受　　　　　　　B. 模拟，受

C. 数字，受　　　　　　　　D. 模拟，不受

（三）填空题

1. 汽车在行驶过程中，车轮在路面上的纵向运动可以区分为_____两种形式。

2. 当车轮被制动到完全抱死在路面上进行纯粹的滑移时，车轮中心的纵向速度则完全是由于车轮滑移产生的，滑动率_____。

3. 制动防抱死系统在制动过程中，通常将车轮的滑动率控制在_____的范围内；驱动防滑转系统在驱动过程中，通常将驱动车轮的滑动率控制在_____的范围内。

4. 霍尔式转速传感器具有以下优点：一是输出信号电压幅值不受转速的影响；二是_____；三是_____。

（四）简答题

1. 简述 ABS 的组成、ABS 轮速传感器的结构与工作原理。
2. 汽车上有哪些地方使用速度传感器？
3. ABS 轮速传感器的性能如何检查？
4. 速度传感器的常规数据是多少？
5. 归纳 ABS 轮速传感器的特点及与其他轮速传感器的区别。

项目十三

诊断与排除 ABS 故障

一、项目描述

诊断与排除 ABS 系统的常见故障是有关汽车 ABS 最为常见的诊断与维修项目。本项目将按照不同车型的结构特点与故障现象进行诊断，查出故障原因并排除故障，有时需要进行修理作业。

1. 知识要求

（1）熟悉 ABS 系统结构及工作原理。

（2）理解 ABS 系统工作条件和工作过程。

（3）掌握 ABS 系统故障的诊断与排除的方法思路。

2. 技能要求

（1）会区别 ABS 的正常工作特征与故障时的典型特征。

（2）能够利用检测仪器和故障灯判断 ABS 故障。

（3）会进行 ABS 故障的初步检查。

（4）能够进行 ABS 故障的诊断与排除。

3. 素质要求

（1）选择和使用工具合理。

（2）拆装工艺合理，操作规范。

（3）技术要求符合维修手册。

（4）安全文明生产，保证工具、设备和自身安全。

（5）符合 5S 要求。

二、项目实施

 任务一　ABS 故障诊断

1. 训练目标与要求

（1）ABS 故障诊断的目的与要求。

(2) ABS 故障诊断的规范与标准。

(3) ABS 故障诊断的步骤。

2. 训练设备

(1) 三类液压制动系统的轿车底盘四台。

(2) 汽车四辆（有 ABS 装置）。

(3) 电脑诊断仪器若干。

(4) 相关维修工具和举升设备。

3. 训练步骤

1) ABS 检修注意事项

大多数 ABS 都具有较高的工作可靠性，但在使用过程中仍免不了出现工作不良，对此应及时进行检修，以确保制动系统的正常工作。ABS 与常规制动系统相比，有其自身的特点，在检修过程中应在以下几个方面特别注意。

(1) 在点火开关处于"ON"位置时，不要拆装系统中的电器元件和线束插头，以免损坏电子控制单元。

(2) 在车上用外接电源给蓄电池充电时，要先断开蓄电池正（负）极柱上的电缆线，然后对蓄电池充电，以免损坏电子控制单元。

(3) 电子控制单元对高温环境和静电都很敏感，为防止其损坏，在对汽车进行烤漆作业时，应将电子控制单元从车上拆下；在对车体进行电焊之前，应拔下电子控制单元的插接器，并戴好防静电器。

(4) 在拆卸制动管路或与其关联的部件之前，应首先释放 ABS 蓄压器内的压力，防止高压制动液喷射伤人。

(5) 在更换 ABS 制动管路或橡胶件时，应按规定使用标准件（高压耐腐蚀件），以免管路破损而引起制动突然失灵。

(6) 为保证维修质量，应保持维修场地和拆卸器件的清洁干净，防止尘埃物进入压力调节器或制动管路中。

(7) 制动液侵蚀油漆能力较强，因此在维修液压部件和加注制动液时，应防止制动液溅污油漆表面而使油漆失去光泽和变色。

(8) 在维修轮速传感器时，应防止碰伤齿圈的轮齿和传感头，也不可将齿圈作为支点撬动；否则，将造成轮齿变形，致使轮速传感器信号不正常，影响 ABS 的正常工作。

2) ABS 故障诊断的一般程序

不同车型，甚至同一系列不同年代生产的汽车，由于装用的 ABS 型号不一样，其具体诊断方法与步骤均不尽相同。ABS 故障诊断的一般程序如图 13-1 所示。

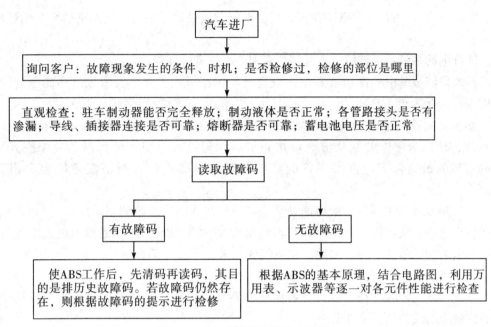

图 13 - 1　ABS 故障诊断的一般程序

3）常规检查

做好常规检查，发现比较明显的故障，可以节省时间，提高效率。常规检查主要包括以下几个方面：检查制动液面是否在规定范围内；检查所有继电器、熔断丝是否完好，插接是否牢固；检查电子控制装置导线插头、插座是否连接良好，有无损坏，搭铁是否良好；检查电动液压泵、液压单元、四个轮速传感器、制动液面指示灯开关的导线插头、插座和导线的连接是否良好；检查传感器头与齿圈间隙是否符合规定，传感头有无脏污；检查蓄电池电压是否在规定范围内；检查驻车制动器是否完全释放；检查轮胎花纹高度是否符合要求。

注意：常规制动系统的元件出了故障，可能使 ABS 工作不正常，因而不要轻易地判定 ABS 电子控制单元等元器件损坏。

（1）制动液的更换与补充。制动液具有较强的吸湿性，当制动液中含有水分后，其沸点降低，制动时容易产生"气阻"，使制动性能下降。因此，一般要求每2年或1年更换制动液。

注意：很多 ABS 具有液压助力，由于蓄能器可能蓄积有制动液，因此在更换或补充制动液时应按一定的程序进行。

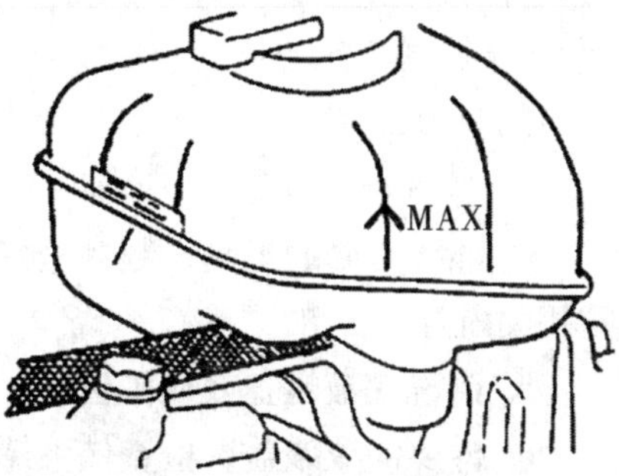

更换或补充制动液的程序如下：

①将新制动液加至储液罐的最高液位标记处，如图13-2中的"MAX"标记处；

②如果需要对制动系统中的空气进行排除，应按规定的程序进行空气排除；

图 13 - 2　储液罐最高液位标记

③将点火开关置于"ON"位置,反复踩下和放松制动踏板,直到电动泵开始运转为止;

④待电动泵停止运转后,再对储液罐中的液位进行检查;

⑤如果储液罐中的制动液液位在最高液位标记以上,先不要泄放过多的制动液,而应重复以上③和④的过程;

⑥如果储液罐中的制动液液位在最高液位标记以下,应向储液罐再次补充新的制动液,使储液罐中的制动液液位达到最高标记处。但切不可将制动液加注到超过储液罐的最高标记,否则当蓄能器中的制动液排出时,制动液可能会溢出储液罐。

(2)制动系统的排气。液压制动系统有空气渗入时,会感到制动踏板无力和制动踏板行程过长,致使制动力不足,甚至制动失灵。当ABS的液压回路内混入空气后,同样会引起制动效能不良。因此,在空气渗入液压系统中后,必须对制动液压系统进行空气的排除。

在进行空气排除之前,应检查液压制动系统中的管路及其接头是否破裂或松动;检查储液罐的液位是否符合要求。

ABS系统的排气方法有仪器排气和手动排气,应根据不同的车型和条件进行选择。

①仪器排气:

A. 将车辆停放在水平地面上,抵住车轮前后,将自动变速器的选挡杆置于P位;

B. 松开驻车制动器;

C. 安装ABS检测仪(具有排气的控制功能)或专用排气试验器的接线端子;

❀ **注意**:ABS检测仪器或专用排气试验器用于代替ABS电子控制单元对电动液压泵等进行控制。

D. 向用于制动主缸和液压组件的储液罐加注制动液到最大液面高度;

E. 启动发动机并以怠速运转几分钟;

F. 稳稳地踩下制动踏板,使检测仪器进入排气程序,并且感到制动踏板有反冲力;

G. 按规定顺序打开放气螺钉。

❀ **注意**:有的车型要求排气必须对ABS和常规制动系统分别进行,排气分为三个步骤进行,即先给常规制动系统排气,然后再利用仪器对液压控制系统排气,最后再对常规制动系统排气。

②手动排气。

A. 排气前的准备:

a. 准备必要的工具、制动液容器、擦布和软管等,仔细阅读对应车型维修手册中的相关内容;

b. 清洗储液罐盖及周围区域;

c. 拆下储液罐盖,检查储液罐中的液面高度,必要时加注到正确液面高度;

d. 安装储液器罐。

B. 制动压力调节器与制动主缸及制动轮缸的排气。

a. 将排气软管装到后排气阀上,将软管的另一端放在装有一些制动液的清洁容器中。踩下制动踏板并保持一定的踏板力,缓慢拧开后排气阀1/2~3/4圈,直到制动液开始流出。关闭该阀后松开制动踏板。重复进行以上步骤,直到流出的制动液内没有气泡为止。

b. 拆下储液罐盖,检查储液罐中的液面高度,必要时加注到正确液面高度。

c. 按规定的排气顺序,在其他车轮上进行排气操作。

注意:排气顺序为右后轮、左后轮、右前轮、左前轮。

4) 警告灯诊断

装有 ABS 的汽车在仪表盘上设有制动警告灯(红色)和 ABS 系统故障警告灯(黄色)。正常情况下,点火开关打开,ABS 故障警告灯和制动警告灯应闪亮约 2 s,一旦发动机运转起来,驻车制动杆在释放位置,两个警告灯应熄灭,否则说明 ABS 有故障。可利用两灯的闪亮规律,粗略地判断出系统发生故障的部位。警告灯诊断如表 13-1 所示。

表 13-1 警告灯诊断表

警告灯	故障现象	可能原因
ABS 故障警告灯亮	ABS 不起作用	(1) 轮速传感器不起作用; (2) 液控单元不良; (3) ABS 电子控制单元不良
ABS 故障警告灯不亮	踩制动踏板时,踏板振动强烈	(1) 制动开关失效或调整不当; (2) 制动开关线路或插接件脱落; (3) 制动鼓(盘)变形; (4) 车轮转速传感器信号不良; (5) 液控单元工作不良
ABS 警告灯偶尔或间歇点亮	ABS 作用正常,只要点火开关关闭后再打开,ABS 故障警告灯即会熄灭	(1) ABS 电子控制单元插接器松动; (2) 轮速传感器导线受干扰; (3) 轮速传感器内部工作不良; (4) 车轮轮毂轴承松旷; (5) 制动管路中有空气; (6) 制动轮缸工作不良; (7) 制动蹄衬片不良
ABS 制动警告灯亮	制动液缺乏或驻车制动拖滞	(1) 驻车制动器调整不当; (2) 制动油管或制动轮缸漏油; (3) 制动警告灯搭铁
ABS 故障警告灯和制动警告灯亮	ABS 不起作用	(1) 两个以上轮速传感器故障; (2) ABS 电子控制单元故障; (3) 液控单元工作不良

5) 故障码诊断

大多 ABS 具有自诊断和失效保护功能,当点火开关处于"ON"位置时,电子控制单元将会自动地对自身、轮速传感器、制动压力调节器中的电器元件进行静态测试。在此期间,如果 ABS 电子控制单元发现系统中存在故障,则电子控制单元会以故障码的形式储存记忆故障情况,并持续点亮 ABS 警告灯。当汽车的速度达到一定值时,ABS 的电子控制单元还要对系统中的一些电器元件进行动态测试,如果发现系统中有故障存在,电子控制单元会以故障码的形式存储记忆故障情况。

诊断 ABS 故障时,按照设定的程序和方法可读取故障码。维修人员可根据故障码的含义确定故障的范围。

(1) 故障码的读取与清除。故障码的读取方法有人工和仪器两种,具体应用根据车载电子控制单元的功能及维修设备条件选择。故障码扫描仪可以从 ABS 电子控制单元存储器中读取故障码,同时还具有翻译故障码、指导检测步骤和提供基本判断参数等功能。

用 V. A. G 5051/2 车辆系统测试仪读取桑塔纳 2000 俊杰轿车 ABS 故障码的程序如下。

①检查车辆是否符合检测条件,包括所有车轮必须安装规定的并且尺寸相同的轮胎,轮胎气压符合要求;常规制动系统正常;所有熔断丝完好;蓄电池的电压正常。

②关闭点火开关,打开诊断接口盖板(位于换挡杆前端的防尘罩下),将故障诊断仪 V. A. G 1552、V. A. S 5051/2 用诊断连接线连接在诊断接口上,如图 13 - 3 所示。

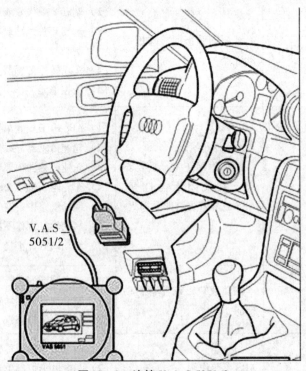

图 13 - 3　连接 V. A. S 5051/2

③打开点火开关,显示屏显示:

Test of vehicle systems HELP	汽车系统测试　　　　帮助
Insert address word ××	输入地址指令××

④按"0"或"3"键选择"制动系电控系统",此时显示屏显示:

Test of vehicle systems　　Q	汽车系统测试　　　　确认
03 – Brake electronics	03 – 制动系电控系统

⑤按"Q"键确认输入,此时显示屏显示ABS电子控制单元识别码:

3AO 907 379 ABS ITT AE20GI VOD
Coding 04505 WCS××××

⑥按"→"键,此时显示屏显示:

Test of vehicle systems HELP	汽车系统测试　　　　帮助
Select function ××	选择功能××

⑦按"0"和"2"键选择"查询故障存储器",此时显示屏显示:

Test of vehicle systems　　Q	汽车系统测试　　　　确认
02 – Interrogate fault memory	02 – 查询故障存储器

⑧按"Q"键确认输入,显示屏上显示所存储故障的数量或"未发现故障":

X Faults recognized　　　→	发现X个故障　　　　→
No fault recognized　　　→	未发现故障　　　　　→

⑨按"→"键,故障依次显示出来。

⑩故障显示完毕后,按"→"键返回到初始位置,此时显示屏显示与⑥相同。故障排除后,按以下步骤清除故障码。按"0"和"5"键选择"清除故障存储器",此时显示屏显示:

Test of vehicle systems　　Q	汽车系统测试　　　　确认
05 – Erase fault memory	05 – 清除故障存储器

⑪按"Q"键确认输入,此时显示屏显示:

Test of vehicle systems　　→	汽车测试系统　　　　→
Fault memory is erased!	故障存储器已被清除

⑫按"→"键,此时显示屏上的显示与⑥相同。

⑬按"0"和"6"键选择"结束输出",此时显示屏显示:

Test of vehicle systems　　Q	汽车测试系统　　　　确认
06 – end output	06 – 结束输出

⑭按"Q"键确认,此时显示屏上显示与③相同。

⑮关闭点火开关,ABS故障警告灯和制动警告灯亮约2 s后必须熄灭。

故障码表示了故障的性质和范围,这些内容一般由汽车制造厂提供,列入维修手册中。表13-2为桑塔纳2000俊杰轿车ABS故障码的内容。

表13-2 ABS故障码表

V.A.G 1552 显示屏显示	可能的故障原因	故障排除方法
未发现故障		如果在维修完毕后，用 V.A.G 1552 查询故障后未发现故障，自诊断结束。如果显示屏显示出"未发现故障"，但 ABS 不能正常工作，则应按以下步骤操作： （1）以大于 20 km/h 的车速，进行紧急制动试车； （2）重新用 V.A.G 1552 查询故障，仍无故障显示； （3）在无自诊断的情况下着手寻找故障，全面进行电器检查
00668 汽车 30 号线终端电压信号超差	电压供应线路、连接插头、熔丝故障	检查电控单元供电线路、熔丝和连接插头
01276 ABS 液压泵（V64）信号超差	电动机与电控单元连接线路对正极或对地短路、断路；液压泵电动机故障	检查线路，进行执行元件诊断
65535 电控单元	电控单元故障	更换电控单元
01044 电控单元编码不正确	电控单元 25 针插头端子 6 和 22 之间断路或短路	检查线路、线束的插头
01130 ABS 工作信号超差	与外界干涉信号源发生电气干涉（高频发射），例如非绝缘的点火电缆线	（1）检查所有线路连接对正极或对地是否短路； （2）清除故障码； （3）在车速大于 20 km/h 时，进行紧急制动试车； （4）再次查询故障码
00283 左前轮速传感器（G47）	轮速传感器导线、传感器线圈、传感器的线路短路或断路；连接插头松动；传感器和齿圈的间隙超差	（1）检查轮速传感器与电控单元的线路和连接插头； （2）检查传感器和齿圈的安装间隙； （3）读取数据流
00285 右前轮速传感器（G45）	同上	同上
00287 右后轮速传感器（G44）	同上	同上
00290 左后轮速传感器（G46）	同上	同上

（2）根据故障码诊断故障。故障码能够显示故障的性质和范围，维修人员可根据故障码的提示迅速、准确地确定故障的性质和部位，有针对性地检查有关部位、元件

和线路,将故障排除。

根据故障码进行故障的诊断与排除时,调出故障码后应对照维修手册查看故障码的含义,结合该车电路和有关元件的检测方法,按相应步骤诊断和排除故障。以下为桑塔纳2000俊杰轿车依据故障码诊断和排除故障的流程。

①故障码01276。当车速超过20 km/h时,ABS电子控制单元监控到电动机不能正常工作,就会记录此故障码。

可能原因:电源供应短路或搭铁;电动机线束松脱;电动机损坏。

故障诊断:如果蓄电池过度放电,电动机将无法驱动,所以在进行电动机驱动测试时,应先确认蓄电池电压是否正常。进行电动机驱动时车辆须在静止状态下。故障码01276的诊断步骤如图13-4所示。

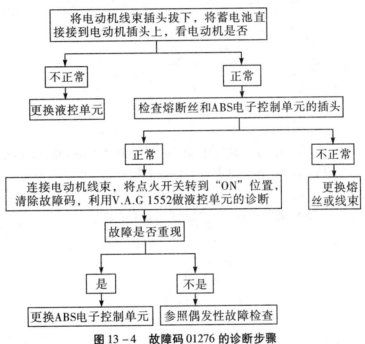

图13-4 故障码01276的诊断步骤

②故障码00283、00285、00287、00290。当检查不到线路开路,但车速到达20 km/h以上仍没有信号输出时,此故障码出现。

可能原因:轮速传感器漏装;轮速传感器线圈或线束短路;轮速传感器与齿圈之间间隙过大或是齿圈损坏;ABS电子控制单元故障。

故障诊断:故障码00283、00285、00287、00290的诊断步骤如图13-5所示。

当车速大于20 km/h时,若传感器信号超出公差范围,也出现此故障码。其原因可能是传感器线圈或线束间歇性接触不良或短路;传感器与齿圈间的间隙过大或过小;齿圈损坏。

当传感器存在可识别的断路、短路等故障时,也出现此故障码。其可能的原因是传感器接触不良、线圈或线束短路或ABS电子控制单元中的传感器信号处理电路有故障。

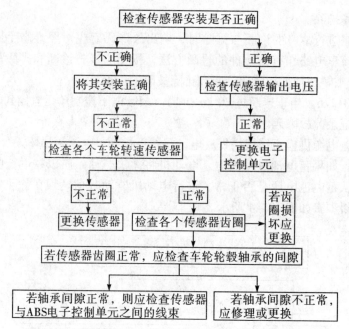

图 13-5　故障码 00283、00285、00287、00290 的诊断步骤

③故障码 00668。当供电端子 30 未提供电压或电压太高时，出现此故障码。

可能原因：熔断丝烧断；蓄电池电压太低或太高；ABS 电线线束插接件损坏；ABS 电子控制单元损坏。

故障诊断：故障码 00668 的诊断步骤如图 13-6 所示。

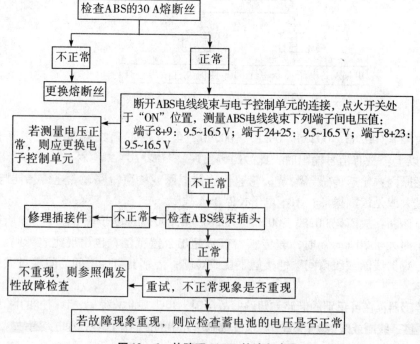

图 13-6　故障码 00668 的诊断步骤

（3）无故障码时的故障诊断。电子控制单元的故障诊断系统是检测它的输入、输出信号是否在规定的范围内变化，若信号超出了规定的范围，则判定为故障。但有时输入、输出信号虽然在规定范围内，却不能正确地反映系统的工况，造成 ABS 工作不良。此时应借助测试仪读取系统各传感器的数据并与标准数据比较，进一步检查各传感器或开关信号是否正常，以确认故障原因和部位。而且，系统中的机械故障也不能通过电子回路反映出来。因此，应根据其表现出来的现象进行分析，以确认故障原因和部位。

①ABS 工作异常。

可能原因：传感器安装不当；传感器线束有问题；传感器损坏；传感器沾附异物；车轮轴承损坏；液控单元损坏；ABS 电控单元损坏。

故障诊断：ABS 工作异常的故障诊断如图 13-7 所示。

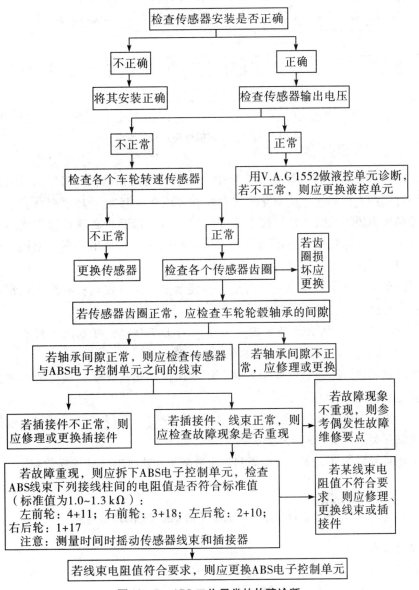

图 13-7　ABS 工作异常的故障诊断

②制动踏板行程过长。

可能原因：制动液渗漏；出油阀泄漏；系统中有空气；制动盘严重磨损；驻车制动器调整不当。

故障诊断：制动踏板行程过长的诊断如图13-8所示。

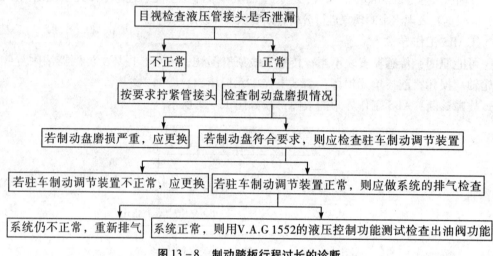

图13-8 制动踏板行程过长的诊断

（4）偶发性故障。在电子控制系统中，在电气线路和输入、输出信号的地方，可能出现瞬时接触不良问题，从而导致偶发性故障或在ABS电子控制单元自检时留下故障码。如果故障原因持续存在，那么只要按照故障码诊断步骤就可以发现不正常的部位。不过有时候故障发生的原因会自行消失，所以不容易找出问题的原因。在这种情况下，可按下列方式模拟故障，检查故障是否再现。

①当振动可能是主要原因时，将接头轻轻地上下左右摇动；将线束轻轻地上下左右摇动；将传感器轻轻地上下左右摇动。

注意：传感器在车辆上运动时因悬架系统的上下移动，可能造成短暂的开/短路，因此检查传感器信号时必须进行实车行驶试验。

②当过热或过冷可能是主要原因时，用吹风机加热被怀疑有故障的部件；用冷喷雾剂检查是否有冷焊现象。

③当电源回路接触电阻过大可能是主要原因时，打开所有电器开关，包括前照灯和后窗除霜开关。

如果此时故障没有出现，则应等到下次故障再次出现时才能诊断故障。

任务二 防滑控制系统的维护与检修

1. 训练目标与要求

（1）防滑控制系统维护与检修的目的与要求。

（2）防滑控制系统维护与检修的规范与标准。

(3) 防滑控制系统维护与检修的步骤。

2. 训练设备

(1) 三类液压制动系统的轿车底盘四台。

(2) 汽车四辆（有防滑控制装置）。

(3) 电脑诊断仪器若干。

(4) 相关维修工具和举升设备。

3. 训练步骤

1）使用与维修中的一般性注意事项

目前，大多数防滑控制系统都具有很高的工作可靠性，通常无需对其进行定期的特别维护。但在使用、维护和检修过程中，应在以下几个方面特别注意。

(1) 在点火开关处于点火位置时，不要拆装系统中的电器元件和线束插头，以免损坏电子控制单元。要拆装系统中的电器元件和线束插头，应先将点火开关断开。

(2) 不可向电子控制单元供给过高的电压，否则容易损坏电子控制单元。所以，切不可用充电机启动发动机，也不要在蓄电池与汽车电系连接的情况下，对蓄电池进行充电。

(3) 电子控制单元受到碰撞和敲击也极容易引起损坏，因此要注意使电子控制单元免受碰撞和敲击。

(4) 高温环境也容易损坏电子控制单元，所以在对汽车进行烤漆作业时，应将电子控制单元从车上拆下。另外，在对系统中的电器元件或线路进行焊接时，也应将线束插头从电子控制单元上拆下。

(5) 不要让油污沾染电子控制单元，特别是电子控制单元的端子更要注意，否则会使线束插头接触不良，影响系统的正常工作；要用砂纸打磨系统中各插头的端子，否则也会造成接触不良。

(6) 在蓄电池电压过低时，系统将不能进入工作状态，因此要注意对蓄电池的电压进行检查，特别是当汽车长时间停驶后初次启动时更要注意。

(7) 不要使车轮转速传感器和传感器齿圈沾染油污或其他脏污，否则车轮转速传感器产生的车轮转速信号就可能不够准确，影响系统的控制精度，甚至使系统无法正常工作。另外，不要敲击转速传感器，否则很容易导致传感器发生消磁现象，从而影响系统的正常工作。

(8) 由于在很多具有防滑制动功能的制动系统中都有供给防抱死制动压力调节所需能量的蓄能器，所以在对这类制动系统的液压系统进行维修作业时，应首先使蓄能器中的高压制动液完全释放，以免高压制动液喷出伤人。在释放蓄能器中的高压制动液时，先将点火开关关闭，然后反复地踩下和放松制动踏板，直到制动踏板变得很硬时为止。另外，在制动液压系统未完全装好之前，不能接通点火开关，以免电动泵通电运转。

(9) 具有防滑控制功能的制动系统应使用专用的管路，因为制动系统往往具有很高的压力，如果使用非专用的管路极易损坏。

(10) 大多数防滑控制系统中的车轮转速传感器、电子控制单元和制动压力调节装置都是不可修复的，如果发生损坏，应该进行整体更换。

（11）在对制动液压系统进行过维修以后，或者在使用过程中发觉制动踏板变软时，应按照要求的方法和顺序对制动系统进行空气排除。

（12）应尽量选用汽车生产厂家推荐的轮胎，如要换用其他型号的轮胎，应该选用与原车所用轮胎的外径、附着性能和转动惯量相近的轮胎，但不能换用不同规格的轮胎，因为这样会影响防滑控制系统的控制效果。

（13）在防抱死警告灯持续点亮的情况下进行制动时，应注意控制制动强度，以免因制动防抱死系统失效而使车轮过早发生制动抱死。

2）制动液及制动液的更换及补充

（1）对防滑控制制动系统制动液的要求。防滑控制制动系统工作时，要以7~8次/秒的频率进行减压、保压、增压的循环动作，因此，对制动液的要求比普通制动系统的更高。对防滑控制制动系统制动液的基本要求如下：

①沸点要高（不低于260 ℃），保证制动时不会产生"气阻"；

②运动黏度要低，以保证防滑控制制动系统工作时减压—保压—增压循环动作反应及时；

③对金属、橡胶等无腐蚀性；

④能长期保存，性能稳定，使用中在高、低温频繁变化时其化学性能应无大的变化；

⑤吸湿沸点要高，吸湿沸点是指制动液在吸湿率（含水量）为3.5%时的沸点。

表13-3所列的是美国运输部（DOT）的制动液标准。目前，日、美、韩等国的轿车一般都推荐用DOT3，或与之相当的制动液DOT4，不推荐在防滑控制制动系统中使用硅酮型制动液DOT5。

表 13-3 DOT 制动液标准

制动液规格	沸点/℃	吸湿沸点/℃	运动黏度/cd
DOT3	205 以上	140 以上	1500 以下
DOT4	230 以上	155 以上	1800 以下
DOT5	260 以上	180 以上	900 以下

（2）制动液的更换及补充。以乙二醇为基液的DOT3和DOT4制动液，是一种吸湿性较强的液体，一年的吸湿率可高达3%。不同的使用条件和环境，其吸湿率不同。当制动液中含有水分后，其沸点下降，制动时易产生"气阻"，使制动可靠性下降；含有水分的制动液其腐蚀性也增大了。因此，一般在吸湿率达到3%时就应更换制动液。3%的吸湿率是制动液使用过程中1~2年的自然吸湿程度，因此，一般要求每2年或1年更换制动液。现在，一些专家提出，防滑控制制动系统应每年更换一次制动液，以确保制动的可靠性。

在对具有液压动力或助力的制动系统进行制动液更换或补充时，由于蓄能器中可能蓄积有制动液，因此更换或补充制动液时的程序与ABS系统一样。

在具有防滑控制功能的制动系统中,防滑控制系统的电子控制单元通常根据液位开关输入的信号对储油室的制动液液位进行监测,当制动液液位过低时,防滑控制系统将会自动关闭。因此,应定期对储油室中的制动液液位进行检查,并及时补充制动液。

另外,在采用可变容积调压方式的防滑控制系统中,调压介质通常采用矿物油,对矿物油储油室的液位也应定期检查,并根据需要及时补充规定规格的矿物油。

3)制动系统的排气

制动液压系统中有空气侵入时,就会感到制动踏板无力和制动踏板行程过长,致使制动不足,甚至制动失灵。因此,在制动液压系统中有空气侵入时,特别是在制动液压系统进行修理以后,必须对制动液压系统进行空气排除。由于具有防滑控制功能的制动系统比常规的制动系统更为复杂,将空气从制动液压系统中完全排除也就更为困难,特别是当制动压力调节装置中有空气存留时,往往需要依照特定的程序并借助专用的工具或仪器才能将其中的空气完全排除。

在进行空气排除以前,应先排除制动系统中存在的故障,并检查制动液压系统中的管路及其接头。如发现管路破裂或接头松动,应进行修理。另外,在进行空气排除以前,还应检查储油室中的液位情况,如果发现液位过低,应先向储油室补充制动液。

在对具有防滑控制功能的制动系统进行空气排除时应特别小心,因为在蓄能器中往往蓄积着压力很高的制动液或矿物油,如果在松开排气螺钉时不注意,高压油液可能会喷出伤人。

下面以凌志 LS400 为例介绍其制动系统的排气方法。

(1)不带 TRC 的防抱死制动系统的放气。

①制动主缸的放气(图 13-9):

A. 从制动主缸上脱开制动管路;

B. 缓慢踩下制动踏板并踩住不放;

C. 用手指堵塞出油管,放开制动踏板;

D. 重复以上两步骤 3~4 次。

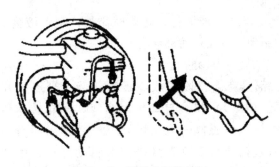

图 13-9 制动主缸的放气

②制动管路放气(图 13-10):

A. 把乙烯管接到制动轮缸上;

B. 踩下制动踏板数次,然后在踩下制动踏板时松开放气塞;
C. 到制动液停止流出时拧紧放气塞,然后放开制动踏板;
D. 重复以上两步骤,直到制动液中的空气全部放出为止;
E. 对每个车轮重复上述步骤,放出制动管路中的空气。

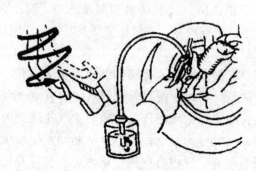

图 13-10 制动管路放气

注意:在对制动系统放气之前,先向储油室加注制动液,制动液为 SAE J1703 或 FMVSS NO.116 DOT3。放气结束后,再检查液位,必要时再添加。

(2)牵引控制系统(TRC)的放气。修理制动主缸或牵引控制系统(TRC)时应放出 TRC 系统内的空气。应注意,TRC 系统内制动液处于高压状态,可能会突然喷出,因此务必小心操作。

放气步骤:
①把乙烯管接到蓄压器的放气塞上,然后拧松放气塞;
②启动发动机,驱动蓄压器,直到制动液中空气全部排出为止;
③拧紧放气塞并停机;
④拆下空气滤清器,然后暂时换装一个以便启动发动机;
⑤把乙烯管接到 TRC 执行器的放气塞上,然后拧松放气塞;
⑥启动发动机,开动 TRC 泵马达,直到制动液中所有空气排出为止;
⑦拧紧放气塞停机。

放气结束后,应检查制动液液位,必要时添加,制动液为 SAE J1703 或 FMVSS NO.116 DOT3。添加制动液应在发动机怠速工况时。

4)防滑控制系统的故障自诊断

防滑控制系统大都具有自诊断和故障保险功能,当点火开关开始处于点火位置时,电子控制单元(ECU)将会自动地对自身、车轮转速传感器、制动压力调节装置中的电器元件(如电磁阀、电动机)、继电器等进行静态测试。在此期间,防抱死警告灯(或者包括防滑转警告灯)将会自动点亮,由此可以检查防抱死警告灯及其线路是否存在故障。系统静态自检持续的时间很短,一般只需 3~5 s。在自检过程中,如果电子控制单元(ECU)发现系统中存在故障时,将会以故障代码的形式存储记忆故障情况,防抱死警告灯将会持续点亮,防滑控制系统将不进入工作状态,汽车的制动系统恢复为常规的制动系统。在自检过程中,如果电子控制单元（ECU）未发现系统中有故障存在时，在自检过程结束以后，防抱死警告灯将会自动熄灭。

当汽车的速度达到一定值时，例如 5 km/h 或 8 km/h 时，防滑控制系统的电子控制单元（ECU）还要对系统中的一些电器元件（如车轮转速传感器、电磁阀和电动泵等）进行动态测试。在动态测试时，如果发现系统中有故障存在，电子控制单元（ECU）将会以故障代码的形式存储记忆故障情况，并使防抱死警告灯持续点亮，汽车的制动系统将恢复为常规制动系统。

此外，电子控制单元（ECU）在系统处于工作状态期间通过对系统中的电器元件进行监测，检查系统中是否存在故障，一旦发现系统中发生故障，电子控制单元（ECU）将会以故障代码的形式存储记忆系统的故障情况，并使系统退出工作状态，防抱死警告灯也会持续点亮。

总之，当防抱死警告灯持续点亮时，就表明系统因故障已退出工作状态，已将故障情况以故障代码的形式存储记忆。但是，并非系统中的所有故障都可由电子控制单元（ECU）检查出来。因此，即使防抱死警告灯未持续点亮，但发觉系统的工作不正常时，也需对系统进行检查。

利用解码器读取故障代码时，选择合适插头的线束与诊断插座和解码器插接，再选择相应的软件，从解码器的显示屏上就可以直接读取简明的故障情况。

在防滑控制系统的故障排除以后，还需要通过特定的方法清除电子控制单元（ECU）中存储的故障代码。否则，尽管系统已经恢复正常，但电子控制单元（ECU）仍将存储记忆故障代码。

5）故障诊断与排除的一般步骤

当防滑控制系统的警告灯（包括防抱死警告灯和防滑转警告灯）持续点亮时，或感觉防滑控制系统工作不正常时，应及时对系统进行故障诊断和排除。在故障诊断和排除时应该按照一定的步骤进行，才能取得良好的效果。故障诊断与排除的一般步骤如下：

（1）确认故障情况和故障症状；

（2）对系统进行直观检查，检查是否有制动液渗漏、导线破损、插头松脱、制动液液位过低等现象；

（3）读取故障代码，既可以用解码器直接读取，也可以通过警告灯读取故障代码，再根据维修手册查找故障代码所代表的故障情况；

（4）根据读取的故障情况，利用必要的工具和仪器对故障部位进行深入检查，确诊故障部位和故障原因；

（5）排除故障；

（6）清除故障代码；

（7）检查警告灯是否仍然持续点亮，如果警告灯仍然持续点亮，可能是系统中仍有故障存在，也有可能是故障已经排除，而故障代码未被清除；

（8）警告灯不再持续点亮后，进行路试，确诊系统是否恢复正常工作。

在故障诊断和维修过程中应当注意到，不仅不同型号的汽车所装备的防滑控制系统可能不同,即使是同一型号的汽车,由于生产年份不同其装备的防滑控制系统也可能不同。

防滑控制系统的故障大都是由于系统内的接线插头松脱或接触不良、导线断路或短路、电磁阀电磁线圈断路或短路、电动泵电路断路或短路、车轮转速传感器电磁线圈断路或短路、继电器内部发生断路或短路,以及制动开关、液位开关和压力开关等不能正常工作引起的。另外,蓄电池电压过低、车轮转速传感器与齿圈之间的间隙过大或受到泥污沾染、储液室液位过低等也会影响系统的正常工作。

三、相关知识

(一)制动压力调节器的调压方式及工作原理

1. ABS 调压方式

制动压力调节器串接在制动主缸与轮缸之间,通过电磁阀直接或间接地控制轮缸的制动压力。通常,把电磁阀直接控制轮缸制动压力的调节器称作循环式制动压力调节器,把间接控制制动压力的调节器称作可变容积式制动压力调节器。

循环式制动压力调节器是在制动总缸与轮缸之间串联一电磁阀,直接控制轮缸的制动压力。这种压力调节系统的特点是制动压力油路和 ABS 控制压力油路相通,如图 13-11 所示。图中储能器的功用是在"减压"过程中将从轮缸流经电磁阀的制动液暂时储存起来。回油泵也叫作再循环泵,其作用是将"减压"过程中从制动轮缸流进储能器的制动液泵回制动主缸。下面就该系统的工作原理介绍如下。

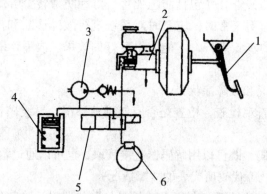

图 13-11 循环式制动压力调节器的基本工作原理
1—制动踏板机构;2—制动主缸;3—回油泵;4—储能器;5—电磁阀;6—制动轮缸

1)常规制动(升压)状态

在常规制动过程中,ABS 系统不工作,电磁线圈中无电流通过,电磁阀处于"升压"位置。此时制动主缸与轮缸相通,如图 13-12 示,由制动主缸来的制动液直接进入轮缸,轮缸压力随主缸压力而增减。此时回油泵也不需要工作。

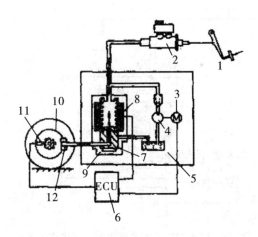

图 13-12　循环式制动压力调节器常规制动（升压）状态
1—制动踏板；2—制动主缸；3—电动机；4—电动泵；5—储液室；6—电控单元；7—柱塞；
8—电磁线圈；9—电磁阀；10—车轮；11—转速传感器；12—制动轮缸

2）保压状态

当转速传感器发出抱死危险信号时，电控单元向电磁线圈输入一个较小的保持电流（约为最大电流的1/2），电磁阀处于"保压"位置，如图13-13所示。此时主缸、轮缸和回油孔相互隔离密封，轮缸中的制动压力保持一定。

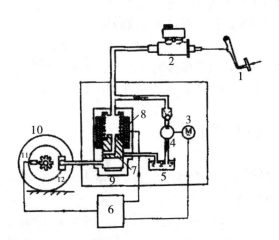

图 13-13　循环式制动压力调节器保压状态
（标注同图 13-12）

3）减压状态

如果在电控单元"保压"命令发出后，车轮仍有抱死的倾向，电控单元即向电磁线圈输入一个最大电流，柱塞移至上端，使电磁阀处于"减压"位置。此时电磁阀将轮缸与回油通道或储液室接通，轮缸中的制动液经电磁阀流入储液室，轮缸压力下降。与此同时，驱动电动机启动，带动液压泵工作，把流回液压油箱的制动液加压后输送到主缸，为下一个制动周期作好准备，如图13-14所示。

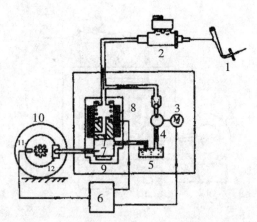

图 13-14 循环式制动压力调节器减压状态

（标注同图 13-12）

这种液压泵叫再循环泵。它的作用是将减压过程中轮缸流回的制动液送到高压端，这样可以防止 ABS 工作时制动踏板行程发生变化。因此，在 ABS 工作过程中液压泵必须常开。

4）增压状态

当压力下降后车轮转速太快时，电控单元便切断通往电磁阀的电流，主缸和轮缸再次相通，主缸中的高压制动液再次进入轮缸，使制动力增加。

制动时，上述过程反复进行，直到解除制动为止。

2. ASR 调压方式

ASR 制动压力调节器也可以采用流通调压方式或变容调压方式进行防滑转制动压力调节，所以 ASR 制动压力调节器也分为循环式防滑转制动压力调节器和可变容积式防滑转制动压力调节器。

1）循环式防滑转制动压力调节器

循环式防滑转制动压力调节器的工作原理如图 13-15 所示，ASR 制动压力调节器与 ABS 制动压力调节器组合为一个整体，主要由电磁阀和供能装置组成，供能装置包括电动回油泵、储能器和储液器。

在未进行防滑转制动压力调节时，将制动主缸与电磁阀Ⅱ和Ⅲ沟通。在制动过程中可通过控制三位三通电磁阀Ⅱ和Ⅲ对两驱动车轮制动轮缸的制动压力进行防抱死调节。在防抱死制动压力减小阶段，从制动轮缸流入储液器的制动液将由回油泵泵回制动主缸。

在对两驱动车轮一同进行防滑转制动压力调节的过程中，电磁阀Ⅱ和Ⅲ将始终处于图 13-15 所示的状态。当需要增大两驱动车轮制动轮缸的制动压力时，通过控制三位三通电磁阀Ⅰ将制动轮缸与制动主缸隔离，而将储能器与制动轮缸沟通，储能器中具有一定压力的制动液就会进入两制动轮缸，两制动轮缸的制动压力随之增大；当需要保持两制动轮缸的制动压力时，通过控制三位三通电磁阀Ⅰ将两制动轮缸与制动主缸和储能器都隔离，使两制动轮缸的制动液既不流入也不流出，两制动轮缸的制动压力就保持一定；当需要减小两制动轮缸的制动压力时，通过控制三位三通电磁阀Ⅰ将两制动轮缸与制动主缸沟通，而将两制动轮缸与储能器隔离，两制动轮缸中的制动液就会流入制动主缸，两制动轮缸的制动压力随之减小。储液室中的制动液先由供液泵供给回油泵，再由回油泵泵入储能器，使储能器中的制动液保持在一定的压力范围内，作为防滑转制动压力调节的制动能源。

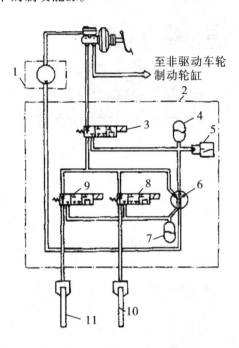

图 13-15 循环式防滑转制动压力调节器工作原理
1—供液泵；2—ABS/ASR 制动压力调节器；3—三位三通电磁阀Ⅰ；4—储能器；5—压力开关；
6—回油泵；7—储液器；8—三位三通电磁阀Ⅱ；9—三位三通电磁阀Ⅲ；10—驱动车轮制动器Ⅰ；
11—驱动车轮制动器Ⅱ

在对两驱动车轮分别进行防滑转制动压力调节时，通过控制三位三通电磁阀Ⅰ将制动主缸与制动轮缸隔离，而将储能器与三位三通电磁阀Ⅱ和Ⅲ沟通，再通过分别控制三位三通电磁阀Ⅱ和Ⅲ对两制动轮缸的制动压力分别进行增大、保持或减小调节，在制动轮缸制动压力减小阶段从制动轮缸流入储液器的制动液再由回油泵泵入储能器。

2）可变容积式防滑转制动压力调节器

可变容积式制动压力调节器的工作原理如图 13-16 所示。ASR 制动压力调节器与 ABS 制动压力调节器各自组成一个整体，ASR 制动压力调节器主要由调压缸、电磁阀和供能装置等组成，其中供能装置可与 ABS 制动压力调节器共用。ASR 制动压力调节器位于 ABS 制动压力调节器至驱动车轮制动轮缸的制动管路中。在未进行防滑转制动压力调节时，三位三通电磁阀将调压缸右腔与储能器隔离，而将调压缸右腔与储油室沟通，调压缸中的调压柱塞在回位弹簧预紧力的作用下处于右极限位置，使调压柱塞左端中央的通液孔不被截止阀门封闭，调压缸将制动轮缸与 ABS 制动压力调节器沟通，所以 ASR 制动压力调节器不会影响常规的制动过程。

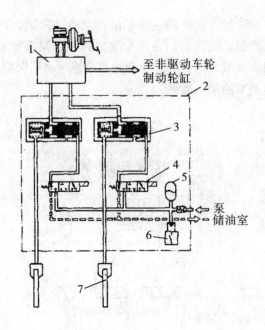

图 13-16 可变容积式防滑转制动压力调节器工作原理

1—ABS 制动压力调节器；2—ASR 制动压力调节器；3—调压缸；4—三位三通电磁阀；5—储能器；
6—压力开关；7—驱动车轮制动器

在防滑转制动压力调节过程中，当需要增大驱动车轮的制动压力时，通过控制三位三通电磁阀将调压缸右腔与储能器沟通，而将调压缸右腔与储油室隔离，使储能器中具有一定压力的油液进入调压缸右腔，推动调压柱塞左移，在调压柱塞左端中央的通液孔被截止阀门封闭后，调压缸左腔中的制动液就会进入驱动车轮制动轮缸，制动轮缸的制动压力随之增大；当需要保持驱动车轮的制动压力时，通过控制三位三通电磁阀将调压缸右腔与储能器和储液室相隔离，调压柱塞在调压缸中不再移动，制动轮缸的制动压力就保持一定；当需要减小驱动车轮的制动压力时，通过控制三位三通电磁阀将调压缸右腔与储能器隔离，而将调压缸右腔与储油室沟通，使调压柱塞在调压缸内右移，制动轮缸中的制动液就会流回调压缸左腔，制动轮缸的制动压力随之减小。

（二）轿车防滑控制系统

LS400 轿车是日本丰田汽车公司生产的一款高级轿车，防滑驱动控制系统（ASR 或 TRC，丰田公司常称为牵引力控制系统即 TRC）是选装件，所以在国内有的 LS400 车制动防抱死系统不带 TRC，有的带有 TRC，下面分别给予介绍。

1. 制动防抱死系统（ABS）

凌志 LS400 不带 TRC 的防抱死制动系统零件位置如图 13-17 所示，图 13-18 为防抱死制动系统构成图。在这一系统中，设有前轮左右轮各 1 个，后轮左右轮各 1 个，共 4 个车轮速度传感器，检测各车轮的转速。在 ABS 控制通道中，前轮系统是由确保转向性能的左右轮各一个通道组成，后轮系统则左右轮只装设 1 个通道（这种布置方式一般用在前置后驱动车上,四传感器三通道/前轮独立控制—后轮选择控制方式)。比例旁通阀(P 和 BV)是在比例阀中设有旁通功能的液压控制阀。当前制动器损伤时,不降低主油缸油压,利用比例旁通阀把它(油压)传递到后车轮制动缸。在此特别说明的是,比例旁通阀与防抱死制动系统无直接关系。下面分别阐述各部分工作原理。

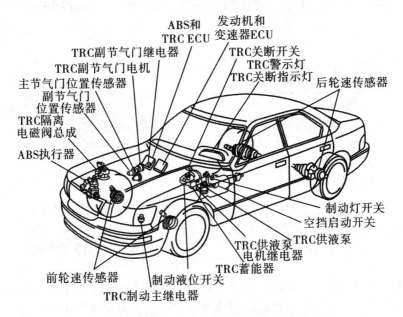

图 13-17 凌志 LS400 防抱死制动系统零件位置

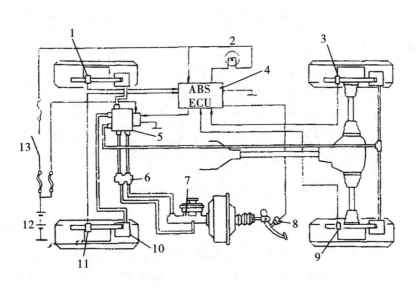

图 13-18 凌志 LS400 防抱死制动系统的构成

1、11—前轮转速传感器;2—ABS 警告灯;3、9—后轮转速传感器;4—ABS 电子控制单元(ECU);
5—ABS 制动压力调节器;6—比例旁通阀;7—制动主缸;8—制动灯开关;10—制动轮缸;
12—蓄电池;13—点火开关

1)车轮转速传感器

图 13-19、图 13-20 所示的车轮转速传感器由具有永磁铁和电磁感应线圈的磁电传感器和具有许多齿的转子所组成(每一车型传感器转子的齿数不同,但对某一特定车型而言,其传感器转子的齿数必须相等,因为它和电子控制单元内部的设定信号是相配的)。LS400 前轮转速传感器被固定在车轮转向架上,转子安装在驱动轴上与车轮同步转动。

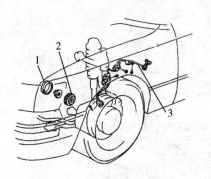
图 13-19 前轮转速传感器
1—护脂圈;2—传感器转子;
3—转速传感器

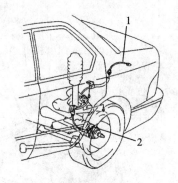
图 13-20 后轮转速传感器
1—转速传感器;
2—装有传感器的转子驱动轴

当转子随车轮转动时,带齿的转子与磁电传感器之间的空气隙发生变化,扰动从永磁铁内发生的磁通量,于是在磁电传感器中产生交流电,交流电频率随转子的转速快慢而变化。电子控制单元根据磁电传感器线圈感应的交流电频率,计算出转子或车轮的转速。图 13-21 显示了车轮转速传感器输出的信号波形。

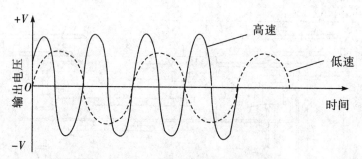
图 13-21 车轮转速传感器输出信号

2)ABS 制动压力调节器

ABS 制动压力调节器根据来自电子控制单元的信号,控制每个车轮液压油缸内的制动液压力。图 13-22 为凌志 LS400 ABS 系统(不带 TRC)液压回路。从执行功能上分,ABS 控制系统的液压回路大致可分为三个不同的部分:第一部分是三位电磁阀,该电磁阀根据 ABS 控制系统中的电子控制单元发出的信号去控制车轮制动轮缸内的制动液压力;第二部分是储液器,储存从电磁阀排出的制动液;第三部分是回油泵,它将制动液泵回到制动主缸中。

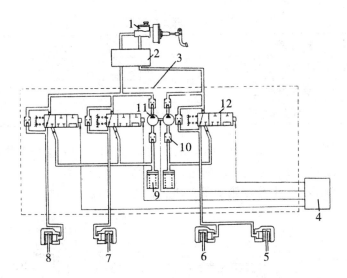

图 13-22　凌志 LS400 ABS 系统（不带 TRC）液压回路

1—制动主缸；2—比例旁通阀；3—ABS 制动压力调节器；4—ABS ECU；5—右后制动轮缸；
6—左后制动轮缸；7—右前制动轮缸；8—左前制动轮缸；9—储液器；10—单向阀；
11—回油泵；12—三位电磁阀

　　ABS 控制系统中的三位电磁阀有三个阀位，如图 13-23 所示，它可选择控制三种不同的制动液压力，选择方法取决于施加到电磁线圈中的电流大小（表 13-4）。在正常行车情况下，柱塞 C 处于 D 点位置，电磁阀不通电。随着小孔 A 打开，小孔 B 关闭，有压力的制动液按驾驶员脚踩制动踏板的用力程度以一定的比例从制动主缸流到各车轮制动轮缸中，这样制动液压力升高，制动力增大。如果对电磁线圈施加约为 2 A 的电流，由于通电的电磁线圈产生吸引力，柱塞 C 移到 E 点，小孔 A 和小孔 B 都被关闭，使制动液压力和制动力均保持恒定。当施加在电磁线圈中的电流增大到 5 A 时，由电磁线圈产生的吸引力进一步提高，使柱塞 C 移到 F 点，这时小孔 A 仍然关闭，但小孔 B 打开，使制动液从车轮制动轮缸流到储液器中，车轮制动轮缸内的压力降低而导致制动力减少，积聚在储液器中的制动液通过回油泵送回制动主缸中。

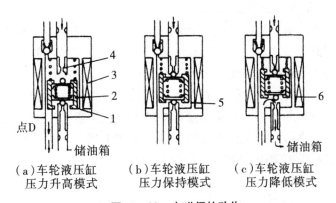

（a）车轮液压缸　　　（b）车轮液压缸　　　（c）车轮液压缸
　压力升高模式　　　　压力保持模式　　　　压力降低模式

图 13-23　电磁阀的动作

1—小孔 B；2—柱塞 C；3—电磁线圈；4—小孔 A；5—E 点；6—F 点

表13-4 液压控制模式

模式	制动液压力	电流	小孔 A	小孔 B
升高	施加制动液压力	0 A	开	闭
保持	保持制动液压力	约 2 A	闭	闭
降低	降低制动液压力	约 5 A	闭	开

图 13-24 为凌志 LS400 带 TRC 的防抱死制动系统液压控制回路图。与图 13-22（不带 TRC 的防抱死制动系统）不同的是，它设有 4 个液压控制通道。对左后及右后制动轮缸实行分别控制，其 ABS 制动压力调节器的工作原理同前述。

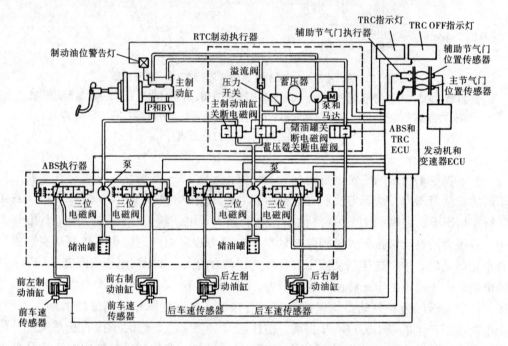

图 13-24 带 TRC 的凌志 LS400 防抱死制动系统液压控制回路

3）ABS 系统的电子控制单元

ABS 控制系统中的电子控制单元结构框图如图 13-25 所示。系统中采用 8 位微电脑的数字电路，因此需采用 A/D 转换的波形电路，将电压模拟信号转换成脉冲数字信号，并经过微电脑中断接口输入到电子控制单元中去。电子控制单元利用所获得的车轮转速信号计算出车轮转速，并同时对其进行微分，计算出加速度。依此方法，电子控制单元可计算出汽车制动初期及制动过程中的状况，然后发出动作信号给控制系统中的执行器电磁阀，驱动电路及回油泵继电器。主继电器得到动作信号后，接通电磁线圈；回油泵继电器得到动作信号后，接通回油泵。

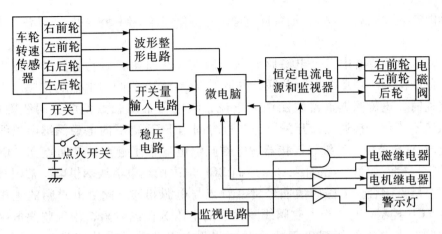

图 13－25　ABS 控制系统 ECU 电路结构框图

4）凌志 LS400 ABS 系统的控制电路

凌志 LS400 ABS 系统的控制电路如图 13－26 所示。四个轮速传感器将轮速信号通过端子 FR_+、FR_-、FL_+、FL_-、RR_+、RR_-、RL_+、RL_- 输入 ECU。

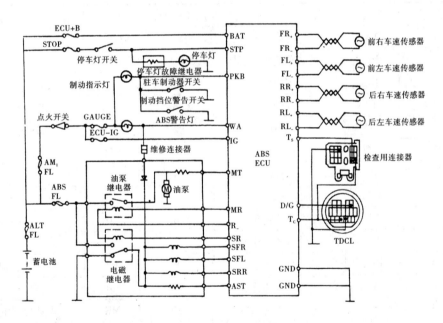

图 13－26　凌志 LS400 ABS 系统控制电路

回油泵电机受 ECU 和油泵继电器共同控制有两种工作状态。

(1) 减压时高速运转。减压时，为将制动液迅速泵回制动主缸，ECU 通过 MR 端子向油泵继电器线圈供电，油泵继电器触点闭合，蓄电池直接向电机供电，电机高速旋转，以便将制动液迅速泵回主缸。

(2) 其他工作状态时电机低速运转。当 ABS 系统在其他工作状态时，ECU 停止向油泵继电器线圈供电，油泵继电器触点打开，而此时 ECU 由端子 MT 通过电阻向油泵电机提供较小的电流（2 A），油泵低速运转，将储能器中制动液抽空，以备下次减压时储油。

制动压力调节器中三个电磁阀分别控制左、右前轮和后轮轮缸制动压力。三个电磁阀线圈与一个监测电阻并联，共同受 ECU 和电磁阀继电器的控制。点火开关未接通时，电磁阀继电器线圈中无电流，继电器常闭触点使电磁阀线圈搭铁，ABS 系统不工作。接通点火开关后，在短时间内 ECU 仍不向电磁阀继电器线圈供电，此时 ABS 警告灯经维修连接器、电磁阀继电器常闭触点搭铁而点亮，ECU 对系统进行自检。如系统无故障，6 s 后向 ECU 电磁阀继电器线圈供电，常闭触点打开，常开触点闭合。电磁阀线圈经常开触点与电源相连，此后电磁阀的工作状态完全由 ECU 控制。与三个电磁阀线圈并联的电阻为监测电阻，用以监测电磁阀线圈的故障。当电磁阀线圈出现故障时，监测电阻两端的电位将发生变化，通过 AST 端子将此故障信息输入 ECU。ECU 记录故障信息同时切断调节器电路，使 ABS 系统停止工作。

凌志 LS400 ABS ECU 端子排列及名称如表 13－5 所示。

表 13－5　凌志 LS400 ABS ECU 端子排列及名称

端子编号	符号	端子名称	端子编号	符号	端子名称
A16－1	D/C	诊断	A16－16	GND	搭铁
2	RR$_-$	后右车速传感器	17	/	
3	RL$_-$	后左车速传感器	18	/	
4	T$_C$	诊断	A17－1	SFR	右前电磁线圈
5	CND	搭铁	2	WA	ABS 警告灯
6	RAT	备用电源	3	STP	停车灯开关
7	IC	电源	4	/	
8	SFL	前左电磁线圈	5	PKB	驻车制动开关
9	RR$_+$	后右车速传感器	6	SRR	后电磁线圈
10	R$_-$	继电器地线	7	/	
11	RL$_+$	后左车速传感器	8	MT	电动机继电器监控器
12	FR$_-$	前右车速传感器	9	SR	电磁继电器
13	FR$_+$	前右车速传感器	10	MR	电动机继电器
14	FL$_-$	前左车速传感器	11	T$_S$	传感器检查用
15	FL$_+$	前左车速传感器	12	AST	电磁继电器监控器

2. 牵引力控制系统（TRC）

凌志 LS400 为后轮驱动型车。其牵引力控制系统（TRC）是在控制发动机输出功率的同时控制汽车驱动轮的制动系统，即采用发动机/制动器并用控制方法，控制驱动轮转速。它有助于避免在启动和加速时容易出现的驱动轮打滑现象，并根据车速、路面状态控制汽车驱动轮的驱动力，和 ABS 系统相结合，保持制动滑移率在 15% ~ 30%

之间，达到最佳制动效果。借助于 TRC 系统，在启动、加速或在滑溜路面行驶，无需驾驶员特别小心地踩下油门或制动踏板，且能改善汽车的稳定性。

所谓发动机控制即采用控制辅助节气门（或称辅助节流阀）开度方法，控制发动机输出扭矩，降低驱动轮转速。制动器控制即利用制动器的制动压力源，分别独立制动左后及右后驱动轮。这种控制方法在混杂路面（一边是雪路，一边是沥青路面）加速性好，车辆能尽快从泥泞路面道路上驶出。

凌志 LS400 TRC 系统的零件位置如图 13-27 所示。图 13-28 为 LS400 TRC 系统的构成图。TRC 系统由 TRC 和 ABS ECU、TRC 制动执行器、ABS 执行器、车轮转速传感器、副节气门位置传感器和副节气门执行器组成。其工作过程如下。

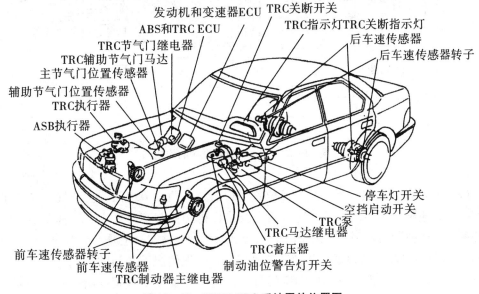

图 13-27　LS400 TRC 系统零件位置图

当 TRC 切断开关处于"OFF"位置，即 TRC 系统处于工作状态时，车轮转速传感器能检测到汽车的车速和滑移率，这些信号输入 ABS 和 TRC ECU 后，即能确定汽车处于加速或制动时的滑移率，并发出控制信号到 TRC 制动执行器、ABS 执行器和副节气门执行器，全面控制发动机输出功率和驱动轮制动力。

当处于加速滑移时，ABS 和 TRC ECU 发出指令给节气门位置执行器，再由发动机 ECU 控制减少供油量，使输出扭矩减小，避免因加油过多而引起的后轮滑移（当后轮滑移时，加速性能下降）。当制动减速时，ABS 和 TRC ECU 同时指令 ABS 执行器、TRC 执行器和副节气门位置执行器，由 ABS 执行器和 TRC 执行器实行制动防抱死控制。由副节气门位置执行器发出信号给发动机 ECU，切断供油量，使后驱动轮没有驱动力。

该系统主要部件工作原理如下。

（1）车轮转速传感器。该传感器与前面所述 ABS 控制系统中的车轮转速传感器合用。汽车行驶大部分情况下是在 ABS 控制系统中使用，只有当需要进行防滑驱动控制时，即汽车在较滑路面上起步或加速时才用到该传感器。

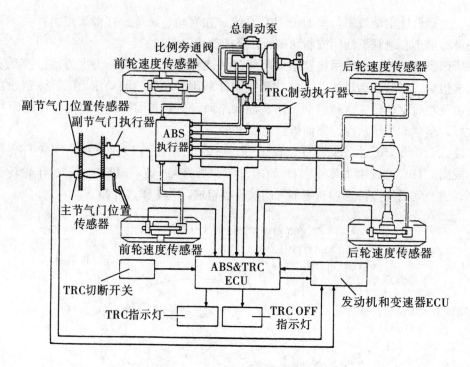

图 13-28 LS400 TRC 系统的构成

（2）辅助节气门执行器。节气门位置执行器中有两个节气门。主节气门与汽车驾驶室内的加速踏板相连，由司机通过踏板及连杆机构控制其开度大小；辅助节气门是由辅助节气门执行器控制。辅助节气门执行器内执行元件实际上是一个 0.30/步的步进马达，它接收 ECU 指令逐渐关闭辅助节气门。在一般情况下，辅助节气门在弹簧力作用下保持全开状态。进入发动机的空气量由司机脚踩加速踏板程度所决定。当前、后轮转速传感器检测到车轮打滑需进行防滑控制时，电子控制单元（ECU）驱动步进马达通过凸轮齿轮机构控制辅助节气门开度。全开和全闭之间相应时间在 200 ms 以下，万一步进马达发生故障，切断马达电源，辅助节气门在回位弹簧的作用下恢复到全开位置。

由于辅助节气门开闭的节流作用，使进入发动机内的空气量减少，随之喷入发动机的内燃油量也减少。其结果是发动机输出功率及转速均降低，使驱动轮打滑程度得到减轻。

（3）主、副节气门位置传感器。主节气门位置传感器用来检测节气门开度，并将开度大小信号送入 ECU。图 13-29 是节气门位置传感器的结构、特性及其电路说明。

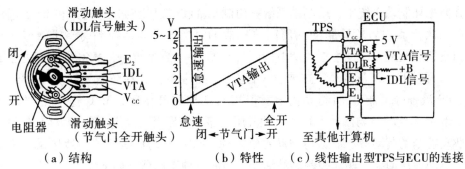

图 13-29 线性输出型节气门位置传感器的结构与特性

这种传感器芯部可以转动,它通过杠杆机构与节气门联动,在传感器芯部周围设置有固定的急速触点(IDL)、输出触点(VTA)、接地点 E_1、电源 V_{CC}。其工作原理同电位器。当节气门全闭时,节气门位置传感器中触点 IDL 闭合,此时在 ECU 端子上 IDL 上电压为 0 V,VTA 端子上约有 0.7 V 电压;当节气门打开时,IDL 触点断开,此时 IDL 端子上电压即为 ECU 电源电压,而 VTA 上的电压随节气门开度成比例增加;当节气门全开时,电压大约为 3.5~5.0 V,ECU 根据从端子 VTA 和 IDL 输入的信号来判断汽车行驶状况,并作为决定空燃比修正、功率增加修正和断油控制等的条件之一。

凌志 LS400 由于采用防抱死制动及牵引力控制,对发动机输出功率有影响,所以 LS400 1UZ-FE 发动机节气门上另设副节气门位置传感器。该传感器结构和工作原理与主节气门位置传感器相同。副节气门执行器根据来自 ABS 和 TRC ECU 的信号打开和关闭副节气门,以控制发动机的输出功率。

(4) TRC 制动执行器。防滑驱动控制系统的电控单元发出制动汽车驱动轮信号,以抑制车轮打滑。TRC 工作过程是由 TRC 泵和 TRC 制动执行器来完成的。图 13-30 是 TRC 泵的结构,其作用是用来产生液压。制动执行器是用来传送液压并释放从制动分泵来的液压。其制动液压回路如图 13-24 所示。TRC 制动执行器中的蓄压器用于储存控制液压油的压力,当蓄压器内压力低于预定值时,压力开关接通液压泵回路,液压泵工作,直到达到预定压力为止。

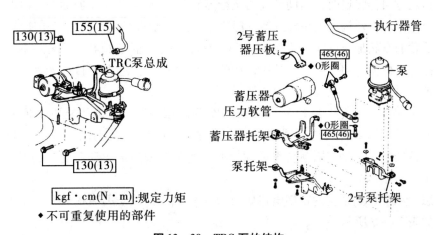

图 13-30 TRC 泵的结构

在防抱死制动系统中，后制动系统是由制动缸和经过比例旁通阀 P 和 BV，通向防抱死制动执行器的后轮管路的油压回路构成的。当加上驱动控制时，比例旁通阀和 ABS 执行器之间插入制动主缸关闭电磁阀（M/C）。通常情况下，M/C 电磁阀处于非工作的"常开"状态。从制动主缸被送入后轮轮缸的制动液，在防抱死制动（ABS）时，经过 ABS 液压泵重新流回制动主缸。但当驱动控制开始时，M/C 通电由"开"转"闭"，切断车轮轮缸与制动主缸之间的液压回路，蓄压器关断电磁阀通电后阀门打开，防滑驱动控制的制动液压油路与制动轮缸接通，TRC 制动器执行器内液压泵作为油压源的后制动油压回路。驱动控制制动油压回路的三种工作状态如下。

① 驱动装置不工作。当主制动油缸关闭电磁阀 M/C、蓄压器关闭电磁阀 ACC、储油罐关断电磁阀 RSV 不通电时，TRC 制动器执行器处于 14～46 状态 M/C 端口常开，从制动主缸来的制动液通过 M/C 电磁阀进入后轮 ABS 制动系统。整个系统处于通常的制动和防抱死制动状态。

② 驱动装置工作。根据从 ABS 和 TRC ECU 来的驱动控制信号，M/C、ACC 及 RSV 电磁阀通电。M/C 得电后切断后轮轮缸与制动主缸之间的液压回路，蓄压器关闭，电磁阀打开，将蓄压器与后轮制动轮缸接通，形成加压、保压、减压三种工况。

A. 加压工况。当驱动轮刚开始打滑时，M/C、ACC 电磁阀得电，ACC 端口开启，由蓄压器蓄压的制动液通过防抱死制动系统执行器内的三位阀，对车轮制动轮缸加压，发生制动。压力传感器监视工作油压。如果油压低于规定压力，则驱动液压泵（TRC 泵）对蓄压器内制动液加压。

B. 保压工况。M/C、ACC 及 RSV 所有电磁线圈通电，ABS 执行器中三位电磁阀进入"保压工况"，暂时保持车轮制动轮缸内压力不变。

C. 减压工况。降低车轮制动轮缸油压，ABS 执行器内三位电磁阀进入"减压工况"，驱动制动执行器内的三个电磁阀仍接通，车轮制动轮缸油压从 ABS 执行器的三位电磁阀端口流入 RSV 回流到制动主缸（这时，ABS 液压泵不工作）。

（5）ABS 和 TRC ECU 控制逻辑。ECU 从前左、前右轮的轮速传感器信号中测得车身速度，根据最佳滑移率 15%～20%，便可得出驱动后轮的理想目标转速。当驱动轮实际转速超过目标转速时，辅助节气门执行器和 TRC 制动器执行器动作。ECU 一方面向辅助节气门执行器输出关小辅助节气门信号（通过步进马达及凸轮机构实施）；另一方面按后轮的车轮加速度和车轮速度，TRC 制动器执行器与 ABS 执行器一起，对后轮制动轮缸进行保持、加压、减压控制，尽快使后轮转速接近理想目标转速。当后轮转速低于理想目标转速，只控制辅助节气门。

（6）故障保护功能。当 ECU 检测到 TRC 系统故障时，立即切断供给 TRC 节气门继电器电流，辅助节气门执行器停止工作；并且同时切断至 TRC 主继电器电流，使 TRC 执行器失电。于是，闭锁防滑驱动控制，汽车失去防滑驱动功能，仍保持原来的制动系统（包括 ABS）正常工作。

凌志 LS400 TRC 系统的控制电路如图 13-31 所示。凌志 LS400 TRC ECU 端子排列及名称如表 13-6 所示。

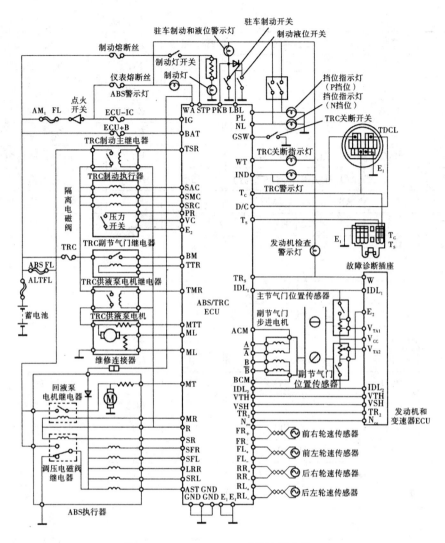

图 13-31　LS400 TRC 系统控制电路

表 13-6　凌志 LS400 ABS 和 TRC ECU 端子排列及名称

端子编号	符号	端子名称	端子编号	符号	端子名称
A18-1	SMC	M/C 关断线圈	A19-7	TR₂	发动机通信
2	SRC	储油箱关断线圈	8	WT	TRC OFF 指示器
3	R₋	断电器地线	9	TR₅	发动机检查警告灯
4	TSR	TRC 线圈断电器	10	/	
5	MR	ABS 马达继电器	11	LBLI	制动油位警告灯
6	SR	ABS 电磁继电器	12	CSW	TRC 关断开关
7	TMR	TRC 马达继电器	13	VSH	辅助节气门位置传感器
8	TTR	TRC 节气门继电器	14	D/G	诊断
9	A	步进马达	15	/	

续表

端子编号	符号	端子名称	端子编号	符号	端子名称
10	A	步进马达	16	IND	TRC 指示灯
11	BM	步进马达	A20-1	SFR	前右线圈
12	ACM	步进马达	2	GND	搭铁
13	SFL	前左线圈	3	RL_+	后左车速传感器
14	SAC	ACC 关断线圈	4	FR_-	前右车速传感器
15	VC	ACC 压力开关（传感器）	5	RR_+	后右车速传感器
16	AST	ABS 电磁继电器监控器	6	FL_-	前左车速传感器
17	NL	空挡开关	7	E_1	搭铁
18	IDL_1	主节气门怠速开关	8	MT	ABS 马达继电器
19	PL	空挡开关	9	ML_-	TRC 马达闭锁传感器
20	IDL_2	辅助节气门怠速开关	10	PR	ACC 压力开关（传感器）
21	MTT	TRC 泵马达继电器监控器	11	IG	电源
22	B	步进马达	12	SRL	后左线圈
23	B	步进马达	13	GND	搭铁
24	BCM	步进马达	14	RL_-	后左车速传感器
25	GND	搭铁	15	FR_+	前右车速传感器
26	SRR	后右线圈	16	RR_-	后右车速传感器
A19-1	BAT	备用电源	17	FL_+	前左车速传感器
2	PKB	驻车制动器开关	18	E_2	搭铁
3	T_C	诊断	19	E_1	搭铁
4	N_{eo}	N_{eo} 信号	20	T_S	传感器检查用
5	VTH	主节气门位置传感器	21	ML_+	TRC 马达闭锁传感器
6	WA	ABS 警告灯	22	STP	停车灯开关

四、自我测试题

（一）概念题

1. TRC

2. ASR

3. ABS

4. ABS/ASR 制动压力调节器

5. 三位三通电磁阀

6. 控制通道

（二）判断题

1. 打开汽车启动钥匙，ABS 警报灯应在几秒后熄灭，并在 ABS 工作时闪烁。
（   ）
2. ABS 系统产生故障后，系统将停止工作，并使常规制动效果下降。（   ）
3. ABS 工作时会使趋于抱死车轮的制动管路压力循环经过增压、降压、保压三个过程。（   ）
4. 若系统电压不稳定，将导致 ABS 系统产生间歇性故障。（   ）
5. 若线路接触不良，ABS 将产生间歇性故障。（   ）
6. 若制动管路中存在空气，可能导致 ABS 间歇性故障。（   ）
7. ABS 系统中液压式制动压力调节器主要由电磁阀、液压泵和助力器等组成。
（   ）
8. ABS 不工作时，制动压力调节器同样会控制各制动轮缸的压力不断增压、保压、减压。（   ）

（三）选择题

1. 若 ABS 采用可变容积式制动压力调节器，则下述说法正确的是（   ）。
   A. 增压时，轮缸与储能器连通
   B. 减压时，轮缸与储液室连通
   C. 减压时，液压泵会把油抽回主缸
   D. 增压时，电磁阀不通电
2. ABS 系统的主要优点是（   ）。
   A. 制动距离短
   B. 制动效能好，制动时方向的稳定性好
   C. 轮胎磨损少
   D. 制动力分配合理
3. 产生 ABS 间歇性故障的原因有（   ）。
   A. 系统电压不稳定   B. 车轮转速传感器损坏
   C. 电磁阀损坏   D. 线路断路
4. 下列不是产生 ABS 间歇性故障的原因有（   ）。
   A. 插头接触不良   B. 制动管路中存在空气
   C. 系统电压不稳定   D. 线路短路
5. ABS 系统将车轮滑移率保持在最佳（   ）范围内，以获得最好的制动效果。
   A. 0%～10%   B. 10%～20%
   C. 20%～30%   D. 30%～40%

（四）填空题

1. 四通道 ABS 为了对四个车轮的制动压力进行独立控制，在每个车轮上各安装一个_____传感器，并在通往各制动轮缸的制动管路中各设置一个_____（通道）。

2. ABS/ASR 制动压力调节器通常由_____、储能器、主控制阀、_____和一些控制开关等组成。

3. 制动压力调节器_____在制动主缸与轮缸之间，通过电磁阀_____地控制轮缸的制动压力。

（五）简答题

1. ABS 常规故障诊断的步骤是什么？
2. ABS 故障码诊断故障的步骤是什么？

参考文献

[1] 陈家瑞. 汽车构造（下册）[M]. 4版. 北京：人民交通出版社，2003.

[2] 余志生. 汽车理论[M]. 北京：机械工业出版社，2000.

[3] 金加龙. 汽车底盘构造与维修[M]. 北京：机械工业出版社，2005.

[4] 屠卫星. 汽车底盘构造与维修[M]. 北京：人民交通出版社，2003.

[5] 徐淼，王龙洲，戴胡斌. 捷达轿车使用与维修[M]. 北京：电子工业出版社，2001.

[6] 全国汽车维修专项技能认证技术支持中心编写组. 手动变速器和驱动桥[M]. 北京：教育科学出版社，2004.

[7] 曾文，王朝帅. 汽车传动系统[M]. 北京：机械工业出版社，2008.

[8] 邱志华. 汽车传动系统维修工作页[M]. 北京：人民交通出版社，2008.

[9] 斯卡沃勒尔. 汽车构造原理与维修应用——底盘和附件篇[M]. 王锦俞，等，译. 北京：机械工业出版社，2004.

[10] 汤姆森学习公司. 手动和自动变速器修理训练[M]. 北京：机械工业出版社，2004.

[11] 丰田汽车公司. 汽车基本常识与工作原理[M]. 北京：高等教育出版社，2007.

[12] 丰田汽车公司. 汽车动力总成维修[M]. 北京：高等教育出版社，2006.

[13] 厄尔贾维克，沙尔夫. 汽车构造与检修[M]. 北京：机械工业出版社，1999.

[14] 周林福. 汽车底盘构造与维修[M]. 北京：人民交通出版社，2007.

[15] 里查德. 汽车技术知识学习工作页（1—4）[M]. 北京：机械工业出版社，2010.

[16] 里查德. 汽车技术知识学习工作页（原书第5版）[M]. 北京：机械工业出版社，2010.

[17] 宋延东，屠卫星. 汽车底盘构造、性能与维修[M]. 北京：北京航空航天大学出版社，2010.

[18] 吕坚，林峦. 汽车底盘构造与检修[M]. 上海：同济大学出版社，2010.

[19] 屠卫星. 汽车发动机系统维修典型案例分析与解读[M]. 南京：江苏科技出版社，2010.

- 面向"中国制造2025"汽车类专业培养计划
- "十三五"职业教育规划教材

汽车传动与制动系统维修
（第3版）
学习工作单

屠卫星　谢 剑　主编
文爱民　主审

姓名：＿＿＿＿＿＿＿＿

班级：＿＿＿＿＿＿＿＿

学号：＿＿＿＿＿＿＿＿

西安交通大学出版社

目　　录

学习工作单一 ··· 1
学习工作单二 ··· 2
学习工作单三 ··· 5
学习工作单四 ··· 7
学习工作单五 ·· 10
学习工作单六 ·· 12
学习工作单七 ·· 14
学习工作单八 ·· 16
学习工作单九 ·· 17
学习工作单十 ·· 20
学习工作单十一 ·· 23
学习工作单十二 ·· 26
学习工作单十三 ·· 29
学习工作单十四 ·· 32
学习工作单十五 ·· 35
学习工作单十六 ·· 38
学习工作单十七 ·· 41
学习工作单十八 ·· 44

学习工作单一

课程：<u>汽车传动与制动系统维修</u>　姓名：_____　班级：_____　日期：_____

 项目一：<u>认识汽车传动系统</u> 任务：<u>汽车传动系统总体认识</u>	学习成绩：_____ 指导教师：_____

1. 观察实验室的各种车辆或台架，写出其传动系统的布置型式。

   标致 307 _____　　丰田卡罗拉 _____

   北京现代 _____　　大众捷达 _____

   _____

2. 查询网络等媒体资料，列举出各种不同传动系统布置型式的车型品牌。

   FF _____　　　　FR _____

   RR _____　　　　MR _____

   全驱 _____

3. 观察采用 FR 布置型式的_____车辆，其传动系统组成按动力传递顺序，有_____、_____、_____、_____、差速器和_____。

4. 查询资料，写出汽车传动系统各总成件的主要作用。

5. 查阅资料，总结 FR 和 FF 两种布置型式有何优缺点。

学习工作单二

课程：<u>汽车传动与制动系统维修</u>　　姓名：_____　　班级：_____　　日期：_____

项目二：<u>离合器维修</u>
任务一：<u>离合器认识与使用</u>

学习成绩：_____
指导教师：_____

1. 观察不同车辆，辨别下列车型配置的离合器类型。

（1）按操纵机构传力介质的不同，丰田卡罗拉属于_____，普通桑塔纳属于_____，EQ1090E 型货车属于_____。

（2）按压紧弹簧的形式，丰田卡罗拉离合器属于_____，而 EQ1090E 型货车离合器属于_____。

2. 观察车辆，离合器装在_____和_____之间，其主要功用有：

(1) _____；

(2) _____；

(3) _____。

3. 观察图 2-1，写出所示离合器各个部件的名称。

① _____；② _____；

③ _____；④ _____。

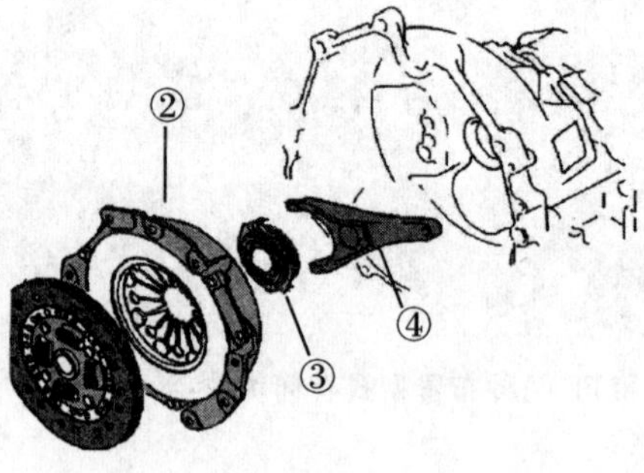

图 2-1　离合器分解图

4. 观察图 2-2，写出所示离合器各个部件的名称。

① _____；② _____；③ _____；④ _____；

⑤ _____；⑥ _____；⑦ _____；⑧ _____；

⑨ _____；⑩ _____。

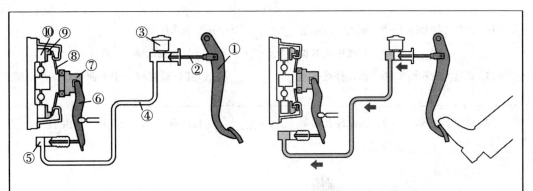

图2-2 离合器简图　　　　　　　　图2-3 离合器操作

5. 按操纵机构的形式，图2-2中所示离合器的类型是_____。此时，离合器处于_____（接合或分离）状态，图2-3中离合器处于_____（接合或分离）状态。

6. 若车辆处于行驶状态，如图2-2所示，元件⑦处于_____（静止或旋转）状态，元件⑧处于_____（静止或旋转）状态，元件⑨处于_____（静止或旋转）状态，元件⑩处于_____（静止或旋转）状态。在实车上找出图中对应的各元件。

7. 观察图2-4，按操纵机构的形式，该离合器属于_____；按压紧弹簧的形式，该离合器属于_____。

图2-4 离合器示意图　　　图2-5 离合器元件（一）　　　图2-6 离合器元件（二）

8. 车辆正常行驶时，离合器一般处于_____（接合或分离）状态，只有在换挡操作时，离合器才短暂处于_____（接合或分离）状态。

9. 车辆挂一挡行驶时，将离合器踏板踩到底。此时，下列部件的工作状态与未踩下踏板前比较，会发生什么变化？

项目	未踩下离合器踏板	离合器踏板踩到底
离合器盖	旋转	转速不变
压盘		
从动盘		
变速器输入轴		
压紧弹簧		

10. 观察实物和图2-5，该元件名称是_____，其中弹簧的作用是_____，图中的花键孔与_____相联结。

11. 观察实物和图2-6，该元件名称是_____，其前端装有一个平面轴承，作用是_____。

12. 观察实物和图2-7，该元件名称是_____，其内圈有一圈光亮环，是由于_____造成的。

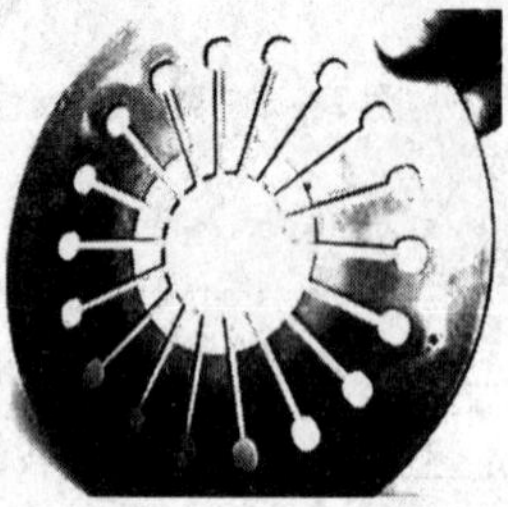

图2-7 离合器元件（三） 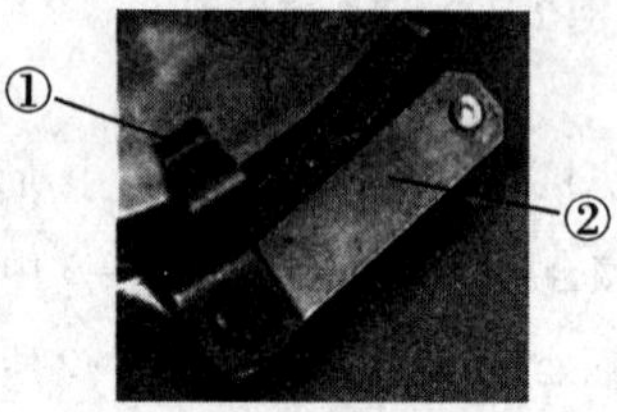　　　　图2-8 离合器元件（四）

13. 观察实物和图2-8中，标号①是_____，标号②是_____，用于连接_____和_____。

14. 车辆行驶换挡时，在操纵离合器踏板时应遵循_____、_____的原则。

学习工作单三

课程：<u>汽车传动与制动系统维修</u>　姓名：_____　班级：_____　日期：_____

项目二：<u>离合器维修</u>
任务二：<u>离合器拆装与维修</u>

学习成绩：_____
指导教师：_____

1. 检查_____轿车的离合器踏板，如图 3-1 所示。

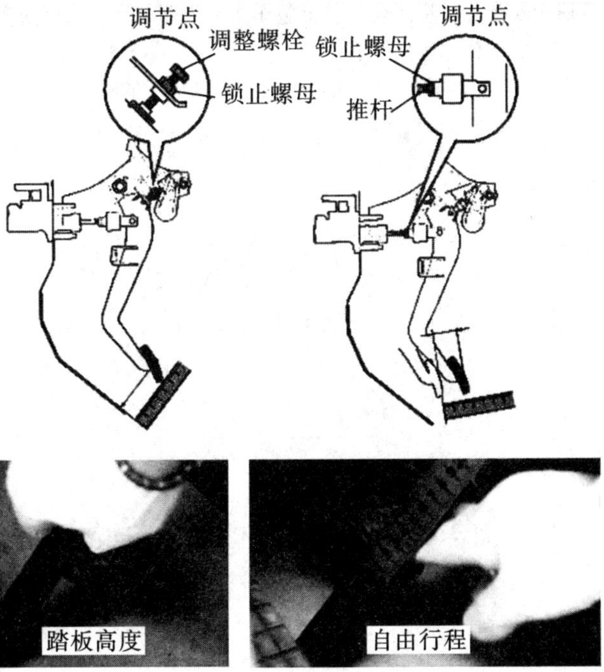

图 3-1　离合器踏板检查

（1）在离合器踏板自由状态下，测量离合器踏板高度为_____mm，规定范围为_____。

（2）用手指轻按离合器踏板，测量其自由行程为_____mm，规定范围为_____。

2. 按照维修手册操作步骤，从整车上拆下离合器总成，并写下主要的操作步骤。

3. 如何检查离合器从动盘摩擦衬片的磨损？写出检查结果及规定范围。

4. 按照维修手册操作步骤，将离合器装上整车，并说明装配离合器时有哪些注意事项。

5. 分析离合器打滑的原因有哪些。

学习工作单四

课程： 汽车传动与制动系统维修　　**姓名：** _____　**班级：** _____　**日期：** _____

项目三：变速器维修　　　　　　　　　　　　　学习成绩：_____
任务一：变速器拆装与认识　　　　　　　　　　指导教师：_____

1. 观察车辆，写出下列车型配置的变速器类型（手动、自动，如果是手动变速器，写出其挡位数）。

　　（1）EQ1090E _____；

　　（2）现代伊兰特 _____；

　　（3）丰田卡罗拉 _____；

　　（4）标致307 _____。

2. 按规范分解、组装EQ1090E型手动变速器，并画出其变速传动机构示意图，写出装配时有哪些注意事项。

3. 观察EQ1090E型变速器的定位锁止装置，并画出其示意图。

4. 按规范分解、组装捷达轿车 020 型手动变速器，列出拆装需要的工具及规格（如套筒为 13 mm），画出其变速传动机构示意图。

5. 观察捷达轿车 020 型变速器的拨叉轴定位锁止装置，并画出其示意图。

6. 按传动轴的数目，图 4-1 所示为____轴式变速器，它是____挡变速器，主要用于_____（前置前驱/后轮驱动）车上。输出轴上的齿轮是____（空套/固联）在输出轴上，输出轴上的同步器花键毂是____（空套/固联）在输出轴上。当拨叉____往____（左/右）挂时，变速器处于二挡，其动力传递路线为：发动机→输入轴→_____→_____→_____→输出轴（请给零件标上号码，如 1、2、3 等，并将号码填写在空格里）。

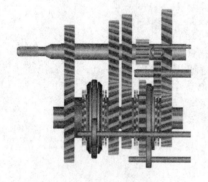

图 4-1 变速器传动机构

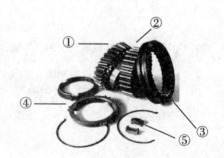

图 4-2 同步器分解图

7. 图 4-2 中的同步器属于_____式，写出图中各标号的名称：①_____；②_____；③_____；④_____；⑤_____。其中，①上的短花键齿也称为_____，其右侧光亮的外锥面是由于和_____的内锥面摩擦而形成的。

8. 图4-3中同步器属于_____式。图4-4中①为_____，②为_____，③所示螺纹的作用_____。

图4-3 同步器总成 　　　图4-4 同步器局部图

9. 观察_____轿车的变速操纵机构，说出其类型_____。

10. 如图4-5所示，完成下列题目。

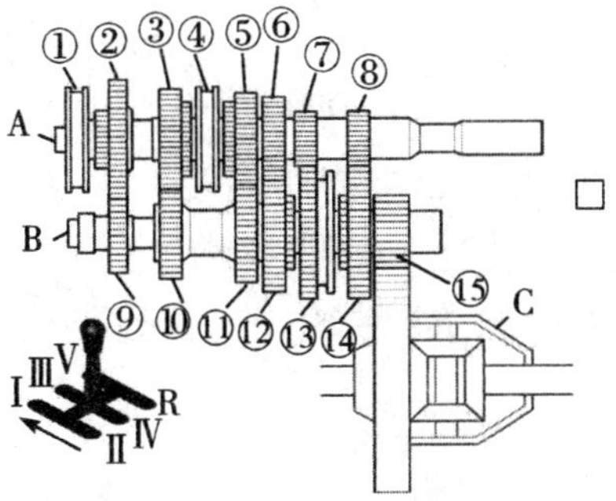

图4-5 捷达020型手动变速器

(1) 写出图中各元件名称：②为_____；⑤为_____；⑦为_____；C为_____。

(2) 在捷达020型变速器上采用了哪些类型的换挡装置，分别控制哪些挡位？

(3) 捷达轿车传动系统的布置型式为_____，其020型手动变速器采用的是_____挡变速器，为_____（两/三）轴式变速器，其对应的发动机为_____（横置/纵置）。

(4) 当汽车在原地启动发动机时，变速器中旋转的部件包括（　　）（多项选择）。

A. ①　　B. ②　　C. ③　　D. ④　　E. ⑤
F. ⑥　　G. ⑦　　H. B轴　　I. ⑬　　J. ⑮

(5) 说明如何挂二挡，并写出二挡动力传动路线（详细写出元件名称及标号，如一挡主动齿轮㉑）。

学习工作单五

课程：<u>汽车传动与制动系统维修</u>　　姓名：_____　　班级：_____　　日期：_____

项目三：<u>变速器维修</u>　　　　　　　　　学习成绩：_____

任务二：<u>变速器使用与维修</u>　　　　　　指导教师：_____

1. 查阅维修手册，对_____轿车进行变速器油液检查，并对变速器油进行更换。

（1）液位高度标准是_____。

（2）变速器油更换规定里程数是_____。

2. 在_____轿车上进行变速器的换挡操作。根据操作的实际情况，写出升降挡的车速及发动机转速。

注意：操作时应确保指导老师在现场指导。

一挡→二挡，车速_____，发动机转速_____；

二挡→三挡，车速_____，发动机转速_____；

三挡→四挡，车速_____，发动机转速_____。

3. 根据维修手册，对捷达020型变速器各部件进行检查，并记录检查结果。

（1）输入轴变形检查。

量具名称：_____

测量值/mm	标准值/mm

测量时的注意事项：

（2）输入轴四挡齿轮轴颈磨损检查。

量具名称：_____

水平/mm	垂直/mm

测量时的注意事项：

(3) 接合套与拨叉配合间隙检查。

量具名称：＿＿＿＿＿＿＿

三、四挡	接合套槽宽/mm	拨叉厚度/mm	配合间隙/mm

测量时的注意事项：

(4) 锁环间隙检查。

量具名称：＿＿＿＿＿＿＿

四挡	标准值/mm	测量值/mm	结论

测量的方法是：

4. 如图 5-1 所示，游标卡尺的读数是＿＿＿＿mm。如图 5-2（a）所示，千分尺的读数是＿＿＿＿mm；如图 5-2（b）所示，千分尺的读数是＿＿＿＿mm。

图 5-1 游标卡尺的读数

(a)　　　　　　　　(b)

图 5-2 千分尺的读数

学习工作单六

课程：<u>汽车传动与制动系统维修</u>　姓名：_____　班级：_____　日期：_____

 项目四：<u>万向传动装置维修</u>　　学习成绩：_____
任务一：<u>万向传动装置拆装与认识</u>　指导教师：_____

1. 从东风货车车架上拆卸、装配传动轴总成，观察并认识传动轴、十字轴式万向节的结构特点。画图并说明十字轴式万向节的不等速特性。

2. 根据维修手册，从_____轿车上拆卸、装配半轴总成，注意装配关系。
   （1）该半轴两端的万向节类型分别是_____、_____。
   （2）该半轴的内端连接_____，外端连接_____。

3. 如图6-1所示，该万向节叉是用于_____式等速万向节，其主要缺点是_____，主要用于半轴的_____（外侧/内侧）。

图6-1　万向节叉

4. 图6-2所示为_____式等速万向节的散件，（a）称为_____，（b）称为_____，（c）称为_____。装配成总成后，（a）和（b）之间不能作_____，因此称为"固定式"，一般装于半轴的_____（外侧/内侧）。

（a）　　　　　　　　　（b）　　　　　　　　　（c）

图6-2　万向节散件

5. 如图6-3所示，万向节是_____式等速球笼万向节。该万向节属于_____（固定式/滑动式），一般装于半轴的_____（外侧/内侧）。

图6-3　万向节零件图

6. 图6-4（a）所示的万向节属于_____式，其中①称为_____，②称为_____。图6-4（b）所示称为_____。该万向节属于_____（固定式/滑动式），一般装于半轴的_____（外侧/内侧）。

（a）　　　　　　　　　　　　（b）

图6-4　万向节分解图

学习工作单七

课程：<u>汽车传动与制动系统维修</u>　姓名：_____　班级：_____　日期：_____

	项目四：万向传动装置维修 任务二：万向传动装置维护	学习成绩：_____ 指导教师：_____

1. 根据维修手册，在_____轿车上对半轴进行检查，并简述其检查内容和方法。

2. 根据维修手册，对_____轿车半轴进行检查，简述其检查内容和方法，有哪些注意事项。

3. 对照丰田维修手册标准及要求，进行万向节防尘套的更换操作。

项目	内　容	
工作准备	零件耗材类：驱动轴大修包、胶带；	清洁类：棉布；
	常用工具：丰田通用工具、钢丝钳；	专用工具：卡环钳；
	资料：修理书；	其他：记号笔、带台钳的工作台
维修资料的使用	维修资料按照目录、明细查找，作业中有疑问遵循维修手册	
作业安全	正确操作和安全意识： (1) 台钳使用规范/驱动轴固定规范； (2) 工具、零件不落地	
工具使用	(1) 工具选用合理，正确使用SST； (2) 工具使用规范	
5S	作业过程零件清洁及最后整理	

续表

NO.	工作流程		工作质量 （含操作规范、记号、装配、工作总结）
1	固定驱动轴总成	固定驱动轴总成	翻到维修手册相应的页码
			使用铝板及台钳固定，不能过于夹紧
2		检查内外球节工作状态	转动平滑　轴向无松动
			径向无松动
3	内侧球节	清洁球节总成	
4		拆卸内侧球节	使用铜棒多个位置敲击，不能敲击滚子
			在内侧球节和外侧球节轴上画上记号（不能用冲子冲记号）
5		拆卸内侧卡环	
6		拆卸三角头球节总成	在三角头球节和外侧球节轴上画上标记（不能用冲子冲记号）
7		拆卸内侧防尘罩	
8		拆卸卡箍	
9	驱动轴缓冲器	拆卸驱动轴缓冲器	
10	外侧球节	拆卸外侧球节防尘罩	
11		清洁总成（口述）	
12		更换卡环	更换新卡环
13		涂抹润滑脂（口述）	涂抹润滑脂，69～79 g
14		安装新外侧球节防尘罩	用胶带保护内球节轴的花键齿
			在此过程涂抹润滑脂时，避免涂到球节安装表面
			护套需安装到位
15		安装卡箍	
16	安装缓冲器	安装缓冲器	检查缓冲器外缘到球节外缘距离 A
17		安装新卡箍	注：$A = (432.4 \pm 2.0)$ mm
18	内侧球节	安装新的内侧球节防尘罩	
19		安装卡箍	
20		安装三角头球节总成	对准记号
21		安装新的卡环	
22		涂抹润滑脂（口述）	润滑脂量 99～109 g
23		安装内球节总成	对齐记号
24		用夹箍紧固防尘套	
25	检查	检查安装效果	转动平滑　轴向无松动
			径向无松动
26		清洁及整理	
	总共操作时间		

学习工作单八

课程：<u>汽车传动与制动系统维修</u>　姓名：_____　班级：_____　日期：_____

项目五：驱动桥维修　　　　　　　　　　学习成绩：_____
任务一：驱动桥拆装与认识　　　　　　　指导教师：_____

1. 根据配用悬架结构的不同，图 8-1 所示驱动桥的类型是_____。对于前轮驱动的车辆而言，其驱动桥的类型一般是_____。

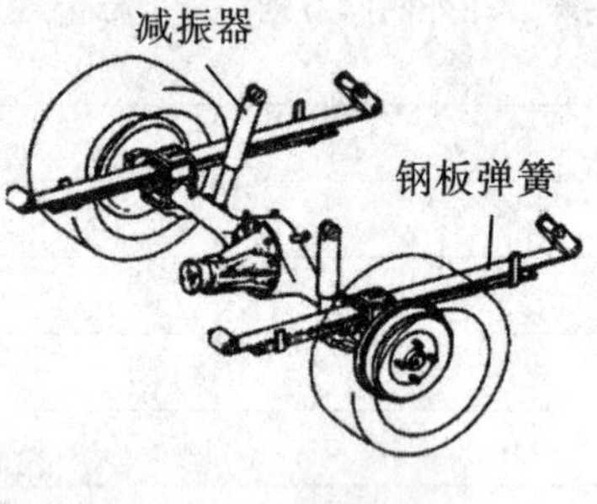

图 8-1　后驱动桥 　　　　　　　　图 8-2　驱动桥

2. 如图 8-2 所示，主减速器是_____式（单级/双级），其所对应的发动机是_____式（纵置/横置）。

3. 观察东风 EQ1090E 和捷达（020 型变速器）的主减速器，画图说明两者的主减速器齿轮有何不同，为什么？

4. 分解并组装解放 CA1092、丰田 JZS155 的后驱动桥总成，对其主减速器和差速器进行认识，并说明两种车型的后驱动桥有何不同。

5. 查阅资料，列举一种车型，说明电子差速锁的工作原理。

学习工作单九

课程：<u>汽车传动与制动系统维修</u>　姓名：_____　班级：_____　日期：_____

项目五：<u>驱动桥维修</u>　　　　　　　　学习成绩：_____
任务二：<u>后驱动桥维修</u>　　　　　　　指导教师：_____

1. 根据维修手册，对_____车辆的后驱动桥进行维护检查。

(1) 漏油检查：

(2) 液面高度检查：

(3) 螺栓紧固：

2. 按照丰田维修手册操作步骤及要求，对丰田皇冠轿车后驱动桥进行调整。

项目	内　容
工作准备	零件类：主减速器总成（CROWN JZS155）； 清洁类：棉布； 常用工具：丰田通用工具、扭力扳手、小扭力扳手（转接头）； 专用工具：螺母调整扳手（09504-00011）； 量具：百分表； 资料：维修手册； 其他：带台钳的工作台
维修资料的使用	维修资料按照目录、明细查找，作业中有疑问遵循维修手册
作业安全	正确操作和安全意识： (1) 台钳使用规范/差速器固定规范； (2) 工具、零件不落地
工具使用	(1) 工具选用合理，正确使用SST； (2) 工具使用规范
5S	作业过程零件清洁及最后整理

续表

NO.		工作流程		工作质量（含操作规范、记号、装配、工作总结）
1	固定驱动轴总成	拆卸差速器分总成	标记后拆卸	
		固定差速器	翻到维修手册相应的页码	
			连同轴承外圈一起安装	
			安装应正确	轴承外圈按原左右位置安装
				不得装反
2		安装调整螺母	安装应正确	调整螺母按原位置安装，不得装反
				检查螺母螺纹是否对齐，转动自如
3			检查齿圈齿隙不为零	
4		安装轴承盖	对齐轴承盖与托架上标记，左右不得装反	
			检查调整螺母螺纹是否对齐	
5			用手推入轴承盖，检查轴承盖是否完全	
6	调节半轴轴承预紧度	上紧轴承盖螺栓	多次均匀上紧	
7		松开螺栓	用手带紧	
8		使用SST调整齿圈齿隙	正确使用SST	
9			调整齿隙达到0.2mm（估测值）	如一次操作至标准值，要求口述调整过程
10		用SST将主动小齿轮侧的调整螺母拧紧	正确使用SST	
11		检查齿圈齿隙		
12		放松螺母		
13	测量调整齿圈齿隙	在齿圈背面调整螺母上放置百分表并测量	百分表放置应正确	放置测量平面应为零件平面
14				百分表应与螺母垂直
15			百分表测量方法应正确	上紧主动小齿轮侧调整螺母直至百分表指针移动（零预紧力状态）
16		拧紧主动齿轮侧并调整	调整方法应正确	从零预紧力位置开始
17				调整螺母1~1.5个槽口
18		安装百分表	百分表安装应正确	与齿圈末端齿面垂直
19		调整齿圈齿隙	调整方法应正确	调整时左右螺母应转动相同量
				一侧紧，一侧松，保证预紧力不变
			调整值应正确	标准值：0.13~0.18 mm
		拧紧轴承盖螺栓	拧紧力矩：规定力矩（800 kg·cm）	
		重新检查齿圈齿隙	标准值：0.13~0.18 mm	

续表

NO.	工作流程	工作质量 （含操作规范、记号、装配、工作总结）
20	检查启动预紧力	标准值：4~6 kg·cm
21	检查总预紧力 调整	通过小齿轮侧调整螺母调整
	总共操作时间	

学习工作单十

课程：<u>汽车传动与制动系统维修</u>　　姓名：_____　　班级：_____　　日期：_____

学习项目：_____　　　车　　型：_____

学习任务：_____　　　总成型号：_____

1. 通过本学习项目的学习，你是否已经掌握以下问题？

(1) 汽车制动系统的作用与组成是什么？

(2) 制动系统的要求是什么？

(3) 汽车上常见制动系统的类型有哪些？

(4) 简述制动系统的工作原理。

2. 除了通过摩擦产生制动的原理，是否可以设想其他简单、环保、实用的制动系统？

3. 归纳制动系统的适用车型与区别。

4. 观察制动系统的过程完成情况，叙述相应车型具体情况。

5. 工作着装是否规范？

6. 能否积极主动参与工作现场的清洁和整理工作？

7. 在完成本学习项目的过程中，你是否主动帮助过其他同学，并和其他同学探讨行车制动与辅助制动、大小汽车制动系统是否相同等问题？具体问题是什么，结果是什么？

8. 通过本学习项目的学习，你认为哪些方面还有待进一步改善？

小组评价

序号	评价项目	评价情况
1	学习态度是否积极主动	
2	是否服从教学安排	
3	是否达到全勤	
4	着装是否符合要求	
5	是否合理规范地使用仪器和设备	
6	是否按照安全和规范的规程操作	
7	是否遵守学习、实训场地的规章制度	
8	是否积极主动地和他人合作、探讨问题	
9	是否能保持学习、实训场地整洁	
10	团结协作情况	

参与评价的同学签名：_____   ____年___月___日

教师评价

_____

_____。

教师签名：_____   ___年___月___日

学习工作单十一

课程：<u>汽车传动与制动系统维修</u>　姓名：_____　班级：_____　日期：_____

学习项目：_____	车　　型：_____
学习任务：_____	总成型号：_____

1. 通过本学习项目的学习，你是否已经掌握以下问题？

（1）为什么要检查制动踏板位置？

（2）调整制动踏板位置的具体步骤是什么？

（3）制动液的种类与添加更换的重要性是什么？

（4）制动系统中为什么会进空气，排除空气的步骤是什么？

2. 归纳制动系统常规检查项目。

3. 检查本次项目的完成情况。

4. 工作着装是否规范?

5. 能否积极主动参与工作现场的清洁和整理工作?

6. 在完成本学习任务的过程中,你是否主动帮助过其他同学,并和其他同学探讨制动踏板变化、制动液减少等问题?具体问题是什么,结果是什么?

7. 通过本学习项目的学习,你认为哪些方面还有待进一步改善?

小组评价

序号	评价项目	评价情况
1	学习态度是否积极主动	
2	是否服从教学安排	
3	是否达到全勤	
4	着装是否符合要求	
5	是否合理规范地使用仪器和设备	
6	是否按照安全和规范的规程操作	
7	是否遵守学习、实训场地的规章制度	
8	是否积极主动地和他人合作、探讨问题	
9	是否能保持学习、实训场地整洁	
10	团结协作情况	

参与评价的同学签名：_____ _____年___月___日

教师评价

_____

_____ 。

教师签名：_____ ___年___月___日

学习工作单十二

课程：<u>汽车传动与制动系统维修</u>　姓名：_____　班级：_____　日期：_____

 学习项目：_____　　车　　型：_____
学习任务：_____　　总成型号：_____

1. 通过本学习项目的学习，你是否已经掌握以下问题？

（1）车轮制动器的结构与类型有哪些？

（2）制动器的工作原理（盘式和鼓式）是什么？

（3）如何调整鼓式车轮制动器？

（4）如何检查与调整盘式车轮制动器？

2. 通过具体车型，讨论汽车车轮制动器的应用情况和原理。

3. 归纳车轮制动器适用的车型与特点。

4. 车轮制动器检查、调整过程的完成情况如何？

5. 工作着装是否规范？

6. 能否积极主动参与工作现场的清洁和整理工作？

7. 在完成本学习项目的过程中，你是否主动帮助过其他同学，并和其他同学探讨鼓式制动与盘式制动优缺点对比，盘式制动的特点？具体问题是什么，结果是什么？

8. 通过本学习项目的学习，你认为哪些方面还有待进一步改善？

小组评价

序号	评价项目	评价情况
1	学习态度是否积极主动	
2	是否服从教学安排	
3	是否达到全勤	
4	着装是否符合要求	
5	是否合理规范地使用仪器和设备	
6	是否按照安全和规范的规程操作	
7	是否遵守学习、实训场地的规章制度	
8	是否积极主动地和他人合作、探讨问题	
9	是否能保持学习、实训场地整洁	
10	团结协作情况	

参与评价的同学签名：_____　　_____年____月____日

教师评价

_____

_____。

教师签名：_____　　____年____月____日

学习工作单十三

课程：<u>汽车传动与制动系统维修</u>　姓名：_____　班级：_____　日期：_____

学习项目：_____　　车　　型：_____
学习任务：_____　　总成型号：_____

1. 通过本学习项目的学习，你是否已经掌握以下问题？

（1）制动摩擦片更换的原因是什么？

（2）制动摩擦片有哪些种类？

（3）制动摩擦片采用什么材料？

（4）如何检查制动摩擦片？

2. 通过制动摩擦片的更换，是否掌握了制动间隙调整的原理？

3. 归纳盘式制动器与鼓式制动器摩擦片更换的区别。

4. 通过本项目的学习,是否掌握项目的实施情况?

5. 工作着装是否规范?

6. 能否积极主动参与工作现场的清洁和整理工作?

7. 在完成本学习项目的过程中,你是否主动帮助过其他同学,并和其他同学探讨盘式制动器与鼓式制动器摩擦片的更换等问题?具体问题是什么,结果是什么?

8. 通过本学习项目的学习,你认为哪些方面还有待进一步改善?

小组评价

序号	评价项目	评价情况
1	学习态度是否积极主动	
2	是否服从教学安排	
3	是否达到全勤	
4	着装是否符合要求	
5	是否合理规范地使用仪器和设备	
6	是否按照安全和规范的规程操作	
7	是否遵守学习、实训场地的规章制度	
8	是否积极主动地和他人合作、探讨问题	
9	是否能保持学习、实训场地整洁	
10	团结协作情况	

参与评价的同学签名：_____   ____年___月___日

教师评价

_____

_____。

教师签名：_____   ___年___月___日

学习工作单十四

课程：<u>汽车传动与制动系统维修</u>　　姓名：_____　　班级：_____　　日期：_____

| 学习项目：_____ | 车　　型：_____ |
| 学习任务：_____ | 总成型号：_____ |

1. 通过本学习项目的学习，你是否已经掌握以下问题？

（1）检查鼓式、盘式车轮制动器的重要性是什么？

（2）如何检查制动盘和鼓的磨损与工作情况？

（3）制动器的拆装步骤是什么？

（4）制动性能如何进行试验？

2. 归纳制动性能检测指标与试验方法。

3. 通过本项目的学习，是否掌握任务的实施情况？

4. 工作着装是否规范？

5. 能否积极主动参与工作现场的清洁和整理工作？

6. 在完成本学习项目的过程中，你是否主动帮助过其他同学，并和其他同学探讨制动检测的其他确实可行的方法？具体问题是什么，结果是什么？

7. 通过本学习项目的学习，你认为哪些方面还有待进一步改善？

小组评价

序号	评价项目	评价情况
1	学习态度是否积极主动	
2	是否服从教学安排	
3	是否达到全勤	
4	着装是否符合要求	
5	是否合理规范地使用仪器和设备	
6	是否按照安全和规范的规程操作	
7	是否遵守学习、实训场地的规章制度	
8	是否积极主动地和他人合作、探讨问题	
9	是否能保持学习、实训场地整洁	
10	团结协作情况	

参与评价的同学签名：_____   ____年___月___日

教师评价

_____

_____。

教师签名：_____   ___年___月___日

学习工作单十五

课程：<u>汽车传动与制动系统维修</u>　　姓名：_____　　班级：_____　　日期：_____

学习项目：_____	车　　型：_____
学习任务：_____	总成型号：_____

1. 通过本学习项目的学习，你是否已经掌握以下问题？

（1）简述制动总泵、制动分泵的结构与工作原理。

（2）简述真空助力器的结构与工作原理。

（3）简述制动力分配调节装置的结构与工作原理。

（4）真空助力器如何进行性能检查？

2. 注意观察电动汽车、使用柴油发动机和增压发动机的汽车，真空助力器怎么获得真空度？

3. 简述检查或更换制动助力器、制动分泵和总泵的操作步骤。

4. 通过本次项目的实施,对任务的掌握情况进行总结。

5. 工作着装是否规范?

6. 能否积极主动参与工作现场的清洁和整理工作?

7. 在完成本学习项目的过程中,你是否主动帮助过其他同学,并和其他同学探讨制动助力器与制动力分配调节阀的工作原理?具体问题是什么,结果是什么?

8. 通过本学习项目的学习,你认为哪些方面还有待进一步改善?

小组评价

序号	评价项目	评价情况
1	学习态度是否积极主动	
2	是否服从教学安排	
3	是否达到全勤	
4	着装是否符合要求	
5	是否合理规范地使用仪器和设备	
6	是否按照安全和规范的规程操作	
7	是否遵守学习、实训场地的规章制度	
8	是否积极主动地和他人合作、探讨问题	
9	是否能保持学习、实训场地整洁	
10	团结协作情况	

参与评价的同学签名：_____　　_____年___月___日

教师评价

_____

_____。

教师签名：_____　　___年___月___日

学习工作单十六

课程：<u>汽车传动与制动系统维修</u>　姓名：_____　班级：_____　日期：_____

| 学习项目：_____ | 车　　型：_____ |
| 学习任务：_____ | 总成型号：_____ |

1. 通过本学习项目的学习，你是否已经掌握以下问题？

（1）简述电控机械式驻车制动器（电控驻车制动器 EPB）的组成部件。

（2）电控机械式驻车制动器的优点有哪些？

（3）电控机械式驻车制动器的功能有哪些？

2. 通过具体车型，对电控机械式驻车制动器与传统的手动制动器进行比较。

3. 说明电动驻车动态紧急制动功能如何实现。

4. 说明电动驻车 AUTO HOLD 功能如何实现。

5. 工作着装是否规范？

6. 能否积极主动参与工作现场的清洁和整理工作？

7. 在完成本学习项目的过程中，你是否主动帮助过其他同学，并和其他同学探讨制动系统故障的形成原因与特点？具体问题是什么，结果是什么？

8. 通过本学习项目的学习，你认为哪些方面还有待进一步改善？

小组评价

序号	评价项目	评价情况
1	学习态度是否积极主动	
2	是否服从教学安排	
3	是否达到全勤	
4	着装是否符合要求	
5	是否合理规范地使用仪器和设备	
6	是否按照安全和规范的规程操作	
7	是否遵守学习、实训场地的规章制度	
8	是否积极主动地和他人合作、探讨问题	
9	是否能保持学习、实训场地整洁	
10	团结协作情况	

参与评价的同学签名：_____　　____年___月___日

教师评价

_____

_____。

　　　　　　　　　　　教师签名：_____　　___年___月___日

学习工作单十七

课程：<u>汽车传动与制动系统维修</u>　姓名：_____　班级：_____　日期：_____

学习项目：_____	车　　型：_____
学习任务：_____	总成型号：_____

1. 通过本学习项目的学习，你是否已经掌握以下问题？

（1）简述 ABS 组成、ABS 轮速传感器的结构与工作原理。

（2）简述速度传感器的类型与比较。

（3）ABS 轮速传感器性能如何检查？

2. 通过具体车型，讨论汽车制动与驱动电控系统的应用情况和控制原理。

3. 归纳 ABS 轮速传感器有何特点，与其他转速传感器的区别。

4. 通过本次项目的实施，对项目的掌握情况进行总结。

5. 工作着装是否规范？

6. 能否积极主动参与工作现场的清洁和整理工作？

7. 在完成本学习项目的过程中，你是否主动帮助过其他同学，并和其他同学探讨速度传感器的种类与在汽车上的具体应用？具体问题是什么，结果是什么？

8. 通过本学习项目的学习，你认为哪些方面还有待进一步改善？

小组评价

序号	评价项目	评价情况
1	学习态度是否积极主动	
2	是否服从教学安排	
3	是否达到全勤	
4	着装是否符合要求	
5	是否合理规范地使用仪器和设备	
6	是否按照安全和规范的规程操作	
7	是否遵守学习、实训场地的规章制度	
8	是否积极主动地和他人合作、探讨问题	
9	是否能保持学习、实训场地整洁	
10	团结协作情况	

参与评价的同学签名：_____　　_____年___月___日

教师评价

_____

_____。

教师签名：_____　　___年___月___日

学习工作单十八

课程：<u>汽车传动与制动系统维修</u>　　姓名：_____　　班级：_____　　日期：_____

学习项目：_____	车　　型：_____
学习任务：_____	总成型号：_____

1. 通过本学习项目的学习，你是否已经掌握以下问题？

(1) 简述 ABS 的正常工作特性与故障时典型特征的区别。

(2) 简述 ABS 故障的初步检查步骤。

(3) 简述 ABS 常见故障的诊断与排除方法。

(4) 如何用诊断仪器进行 ABS 故障诊断？

2. 通过具体车型，讨论 ABS 故障检查与诊断的应用情况。

3. 归纳 ABS 故障诊断的方法与步骤。

4. 通过本次项目的实施，对项目的掌握情况进行总结。

5. 工作着装是否规范？

6. 能否积极主动参与工作现场的清洁和整理工作？

7. 在完成本学习项目的过程中，你是否主动帮助过其他同学，并和其他同学探讨 ABS 控制与其他电子控制系统的故障诊断区别？具体问题是什么，结果是什么？

8. 通过本学习项目的学习，你认为哪些方面还有待进一步改善？

小组评价

序号	评价项目	评价情况
1	学习态度是否积极主动	
2	是否服从教学安排	
3	是否达到全勤	
4	着装是否符合要求	
5	是否合理规范地使用仪器和设备	
6	是否按照安全和规范的规程操作	
7	是否遵守学习、实训场地的规章制度	
8	是否积极主动地和他人合作、探讨问题	
9	是否能保持学习、实训场地整洁	
10	团结协作情况	

参与评价的同学签名：_____　　____年___月___日

教师评价

_____

_____。

教师签名：_____　　___年___月___日

策划编辑：张瑞娟　苏　剑
责任编辑：陈　昕
封面设计：王晓军

课件索取
QQ:779617693

西安交通大学出版社
天猫官方旗舰店

上架建议：汽车类

ISBN 978-7-5693-0106-9

9 787569 301069 >

定价：49.80元
（教材+学习工作单）